わかる！地籍調査

Q&Aによる
準則・運用基準の実務解説

司法書士　山中正登　著
測量士　佐藤　修

日本加除出版株式会社

は し が き

　地籍調査は，その根拠法律である国土調査法が昭和26年に施行されてから約73年が経過し，令和5年度末現在，全国1741市町村のうち，完了市町村数が592，実施中の市町村数が815であり，進捗率は53％となっています。このことから，令和6年3月29日，国土交通省は，令和2年度を初年度とする国土調査事業十箇年計画（第7次）の中間見直しを行い，地籍調査等の加速化に向けた具体的方策の方向性に関する報告書が取りまとめられ（国土審議会土地政策分科会企画部会「国土調査に関するあり方検討小委員会」報告書），地籍調査の実施主体においては，これに基づき一部改正された法令等に則って，都市部（DID：人口集中地区）や山村部（林地）の地籍調査を早急に実施するための効率的な調査手法が実施されているところです（国土交通省地籍調査Webサイトより）。

　今回の国土交通省令の一部改正（令和6年国土交通省令第73号）は，一筆地調査の円滑化として現地調査等の通知に無反応な所有者等に対応した現地調査手続の導入，山村部における地籍調査の推進としてリモートセンシングデータを活用した調査の対象地域の拡大などの規定が盛り込まれています。また，この一部改正に係る運用について，令和6年6月28日付け国不籍第270号（地籍調査作業規程準則運用基準の一部改正）が発出されています。

　そこで，本書は，今回のこの省令改正等を踏まえ，地籍調査を所管していた旧・国土庁土地局国土調査課及び法務局首席登記官の経験者と，市町村職員として地籍調査の実施及び受託測量会社において効率的な調査手法の一つであるリモートセンシング技術についての経験者とが，共同著者として，地上法による地籍測量を用いた地籍調査及び航測法による地籍測量を用いた地籍調査並びに街区境界調査における作業工程における留意事項等を11の章に分けて，計185のQ＆A形式により解説したものです。

はしがき

　また，解説文章を読んでいただくとともに目で見ていただく趣旨から随所に計173の図表等を掲載して実務上の留意事項を掲げるとともに，この図表の索引のほか，用語，裁判例，参考法令及び先例等の索引を巻末に設けています。これらの図表には，現地調査等の各種通知の作成例，無反応所有者等となることの影響等を明記した通知の作成例，無反応所有者等と判断するまで及び判断後の調査手順，地上法又は航測法による地籍調査における筆界案の作成例，その他筆界の調査の留意事例などのほか，地籍調査票や地籍簿の作成例，検査成績表や認証申請関係書類の留意事項，空中写真等の航測法による地籍測量資料，利害関係人の考え方，登記の記録例等を掲げています。

　なお，文中，意見にわたる部分は，著者の個人的見解であり，「思います」との部分は立法等の当該対象者の考えなどを著者が推測したものであり，「考えます」との部分は著者の考えや提案を示したものであり，また，上記又は下記とは同じＱ＆Ａ内の位置を示すときに，前記又は後記とは別のＱ＆Ａ内の位置を示すときに用いています。

　本書が，先に刊行した「わかる！国土調査法」とともに，地籍調査を実施する地方公共団体，これらの機関から委託を受ける測量事業者や各公共嘱託登記土地家屋調査士協会，地籍調査の成果の写しの送付を受けて所要の登記を実行する法務局・地方法務局において，それぞれ有益なものとなれば幸いです。

　本書は，以上のとおり，本年６月28日公布・施行の国土交通省令（地籍調査作業規程準則）及び国土交通省大臣官房土地政策審議官通知（地籍調査作業規程準則運用基準）のほか，同年10月末日現在における関係法令等に基づき解説しており，その後に通知類が発せられた場合にはこれを反映していないことを，ご了承願います。

　　2024年11月

著者　司法書士　山中正登
著者　測量士　佐藤　修

凡 例

　法令等の表記については，略称を避けていますが，引用頻度が多いものなどには，以下の略称を用いています。なお，用語の略称は，本文において最初の略称時にゴシック体で表記しています。

　また，本書は横書きですので，法律等の原文が縦書きで法律番号や条番号等が漢数字の場合は，読みやすさの観点から，これを算用数字（アラビア数字）に変換しているほか，条項号の「第」を省略し「準則 30 条の 2 第 1 項」のように略記している部分があります。

《法令等》

国調法……国土調査法（昭和 26 年法律第 180 号）

国調法施行令……国土調査法施行令（昭和 27 年政令第 59 号）

国調法施行規則……国土調査法施行規則（平成 22 年国土交通省令第 50 号）

促進法……国土調査促進特別措置法（昭和 37 年法律第 143 号）

促進法施行令……国土調査促進特別措置法施行令（昭和 45 年政令第 261 号）

国調法登記政令……国土調査法による不動産登記に関する政令（昭和 32 年政令第 130 号）

準則……地籍調査作業規程準則（昭和 32 年総理府令第 71 号）

運用基準……地籍調査作業規程準則運用基準（平成 14 年 3 月 14 日付け国土国第 590 号国土交通省土地・水資源局長通知）

事務取扱要領……国土調査事業事務取扱要領（昭和 47 年 5 月 1 日付け経企土第 28 号経済企画庁総合開発局長通達）

負担金交付要綱……地籍調査費負担金交付要綱（昭和 33 年 11 月 24 日付け経企土第 130 号経済企画事務次官依命通達）

検査規程……地籍調査事業工程管理及び検査規程（平成 14 年 3 月 14 日付け国土国第 591 号国土交通省土地・水資源局長通知）

地上法検査規程細則……地籍調査事業工程管理及び検査規程細則（平成 14 年 3 月 14 日付け国土国第 598 号国土交通省土地・水資源局国土調査課長通知）

iii

凡例

地上法 2 項委託検査規程細則……2 項委託に係る地籍調査事業工程管理及び検査
　　規程細則（平成 24 年 3 月 29 日付け国土国第 569 号国土交通省土地・建設産
　　業局地籍整備課長通知）

航測法検査規程細則……地籍調査事業（航測法による地籍調査）工程管理及び検
　　査規程細則（令和 3 年 8 月 31 日付け国不籍第 338 号国土交通省不動産・建
　　設経済局地籍整備課長通知）

航測法 2 項委託検査規程細則……2 項委託に係る地籍調査事業（航測法による地
　　籍調査）工程管理及び検査規程細則（令和 3 年 9 月 28 日付け国不籍第 387
　　号国土交通省不動産・建設経済局地籍整備課長通知）

街区境界調査検査規程細則……地籍調査事業（街区境界調査）工程管理及び検査
　　規程細則（令和 3 年 6 月 9 日付け国不籍第 143 号国土交通省不動産・建設経
　　済局地籍整備課長通知）

街区境界調査 2 項委託検査規程細則……2 項委託に係る地籍調査事業（街区境界
　　調査）工程管理及び検査規程細則（令和 3 年 6 月 9 日付け国不籍第 168 号国
　　土交通省不動産・建設経済局地籍整備課長通知）

素図表示例……調査図素図表示例（昭和 32 年 10 月 24 日付け経企土第 179 号経
　　済企画庁総合開発局長通達・法令集 1156 頁）

票作成要領……地籍調査票作成要領（令和 3 年 3 月 31 日付け国不籍第 579 号国
　　土交通省不動産・建設経済局地籍整備課長通知）

図作成要領……地籍図作成要領（令和 3 年 3 月 2 日付け国不籍第 489 号国土交通
　　省不動産・建設経済局地籍整備課長通知・法令集 1301 頁）

簿作成要領……地籍簿作成要領（令和 3 年 3 月 31 日付け国不籍第 581 号国土交
　　通省不動産・建設経済局地籍整備課長通知・法令集 1324 頁）

街区票作成要領……街区境界調査票作成要領（令和 3 年 3 月 31 日付け国不籍第
　　583 号国土交通省不動産・建設経済局地籍整備課長通知）

街区図作成要領……街区境界調査図作成要領（令和 3 年 3 月 31 日付け国不籍第
　　582 号国土交通省不動産・建設経済局地籍整備課長通知・法令集 1351 頁）

街区簿作成要領……街区境界調査簿作成要領（令和 3 年 3 月 31 日付け国不籍第
　　582 号国土交通省不動産・建設経済局地籍整備課長通知・法令集 1354 頁）

認証請求書類作成要領……地籍調査の成果の認証の請求又は認証の承認申請に係

る書類作成要領（令和3年3月31日付け国不籍第580号国土交通省不動産・建設経済局地籍整備課長通知）

街区認証請求書類作成要領……街区境界調査成果の認証の請求又は認証の承認申請に係る書類作成要領（令和3年6月9日付け国不籍第144号国土交通省不動産・建設経済局地籍整備課長通知）

無反応者要領……現地調査等の通知に無反応な土地の所有者等がいる場合における筆界の調査要領（令和6年6月28日付け国不籍第307号国土交通省不動産・建設経済局地籍整備課長通知）

街区境界手引……街区境界調査の手引（令和6年3月19日付け国土交通省不動産・建設経済局地籍整備課企画専門官事務連絡）

航測法手引……航測法を用いた地籍調査の手引（令和4年4月19日付け国土交通省不動産・建設経済局地籍整備課企画専門官事務連絡）

不登法……不動産登記法（平成16年法律第123号）

不登令……不動産登記令（平成16年政令第379号）

不登規則……不動産登記規則（平成17年法務省令第18号）

不登準則……不動産登記事務取扱手続準則（平成17年2月25日付け法務省民二第456号法務省民事局長通達）

地方分権一括法……地方分権の推進を図るための関係法律の整備等に関する法律（平成11年法律第87号）

住居表示法……住居表示に関する法律（昭和37年法律第119号）

《裁判例》

大判……大審院判決

最○小判……最高裁判所第○小法廷判決

○○高判……○○高等裁判所判決

○○高○○支判……○○高等裁判所○○支部判決

○○地判……○○地方裁判所判決

《文献》

わかる！国調法……山中正登「わかる！国土調査法～逐条解説と実務Q＆A」

凡例

（2023 年，日本加除出版）

國見ほか準則解説……國見利夫・猪木幹雄・宮原邦宏「実務者のための地籍調査
作業規程準則逐条解説」（2013 年，日本加除出版）

法令集……国土調査関係法令集（地籍調査編）改訂第 12 版（2021 年，全国国土
調査協会）

積算基準書……地籍調査事業費積算基準書（全国国土調査協会）

機関誌……機関誌国土調査（全国国土調査協会）

民録……大審院民事判決録

民集……最高裁判所民事判例集

下民……下級裁判所民事裁判例集

民月……民事月報（法務省民事局）

訟月……訟務月報（法務省訟務局）

判時……判例時報（判例時報社）

判タ……判例タイムズ（判例タイムズ社）

登研……登記研究（テイハン）

あり方報告書……国土調査のあり方に関する検討小委員会報告書（2024 年 3 月
29 日，国土審議会土地政策分科会企画部会国土調査のあり方に関する検討
小委員会）

※条文等の全文は本書の紙数を考慮して登載していませんので，全文内容につい
て，法律・政令・省令は電子政府の総合窓口（e-Gov）法令検索を，主要な規
程・通知・マニュアルは国土交通省地籍調査 Web サイトを，それぞれご利用く
ださい。

vi

目　次

第1章　作業の流れ

（執筆者：山中正登）

第1　測量方式別・作業形態別の作業工程

Q1 地籍調査や街区境界調査の作業について教えてください。 ……………… 1

1 地上法による地籍調査

Q2 当町は，来年度から地上法による地籍調査を行うことを検討しています。この作業の流れを教えてください。 ……………………… 2

2 航測法による地籍調査

Q3 当村は，来年度から航測法による地籍調査を行うことを検討しています。この作業の流れを教えてください。 ………………………… 6

3 街区境界調査

Q4 当市は，地籍調査事業を再開しますが，休止した原因等を考慮して，来年度は街区境界調査を行うことを検討しています。この作業の流れを教えてください。 …………………………………………… 8

第2　地籍調査と街区境界調査との作業の違いなど

Q5 地籍調査と街区境界調査との作業の違いを教えてください。 ………… 12

Q6 地籍調査と街区境界調査における作業名の総称について教えてください。 …………………………………………………………………… 17

第2章　計画・事務手続

（執筆者：山中正登）

第1　全体計画の作成（A1・GA1工程）

Q7 全体計画の作成について教えてください。 ……………………………… 19

Q8 山海市役所では，【図2-1】の市街地（字浜）を地上法により，山林部（字山）を航測法により，それぞれ地籍調査を行うことを検討しています。
この計画の場合の留意点を教えてください。 ………………………… 21

目次

第2　関係機関との調整（A2・GA2工程）

1 法務局との協議・依頼

Q9 Q7の全体計画の作成において管轄登記所や公物管理者との事前協議及び19条5項指定対象事業者との調整が必要です。まず，法務局との事前協議や依頼について教えてください。 ………… 23

Q10 地籍調査を行う市町村は，準則7条の2に規定する登記所に備え付けられている資料との整合性を確保する必要がなければ，登記官への協力依頼はできないのでしょうか？ ……………………… 25

2 公物管理者との調整

Q11 公物管理者との調整について教えてください。 ……………… 26

3 19条5項指定の推進

Q12 19条5項指定対象事業者との調整に関し，この指定の推進について教えてください。 ……………………… 27

第3　事業計画の策定及び公表（A3・GA3工程）

Q13 事業計画の策定及び公表について教えてください。 ………………… 28

第4　実施に関する計画の作成（A4・GA4工程）

1 実施に関する計画の作成

Q14 実施に関する計画の作成について教えてください。 ………………… 29

Q15 任意方式による地籍調査における実施計画の作成について教えてください。 ……………………… 31

Q16 十箇年計画に基づく地籍調査における実施計画の作成について教えてください。 ……………………… 33

2 実施計画に定める調査地域の決定基準

Q17 実施計画に定める調査地域の決定基準を教えてください。 ………… 35

Q18 土地改良区等が実施計画に定める調査地域の決定基準を教えてください。 ……………………… 38

Q19 調査地域は，どのような単位で決定するのでしょうか？ …………… 39

Q20 準則10条3項が引用する不登法35条の地番区域について教えてください。 ……………………… 40

Q21 原則である1つの地番区域を単位として調査地域を決定すると，どのような単位区域になりますか？ ……………………… 40

viii

目次

Q22 松竹市は，各地番区域の面積がまちまちです。どのように単位区域を決定したらよいでしょうか？ ……………………………………… 41

Q23 果樹市役所は，令和8年度から十箇年計画による地籍調査を実施します。
令和8年度の事業計画において，優先実施地域を早期に行う観点から次の【図2-7】の調査地域が定められています。この場合の単位区域は，いくつとなるのでしょうか？ ……………………… 42

Q24 干支町役場は，令和9年度において次の【図2-8】の調査地域とする計画ですが，規定上の支障がありますか？ …………………………… 44

Q25 十箇年計画による地籍調査においては，調査地域の設定について市町村の区域内のうち一会計年度において地籍調査を実施しようとする区域とし（準則10条1項ただし書），その調査地域は地番区域ごとに区分した単位区域とすることを原則とし（同条3項本文），地番区域が狭い又は広い場合その他必要な場合には単位区域の設定単位をこれに従うことなく設定できるとされています（同項ただし書）。
この「その他必要な場合」とは，どのような場合でしょうか？ ……… 45

Q26 調査地域の決定に際し，単位区域と地番区域との関係で留意する点を教えてください。 ………………………………………………… 46

3 実施計画に定める精度区分

Q27 実施計画に定める精度区分について教えてください。 ………………… 49

Q28 運用基準5条1項において，原則として，大都市の市街地は甲1とし，中都市の市街地は甲2とすることなどが定められていますが，どのような都市が大都市であるのかについて，地籍調査の関係法令を調べましたが見当たりません。
地籍調査を実施しようとする市が，大都市なのか，中都市なのか，それ以外の市街地なのか，精度区分を決定するための都市規模基準はありますか？ …………………………………………………… 49

Q29 精度区分を甲3とする区域について，運用基準5条1項は「（大・中都市）以外の市街地」「村落」「整形農用地」としていますが，この市街地と村落とは，どのような区域を指しているのでしょうか？ ………………………………………………………………… 51

4 実施計画に定める縮尺区分

Q30 実施計画に定める縮尺区分について教えてください。 ………………… 51

Q31 運用基準5条2項の各筆の面積の「中央値」とは，どのように求めるのでしょうか？ ……………………………………………………… 52

ix

目次

Q32 各筆の面積の「中央値」について，街区境界調査図は一筆地ごと
の形状を表示しないので問題は生じませんが，地籍図の場合には
地籍図の縮尺によって一筆地ごとの形状表示に影響があります。
運用基準5条2項が平均値ではなく中央値としている理由を教え
てください。 ………………………………………………………… 54

5 実施計画に定める作業計画

Q33 実施計画に定める作業計画について教えてください。 ………………… 55

Q34 準則12条2項後段が地籍測量は42条及び76条に定める地籍測量
の順序に従って区分することが「できる」として任意であり，「し
なければならない」との強制でないのは，どうしてですか？ ……… 57

Q35 作業計画を定める際に考慮する点を教えてください。 ………………… 58

Q36 地籍調査の開始前に作成する作業計画に係る考慮事項の一つに単
位作業間の進度が挙げられていますが（準則12条3項前段），実際
に各単位作業を実施しないと進度は分からないのですが，どのよ
うに考慮するのでしょうか？ …………………………………………… 60

6 街区境界調査の実施計画

Q37 街区境界調査においても実施計画を定めなければなりませんか？ …… 61

第5 作業規程の作成（A5・GA5工程）

Q38 作業規程の作成について教えてください。 …………………………… 62

Q39 各種マニュアルを使用した方法による8条申請のほか，国土交通
大臣の承認を得て準則に定めのない方法により実施できる地籍調
査はありますか？ ………………………………………………………… 64

第6 実施計画及び作業規程の届出

Q40 実施計画及び作業規程の届出について教えてください。 …………… 66

第7 国土調査の指定の公示・公表（A6・GA6工程）

Q41 国土調査の指定の公示又は公表について教えてください。 ………… 67

第8 国土調査の実施の公示（A7・GA7工程）

Q42 国土調査の実施の公示について教えてください。 …………………… 68

x

目次

第9　計画・事務手続のまとめ

Q43 A・GA の工程における全体計画，事業計画，実施計画，作業計画
といった計画や作業規程の作成・届出，実施の公示などについて
教えてください。 ……………………………………………………… 68

第3章　準備

（執筆者：山中正登）

第1　実施組織の確立（B1・GB1 工程）

Q44 実施組織の確立について教えてください。 ……………………… 71

第2　補助申請（B2・GB2 工程）

Q45 補助申請について教えてください。 …………………………… 72

第3　作業班の編成・外注先又は委託先の選定（B3・GB3 工程）

１ 作業班の編成・外注先の選定

Q46 作業班の編成・外注先の選定について教えてください。 ………… 73

２ 委託先の選定

Q47 委託先の選定について教えてください。 ……………………… 75

第4　推進委員会の設置（B4・GB4 工程）

Q48 推進委員会の設置について教えてください。 ………………… 76

第5　趣旨の普及（B5・GB5 工程）

Q49 趣旨の普及の方法について教えてください。 ………………… 77

Q50 協力体制の確立について教えてください。 …………………… 79

Q51 趣旨の普及に係る経費負担について教えてください。 ………… 79

第4章　地籍図根三角測量

（執筆者：佐藤　修）

第1　作業の準備（C1・GC1 工程）

Q52 地上法による地籍測量について教えてください。 …………… 83

Q53 航測法による地籍測量について教えてください。 …………… 85

xi

目次

Q54 併用法による地籍測量について教えてください。 ……………………… 86

Q55 地籍測量に用いる器械及び器材について教えてください。 ………… 87

Q56 地籍測量における作業の記録及び成果について教えてください。 … 89

第2 選点（C2・GC2 工程）

Q57 地籍測量の基礎とする点について教えてください。 ………………… 90

Q58 地籍図根点の配置及び密度並びに地籍図根測量の方法について教えてください。 ………………………………………………………… 100

Q59 地籍図根三角点の選定について教えてください。 …………………… 103

Q60 地籍図根三角測量における多角路線の選定について教えてください。 ………………………………………………………………… 103

Q61 地籍図根三角点選点図，地籍図根三角点平均図及びその縮尺について教えてください。 ………………………………………………… 106

第3 標識の設置（C3・GC3 工程）

Q62 地籍図根三角点の標識の設置及び規格について教えてください。 ‥ 109

第4 観測及び測定（C4・GC4 工程）

Q63 地籍図根三角測量における観測及び測定について教えてください。 ………………………………………………………………………… 110

第5 計算（C5・GC5 工程）

Q64 地籍図根三角点の座標値及び標高の計算を教えてください。 ……… 112

第6 点検測量（C6・GC6 工程）

Q65 地籍図根三角測量の点検測量について教えてください。 …………… 113

第 5 章　地籍図根多角測量

（執筆者：佐藤　修）

第1 地籍図根多角測量

1 選点（D2・GD2 工程）

Q66 地籍図根多角点の選点について教えてください。 …………………… 117

Q67 地籍図根多角測量における多角路線の選定について教えてください。 ………………………………………………………………………… 118

目次

Q68 地籍図根多角点選点図，地籍図根多角点平均図及びその縮尺を教えてください。 ……………………………………………… 121

2 標識の設置（D3・GD3 工程）

　Q69 地籍図根多角点の標識の設置及び規格について教えてください。 … 123

3 観測及び測定（D4・GD4 工程）

　Q70 地籍図根多角測量における観測及び測定について教えてください。 ………………………………………………………………… 124

4 計算（D5・GD5 工程）

　Q71 地籍図根多角点の座標値及び標高の計算について教えてください。 ………………………………………………………………… 126

5 点検測量（D6・GD6 工程）

　Q72 地籍図根多角測量の点検測量について教えてください。 …………… 127

第2 航空測量

1 作業の準備（RD1 工程）

　Q73 航空測量の作業について教えてください。 ……………………………… 129

2 既存資料の収集（RD2 工程）

　Q74 航空測量の作業における既存資料の収集について教えてください。 ………………………………………………………………… 131

3 標定点等及び航測図根点の選定（RD3 工程）

　Q75 航空測量における標定点等及び航測図根点の選定について教えてください。 ……………………………………………………… 134

4 標識の設置（RD4 工程）

　Q76 対空標識の設置について教えてください。 …………………………… 137

5 空中写真撮影又は航空レーザ計測（RD5 工程）

　Q77 空中写真撮影について教えてください。 ……………………………… 138

　Q78 航空レーザ計測について教えてください。 …………………………… 140

6 空中三角測量又は航空レーザ計測データの解析（RD6 工程）

　Q79 空中三角測量における調整及び座標計算について教えてください。 ………………………………………………………………… 141

xiii

目次

Q80 既存の空中写真の活用について教えてください。 ………………… 142

Q81 航空レーザ計測の点密度について教えてください。 ………………… 144

Q82 航空レーザ計測データの解析について教えてください。 …………… 145

Q83 既存の航空レーザ測量成果の活用について教えてください。 ……… 146

7 空中写真又は三次元の座標値データを用いた基礎資料の作成（RD7 工程）

Q84 空中写真等を用いた基礎資料の作成について教えてください。 …… 147

Q85 三次元の座標値データを用いた基礎資料の作成について教えてください。 ………………………………………………………………………… 147

8 補備測量における選点及び標識の設置（RD12 工程）

Q86 補備測量について教えてください。 ………………………………… 148

Q87 補備測量（細部図根測量）における選点及び標識の設置について教えてください。 …………………………………………………………… 150

9 補備測量における観測及び測定（RD13 工程）

Q88 補備測量（細部図根測量）における観測及び測定について教えてください。 ………………………………………………………………… 151

10 補備測量における計算（RD14 工程）

Q89 補備測量（細部図根測量）における計算について教えてください。 … 152

11 補備測量における点検測量（RD15 工程）

Q90 補備測量（細部図根測量）における点検測量について教えてください。 ………………………………………………………………………… 153

12 補備測量における観測及び測定（RD16 工程）

Q91 補備測量（一筆地測量）における観測及び測定について教えてください。 ………………………………………………………………………… 154

13 補備測量における計算及び筆界点の点検（RD17 工程）

Q92 補備測量（一筆地測量）における計算及び筆界点の点検について教えてください。 …………………………………………………………… 156

14 筆界点座標値の計測及び点検（RD18 工程）

Q93 筆界点座標値の計測及び点検について教えてください。 …………… 158

xiv

目次

第6章　一筆地調査

（執筆者：山中正登）

第1　作業の準備（E1・GE1 工程）

Q94　作業の準備について教えてください。 ……………………………… 159

第2　作業進行予定表の作成（E2・GE2 工程）

Q95　作業進行予定表の作成について教えてください。 ……………………… 160

Q96　作業進行予定表の基である作業計画は，一筆地調査のほか，地籍
測量や地積測定などの各単位作業について定めることとされてい
ます（準則12条1項・2項）。
ところが，地籍測量などの作業進行予定表を作成する規定は，準
則等に見当たりません。
なぜ，一筆地調査のみ作業進行予定表を作成するのでしょうか？ … 164

第3　単位区域界の調査（E3・GE3 工程）

Q97　単位区域界の調査について教えてください。 ……………………… 165

Q98　果樹市役所は，前記【図2-7】の2つの単位区域における現地概略
調査を行います。
準則14条の見出しは「単位区域界の調査」としていますので単位
区域の境の現地概略調査を行えばよいのでしょうか？それとも同
条本文の単位区域の現地概略調査を行うのでしょうか？ …………… 166

第4　調査図素図等の作成（E4・GE4 工程）

1 調査図素図の作成

Q99　調査図素図の作成方法について教えてください。 ………………… 170

Q100　準則16条1項が規定する登記所地図の複写は，どのような方法
で行うのでしょうか？ ……………………………………………… 170

Q101　登記所地図がない場合における調査図素図の作成方法を教えて
ください。 …………………………………………………………… 172

Q102　調査図素図の表示事項を教えてください。 ………………………… 173

2 調査図一覧図の作成

Q103　調査図一覧の作成方法について教えてください。 ……………… 174

xv

目次

3 地籍調査票・街区境界調査票の作成

Q104 地籍調査票の作成方法について教えてください。 ························ 176

Q105 街区境界調査票の作成方法について教えてください。 ············· 176

Q106 地籍調査票又は街区境界調査票の編綴及び表紙の作成方法について教えてください。 ································ 177

第5 現地調査等の通知（E5・GE5工程）

1 現地調査等の通知の記載事項

Q107 現地調査又は図面等調査を実施することの通知に記載する事項について教えてください。 ····························· 178

Q108 現地調査等の通知は，誰の名義で作成するのでしょうか？ ········ 182

2 現地調査等の通知の対象者

Q109 準則20条1項は，現地調査を実施する地域内の土地の所有者等に通知すると規定しています。
実施地域に接する実施地域外の土地の所有者等には，地籍調査を実施することの周知をしなくともよいのでしょうか？ ··········· 183

3 利害関係人の範囲

Q110 準則20条1項に規定する「その他の利害関係人」とは，どのような利害がある人を指しているのでしょうか？ ····················· 185

4 代理人とは？

Q111 準則20条1項に規定する「これらの者の代理人」とは，どのような人を指しているのでしょうか？ ································ 187

5 現地調査等の通知をする順位

Q112 準則20条1項は「土地の所有者その他の利害関係人又はこれらの者の代理人に……通知する」と規定しています。
土地の所有者のほかに利害関係人が登記されている場合には，同時に現地調査の通知をしなければならないのでしょうか？ ····· 189

6 土地の所有者が死亡している場合の現地調査の通知

Q113 現地調査の通知をしたところ，土地の登記簿の所有権登記名義人は既に死亡しているとのことでした。
どのように対処すればよいのでしょうか？ ································ 193

Q114 相続人の調査方法や順位について教えてください。 ·················· 195

xvi

目次

Q115 現地調査等の通知を行うため相続人の調査をする必要があります。戸籍事項証明書等の収集方法を教えてください。 ……………… 205

Q116 現地調査の通知に係る留意点を教えてください。 ………… 208

7 土地の所有者の相続人が相続放棄している場合

Q117 相続人が相続放棄をしているとの主張の場合，どのようにすればよいのでしょうか？ ……………………………………………… 214

8 現地調査等の通知に所有者名等を付記する際の留意点

Q118 運用基準10条の2第2項は，「当該通知に係る土地の所有者の氏名……を併せて通知するよう努める」として，「……しなければならない」としていませんので，これを通知しなくてもよいのでしょうか？ ……………………………………………………… 217

9 準則・運用基準の規定以外の現地調査の通知の記載事項

Q119 準則や運用基準の規定以外で現地調査の通知に記載する事項は，ありますか？ ……………………………………………………… 219

10 現地調査の通知等の作成例

Q120 現地調査の通知等の作成例について教えてください。 ………… 222

11 図面等調査の通知の作成例

Q121 図面等調査の通知の作成例について教えてください。 ………… 235

12 街区境界調査の通知の作成例

Q122 街区境界調査の通知の作成例について教えてください。 ……… 244

13 図面等調査の実施決定基準

Q123 準則20条2項と同条3項の「その他の事情」について教えてください。 ……………………………………………………………… 251

14 集会所等での図面等調査を自宅等で行うことの可否

Q124 集会所等での図面等調査について，土地の所有者から高齢のため図面等を自宅に送付してほしいとの申出がされました。どのように対応すればよいのでしょうか？ ……………………… 255

15 所有者等の探索の範囲

Q125 現地調査等の通知が到達しなかった場合の対応について教えてください。 ………………………………………………………… 257

目次

第6　筆界標示杭の設置

Q126　筆界標示杭の設置について教えてください。 ···························· 259

第7　市町村の境界の調査（E6・GE6 工程）

Q127　市町村の境界の調査について教えてください。 ······················ 260

第8　現地調査等の実施（E7・GE7 工程）

1 現地調査の実施方法

Q128　現地調査の実施方法について教えてください。 ······················ 261

2 図面等調査の実施方法

Q129　図面等調査の実施方法について教えてください。 ···················· 262

3 無反応所有者等への対応

Q130　無反応所有者等への対応について教えてください。 ················· 265

4 各調査の処理及び留意点

Q131　所有者の調査について教えてください。 ······························· 299

Q132　現地調査における筆界又は街区境界の調査について教えてください。 ··· 307

Q133　地上法による地籍調査において，図面等調査によって行う筆界の調査について教えてください。 ·································· 311

Q134　現地復元性を有する地積測量図がありません。
　　　 筆界案の作成方法について教えてください。 ······················ 316

Q135　航測法による地籍測量において行う図面等調査での筆界の調査について教えてください。 ·································· 327

Q136　準則 30 条 4 項（一部が所在不明）の適用について教えてください。 ·· 338

Q137　準則 30 条 5 項（全員が所在不明）の適用について教えてください。 ·· 345

Q138　準則 30 条の 2（筆界確定判決，筆界特定）の適用について教えてください。 ··· 347

Q139　街区境界の調査について教えてください。 ···························· 356

Q140　分割があったものとしての調査について教えてください。 ········ 364

xviii

Q141	合併があったものとしての調査について教えてください。	……… 365
Q142	一部合併があったものとしての調査について教えてください。	‥ 366
Q143	代位登記の申請について教えてください。	……………… 367
Q144	地番の調査について教えてください。	……………………… 369
Q145	地目の調査について教えてください。	……………………… 382
Q146	表題登記をすべき土地の調査について教えてください。	………… 389
Q147	滅失等の土地の調査について教えてください。	…………………… 393
Q148	長狭物の調査について教えてください。	…………………… 413
Q149	私有地以外の土地の調査について教えてください。	……………… 420

第7章　細部図根測量

（執筆者：佐藤　修）

第1　作業の準備（FI1・GFI1工程）

Q150	細部図根測量の方法を教えてください。	………………………… 425

第2　選点及び標識の設置（FI2・GFI2工程）

Q151	細部図根点の選点及び標識の設置について教えてください。	‥‥‥ 426

第3　観測・測定，計算，点検測量及び取りまとめ（FI3〜6・GFI3〜6工程）

Q152	細部図根測量における多角路線の選定について教えてください。
	…………………………………………………………………… 428
Q153	多角路線の与点となる細部図根点等の精度区分や与点の数について教えてください。 …………………………………………… 430
Q154	多角路線の次数や路線の長さについて教えてください。 ………… 431
Q155	地籍図根多角測量を省略した場合の多角路線について教えてください。 ……………………………………………………… 432
Q156	厳密網平均計算について教えてください。 ……………………… 433
Q157	細部多角点選点図及び細部多角点平均図について教えてください。 ……………………………………………………………… 436
Q158	放射法による細部図根測量について教えてください。 …………… 438

目次

Q159 放射法による細部図根測量における与点から細部放射点の距離や次数の制限について教えてください。 …………………………… 440

Q160 簡易網平均計算について教えてください。 …………………………… 441

Q161 TS 法，GNSS 法の点検について教えてください。 ……………… 443

Q162 細部図根測量における観測及び測定について教えてください。 ‥ 445

Q163 細部図根点配置図及び細部図根点成果簿について教えてください。 ……………………………………………………………………… 446

第 8 章　一筆地測量

（執筆者：佐藤　修）

第 1　作業の準備（F Ⅱ-11・GF Ⅱ-11 工程）

Q164 一筆地測量の基礎とする点について教えてください。 …………… 449

Q165 一筆地測量の方法について教えてください。 …………………… 450

Q166 放射法による一筆地測量の方法について教えてください。 ……… 452

Q167 多角測量法による一筆地測量の方法について教えてください。 ‥ 454

Q168 交点計算法による一筆地測量の方法について教えてください。 ‥ 455

Q169 単点観測法による一筆地測量の方法について教えてください。 ‥ 457

Q170 ネットワーク型 RTK 法について教えてください。 …………… 459

Q171 ヘルマート変換について教えてください。 …………………… 462

Q172 DGPS 法について教えてください。 ……………………………… 463

第 2　観測・測定，計算点及び筆界点の点検（F Ⅱ-12・13，GF Ⅱ-12・13 工程）

Q173 一筆地測量における筆界点の次数について教えてください。 ……… 464

Q174 筆界点の位置の点検について教えてください。 …………………… 465

第 9 章　地籍図原図の作成

（執筆者：佐藤　修）

地籍図原図の作成（F Ⅱ-22・23，GF Ⅱ-22・23 工程）

Q175 地籍図原図の作成について教えてください。 …………………… 467

| Q176 | 地籍明細図の作成について教えてください。 | 468 |

第 10 章　地積測定

（執筆者：佐藤　修）

地積測定，計算及び点検（G2・GG2 工程）

Q177	地積測定の方法について教えてください。	471
Q178	地積測定の点検について教えてください。	475
Q179	地積測定成果簿又は街区面積測定成果簿について教えてください。	476

第 11 章　地籍図・地籍簿又は街区境界調査図・街区境界調査簿の作成

（執筆者：山中正登）

第 1　地籍調査票・街区境界調査票の整理（H1・GH1 工程）

| Q180 | 地籍調査票の整理又は街区境界調査票の整理について教えてください。 | 477 |

第 2　地籍簿案・街区境界調査簿案の作成（H3・GH3 工程）

| Q181 | 地籍簿案又は街区境界調査簿案の作成について教えてください。 | 482 |

第 3　閲覧（H5・GH5 工程）及び誤り等申出（H6・GH6 工程）

| Q182 | 閲覧について教えてください。 | 484 |

第 4　地籍図及び地籍簿又は街区境界調査図及び街区境界調査簿の保管等

| Q183 | 地籍図及び地籍簿又は街区境界調査図及び街区境界調査簿の保管及び補正について教えてください。 | 484 |

第 5　認証申請関係書類の整理（H8・GH8，2 項委託 H10・GH10 工程）

| Q184 | 認証申請関係書類を作成する際の留意事項について教えてください。 | 487 |

第 6　成果の認証後の手続

| Q185 | 成果について認証を受けた後の手続について教えてください。 | 510 |

xxi

目次

事項索引	511
判例索引	516
先例索引	517
図索引	524
著者略歴	531

第1　測量方式別・作業形態別の作業工程

第1章
作業の流れ

第1　測量方式別・作業形態別の作業工程

Q1

地籍調査や街区境界調査の作業について教えてください。

A　地籍調査（国調法2条5項）や街区境界調査（同法21条の2）の作業は，国調法を根拠法として，具体的な作業を定める準則があり（同法3条2項），その運用の基準を定める運用基準があるほか，作業ごとの精度や正確さを確保するための管理及び検査（準則5条）の実施を定める検査規程があります。

　地籍調査においては，地籍測量の方式よって（準則37条1項），地上法（地上測量による方式。同項1号）と航測法（空中写真測量又は航空レーザ測量による方式。同項2号）とで，作業工程が異なります。

　また，直営と外注（検査規程2条1項7号・8号）のほか，国調法10条2項の規定に基づく委託（以下「**2項委託**」という。）といった委託作業の形態の違いによっても，次の【図1-1】の各検査規程細則の規定において作業工程が異なります。

第1章　作業の流れ

【図1-1】作業形態と検査規程細則

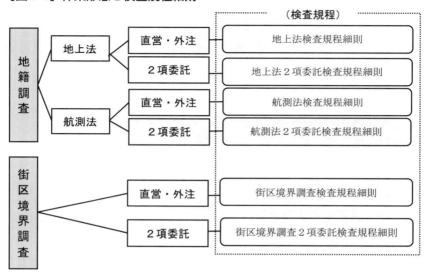

1 地上法による地籍調査

Q2

当町は，来年度から地上法による地籍調査を行うことを検討しています。この作業の流れを教えてください。

A　地上法による地籍調査の作業工程は，前記【図1-1】のとおり地上法検査規程細則及び地上法2項委託検査規程細則に定められており，図に示すと次の【図1-2】のとおりです。

第1　測量方式別・作業形態別の作業工程

【図1-2】地上法による地籍調査の作業工程

第1章　Q1〜Q6

（検査規程）	（検査規程細則）注

A　計画・事務手続

A1　全体計画の作成
A2　関係機関との調整
A3　事業計画の策定・公表
A4　実施に関する計画の作成
A5　作業規程の作成
A6　国土調査の指定の公示・公表
A7　国土調査の実施の公示

B　準　備

B1　実施組織の確立
B2　補助申請
B3　作業班の編成又は外注先の選定
　　　委託先の選定
B4　推進委員会の設置
B5　趣旨の普及

C　地籍図根三角測量

C1　作業の準備
C2　選点
C3　標識の設置
C4　観測及び測定
C5　計算
C6　点検測量
C7　取りまとめ
C8　実施者検査
　　　受託法人検査
C9　認証者検査
　　　委託者検査
C10　認証者検査

D　地籍図根多角測量

D1　作業の準備
D2　選点
D3　標識の設置
D4　観測及び測定
D5　計算
D6　点検測量
D7　取りまとめ
D8　実施者検査
　　　受託法人検査
D9　認証者検査
　　　委託者検査
D10　認証者検査

3

第1章　作業の流れ

（検査規程）　　　　　　　　　　（検査規程細則）注

E　　一筆地調査

E 1　作業の準備
E 2　作業進行予定表の作成
E 3　単位区域界の調査
E 4　調査図素図等の作成
E 5　現地調査等の通知
E 6　市町村の境界の調査
E 7　現地調査等
E 8　取りまとめ
E 9　実施者検査
　　　受託法人検査
E10　認証者検査
　　　委託者検査
E11　認証者検査

F I　　細部図根測量

F I 1　作業の準備
F I 2　選点及び標識の設置
F I 3　観測及び測定
F I 4　計算
F I 5　点検測量
F I 6　取りまとめ
F I 7　実施者検査
　　　　受託法人検査
F I 8　認証者検査
　　　　委託者検査
F I 9　認証者検査

F Ⅱ-1　　一筆地測量

F Ⅱ-11　作業の準備
F Ⅱ-12　観測及び測定
F Ⅱ-13　計算及び筆界点の点検
F Ⅱ-14　実施者検査
　　　　　受託法人検査
F Ⅱ-15　認証者検査
　　　　　委託者検査
F Ⅱ-16　認証者検査

F Ⅱ-2　　地籍図原図の作成

F Ⅱ-21　作業の準備
F Ⅱ-22　地籍図原図の仮作図
F Ⅱ-23　地籍図原図の作成
F Ⅱ-24　実施者検査
　　　　　受託法人検査
F Ⅱ-25　認証者検査
　　　　　委託者検査
F Ⅱ-26　認証者検査

4

第 1　測量方式別・作業形態別の作業工程

G　地積測定

　　　G 1　作業の準備
　　　G 2　地積測定、計算及び点検
　　　G 3　取りまとめ
　　　G 4　実施者検査
　　　　　　受託法人検査
　　　G 5　認証者検査
　　　　　　委託者検査
　　　G 6　認証者検査

H　地籍図・地籍簿の作成

　　　H 1　地籍調査票の整理
　　　H 2　地籍図原図の整理
　　　H 3　地籍簿案の作成
　　　H 4　実施者検査（閲覧前）
　　　　　　受託法人検査（閲覧前）
　　　H 5　閲覧
　　　　　　委託者検査（閲覧前）
　　　H 6　誤り等申出
　　　　　　閲覧
　　　H 7　数値情報化
　　　　　　誤り等申出
　　　H 8　認証申請関係書類の整理
　　　　　　数値情報化
　　　H 9　実施者検査（閲覧後）
　　　　　　受託法人検査（閲覧後）
　　　H10　認証者検査
　　　　　　認証申請関係書類の整理
　　　H11　委託者検査（閲覧後）
　　　H12　認証者検査

注 ：下線は、地上法 2 項委託検査規程細則の工程小分類名称を示す。

第 1 章　作業の流れ

2　航測法による地籍調査

Q3

当村は，来年度から航測法による地籍調査を行うことを検討しています。この作業の流れを教えてください。

A　航測法による地籍調査の作業工程は，前記【図1-1】のとおり航測法検査規程細則及び航測法2項委託検査規程細則に定められており，図に示すと次の【図1-3】のとおりです。

【図1-3】航測法による地籍調査の作業工程

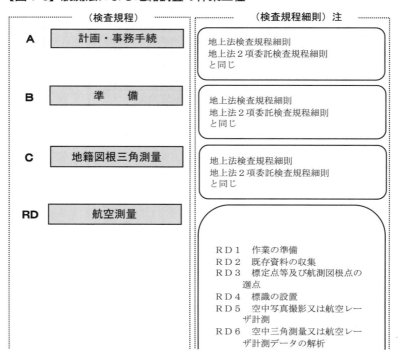

第 1 測量方式別・作業形態別の作業工程

第1章 Q1〜Q6

RD 7 空中写真又は三次元の座標
値データを用いた基礎資料の
作成
RD 8 取りまとめ
RD 9 実施者検査
受託法人検査
RD10 認証者検査
委託者検査
RD11 作業の準備
認証者検査
RD12 補備測量（細部図根測量）
における選点及び標識の設置
作業の準備
RD13 補備測量（細部図根測量）
における観測及び測定
補備測量（細部図根測量）
における選点及び標識の設置
RD14 補備測量（細部図根測量）
における計算
補備測量（細部図根測量）
における観測及び測定
RD15 補備測量（細部図根測量）
における点検測量
補備測量（細部図根測量）
における計算
RD16 補備測量（一筆地測量）に
おける観測及び測定
補備測量（細部図根測量）
における点検測量
RD17 補備測量（一筆地測量）に
おける計算及び筆界点の点検
補備測量（一筆地測量）に
おける観測及び測定
RD18 筆界点座標値の計測及び点
検
補備測量（一筆地測量）に
おける計算及び筆界点の点検
RD19 実施者検査
筆界点座標値の計測及び点
検
RD20 認証者検査
受託法人検査
RD21 委託者検査
RD22 認証者検査

E 一筆地調査

地上法検査規程細則
地上法2項委託検査規程細則
と同じ

7

第1章 作業の流れ

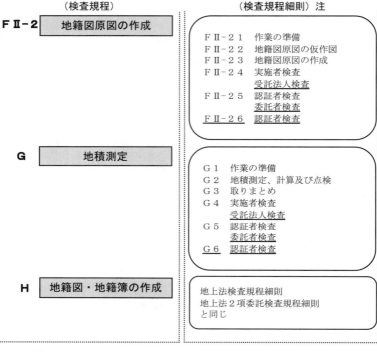

注：下線は、航測法2項委託検査規程細則の工程小分類名称を示す。

3 街区境界調査

Q4

当市は，地籍調査事業を再開しますが，休止した原因等を考慮して，来年度は街区境界調査を行うことを検討しています。この作業の流れを教えてください。

A 街区境界調査の作業工程は，前記【図1-1】のとおり街区境界調査検査規程細則及び街区境界調査2項委託検査規程細則に定められており，図に示すと次の【図1-4】のとおりです。

第 1　測量方式別・作業形態別の作業工程

【図 1-4】街区境界調査の作業工程

（検査規程）　　　　　　　　　　（検査規程細則）注

GA　計画・事務手続

GA 1　全体計画の作成
GA 2　関係機関との調整
GA 3　事業計画の策定・公表
GA 4　実施に関する計画の作成
GA 5　作業規程の作成
GA 6　国土調査の指定の公示・公表
GA 7　国土調査の実施の公示

GB　準　　備

GB 1　実施組織の確立
GB 2　補助申請
GB 3　作業班の編成又は外注先の選定
　　　委託先の選定
GB 4　推進委員会の設置
GB 5　趣旨の普及

GC　地籍図根三角測量

GC 1　作業の準備
GC 2　選点
GC 3　標識の設置
GC 4　観測及び測定
GC 5　計算
GC 6　点検測量
GC 7　取りまとめ
GC 8　実施者検査
　　　受託法人検査
GC 9　認証者検査
　　　委託者検査
GC10　認証者検査

GD　地籍図根多角測量

GD 1　作業の準備
GD 2　選点
GD 3　標識の設置
GD 4　観測及び測定
GD 5　計算
GD 6　点検測量
GD 7　取りまとめ
GD 8　実施者検査
　　　受託法人検査
GD 9　認証者検査
　　　委託者検査
GD10　認証者検査

第1章　Q1〜Q6

第1章　作業の流れ

（検査規程）		（検査規程細則）注

GE　一筆地調査

　　GE 1　作業の準備
　　GE 2　作業進行予定表の作成
　　GE 3　単位区域界の調査
　　GE 4　調査図素図等の作成
　　GE 5　現地調査等の通知
　　GE 6　市町村の境界の調査
　　GE 7　現地調査等
　　GE 8　取りまとめ
　　GE 9　実施者検査
　　　　　受託法人検査
　　GE10　認証者検査
　　　　　委託者検査
　　GE11　認証者検査

GFI　細部図根測量

　　GF I 1　作業の準備
　　GF I 2　選点及び標識の設置
　　GF I 3　観測及び測定
　　GF I 4　計算
　　GF I 5　点検測量
　　GF I 6　取りまとめ
　　GF I 7　実施者検査
　　　　　　受託法人検査
　　GF I 8　認証者検査
　　　　　　委託者検査
　　GF I 9　認証者検査

GF Ⅱ-1　街区境界測量

　　GFⅡ-11　作業の準備
　　GFⅡ-12　観測及び測定
　　GFⅡ-13　計算及び筆界点の点検
　　GFⅡ-14　実施者検査
　　　　　　　受託法人検査
　　GFⅡ-15　認証者検査
　　　　　　　委託者検査
　　GFⅡ-16　認証者検査

GF Ⅱ-2　街区境界調査図原図の作成

　　GFⅡ-21　作業の準備
　　GFⅡ-22　街区境界調査図原図の
　　　　　　　仮作図
　　GFⅡ-23　街区境界調査図原図の
　　　　　　　作成
　　GFⅡ-24　実施者検査
　　　　　　　受託法人検査
　　GFⅡ-25　認証者検査
　　　　　　　委託者検査

第 1　測量方式別・作業形態別の作業工程

第1章　Q1〜Q6

GFⅡ-26　認証者検査

GG　街区面積測定

GG1　作業の準備
GG2　街区面積測定、計算及び点検
GG3　取りまとめ
GG4　実施者検査
　　　<u>受託法人検査</u>
GG5　認証者検査
　　　<u>委託者検査</u>
<u>GG6</u>　<u>認証者検査</u>

GH　街区境界調査図・街区境界調査簿の作成

GH1　街区境界調査票の整理
GH2　街区境界調査図原図の整理
GH3　街区境界調査簿案の作成
GH4　実施者検査（閲覧前）
　　　<u>受託法人検査（閲覧前）</u>
GH5　閲覧
　　　<u>委託者検査（閲覧前）</u>
GH6　誤り等申出
　　　<u>閲覧</u>
GH7　数値情報化
　　　<u>誤り等申出</u>
GH8　認証申請関係書類の整理
　　　<u>数値情報化</u>
GH9　実施者検査（閲覧後）
　　　<u>受託法人検査（閲覧後）</u>
GH10　認証者検査
　　　<u>認証申請関係書類の整理</u>
<u>GH11</u>　<u>委託者検査（閲覧後）</u>
<u>GH12</u>　<u>認証者検査</u>

注：下線は、街区境界調査２項委託検査規程細則の工程小分類名称を示す。

11

第1章　作業の流れ

第2　地籍調査と街区境界調査との作業の違いなど

Q5

地籍調査と街区境界調査との作業の違いを教えてください。

A　**1　地籍調査の作業**

　　地籍調査の作業内容については，準則3条1項において，同項1号から4号までの4つに分類しています。

　同項1号は，国調法における地籍調査の定義規定である同法2条5項を前段と後段に区分して，同項の前段である「毎筆の土地について，その所有者，地番及び地目の調査」に，同項後段の「境界」を加えた調査を行う作業としています。

　この「境界の調査」を加えた趣旨は，わかる！国調法　Q&A17　（49頁）のとおり，国調法には「境界の調査」との明示はないものの，境界（準則3条1項2号において筆界と定義）に関する資料の現状から，地籍調査の作業を規定する準則において，「境界の調査」を地籍調査における作業（同条3項において一筆地調査と定義）の一つとして明示したものと思います。

　準則3条1項2号は，同項1号の調査，すなわち一筆地調査（E工程）に基づいて行う毎筆の土地の筆界の測量（地上法の場合：FⅡ-1工程。航測法の場合：RD工程）としています。

　同項3号は，同項2号の測量，すなわち一筆地測量（FⅡ-1工程等）に基づいて行う毎筆の土地の面積の測定（地積測定・G工程）としています。

　同項4号は，地籍図及び地籍簿の作成（H工程）としていま

す。

2　街区境界調査の作業

準則3条2項は，街区境界調査の作業の内容を，同条1項と同様に，1号から4号までの4つに分類しています。

同項1号は，街区内土地の所有者及び地番並びに街区境界の調査としています。

同項2号は，同項1号の調査，すなわち一筆地調査（GE工程）に基づいて行う街区境界の測量（GFⅡ-1工程）としています。

同項3号は，同項2号の測量，すなわち街区境界の測量（GFⅡ-1工程）に基づいて行う街区の面積の測定（街区面積測定・GG工程）としています。

同項4号は，街区境界調査図及び街区境界調査簿の作成（GH工程）としています。

3　地籍調査と街区境界調査との違い

(1)　調査する事項の違い

地籍調査と街区境界調査における一筆地調査について規定する準則3条1項1号と同条2項1号とにおいて，調査する事項の違いは，「地目の調査」です。

この違いの理由は，地目の調査について，後記第6章 Q&A145 の解説及びわかる！国調法の国調法2条5項の解説 ①(5)イ（41頁）のとおり，一筆の土地全体の利用状況を観察しますので，一筆の土地全体の範囲（どこからどこまでが一筆の土地であるか）を確認する必要があります。

街区境界調査は，街区境界の調査をしますが，街区境界に接しない筆界を調査しません（例えば，道路とこれに接する土地の筆

第1章　作業の流れ

界のうち，道路である街区境界と接する筆界は調査するが，道路に接しない筆界は調査しない。）。

　そうすると，一筆を構成する全ての筆界を調査しないため，一筆の土地全体の範囲も確認しないので，一筆の土地全体の利用状況を把握できないことから，街区境界調査では地目の調査をすることができません。

　したがって，地籍調査の一筆地調査について規定する準則3条1項1号には「地目の調査」が規定されているのに対し，街区境界調査の一筆地調査について規定する同条2項1号には「地目の調査」が規定されていないのです。

(2)　調査する筆の違い

　地籍調査と街区境界調査との違いは，地籍調査Webサイトの「関連法令」の「関連する規程・通知等」に街区境界手引が掲示されており，その手引2頁に，「通常の地籍調査では，対象区域の全ての土地について，その所有者，地番及び地目の調査を行うとともに，境界及び地積（面積）に関する測量を行います。一方，街区境界調査では，街区を構成する土地のうち，道路や水路等と接する土地について先行的にその所有者及び地番を調査するとともに，その土地と道路や水路等とが接する部分の境界に関する測量を行います。」とされています。

　そうすると，街区を構成する土地，すなわち準則3条2項1号にいう「街区内土地」であっても，道路や水路等（同号にいう「街区境界」）に接しない土地についてはその所有者及び地番を調査しないという説明です。

　この説明について，準則3条2項1号の条文に沿って，以下解説します。

14

第 2　地籍調査と街区境界調査との作業の違いなど

準則（昭和 32 年総理府令第 71 号）

（地籍調査の作業）

第 3 条　＜略＞

2　法第 21 条の 2 第 1 項（**注 1**）の規定に基づく調査及び測

量（＜略＞）の作業は，次の各号に掲げるとおりとする。

一　法第 21 条の 2 第 1 項に規定する一筆又は二筆以上の

土地（以下「街区内土地」という。）の①（**注 2**）所有者及び

地番並びに②街区内土地と同項に規定する街区外土地と

の境界（以下「街区境界」という。）の調査

（注 1） 原文は縦書きのため漢数字ですが，本書は横書きですので，

著者において，便宜上，算用数字にしています。

（注 2） 解説の便宜上，著者において符号を付しています（以下同

じ。）。

　準則 3 条 2 項 1 号は，上記のとおり，①街区内土地の所有者
及び地番の調査，②街区境界の調査の作業を規定しています。

　この①について調査する筆について，準則のみを一見すると
街区内土地の全ての土地の所有者及び地番を調査する作業であ
るとも読めますが，上記の街区境界手引が説明する街区を構成
する土地（街区内土地）のうち道路や水路等（街区境界）に接す
る土地（筆）のみを調査することについて，根拠法文を示し
て，次に解説します。

国調法（昭和 26 年法律第 180 号）

（街区境界調査成果に係る特例）

第 21 条の 2　……①一の街区（＜略＞）内に……所在する

……土地（②当該街区外にその全部が所在する土地（……以下

第 1 章　作業の流れ

……「街区外土地」という。）に隣接する土地に限る。）について，その所有者及び地番の調査並びに当該……土地と街区外土地との境界に関する測量のみを先行して行い，その結果に基づいて地図及び簿冊を作成することができる。

　国調法 21 条の 2 第 1 項は，上記のとおり，①の本文（括弧書きの外）のみでは街区内の土地について所有者及び地番の調査のみを先行して行うと規定していますが，この街区内土地のうち，②の括弧書きにおいて街区外土地に隣接する土地に限るとして調査する筆を限定しています。

　したがって，準則 3 条 2 項 1 号は，「（国調）法第 21 条の 2 第 1 項に規定する一筆又は二筆以上の土地（以下「街区内土地」という。）」として規定していることから，街区内土地の全ての土地（筆）ではなく，国調法 21 条の 2 第 1 項が規定する街区外土地に隣接する街区内土地に限ってその所有者及び地番の調査のみを先行して行うことを規定しているものです。

(3)　準則 3 条の見出し

　準則 3 条は，その見出しを「地籍調査の作業」としています。

　ただし，同条 1 項は国調法 2 条 5 項に規定する「地籍調査」の作業を，同条 2 項は国調法 21 条の 2 に規定する「街区境界調査」の作業を，それぞれ規定しています。

　街区境界調査が地籍調査であるのかの論点は，国調法の根拠法条が異なることから地籍調査ではないとする考え方と，街区境界調査は街区境界の調査・測量等を先行して行う特例であっても地籍調査の一種であるとの考え方があり得ます。

　地籍調査の制度府省は，準則 3 条の見出しを「地籍調査又は

第2　地籍調査と街区境界調査との作業の違いなど

街区境界調査の作業」としていないことからすると，街区境界調査は街区境界の調査・測量等を先行して行う地籍調査の一種であるとの考え方を採っているものと思います。

　いずれにせよ，街区境界調査を担当される方々は，準則3条の見出しは「地籍調査の作業」とされているものの，街区境界調査の作業についても規定されていることを認識しておく必要があります。

Q6

　地籍調査と街区境界調査における作業名の総称について教えてください。

A　前記 Q&A5 のとおり，地籍調査の作業は準則3条1項に，街区境界調査の作業は同条2項に，それぞれ規定されています。

　これらの作業のうち，一筆地調査と地籍測量とを同条3項において総称しています。

　これらを図に示すと，次の【図1-5】のとおりです。

第1章 作業の流れ

【図1-5】一筆地調査と地籍測量の作業区分

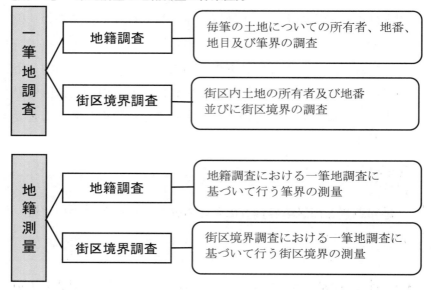

第 1　全体計画の作成（A1・GA1 工程）

第**2**章
計画・事務手続

第 1　全体計画の作成（A1・GA1 工程）

Q7

全体計画の作成について教えてください。

A　全体計画の作成は，前記【図 1-1】の各検査規程細則の
　　A1 又は GA1 の工程として定められています（以下，各検
査規程細則の工程は，単に A2，RD，GE，FⅡ-1，H 工程等と表記する。）。

　しかし，国調法には事業計画の策定（同法 6 条の 3 第 2 項。わか
る！国調法 101 頁）や実施に関する計画の作成（同法 6 条の 4 第 2
項。わかる！国調法 116 頁）について規定されていますが，全体計
画についての規定が見当たりません。

　また，準則においても，実施に関する計画の作成として，その
9 条から 12 条までに規定されていますが，全体計画の作成につ
いての規定は見当たりません。

　思うに，各検査規程細則にいう全体計画とは，国土調査事業十
箇年計画（以下「**十箇年計画**」という。）に基づく地籍調査に関する
都道府県計画を国土交通大臣に報告する書面（事務取扱要領別記様
式第 23。わかる！国調法 101 頁）に，①市町村の全面積や②国有林
野及び公有水面等で地籍調査の対象としない地域の面積を記載

19

第 2 章　計画・事務手続

し，さらに，次の【図 2-1】のとおり，国調法 19 条 5 項の規定に基づく国土調査の成果と同一の効果があるとする指定（以下「**19 条 5 項指定**」という。わかる！国調法 231 頁）や登記所備付地図作成作業（不登法 14 条 1 項地図がある地域も地籍調査の調査対象地域であるが（準則 7 条の 2, 16 条 2 項参照），当面は除外地域と考える。）の予定地区を除く③調査対象地域・面積を把握し，かつ，優先実施地域（わかる！国調法 12 頁）についての調査順位の方向性を定めるものと考えます。なお，街区境界調査後の地籍調査の実施地域について，市町村の全体面積が完了するまでの全体計画を作成することが理想ですが，地籍調査が完了するまで数百年が必要との市町村もあり，その間の土地開発による土地の利用状況の変化や測量技術の発展などによる地籍調査の手法が変更されることを考える

【図 2-1】地籍調査又は街区境界調査の実施対象地域

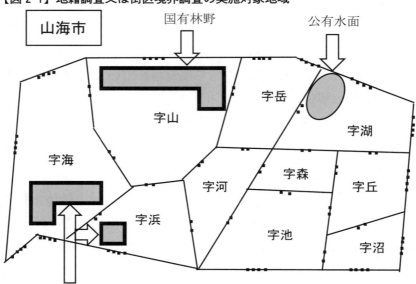

国調法19条5項指定地区又は登記所備付地図作成作業実施地区

と，当該十箇年計画ごとに全体計画を作成するのが，効率的であると思います（事務取扱要領別記様式第22の調査面積年度別区分欄に記載する程度の計画。わかる！国調法100頁）。

Q8

　山海市役所では，【図2-1】の市街地（字浜）を地上法により，山林部（字山）を航測法により，それぞれ地籍調査を行うことを検討しています。
　この計画の場合の留意点を教えてください。

A 　地上法と航測法の調査地域がある場合の留意点は，次のとおりです。

　市街地と山村部とでは精度区分（準則11条）が異なりますが，それぞれの区域に相応する精度区分における誤差の限度内で差し支えない取扱いです。航測法手引Ⅱ3（8頁）は，調査地域に航測法が適用される精度区分以外の地域が含まれるために併用法で地籍調査を実施する場合には当該地区については適切な精度区分や縮尺を適用するとしています。

　すなわち，山海市は人口10万人未満の市ですので，大都市（東京都区部，政令指定都市）又は中都市（人口10万人以上の市）ではありませんから（後記 Q&A28 ），山海市における市街地（字浜）の精度区分は原則として甲3となります。また，山海市における山林部は特段の開発が見込まれない区域とまではいえないとして，その山林（字山）の精度区分は原則として乙2となります（運用基準5条1項）。

　そうすると，山海市役所の計画が，字浜と字山を同一年度の同

第 2 章　計画・事務手続

一調査地域としているときは，市街地である字浜を地上法による
地籍測量（準則 37 条 1 項 1 号）として精度区分甲 3 を適用し，山
林である字山を航測法による地籍測量（同項 2 号）を実施する場
合には航測法手引Ⅱ 3 に基づき併用法による地籍調査（同項 3 号）
として精度区分乙 2 を適用することとなります。

　ここで問題となるのは，地籍測量の誤差の限度は，精度区分に
よって異なりますので（国調法施行令別表第 4)，字界（字浜と字山と
の境）の筆界についての誤差の限度は，どちらの精度区分を適用
するのかです（甲 3 であるのか，乙 2 であるのか）。

　山海市は，字浜と字山を同一年度に調査する計画ですので，そ
の字界の地籍測量を甲 3 で行うことに支障はないと思います。

　他方，字浜と字山との計画実施年度が異なる場合には，次のよ
うな問題が生じることになります。

　筆界点の位置誤差の公差について，上記別表第 4 は，甲 3 は
45cm，乙 2 は 150cm と規定しています。

　したがって，例えば，測量精度が低い山林の字山を令和 7 年度
に実施し，その地域内の公差による筆界点の位置誤差が乙 2 の誤
差の限度内である 100cm 以内の地籍図が作成された後，測量精度
が高い市街地の字浜を令和 8 年度以降に実施し，その地域内の公
差による筆界点の位置誤差が甲 3 の誤差の限度内である 45cm 以
内の地籍図が作成されます。

　この場合，字山と字浜との字界の土地の筆界点座標値は，令和
7 年度に実施した精度乙 2 の地籍測量によるものと令和 8 年度に
実施する精度甲 3 の地籍測量によるものの 2 つとなります。

　地籍調査においては，それぞれの地域における精度区分に相応
する誤差の限度内であれば，作成された成果である地籍図は，認

22

証される制度です（国調法 19 条 2 項）。このことは，測量には誤差があること，地域の状況によって測量の精度が異なる定めとしていることなど，地籍調査の制度設計のあり方に関することです。

とはいえ，1 つの筆界点において複数の座標値が生じること，字山の地籍図と字浜の地籍図が接合しないことが生じることの懸念があります。

さらに，上記の事例に限らず，例えば，土地区画整理事業等の地図と地籍図との接合土地相互の座標値が異なる，同じ地籍図であっても市町村合併前の地籍図作成年度の違いなどにより，地図上で接合しないなどの問題は，地籍測量の方式の違いによるものではなく，測量誤差の問題ではありますが，これら地図上の筆界点座標値が接合しないことの解消について，地籍調査，土地改良事業，土地区画整理事業等の制度府省において検討されることを期待しています。

いずれにせよ，地籍調査の実施主体は，実施計画を策定する際には，精度区分の違いも考慮する必要があると考えます。

第 2　関係機関との調整（A2・GA2 工程）

1 法務局との協議・依頼

Q9

Q7 の全体計画の作成において管轄登記所や公物管理者との事前協議及び 19 条 5 項指定対象事業者との調整が必要です。まず，法務局との事前協議や依頼について教えてください。

第2章　計画・事務手続

A　1　全体計画の作成における事前協議

　　地籍調査の実施計画や登記所備付地図作成作業の実施計画等について連絡・調整するための会議及び打合せ会を設置する通知があります（地籍調査連絡会議及び地籍調査事務打合せ会設置要領について（令和3年1月19日付け国不籍第379号国土交通省不動産・建設経済局地籍整備課長通知）法令集1085頁）。

　連絡会議においては，年1回以上開催し，都道府県職員から地籍調査の実施計画，筆界特定の申請予定等について，法務局・地方法務局の本局職員から登記所備付地図作成作業の実施計画等について，それぞれ連絡し打合せを行います（上記課長通知第2章）。

　また，事務打合せ会においては，年1回以上開催し，市町村職員から地籍調査の実施状況，登記情報及び地図情報の提供依頼予定等について，登記所職員から地籍調査成果の処理状況，登記官に協力を求めた事案の対応状況等について，それぞれ連絡し打合せを行います（上記課長通知第3章）。

2　登記官への協力依頼

　準則7条の2は，地籍調査に関し，登記所地図，筆界特定手続記録その他の登記所に備え付けられている資料との整合性を確保するため必要と認めるときに，管轄登記所の登記官に対し，必要な協力を求めることができると規定しています。

　例えば，地籍調査において調査した筆界の位置・形状と，登記所地図又は筆界特定図面等の登記所備付資料とで整合しないこととなる場合を想定した規定と思います。

　また，地籍調査の実施地域内において，広範囲にわたり登記所地図と現状とが著しく不整合である場合（いわゆる地図混乱地

24

第2　関係機関との調整（A2・GA2工程）

域）も準則7条の2の規定により登記官の協力を求めることができるものと考えます。

Q10

　地籍調査を行う市町村は，準則7条の2に規定する登記所に備え付けられている資料との整合性を確保する必要がなければ，登記官への協力依頼はできないのでしょうか？

A　いいえ。資料との整合性にとどまらず，広い範囲での協力を求めることができると考えます。

〈解説〉

　準則7条の2の条文のみでは質問のとおりとなりますが，運用基準2条の2が引用する通知（地籍調査の実施における法務局との連携について（令和2年9月29日付け国不籍第197号国土交通省大臣官房土地政策審議官通知）法令集1090頁）は，前記 Q&A9 の連絡会議への参加以外の事項として，例えば，地元説明会への出席，登記情報及び地図情報についての助言，筆界調査に当たっての助言，筆界案を作成するにつき困難を伴う場合の協力，成果案の閲覧者から誤り等申出（国調法17条2項・21条の2第4項）を受けた際の修正の要否に係る助言などについて，登記官の協力を求めることができるとされています。

　したがって，筆界等に極めて高い識見を有し（上記審議官通知1(2)イ(イ)参照），不動産登記の専門家（国土調査法に基づく地籍調査への協力について（令和2年9月29日付け法務省民二第750号法務省民事局長通達）2(4)参照。法令集1092頁）である登記官に対し，地籍調査

第2章　計画・事務手続

の円滑・迅速化に資する不動産登記に関連する広い範囲の助言及び協力を求めることができると考えます。

　以上のとおり，準則7条の2に規定する「登記所に備え付けられている資料との整合性を確保」については，その適用範囲を広く解釈できると考えます。

　なお，登記官に対する筆界調査や筆界案作成などへの協力については，後記第6章 Q&A137 Q&A138 等において解説します。

2 公物管理者との調整

Q11
公物管理者との調整について教えてください。

A　運用基準7条において，地籍調査の実施に当たり，以下の2つの通達を掲げ（当時の建設省，農林水産省，林野庁及び大蔵省に対し，当該省庁所管財産の筆界確認及び連絡調整について協力依頼したもの），関係機関及び関係部局との連絡調整等に努めるものとされています。

1　地籍調査事業の推進について（昭和54年2月7日付け54国土国第26号国土庁土地局長通達。法令集1062頁）
2　地籍調査事業の推進について（昭和54年3月9日付け54国土国第129号国土庁土地局長通達。法令集1082頁）

第2　関係機関との調整（A2・GA2工程）

3 19条5項指定の推進

Q12

19条5項指定対象事業者との調整に関し，この指定の推進について教えてください。

A 　運用基準4条1項が引用する通達が下記1のとおり発出されているほか（市町村及び都道府県の地籍調査関係機関は，換地を伴う土地改良事業及び土地区画整理事業の施行者（土地改良区等）と連絡を密にし，これら換地を伴う事業の確定測量成果について19条5項指定がされた場合の地籍調査の効率的実施に努め，これら事業の確定測量を兼ねた地籍調査を原則行わないことなど，地籍調査の調査地域を決定する際の調整について定めたもの），第6次の十箇年計画を踏まえた通知が下記2から4までのとおり，さらに，19条5項指定の申請について国土調査を行う者が測量及び調査を行った者に代わって行うことができることとされたことに伴い（国調法19条6項。わかる！国調法235頁参照），19条5項指定の申請手続に係る通知が下記5のとおり，国土交通省から発出されています。

1　換地を伴う土地改良事業及び土地区画整理事業と地籍調査との調整等について（昭和56年5月26日付け56国土国第198号国土庁土地局長通達。法令集736頁）

2　用地測量の成果を活用した地籍整備の推進について（平成24年3月9日付け国土籍第544号国土交通省土地・建設産業局地籍整備課長・国土用第45号同局地価調査課長通知。地方整備局向け。法令集1698頁）

第 2 章　計画・事務手続

3　用地測量の成果を活用した地籍整備の推進について（平成 25
　　年 3 月 13 日付け国土籍第 640 号国土交通省土地・建設産業局長通知。
　　自治体等向け。法令集 1746 頁）

4　民間事業者等の測量成果を活用した地籍整備の推進について
　　（平成 26 年 3 月 12 日付け国土籍第 306 号国土交通省土地・建設経済局
　　長通知。民間事業者等向け。法令集 1798 頁）

5　国土交通大臣宛ての国土調査法第 19 条 5 項の認証の申請の
　　手続について（令和 2 年 7 月 13 日付け国不籍第 57 号国土交通省不動
　　産・建設経済局地籍整備課長通知。地籍調査 Web サイト）

　なお，19 条 5 項指定対象事業者との調整とは関連しません
が，都道府県等が行う土地改良事業の確定測量成果については国
土交通大臣に申請することも可能とされています（都道府県等が行
う土地改良事業の確定測量に係る成果の認証申請（国土調査法第 19 条第 5
項）を国土交通大臣に申請することも可能とする取扱いの変更について
（令和 5 年 4 月 3 日付け国土交通省不動産・建設経済局地籍整備課長補佐
事務連絡）参照。公刊物未登載）。

第 3　事業計画の策定及び公表（A3・GA3 工程）

Q13

事業計画の策定及び公表について教えてください。

A　十箇年計画に基づく事業計画は，都道府県が，促進法 4 条
　　　　において読み替えて適用する国調法 6 条の 3 第 1 項の規定
により定めた十箇年計画全体の都道府県計画に基づき，関係市町

第 4 実施に関する計画の作成（A4・GA4 工程）

村又は土地改良区等（促進法施行令 1 条）と協議し，毎年度，当該年度における事業計画を定めます（国調法 6 条の 3 第 2 項。わかる！国調法 101 頁参照）。

　上記により定めた事業計画は，都道府県知事が，公表するように努めなければならないとともに，事業計画に計上した市町村及び土地改良区等に通知しなければなりません（国調法 6 条の 3 第 5 項。わかる！国調法 110 頁参照）。

　なお，事業計画の策定等を規定する国調法 6 条の 3 は，いわゆる任意方式により行う地籍調査（都道府県が行う地籍調査においては同法 5 条 2 項，市町村又は土地改良区等が行う地籍調査においては同法 6 条 1 項）について規定していませんので，任意方式による地籍調査の場合には，都道府県は，市町村又は土地改良区等と協議して事業計画を策定等する必要がありません。

第 4 実施に関する計画の作成（A4・GA4 工程）

1 実施に関する計画の作成

Q14

実施に関する計画の作成について教えてください。

A　市町村等は，前記第 3 の事業計画に基づき地籍調査を行います（国調法 6 条の 4 第 1 項）。この地籍調査を行う場合には，あらかじめ実施に関する計画（以下「**実施計画**」という。）を作成して，都道府県にあっては国土交通大臣に，市町村又は土地改

第2章　計画・事務手続

良区等にあっては都道府県知事に，それぞれ届け出なければなりません（同条2項）。

　一部の市町村で実施されている任意方式による地籍調査についての実施計画は，国調法6条1項の規定によるものであり，準則9条1項には同条2項に規定する「法第6条の3第2項の規定により定められた事業計画」との規定がされていませんので，準則9条1項のみが適用され，同条2項は適用されません。

　これに対し，特定計画（国調法6条の2）又は十箇年計画（促進法3条）による地籍調査についての実施計画は，国調法6条の3第2項又は促進法4条の規定により読み替えて適用する国調法6条の3第2項の規定による事業計画に基づくものですから，準則9条1項に掲げる事項について定めて作成するほか，同条2項の規定も適用されます。ただし，特定計画は促進法の制定により現在において計画されていないことから（わかる！国調法96頁参照），準則9条2項は実際には十箇年計画による地籍調査のみに適用されていますので，以下，特定計画の解説は省略し，十箇年計画の関係のみを解説します。

　準則9条2項に規定により，十箇年計画による地籍調査における実施計画は，当該十箇年計画による事業計画に従って作成しなければなりません。

　この準則9条2項に基づく実施計画は促進法4条が読み替えて適用する国調法6条の3第2項の規定により定められた事業計画に従って作成しなければならないと規定しているのに対し，準則9条1項に基づき作成する実施計画には事業計画に従って作成するとの規定ではありません。

　この違いは，任意方式による地籍調査は，その実施主体の任意

30

第4 実施に関する計画の作成（A4・GA4工程）

により行うものであるとの趣旨によるものです（都道府県が任意方式により行う地籍調査については国調法5条。市町村又は土地改良区等が任意方式により行う地籍調査については同法6条。各検査細則別表1備考欄のA3又はGA3の工程参照）。

これら事業計画と実施計画との関係を図に示すと，次の【図2-2】のとおりです。

【図2-2】実施方式（任意・特定・十箇年計画）別事業計画及び実施計画

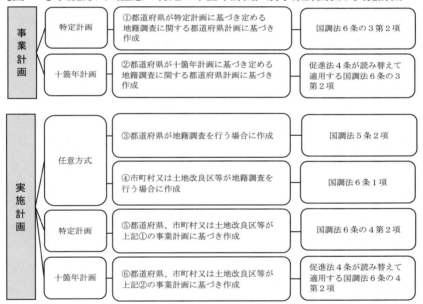

Q15

任意方式による地籍調査における実施計画の作成について教えてください。

第2章　計画・事務手続

A 　任意方式による地籍調査については，前記 **Q&A14** のとおり，その実施主体の任意により行うものですから，国調法において都道府県が事業計画を作成する規定が定められていませんので（前記【図2-2】参照），実施計画において（都道府県が行う地籍調査については国調法5条2項。市町村又は土地改良区等が行う地籍調査については同法6条1項），後記 **Q&A16** の十箇年計画による国調法施行令8条に定める事項が規定されているのとは異なり，政令に定める事項が規定されていません。

　そこで，任意方式による地籍調査を行う者は，省令である準則9条1項各号に掲げる事項について実施計画を作成することになります。

　この同項各号に掲げる事項について，以下解説します。

　なお，任意方式とはいえ，作成した実施計画について，都道府県は国土交通大臣に（国調法5条2項），市町村又は土地改良区等は都道府県知事に（同法6条1項），それぞれ届け出なければなりません。

　したがって，任意方式による地籍調査の実施計画においても，十箇年計画による地籍調査の実施計画の作成と同じ考え方に基づき，以下解説します。

1　調査地域及び調査面積（準則9条1項1号）

（1）調査地域

　調査地域は，当該年度に実施しようとする単位区域（準則10条3項）の名称を定めます（事務取扱要領別記様式第25の別紙(1)記載要領2。わかる！国調法115頁）。

（2）調査面積

　調査面積は，当該年度に実施しようとする単位区域別の全体

第 4　実施に関する計画の作成（A4・GA4 工程）

面積を定めます。なお，事務取扱要領別記様式第 25 の別紙(1)記載要領 4 は，全体面積及び地帯別面積としています（地帯別面積については，わかる！国調法 Q&A26 （121 頁）参照）。

2　調査期間（同項 2 号）

調査期間は，当該年度内における当該地籍調査を行う期間を定めます（事務取扱要領別記様式第 25 の別紙(1)記載要領 5。詳しくは，わかる！国調法 Q&A27 （123 頁）参照）。

3　精度及び縮尺の区分（同項 3 号）

精度区分は調査地域において適用される精度区分（甲 1〜乙 3）を，縮尺区分は作成する地籍図の縮尺を定めます（事務取扱要領別記様式第 25 の別紙(1)記載要領 6。わかる！国調法 Q&A28 （123 頁）参照）。

4　地籍測量の方式（同項 4 号）

地籍測量の方式は，地上法，航測法，併用法のいずれかを定めます（準則 37 条 1 項。事務取扱要領別記様式第 25 の別紙(1)記載要領 7）。

5　作業計画（同項 5 号）

作業計画について，実施計画における事務取扱要領別記様式第 25 の別紙(1)は調査を必要とする理由・実施工程・経費算出の内訳としていますが，準則においては単位区域ごとの単位作業別の計画を定めます（準則 12 条 1 項）。

Q16

　十箇年計画に基づく地籍調査における実施計画の作成について教えてください。

第 2 章　計画・事務手続

A　十箇年計画により市町村又は土地改良区等が地籍調査を行う場合は，促進法 4 条が読み替えて適用する国調法 6 条の 3 第 2 項の規定により都道府県の定めた事業計画に従って（準則 9 条 2 項），準則 9 条 1 項各号に掲げる事項についての計画を定めて，実施計画を作成します。

　この準則 9 条 1 項各号のうち，調査地域，調査面積及び調査期間（同項 1 号及び 2 号）は，実施計画を作成するに当たって従うべき事業計画に定められています（国調法施行令 8 条 3 号〜5 号）。

　そうすると，これらの調査地域，調査面積及び調査期間は，実施計画を作成する時点で既に事業計画として定められていますので，実施計画には事業計画の調査地域，調査面積及び調査期間を引き写すことになります。

　したがって，事業計画を定める際の都道府県と市町村又は土地改良区等との協議が肝要です（わかる！国調法において「事業ヒアリング」と呼称した協議のことであり，詳しくは同書 101 頁以下参照）。

　そして，上記調査地域，調査面積及び調査期間以外の準則 9 条 1 項に掲げる事項である精度及び縮尺区分（同項 3 号），地籍測量の方式（同項 4 号）及び作業計画（同項 5 号。準則 12 条 1 項）については，十箇年計画における実施計画を定める国調法 6 条の 4 第 2 項及び国調法施行令において規定されていませんが，前記 **Q&A15** のとおり事務取扱要領別記様式第 25 の別紙(1)記載要領に従って実施計画に定めることとなります。

　なお，事業計画には準則 9 条 1 項各号に掲げる事項のほか，導入する効率的調査方法の内容を定めることとされています（国調法施行令 8 条 6 号。わかる！国調法 **Q&A21**（106 頁）参照）。

　準則 9 条 2 項の「事業計画に従つて作成」と規定する範疇が判

34

第4　実施に関する計画の作成（A4・GA4 工程）

然としていませんが，事業計画に定めた導入する効率的調査方法の内容によって，実施計画の作成後に作成する作業進行予定表（準則 13 条）の作成に影響があることから，導入する効率的調査方法の内容も実施計画に引き写すのが望ましいと考えます。

2 実施計画に定める調査地域の決定基準

Q17

実施計画に定める調査地域の決定基準を教えてください。

A 　実施計画に定める調査地域（準則9条1項1号前段）を決定する基準は，準則 10 条に規定されています。

1 原則

準則 10 条 1 項本文は，市町村の区域を調査地域とすることを原則としています。

そして，前記 **Q&A7** のとおり，市町村の区域内に国有林野及び公有水面等がある場合には，これらの国有林野等を除きます（十箇年計画の脚注2。法令集 15 頁）。

また，準則 16 条が調査図素図は登記所地図により作成すると規定していますが，当面は，地籍調査以外の成果により地籍の明確化が図られている地区（19 条5項指定の地区，登記所備付地図作成作業実施地区）も調査地域から除くものと考えます（地籍調査 Web サイト＞地籍調査の実施状況＞全国の地籍調査の実施状況の表欄外3参照）。

準則 10 条 1 項本文が規定する原則に基づき，これら除外地

第2章　Q7〜Q43

35

第 2 章　計画・事務手続

区を除いた調査地域は，前記【図 2-1】のとおりです。

　なお，19 条 5 項指定に係る調整については，前記 Q&A12 を参照願います。

2　十箇年計画の場合

　準則 10 条 1 項本文の規定では，山海市の調査地域は，前記【図 2-1】のとおり，原則として山海市の区域のうち，字山の国有林野，字湖の公有水面，字海及び字浜の 19 条 5 項指定の地区又は登記所備付地図作成作業実施地区を除く地域とすることになります。

　この地域を山海市の調査地域とするものの，会計年度を考えると単年度で調査地域を実施することは，予算のほか，作業班（準則 7 条）の構成人数等から考えると困難な場合がほとんどであることから，特定計画又は十箇年計画による場合として，準則 10 条 1 項ただし書が規定されているものと思います。

　そこで，当該市町村の区域内の調査対象地域を選定した上で（準則 10 条 1 項本文），十箇年計画による事業計画に従って実施計画を作成する際には，作業班の構成人数（準則 7 条）や優先実施地域（土地区画整理事業等の実施により地籍が一定程度明らかになっている地域及び大規模な国・公有地等の土地取引が行われる可能性が低い地域を除いた地域。十箇年計画の脚注 1。法令集 14 頁）を考慮して，準則 10 条 1 項ただし書に基づき一会計年度において地籍調査を実施しようとする区域を調査地域とします。

　これは，実施計画を作成する前提である事業計画は，促進法 4 条が読み替えて適用する国調法 6 条の 3 第 2 項において，毎年度ごとに当該年度の計画を作成しなければならないこととの整合によるものと思います（事業計画については，わかる！国調法

第4　実施に関する計画の作成（A4・GA4工程）

101頁参照）。

　十箇年計画の場合の調査地域を図に示すと，次の【図2-3】のとおりです。

【図2-3】十箇年計画における調査地域

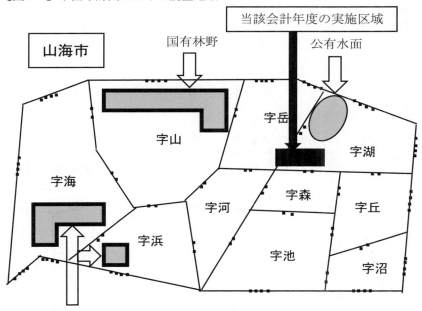

国調法19条5項指定地区又は登記所備付地図作成作業実施地区

　山海市の十箇年計画による令和8年度事業計画の調査地域が字岳の一部及び字湖の一部であるときは，一会計年度（令和8年度）において地籍調査を実施しようとする実施計画の調査地域も，準則9条2項の規定により，同事業計画に従った，すなわち事業計画と同じ字岳の一部及び字湖の一部となります。

第 2 章　計画・事務手続

> **Q18**
> 土地改良区等が実施計画に定める調査地域の決定基準を教えてください。

A　2以上の市町村の区域にわたる区域を所管する土地改良区等が地籍調査を行う場合には、2以上の市町村の区域にわたる区域を調査地域とすることができるとされています（準則10条2項）。

これを図に示すと、次の【図2-4】とおりです。

【図2-4】2以上の市町村を所管する土地改良区等における調査地域

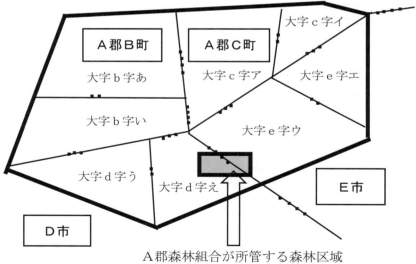

38

第4　実施に関する計画の作成（A4・GA4 工程）

　上記【図 2-4】のとおり，A 郡 B 町大字 d 字え及び C 町大字 e 字ウにわたる森林区域を所管する A 郡森林組合は，市町村の区域を調査地域とする準則 10 条 1 項の規定にかかわらず，同条 2 項の規定により B 町及び C 町の区域にわたる区域を調査地域とすることができます。

　準則 10 条 2 項の条文が「できる」との任意規定であるのは，一体的に地籍調査を実施することが効率的で経済的である一方，A 郡森林組合は B 町及び C 町との協議が必要であることから強行規定は好ましくないことを考慮したものと思います。

Q19
調査地域は，どのような単位で決定するのでしょうか？

 調査地域は，地番区域の単位により決定します。

〈解説〉

　調査地域は，原則として，地番区域（不登法 35 条）を 1 つの単位区域として決定します（準則 10 条 3 項本文）。

　また，地番区域が狭い場合には複数の地番区域を 1 つの単位区域とすること，地番区域が広い場合には地番区域の一部を 1 つの単位区域とすることができます（同項ただし書前段）。

　さらに，その他必要な場合にも同様な単位区域とすることができるとしています（同項ただし書後段）。このその他必要な場合には，予算事情や人員体制も含まれていると思います。

第 2 章　計画・事務手続

Q20

準則 10 条 3 項が引用する不登法 35 条の地番区域について教えてください。

A　準則 10 条 3 項が引用する不登法 35 条は，地番の付し方を規定する条文です（法令集 2076 頁）。不登法 35 条は，地番を付すべき区域を定め，一筆の土地ごとに地番を付さなければならないと規定し，この地番を付すべき区域を「地番区域」と定義しています。

　地番区域の具体的な定め方を規定するのは，準則と同じ省令レベルである不登規則 97 条です（法令集 2107 頁）。不登規則 97 条は，「地番区域は，市，区，町，村，字又はこれに準ずる地域をもって定める」としています。

Q21

原則である 1 つの地番区域を単位として調査地域を決定すると，どのような単位区域になりますか？

A　1 地番区域＝1 単位区域となります。

〈解説〉

　前記 Q&A17 において解説した調査地域の決定原則は，市町村の区域とされていますので，この規定に従い，調査地域を前記 Q&A20 の不登規則 97 条に規定する字又はこれに準ずる地域である地番区域ごとに 1 つの単位区域に区分すると，次の【図

40

2-5】のようになります。

【図 2-5】1 地番区域＝1 単位区域の原則

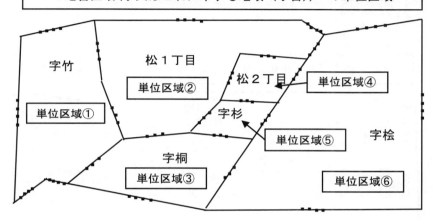

Q22

松竹市は，各地番区域の面積がまちまちです。どのように単位区域を決定したらよいでしょうか？

 地番区域の面積に応じた単位区域の決定が可能です。

〈解説〉

　松竹市は，前記【図 2-5】のとおり，松 2 丁目（単位区域④）と字杉（単位区域⑤）の地番区域が狭く，字桧（単位区域⑥）の地番区域が広いので，準則 10 条 3 項ただし書の規定に基づき，地番区域の狭い松 2 丁目と字杉の複数の地番区域を 1 つの単位区域と

第2章　計画・事務手続

し，地番区域が広い字桧の場合には地番区域の一部を1つの単位区域とすることができます。

これらを図に示すと，次の【図2-6】のとおりです。

【図2-6】1地番区域＝複数単位区域等（図2-5の例外）

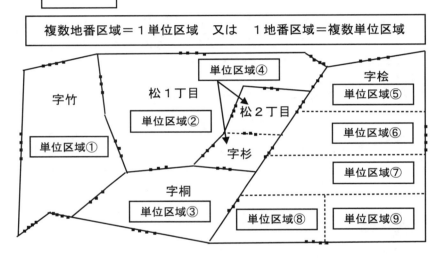

Q23

　果樹市役所は，令和8年度から十箇年計画による地籍調査を実施します。

　令和8年度の事業計画において，優先実施地域を早期に行う観点から次の【図2-7】の調査地域が定められています。この場合の単位区域は，いくつとなるのでしょうか？

第 4　実施に関する計画の作成（A4・GA4 工程）

【図 2-7】十箇年計画における単年度の単位区域の数え方

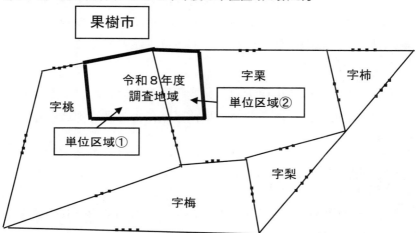

A　2 つの単位区域による調査地域となります。

〈解説〉

　果樹市役所に限らず，ほとんどの市町村においては，十箇年計画による地籍調査を行っていることから，準則 10 条 1 項ただし書及び同条 3 項ただし書に基づく単位区域による調査区域を定めることが多いと思います。

　まず，準則 10 条 1 項ただし書は，促進法 4 条が読み替えて適用する国調法 6 条の 3 第 2 項の十箇年計画の場合には，一会計年度（本問においては令和 8 年度）において地籍調査を実施しようとする区域を調査区域とすると規定していますので，上記【図 2-7】の太線内の区域が調査地域となります。

　そして，単位区域の個数を規定する準則 10 条 3 項ただし書には，狭い地番区域をまとめて 1 つの単位区域とすることができる

第 2 章　計画・事務手続

こと又は広い地番区域を分けてその一部を 1 つの単位区域とすることができることは規定されていますが，接続するものの地番区域の異なる区域の一部ずつを 1 つの単位区域とすることの規定は設けられていません。

　そうすると，果樹市役所の令和 8 年度の調査地域は，字桃の一部及び字栗の一部である 2 つの単位区域による調査地域となるものと考えます。

Q24

干支町役場は，令和 9 年度において次の【図 2-8】の調査地域とする計画ですが，規定上の支障がありますか？

【図 2-8】一地番区域内で隣接しない調査エリアを単年度に実施することの可否

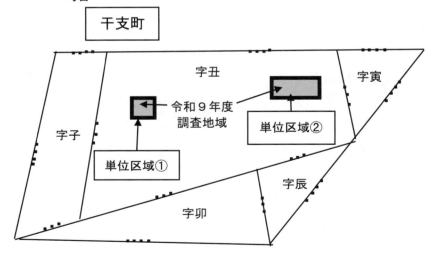

第4　実施に関する計画の作成（A4・GA4工程）

A 規定上では許さないとの定めがありませんが，効率性・経済性から好ましくないと考えます。

〈解説〉

調査地域を2つの調査エリアに分けて実施することは規定上特に問題はないとの見解があります（國見ほか準則解説47頁）。

しかしながら，優先実施地域（前記 Q&A17 2参照）が他の調査対象地域にあるにもかかわらず，上記【図2-8】の設定は非効率で不経済な調査地域となり，十箇年計画による地籍調査においては，接続しないエリアを一会計年度における調査地域とする合理的な理由がない限り避けるべきと考えます（都道府県計画等については，わかる！国調法99頁以下参照）。

Q25

十箇年計画による地籍調査においては，調査地域の設定について市町村の区域内のうち一会計年度において地籍調査を実施しようとする区域とし（準則10条1項ただし書），その調査地域は地番区域ごとに区分した単位区域とすることを原則とし（同条3項本文），地番区域が狭い又は広い場合その他必要な場合には単位区域の設定単位をこれに従うことなく設定できるとされています（同項ただし書）。

この「その他必要な場合」とは，どのような場合でしょうか？

A 地籍調査担当者の人員なども，その他必要な場合に含まれると思います。

第2章　Q7〜Q43

第 2 章　計画・事務手続

〈解説〉

　準則 10 条 3 項ただし書は，地番区域の狭広という当該調査対象地域面積を考慮した一地番区域一単位区域との原則の例外を規定しています。

　これ以外の「必要な場合」には，準則 7 条が「単位区域……を考慮して作業班を編成」と規定していますので，逆に，作業班の編成（地籍調査担当者の人員）を考慮して，単位区域を設定することも必要であると考えます。

　そうすると，準則 10 条 3 項ただし書の「その他必要な場合」には，人的事情や予算事情も含まれると思います。

Q26

　調査地域の決定に際し，単位区域と地番区域との関係で留意する点を教えてください。

A　運用基準 4 条 2 項に「地番区域としての字又は大字の区域の調整について」昭和 29 年 10 月 26 日付け審計土第 158 号経済審議庁計画部長通達（以下「**158 号部長通達**」という。法令集 738 頁）が引用されています。

　この 158 号部長通達は，地番区域相互間の境界が明確でないなど地番区域として適正でないものがあるときに，字界変更等をする場合には，当該市町村議会の議決を経た告示により字界変更等の効力が発生し（地方自治法 260 条 3 項。法令集 2066 頁），土地台帳（現在の登記簿の表題部）の字の変更等がされることから，地籍調査（一筆地調査）の実施時期との調整について留意することを定めたものです。

第4　実施に関する計画の作成（A4・GA4 工程）

　なお，158 号部長通達は，昭和 20 年代の土地区画整理に係る区域界と地番区域界との不明確化，不整形や狭小又は広大な地番区域が存在するなどの背景事情を踏まえて発出されたものであり，当時の状況は約 70 年の経過により相当の解消が図られているものと思います。

　現在においては，158 号部長通達に従い，字の変更等と一筆地調査との実施時期の調整は，例えば，下記【図 2-9】のように，新設する道路や水路等の長狭物（準則 28 条）によって地番区域が分断され，地番について土地の位置が分かりにくくなったなどの場合であると思います（地番変更の処理については，後記第 6 章 Q&A144 2(6)参照）。

　下記【図 2-9】は，字菊及び字蘭を地番区域とする花園町において（上左①図），双方の字を分断する道路を新設し分筆の登記嘱託をする場合，字菊 5 番の土地及び字蘭の 100 番の土地の分筆後の地番が土地の位置について分かりにくくなり，また，新設道路の敷地が異なる地番区域であるため合筆の登記ができず（準則 25 条。わかる！国調法の国調法 32 条の解説②(1)エ（349 頁）参照。上右②図），他の地番区域の長狭物がその側線を字界としていることから，花園町議会が 158 号部長通達に従い一筆地調査前に字界変更の効力が発生するように調整した上で地方自治法 260 条 1 項の規定により字の区域を変更し，登記簿の地番が登記官の職権で変更登記され（下左③図。不登準則 59 条。法令集 2119 頁），地籍調査担当者が一筆地調査において新設道路の敷地である字菊 5-2 と 5-4 との合併調査（準則 25 条）を行うことを示したものです（下右④図）。

第2章　Q7〜Q43

47

第 2 章　計画・事務手続

【図 2-9】字界変更を要する事例

花園町

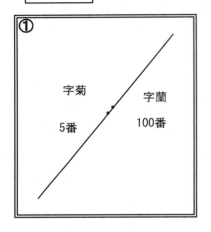
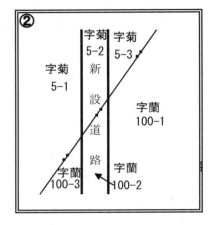
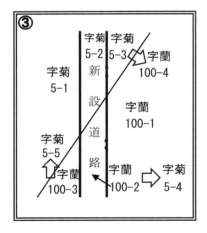
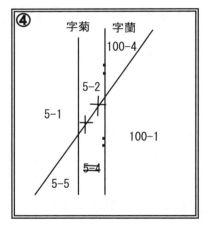

第4 実施に関する計画の作成（A4・GA4工程）

3 実施計画に定める精度区分

Q27

実施計画に定める精度区分について教えてください。

A 実施計画に定める精度区分は，国調法施行令別表第4（法令集59頁）に定める区分によって定めるものとされています（準則11条）。

この別表第4は，甲1から乙3までの精度区分ごとの誤差の限度区分を定めています（同表の備考一参照）。

実施計画には，国調法施行令別表第4に定められている精度区分の甲1から乙3までの6つの区分のうち，いずれかの精度区分を定め（例：甲2），これを記載します（実施計画における精度区分の記載要領は，わかる！国調法115頁の別紙(1)注釈6）。

そこで，どの精度区分とするかの原則が，運用基準5条1項に規定されています。

例えば，調査地域である単位区域が中都市の市街地区域である場合には，甲2の精度区分とすることが定められています。

Q28

運用基準5条1項において，原則として，大都市の市街地は甲1とし，中都市の市街地は甲2とすることなどが定められていますが，どのような都市が大都市であるのかについて，地籍調査の関係法令を調べましたが見当たりません。

地籍調査を実施しようとする市が，大都市なのか，中都市

第 2 章　計画・事務手続

> なのか，それ以外の市街地なのか，精度区分を決定するための都市規模基準はありますか？

 地籍調査の関係法令には，大都市等の定義規定は見当たりません。

〈解説〉

　大都市や中都市とは，こうであるといった一律に定義を示してしまうと，当該都市の状況やその隣接地域の状況は千差万別ですので，不都合が生じることがあるため，運用基準5条1項は「原則として」と，ある程度の目安を規定したものと思います。

　したがって，事業ヒアリング（わかる！国調法101頁参照）や予算ヒアリング（わかる！国調法103頁参照）において了承される精度区分の設定根拠・妥当性を説明できるものであればよいと考えます。

　なお，以下の都市規模設定の考え方を運用基準は引用していませんが，参考にご紹介します。

　総務省の都市規模設定の考え方によれば（平成16年6月），総務省が各種統計に用いている都市規模の設定に準ずるとして，
　・大　都　市：東京都区部，政令指定都市
　・中都市①：人口30万人以上の都市
　・中都市②：人口30万人未満10万人以上の都市
　・小　都　市：人口10万人未満の市
　・町　　　村：町，村
との指標を示しています。

第 4　実施に関する計画の作成（A4・GA4 工程）

Q29

　精度区分を甲 3 とする区域について，運用基準 5 条 1 項は「（大・中都市）以外の市街地」「村落」「整形農用地」としていますが，この市街地と村落とは，どのような区域を指しているのでしょうか？

A　前記 Q&A28 と同様に，地籍調査の関係法令には，市街地等の定義規定は見当たりません。

〈解説〉

　これも前記 Q&A28 と同様に一律に定義を示してしまうと，不都合が生じることからと思います。

　参考ですが，地図の縮尺を定める不登規則 10 条 2 項（法令集2098 頁）は，「市街地」とは主に宅地が占める地域及びその周辺の地域をいい，「村落・農耕地域」とは主に田，畑又は塩田が占める地域及びその周辺の地域をいうと規定しています。

　そうすると，運用基準にいう「市街地」とは宅地がほとんどの状況の地域を，「村落」とは農地がほとんどの中に家屋が点在する状況の地域を，それぞれ指しているものと思います。

4　実施計画に定める縮尺区分

Q30

　実施計画に定める縮尺区分について教えてください。

第 2 章　Q 7 ～ Q 43

51

第 2 章　計画・事務手続

A　実施計画に定める縮尺区分は，国調法施行令 2 条 1 項 9 号
　　に定める区分によって定めるものとされています（準則 11
条）。

　この国調法施行令 2 条 1 項 9 号（法令集 25 頁）は，地籍図及び
街区境界調査図の縮尺について，調査地域の利用状況（地目）か
ら 3 つに区分しています。

　国調法施行令 2 条 1 項 9 号に規定する縮尺の範囲内において
（例：田が主として占める地域の場合の縮尺は，500 分の 1，1,000 分の 1 又
は 2,500 分の 1），前記 Q&A28 の都市規模に応じて，調査地域の
単位区域ごとの各筆の面積の中央値によって，「原則として」250
分の 1 から 5,000 分の 1 までの 5 つの縮尺区分のうちから定めま
す（運用基準 5 条 2 項）。

　この運用基準 5 条 2 項が「原則」としているのは，例えば，棚
田や谷地田の区域で 1 つの田（筆）の面積が狭い場合に，国調法
施行令 2 条 1 項 9 号が定める 500 分の 1 の縮尺による地籍図とし
たとしても地番の記載が一筆地を表す図形内に表示できない土地
が多くなるなどの支障があるため（図作成要領第 8。法令集 1307 頁
参照），原則を維持しつつ，必要に応じた例外を許容しているも
のと思います。

Q31

　運用基準 5 条 2 項の各筆の面積の「中央値」とは，どのよ
うに求めるのでしょうか？

A　調査地域の単位区域ごとに各筆の面積の中央値を求めます。

第4　実施に関する計画の作成（A4・GA4 工程）

〈解説〉

　単位区域の単位である地番区域が2つの場合（前記【図2-7】）は，2つの単位区域ごとの各筆の面積の中央値を求めます。

　また，前記【図2-8】は，同一地番区域内ですが，この場合も単位区域は2つであると考えますので，各単位区域の各筆の面積の中央値を求めても差し支えないと考えます。この考え方の解説は，わかる！国調法 Q&A26 （121頁）を参照願います。

　「中央値」とは，各筆の面積の平均値（全ての筆の面積の総和を筆数で除算（割り算）した面積）ではありません。

　面積の狭広順に並べて，真ん中の順位になる土地の面積を抽出して，その面積を中央値とします。

　具体的な中央値の求め方は，単位区域の1筆ごとの調査前面積を例えば小さい順に並べて，その順位の真ん中になる面積（中央値）を，運用基準5条2項の数値に当てはめて，該当する縮尺を決定します。

　調査前面積は，登記簿（地籍調査票の地籍調査前の土地の表示）の地積です（宅地及び鉱泉地又は10㎡未満の土地は小数点第2位まで（例：105.66㎡），宅地及び鉱泉地以外の10㎡を超える土地は小数点以下なし（例：106㎡），不登規則100条。法令集2107頁）。

　例えば，中央値が150.88㎡のときには，宅地が主として占める地域の縮尺は，250分の1となります。

　なお，単位区域の調査前筆数が500筆や1,000筆といった偶数の場合には，その真ん中の筆は250番目と251番目の筆や500番目と501番目の筆といった2つの筆となりますので，この2つの筆の平均面積を中央値とします（下記【図2-10】参照）。

第 2 章　計画・事務手続

【図 2-10】各筆の面積の中央値抽出表

中 央 値 抽 出 表

順位	地番	面積	説　　明
1	123-8	105.66	
2	567-3	105.78	
3	364	106	単位区域の総筆数が501筆の場合に
・	・	・	は、面積の小さい順に並べて真ん中に
・	・	・	なる251番目の順位の367－5の土地の
・	・	・	面積150．88㎡が中央値となります。
250	234-7	150.77	
251	367-5	150.88	単位区域の総筆数が500筆の場合に
・	・	・	は、面積が小さい順に並べて真ん中に
・	・	・	なるのは250番目と251番目の土地です
・	・	・	ので、この２つの面積の平均である
499	334-2	315	150.82㎡が中央値となります。
500	213-5	321.68	
501	138-4	331.64	

中央値

Q32

　各筆の面積の「中央値」について，街区境界調査図は一筆地ごとの形状を表示しないので問題は生じませんが，地籍図の場合には地籍図の縮尺によって一筆地ごとの形状表示に影響があります。

　運用基準５条２項が平均値ではなく中央値としている理由を教えてください。

A　平成14年3月14日付け国土国第590号国土交通省土地・水資源局長通知による全部改正前の運用基準（昭和61年11月18日付け国土国第488号国土庁土地局長通達。以下「**旧運用基準**」と

54

第4　実施に関する計画の作成（A4・GA4 工程）

いう。）5条2項も現行の運用基準5条2項の規定と同じ中央値に
よるものとしています。

　旧運用基準が制定された昭和60年代は、現在のように、都市
部における地価高騰による土地の細分化が激しくなく、宅地1筆
の面積に極端な差がなく、農地部においても圃場整備による農地
集団化が経過段階で農地1筆の面積も極端な差がなかったことか
ら、中央値と平均値とで大差が生じることがなく、また、単位区
域の総筆数について面積を積算するソフトウェアも普及されてい
なかったことから、地籍調査の計画策定事務の負担を考慮したも
のと思います。

　すなわち、前記【図 2-10】の単位区域の総筆数が 501 筆の場
合、中央値は調査前面積の狭い順から 251 番目の土地の面積です
ので、252 番目から 501 番目の土地の面積を一覧表にする必要も
なく、501 筆の総面積を積算する必要がないという事務軽減です。

　なお、地籍調査の制度府省においては、旧運用基準が制定され
てから約 40 年が経過した現時点においても、中央値を採用して
いることの妥当性の検証をされることを期待しています。

5　実施計画に定める作業計画

Q33

実施計画に定める作業計画について教えてください。

A　1　単位区域ごとの定め

　　作業計画は、単位区域（準則 10 条3項）ごとに定めます

55

第 2 章　計画・事務手続

（同 12 条 1 項前段）。

　したがって，単位区域が複数の場合には，それぞれ作業計画
を定めることになります。例えば，前記果樹市役所における令
和 8 年度の調査地域【図 2-7】では，1 つの作業班であっても
（準則 7 条），字桃の一部と字栗の一部の 2 つの単位区域ごとに
作業計画を定めることになります。

2　単位区域ごとの定め

　作業計画は，上記 1 のとおり単位区域ごとに，かつ，単位作
業別に定めます（準則 12 条 1 項後段）。この単位作業について，
同条 2 項前段が次の 4 つの作業をいうと定義しています（同条
2 項前段）。

(1)　一筆地調査

(2)　地籍測量

(3)　地積測定

(4)　地籍図及び地籍簿（街区境界調査図及び街区境界調査簿）の作成

　そして，上記(2)地籍測量については，地上法による地籍測量
（準則 42 条 1 項）又は航測法による地籍測量（同 76 条 1 項）に定
める次のア又はイの順序に従って更に区分することができると
されています（準則 12 条 2 項後段）。

ア　地上法による地籍測量

(ア)　地籍図根三角測量（C 工程・GC 工程）

(イ)　地籍図根多角測量（D 工程・GD 工程）

(ウ)　細部図根測量（FⅠ工程・GFⅠ工程）

(エ)　一筆地測量（FⅡ－1 工程）・街区境界測量（GFⅡ－1 工程）

(オ)　地籍図原図の作成（FⅡ－2 工程）・街区境界調査図原図
の作成（GFⅡ－2 工程）

第4　実施に関する計画の作成（A4・GA4工程）

(注)　準則42条1項には，街区境界測量（GFⅡ-1工程）及び街区境界調査図原図の作成（GFⅡ-2工程）の作業が明示されていませんが，準則12条2項前段に街区境界調査図及び街区境界調査簿の作成が明示されていることから考えると，これらも含まれているものと思います（以下同じ）。

イ　航測法による地籍測量
  (ア)　地籍図根三角測量（C工程）
  (イ)　航空測量（RD工程）
  (ウ)　地籍図原図の作成（FⅡ-2工程）

Q34

準則12条2項後段が地籍測量は42条及び76条に定める地籍測量の順序に従って区分することが「できる」として任意であり，「しなければならない」との強制でないのは，どうしてですか？

地籍測量の各作業の全部又は一部を省略できることからと思います。

〈解説〉

　地籍測量においては，地籍測量の各作業の全部又は一部を省略することができるため（国調法施行令別表第4に定める誤差の限度内の精度を保つことができる場合には，地上法による地籍測量においては前記 Q&A33 2ア(ア)C工程・GC工程，同(イ)D工程・GD工程又は同(ウ)FⅠ工程・GFⅠ工程（準則42条2項。（注）参照），航測法による地籍測量に

第2章　計画・事務手続

おいては前記 Q&A33 2イ①C工程（同76条2項）を省略できる。），これら省略することができる作業を作業計画に定める必要がないことから，地籍測量の各作業の全てを行う場合と一部の全部を省略する場合との双方を想定して，「できる」との任意規定としたものと思います。

Q35
作業計画を定める際に考慮する点を教えてください。

A　1　準則に規定する考慮事項

　　作業計画の作成に当たっては，次のことを考慮するものとされています（準則12条3項前段）。
(1)　作業の経済的運用
(2)　単位作業間の相互の関連及び進度
(3)　他の単位区域における作業との関連

　さらに，次の【図2-11】のことも考慮するものとされています（同項後段）。

【図2-11】一筆地調査と地籍測量との間隔を短くする考慮事項

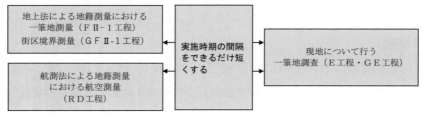

　上記【図2-11】の現地において行う一筆地調査（以下「**現地調査**」という。準則20条1項。なお，同項は「現地において」との調

査する場面を示す用語であり，同 12 条 3 項は「現地について」との調査する場所を示す用語による規定である。）の実施後から一筆地測量又は街区境界測量を行うまでの間隔を可能な限り短くすることの趣旨は，現地調査の実施後から測量作業を行う間に，①分割や合併調査をすべき状況に土地の異動が発生したり，②現地調査において明示したしるし（ペンキ等）が不明瞭となり境界の位置が判然としなくなるなど，現地調査における状況の再確認や測量の不都合といった作業の効率性の観点からです。

したがって，現地調査（航測法による地籍調査においては当該所有者等が現地調査を希望した場合）において当該立会人等に対し，①土地異動の予定の有無を確認し，②明示した境界位置の消去等の禁止などについて説明する配慮が肝要と考えます。

2 運用基準に規定する考慮事項

空中写真撮影（準則 79 条以下）又は航空レーザ計測（同 77 条 1 項）を用いて行う地籍測量（航測法による地籍測量）は，これらが最適な時期に行えるように，調査地域の気象条件（降雨期・台風到来期・降雪期など），植生条件（落葉期）等を十分勘案することとされています（運用基準 6 条 1 項）。

この点を考慮し，かつ上記【図 2-11】の現地調査の時期との間隔も考慮した作業計画を作成します。

また，会計年度内における作業期間を十分に勘案し，上記【図 2-11】の一筆地調査と地籍測量の実施時期の考慮と同様に，これらの整合を図るものとされています（運用基準 6 条 2 項）。

第 2 章　計画・事務手続

Q36

　地籍調査の開始前に作成する作業計画に係る考慮事項の一つに単位作業間の進度が挙げられていますが（準則12条3項前段），実際に各単位作業を実施しないと進度は分からないのですが，どのように考慮するのでしょうか？

A　各単位作業の進度によって作業計画を更新することを考慮します。

〈解説〉

　質問のとおり，作業計画を含む実施計画は，当該地籍調査の開始前に作成するものとされていますので（準則9条1項），その時点では，各単位作業の進度は判明していません。

　そうすると，作業計画については，各単位作業の進度によって，この計画を更新することを，準則12条3項が示唆しているものと思います。

　このことは，地籍調査を行う者は，国調法施行令11条の定める事項（調査地域，調査期間等）を公示しなければならないところ（国調法7条。詳しくは，わかる！国調法135頁以下参照），作業計画については公示事項とされていないことからもいえると考えます。

　そして，各単位作業をスムーズに進行させるためには，準則12条3項が掲げる各単位作業や単位区域が複数ある場合には他の単位区域における進度との調整が必要であり，また，運用基準6条1項が考慮事項として掲げる調査地域の気象条件によっても地籍測量が影響を受けることから，地籍調査の開始前に作成した

60

第4　実施に関する計画の作成（A4・GA4 工程）

作業計画のままでは支障が生じることもあると思います。

　したがって，地籍調査の開始後において各単位作業の進度が当該地籍調査の開始前に作成した作業計画と異なる場合には，必要に応じ作業計画を更新することによって，より最新の状況を反映した作業計画となり，適切な対応が可能となると考えます。

6　街区境界調査の実施計画

Q37

街区境界調査においても実施計画を定めなければなりませんか？

A　街区境界調査においても実施計画を定めなければならないと考えます。

〈解説〉

1　国調法の規定

　地籍調査に関する都道府県計画により定められた事業計画（国調法6条の3第2項。わかる！国調法【図14】111頁参照）に基づき，地籍調査を行う都道府県，市町村又は土地改良区等は，実施計画を作成しなければなりません（同法6条の4第2項。わかる！国調法【図15】113頁参照）。

　これらの条項は，「街区境界調査」に言及していません。

　ただし，「街区境界調査」については，「……事業計画に基づいて地籍調査を行う地方公共団体又は土地改良区等は……所有

第 2 章　計画・事務手続

者及び地番の調査……境界に関する測量のみを先行して行い……」と規定されています（国調法 21 条の 2 第 1 項）。

　そうすると，実施計画の作成を規定する国調法 6 条の 4 第 2 項のみでは街区境界調査においても実施計画を定めるのか判然としませんが，街区境界調査の「成果」の特例について規定する同法 21 条の 2 第 1 項は事業計画に基づく地籍調査を行うことが街区境界調査を行うことの前提としています。

　したがって，「地籍調査」を行う都道府県，市町村又は土地改良区等は，「街区境界調査」を先行して行う場合にも，事業計画に基づく実施計画を作成しなければならないものと考えます。

　なお，街区境界調査が地籍調査を行うことの前提とする場合に，街区境界調査の実施計画を作成するのかについて，地籍調査の制度府省の通知等を期待します。

2　検査規程細則の規定

　上記 1 の法解釈から，街区境界調査検査規程細則及び街区境界調査 2 項委託検査規程細則の別表 1 の GA4 に「実施に関する計画の作成」工程が掲げられているものと思います。

第 5　作業規程の作成（A5・GA5 工程）

Q38

作業規程の作成について教えてください。

第5　作業規程の作成（A5・GA5工程）

A　作業規程は，国調法3条2項の「作業規程の準則」，すなわち準則に基づいて作成しなければなりません（同法6条の4第2項）。

1　作成方法

作成方法には，①準則に基づきつつ，目的，実施計画に記載した地籍測量の方式に対応する地籍測量の規定，一筆地調査の規定など，A工程又はGA工程からH工程又はGH工程までの作業に関する規定を改めて定める方法と，②準則を準用する規定を定める方法とがあります。

①の方法は，準則に従いつつ，単位区域の特性に応じたきめ細かな規定を定めることができ，また，準則を準用する規定を設けること（わかる！国調法129頁の作業規程例の第3条参照）が不要ですが，上記のとおりA工程又はGA工程からH工程又はGH工程までの作業に関する規定を全て定める負担があります。

②の方法は，①の方法のような負担はありませんが，単位区域の特性によっては，その特性に応じた別の定めが必要になることがあります（わかる！国調法129頁の作業規程例の第3条の規定に基づき，必要な事項について別に定める必要がある場合がある。）。

2　準則に定めのない方法による地籍調査の実施

上記1の単位区域の特性に応じた作業規程を作成する場合，その前提として，例えば，地形の状況等により準則に定める方法によりがたいとして，国土交通大臣の承認を受けて地籍調査の実施をすることができるとされています（準則8条。以下「**8条申請**」という。）。

8条申請に係る申請書の様式は，運用基準別記様式に定められています（運用基準3条1項。わかる！国調法131頁）。

第2章　Q7〜Q43

63

第 2 章　計画・事務手続

　また，記載例は，「航測法による効率的手法導入推進基本調査成果を用いた地籍調査マニュアル」令和 4 年 10 月 25 日付け国不籍第 377 号国土交通省不動産・建設経済局地籍整備課長通知（地籍調査 Web サイト参照）ほか各種マニュアルに例示されています（運用基準 3 条 2 項。わかる！国調法 132 頁以下参照）。

Q39

　各種マニュアルを使用した方法による 8 条申請のほか，国土交通大臣の承認を得て準則に定めのない方法により実施できる地籍調査はありますか？

A　準則に定めのない方法が効率的な方法であれば，8 条申請の承認を受けて，その方法による地籍調査を実施することは可能であると考えます。

〈解説〉

　まず，準則 8 条において判然としていない「地形の状況等」の「等」の意義から検討します。

　例えば，「リモートセンシング技術を用いた山村部の地籍調査マニュアル」平成 30 年 5 月国土交通省土地・建設産業局地籍整備課は，山村部の急峻な「地形の状況」のほか，土地所有者の高齢化，不在地主の増加，森林の管理不足といった「地形の状況」以外，すなわち準則 8 条の「等」の状況から現地立会いによる一筆地調査や測量の困難さを解消するため，運用基準 3 条 2 項が定める「新しい測量技術による測量方法」による地籍調査の作業方法を示したものです（同マニュアル 1 参照。法令集 901 頁）。

64

第5 作業規程の作成（A5・GA5工程）

　さらに，「森林境界明確化成果を用いた地籍調査マニュアル」令和4年9月22日付け国不籍第38号国土交通省不動産・建設経済局地籍整備課長通知は，森林境界明確化成果を活用することで一筆地調査や地籍測量に係る作業を効率化するための作業方法を示したものです（同マニュアル1参照。地籍調査Webサイト参照）。

　したがって，8条申請の承認が得られる要件とは，準則8条に規定する「地形の状況」のみならず，その「等」には，準則に定める方法により難い場合や新たな測量技術による測量方法のほか，準則に定める方法による実施よりも，より効率的に実施する準則に定めのない一筆地調査の方法についても含まれるという広範囲なものであると考えます。

　ところで，準則における筆界調査は，修正主義を基本理念とするとされています。

　この基本理念に基づいて調査することは，筆界の形成経緯から妥当な調査方法ですが，自然災害や無法開発行為によって，筆界と占有界（公図と現況）とが広範囲に著しく乖離している地域（以下「**地図混乱地域**」という。）があります。

　この地図混乱地域の地図整備は，法務局等が計画機関となって実施する登記所備付地図作成事業において行われています。これは，前記 Q&A10 に掲げた審議官通知（法令集1090頁）及び民事局長通達（法令集1092頁）のとおり，筆界等に極めて高い識見を有し，不動産登記の専門家である登記官による構成体制であるほか，筆界は登記によって形成される，すなわち筆界認定は登記官の権限であることから，当該地区の状況に応じ修正主義の特例として集団和解方式を採った地図整備が可能であることからと思います。

第2章　Q7〜Q43

65

第2章　計画・事務手続

　他方，地籍調査事業は，調査対象地域全体の令和5年度末現在における進捗率が53％であるものの（国土交通省調べ・地籍調査webサイト），効率的な手法の導入により地籍調査が進み市町村の区域内で地図整備が図られていない地区が地図混乱地域のみとなる市町村が出現すると思います。このときに，地図混乱地域を登記所備付地図作成作業に委ねて，当該市町村は，地籍調査事業の休止又は完了とする可能性があり得ます。

　しかしながら，地図整備を担う府省を超えて早急に地図整備を完了させるとの観点から，地籍調査の制度府省においては，地図混乱地域における集団和解方式による地籍調査の実施の検討，実施するとの結果の場合における実施の範囲（準則が定める修正主義で行う地区とそれ以外の方式で行う地区との区分等）及び集団和解方式による地籍調査のマニュアルを作成されることを期待しています。

第6　実施計画及び作業規程の届出

Q40

実施計画及び作業規程の届出について教えてください。

A　前記第4で作成した実施計画及び前記第5で作成した作業規程は，都道府県にあっては国土交通大臣に，市町村又は土地改良区等にあっては都道府県知事に届け出なければなりません（国調法6条の4第2項）。

　届出様式等は，わかる！国調法114頁以下を参照願います。

　なお，街区境界調査においても前記 Q&A37 の見解から作業

規程も作成し届出をしなければならないと考えます。

第7 国土調査の指定の公示・公表（A6・GA6 工程）

Q41

国土調査の指定の公示又は公表について教えてください。

A　**1　国土調査の指定の公示**

　　国土交通大臣は，都道府県が任意方式（国調法5条2項括弧書き前段参照）により地籍調査を行おうとする場合に作成した実施計画（同項本文）及び作業規程（同条3項）を審査し国土調査として指定した場合においては公示しなければなりません（同条4項・5項。わかる！国調法 77 頁）。

2　国土調査の指定の公表

　　都道府県知事は，市町村又は土地改良区等が任意方式（国調法5条2項括弧書き後段参照）により地籍調査を行おうとする場合に作成した実施計画（同法6条1項）及び作業規程（同条2項）を審査し国土調査として指定した場合においては公表するよう努めなければなりません（同条3項・5項。わかる！国調法 87 頁）。

　　なお，「公示」と「公表」，「しなければならない」と「努めなければならない」との規定の相違は，わかる！国調法 94 頁を参照願います。

3　各検査規程細則の規定

　　上記1の公示及び上記2の公表のいずれも任意方式による地籍調査における事務手続です。

67

第 2 章　計画・事務手続

国調法の規定及び現在一部の市町村において任意方式による地籍調査が行われていることから，各検査規程細則別表1にA6又はGA6が定められ，その備考欄に「計画方式の場合は不要」と記載されています。

第 8　国土調査の実施の公示（A7・GA7 工程）

Q42

国土調査の実施の公示について教えてください。

A　国土調査を行う者は，国土調査を開始する前に，国調法施行令11条各号の事項を公示しなければなりません。

詳しくは，わかる！国調法135頁を参照願います。

第 9　計画・事務手続のまとめ

Q43

A・GA の工程における全体計画，事業計画，実施計画，作業計画といった計画や作業規程の作成・届出，実施の公示などについて教えてください。

A　各種計画の作成などを，任意方式と計画方式別に，都道府県，市町村又は土地改良区等ごとにまとめると，以下の【図 2-12】【図 2-13】のとおりです。

第9　計画・事務手続のまとめ

【図 2-12】任意方式による計画・事務手続（A・GA）のまとめ

	任意方式	
	都道府県	市町村・土地改良区等
全体計画の作成 **A1・GA1**	国調法、準則の規定なし 本書Q&A7	
都道府県計画の策定等	不　要	
事業計画の策定・公表 **A3・GA3**	不　要	
実施計画の作成 **A4・GA4**	国調法5条2項 （わかる！国調法【図12】78頁） 準則9条（実施計画） 〜12条（作業計画） （本書Q&A14）	国調法6条1項 （わかる！国調法【図13】87頁） 準則9条（実施計画） 〜12条（作業計画） （本書Q&A14）
実施計画の届出	国交大臣宛て届出 （国調法5条2項）	知事宛て届出 （国調法6条1項）
作業規程の作成 **A5・GA5**	国調法5条3項 （本書Q&A38）	国調法6条2項 （本書Q&A38）
作業規程の届出	国交大臣宛て届出 （国調法5条3項） （本書Q&A40）	知事宛て届出 （国調法6条2項） （本書Q&A40）
国土調査の指定の公示 **A6・GA6**	国交大臣による公示 （国調法5条5項） （本書Q&A41）	
国土調査の指定の公表 **A6・GA6**		知事による公表 （国調法6条5項） （本書Q&A41）
国土調査の実施の公示 **A7・GA7**	国調法7条 （本書Q&A42）	

第2章　Q7〜Q43

69

第 2 章　計画・事務手続

【図 2-13】計画方式による計画・事務手続（A・GA）のまとめ

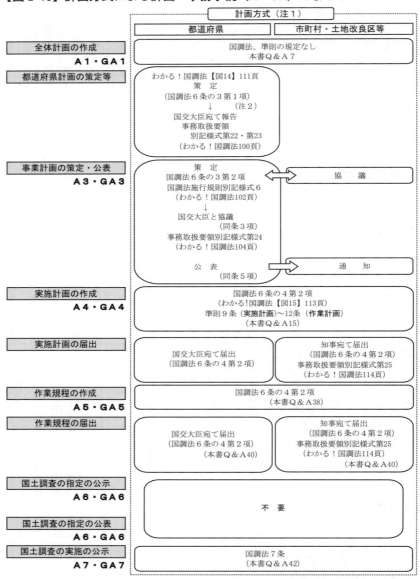

注 1 ：計画方式（各検査規程細則別表 1 の A 4・GA 4 の備考欄）のうち、特定計画は現在策定されていないので、十箇年計画の場合のみを示す（本書 Q＆A 14 参照）。
注 2 ：促進法 4 条の規定により読み替えて適用する国調法 6 条の 3 第 1 項（わかる！国調法 99 頁参照）を示す。

第1 実施組織の確立（B1・GB1 工程）

第1 実施組織の確立（B1・GB1 工程）

Q44

実施組織の確立について教えてください。

A 実施組織の確立としては，「地籍調査室」等を設置して適応の専任職員を確保するとともに，研修の機会を設けるなどして専任職員の養成に努めるものとされています（各検査規程細則本文7(2)のB1又はGB1の工程）。

なお，全国の地籍調査担当職員数について，772市町村（地籍調査担当職員が配置されていない市町村を除く。）の平均は2.8人，うち2項委託による198市町村の場合は2.1人との統計があります（令和5年度国土交通省調べ・地籍調査Webサイト）。

また，地籍調査担当部署の傾向はわかる！国調法2頁 参考 を，新規着手当初の相応な調査規模等はわかる！国調法 Q&A22 （116頁）を，それぞれ参照願います。

研修については，地籍調査を行う者が個別に職場研修を行うほか，地籍調査の制度府省主催の研修会，9ブロック別，都道府県・地区単位で開催されるもの，関係団体主催の各種講習会による職員養成の機会があります。さらに，関係団体において，国土

第 3 章　準備

交通省登録資格である地籍工程管理士及び地籍主任調査員などのための技術者養成研修及び資格認定試験があります。

　関係課の協力体制は（各検査規程細則別表1のB1又はGB1の工程の工程管理及び検査の要目欄），地籍調査に関連する市町村等の組織内部として，例えば，公共物を所管する道路・河川課，固定資産税を所管する税務課，戸籍事務を所管する住民課などです。

第2　補助申請（B2・GB2工程）

Q45

補助申請について教えてください。

A　各検査規程細則における「補助申請」とは，以下の補助金の交付申請と負担金の交付申請を指しているものと思います（ただし，同細則別表1のB2又はGB2の備考欄「任意方式の場合は不要」については下記1(1)に解説）。

1　補助金の交付申請

　補助金は，次の場合に該当するときに，予算の範囲内で国から交付されるものです（国調法9条）。

(1) 交付の要件

　ア　都道府県，市町村又は土地改良区等が任意方式により地籍調査を行おうとする場合に，国土交通大臣又は都道府県知事が実施計画等に変更を加えた場合（国調法9条1号・2号）

　イ　土地改良区事業等を行う者が（国調法8条1項。わかる！国調法138頁参照），事業所菅大臣等の勧告を受けて地籍調査を併

第3　作業班の編成・外注先又は委託先の選定（B3・GB3 工程）

せて行う場合等（国調法 9 条 3 号・4 号）

　以上，詳しくは，わかる！国調法 144 頁を参照願います。

　ところで，上記のとおり，各検査規程細則備考欄に任意方式の場合には補助申請は不要とされている趣旨は，国調法 9 条が「予算の範囲内」と規定し，予算要求及びその査定の事情からの記述と思います。

2　負担金の交付申請

　負担金は，地籍調査を行う者に対し，国及び都道府県が，それぞれ経費負担するものです（国調法 9 条の 2）。

　負担金の交付に係る具体的事項は，負担金交付要綱に定められ，都道府県知事が国土交通大臣に提出する各種様式があります。

　以上，詳しくは，わかる！国調法 146 頁を参照願います。

第3　作業班の編成・外注先又は委託先の選定（B3・GB3 工程）

1 作業班の編成・外注先の選定

Q46

作業班の編成・外注先の選定について教えてください。

A　2 項委託以外の地籍調査又は街区境界調査の実施の場合について解説します。

1　作業班の編成

第3章　準備

　　地籍調査を実施する者は，単位区域及び「単位作業」である
C工程やE工程等の作業を考慮して，作業班を編成するとさ
れています（準則7条1項前段）。

　　準則7条1項が規定する「考慮して」には，実施の形態（直
営（検査規程2条1項7号），外注（同項8号），2項委託（同項本
文）），地籍測量の方式（地上法（準則37条1項1号），航測法（同項
2号），併用法（同項3号））なども含まれるものと思います。

　　なお，平成22年に準則7条1項中の「地籍調査を行う者」
を「地籍調査を実施する者」に改めています。これは，おそら
く，平成22年法律第21号をもって国調法10条2項が追加さ
れ，その法文が「国土調査の実施を委託」との規定であること
から，準則7条1項においても同時期に「行う」を「実施」に
改正したものと思います。そうすると，2項委託の受託法人に
おいても，本条が適用され，単位区域及び単位作業を考慮して
作業班を編成し，担当する作業を計画的に管理する責任者を定
めるものと考えます（2項委託の制定趣旨については，わかる！国調
法165頁を参照）。

　　準則7条1項に規定する「地籍調査を実施する者」との用語
は，準則20条及び21条にもありますが，本条が適用される者
との違いは，後記第6章 Q&A108 を参照願います。

2　責任者の選定と責任者の任務

　　上記1において編成した作業班の責任者を選定します（準則
7条1項後段）。この責任者を班長と呼んでいます（検査規程2条
1項6号）。

　　作業班の責任者は，計画的な作業の実施について管理しなけ
ればなりません（準則7条2項）。

第 3　作業班の編成・外注先又は委託先の選定（B3・GB3 工程）

3　外注先の選定

　　外注とは，地籍調査の実施者である市町村等と民間等の専門技術者とが契約を締結し，契約に基づきその専門技術者が地籍調査の各工程の工程管理及び検査を除く作業を実施することです（検査規程 2 条 1 項 8 号）。

　　外注された場合には，受注者は，監督者（請負者の命により受注作業を監督する者。同項 9 号）及び主任技術者（請負者の内部で契約の履行に関し作業全般の管理及び統括，作業現場の運営並びに取締りを行う者。同項 10 号）を命名します。

　　発注者である市町村等は，適正かつ迅速な地籍調査の作業を実施する専門技術者又は専門技術者を雇用する法人を選定することが肝要です。

　　そのためには，一般競争入札又は指名競争入札の条件に専門技術者の具体的な資格を明示することとなりますが，地籍調査の作業内容に応じた国家資格や国土交通省登録資格を明示する方法があると考えます。

2　委託先の選定

Q47

委託先の選定について教えてください。

A　　2 項委託の地籍調査又は街区境界調査における委託先の選定についても，前記 **Q&A46** の外注先の選定と同様と考えます。

第 3 章　Q44〜Q51

75

第 3 章　準備

　委託者である市町村等から受託された法人は，受託検査者（地籍調査の成果及び中間検査が規格に適合しているかを調査・証明する者。検査規程 2 条 2 項 4 号），受託監督者（受託法人が行う作業を監督する者。同項 6 号）及び主任技術者（受託法人（再委託請負者を含む。）の契約の履行に関し作業全般の管理及び統括，作業現場の運営並びに取締りを行う者。同項 7 号）を命名します。

第 4　推進委員会の設置（B4・GB4 工程）

Q48

推進委員会の設置について教えてください。

A　地籍調査は技術的に高度な専門知識が要求されるので測量技術者等の参画を得られるように体制を整備するほか，都道府県においては関係機関及び学識経験者等で構成される委員会の設置等の体制作りを含めた事業全般について指導するものとされています（事務取扱要領第 1 章第 3）。

　この委員会の例が，上記事務取扱要領第 1 章第 3 に示されています（法令集 670 頁）。

　また，昨今の市町村の定員事情から，地籍調査に専属する人員を確保することが困難な状況となっています。

　そこで，地籍アドバイザーの派遣（国調法 23 条の 4。わかる！国調法 286 頁参照）を積極的に利用することが肝要と考えます。

第 5 　趣旨の普及（B5・GB5 工程）

第 5 　趣旨の普及（B5・GB5 工程）

Q49

趣旨の普及の方法について教えてください。

A 　地籍調査を行う者は，あらかじめ地籍調査の意義及び作業の内容を一般に周知させ，土地の所有者その他の者の協力を得るように努めることにより（準則 2 条），地籍調査の趣旨を普及し，地籍調査をスムーズに実施することができます。

1　一般への周知

　準則 2 条前段は，「一般に周知」として「特定の者」に対する規定ではありませんので，不特定多数の者に対し，条文の「あらかじめ」において地籍調査の意義及び作業の内容を周知することを規定しているものと思います。

　具体的には，各検査規程細則本文 7 (2)の B5 又は GB5 の工程における「市町村広報，パンフレットの配布」による「あらかじめ」の周知です。

　パンフレットについては，地籍調査 Web サイトの「地籍調査の概要」に参考となる記事や絵が掲載されていますので出典元を明らかにして作成することや，全国国土調査協会から販売されている「みなさんの暮らしにつながる地籍調査」などのパンフレットを配布することがあり得ると考えます。

　なお，この準則 2 条前段は，「あらかじめ」「一般に周知」の段階ですので，パンフレットは，市町村役場，公民館等の窓口や掲示場での配布を想定しているものと思います。

第 3 章　Q44〜Q51

77

第3章　準備

2　特定の者への周知

　　準則2条後段は，その前段の「一般に周知」した効果とし
て，地籍調査の実施について土地の所有者その他の者の協力を
得るよう努めることとしています。

　　地籍調査の実施地域を円滑に実施するためには，「特定の者」
すなわち「土地の所有者その他の者」にまんべんなく地籍調査
の意義及び作業の内容が行き渡る必要があります。

　　そこで，国調法，準則及び運用基準には規定されていません
が，上記1の各検査規程細則本文7⑵のB5又はGB5の工程
にある「地元説明会」において，地籍調査の意義及び作業の内
容を説明することになります。

3　準則2条の規定用語

　　準則2条の「あらかじめ」とは，上記1の一般に周知する段
階での「あらかじめ」と，後記第6章一筆地調査第5において
解説する現地調査等の通知を発出する段階である一筆調査を行
う前としての「あらかじめ」の双方を兼ねているものと思いま
す。

　　また，準則2条は，準則20条に規定する「その他の利害関
係人」ではなく，「その他の者」との用語です。これは，利害
関係の有無にかかわらず，地籍調査の実施に協力を得られる対
象者を広く想定し，地籍調査をスムーズに実施することを確実
にするためのことからと思います。

　　この対象者の中には，運用基準10条の2第3項に規定する
現地精通者も含まれると思います。

第 5　趣旨の普及（B5・GB5 工程）

Q50

協力体制の確立について教えてください。

A　各検査規程細則別表 1 の B5 又は GB5 の工程管理及び検査の要目欄に「協力体制の確立」とあります。

　具体的には，以下 4 つの先例において，地元説明会の開催には，法務局の職員の出席について登記官への協力を求めることが望ましいとされています（前記 Q&A10 審議官通知 1(2)ア（法令集1090 頁）。前記 Q&A10 民事局長通達 2(1)（法令集 1093 頁）。地籍調査の実施における法務局との協力について（令和 2 年 9 月 29 日付け国不籍第198 号国土交通省不動産・建設経済局地籍整備課長通知）2(1)。法令集1094 頁。国土調査法に基づく地籍調査への協力について（令和 2 年 9 月29 日付け法務省民二第 751 号法務省民事局民事第二課長依命通知）2(1)。法令集 1097 頁）。

Q51

趣旨の普及に係る経費負担について教えてください。

A　国土交通大臣は，地籍調査事業に要する経費に対し，予算の範囲内において都道府県に負担金を交付し，その交付に関しては，国調法等に定めるもののほか，負担金交付要綱の定めるところによるとされています（負担金交付要綱第 1 参照）。

　そして，この負担金交付要綱の調査費の区分の内容（別表第 1の表，第 I 関係）において，駐車場・会場等の借上使用費が掲げられています。

第 3 章　Q44〜Q51

第 3 章　準備

　地籍調査において「会場」というと，①法律が規定する閲覧会場（国調法17条1項），②国土交通省令が規定する図面等調査の会場（準則23条の2第1項2号），③各検査規程細則が例示する地元説明会の会場であると思います。

　他方，都道府県又は国が負担する地籍調査に要する経費は，一筆地調査（E工程又はGE工程）や地籍図根三角測量（C工程又はGC工程）から地籍図及び地籍簿の作成（H工程）又は街区境界調査図及び街区境界調査簿の作成（GH工程）までの作業に要する費用とされ，地籍調査事業計画・事務手続（A工程又はGA工程）及び地籍調査事業準備（B工程又はGB工程）は含まれていません（国調法施行令14条）。

　このことから，負担金交付要綱別表第1の地籍調査費の算定方法においても，上記国調法施行令14条の規定と同様に，一筆地調査，地籍図根三角測量，空中写真の撮影，空中写真の図化，地籍図及び地籍簿の作成又は街区境界調査図及び街区境界調査簿の作成が掲げられ，地籍調査事業計画・事務手続及び地籍調査事業準備は掲げられていません。

　そうすると，上記の負担金交付要綱の調査費の区分に掲げられている会場の借上使用費とは，いかなる作業工程における経費であるのか，疑問が生じます。

　地籍調査は，土地の所有者等の現地調査の立会い等の協力が不可欠であり，そのための上記③地元説明会がB・GB工程であるとして経費負担の対象とならず，法律又は国土交通省令が規定する上記①閲覧会場及び②図面等調査の実施におけるH・GH工程及びE・GE工程のみが経費負担の対象であることに疑問があります（駐車場の借上使用費には，地籍測量や一筆地調査の現地における作

業車両の駐車代金が含まれていると思うが，土地の所有者のための駐車場・会場の借上使用費がB・GB工程であるとして，これに含まれないことにも疑義がある。）。

準則の改正経緯において，昭和32年総理府令第71号による全部改正前の準則（昭和27年経済安定本部令第15号。以下「**旧準則**」という。）は，地籍調査の趣旨の普及の定めについて，第2章一筆地調査の第1節準備作業の5条に規定されていました。

ということは，E工程であるので，経費負担の対象であったものと考えます。

その後の上記昭和32年総理府令第71号による全部改正において，第2章は第3章に繰り下がり，第2章は計画との見出しとなり，趣旨の普及について規定していた旧準則5条は，現行準則のとおり，第1章総則の2条に規定されました。

旧準則5条は，次のとおり規定されていました。

旧準則（昭和27年経済安定本部令第15号）

（趣旨の普及）

第5條 地籍調査を行う者は，あらかじめ地籍調査の意義及び作業の内容等を一般に周知させ，その実施について土地の所有者その他の者の協力を得るようにつとめるものとする。

この条文のとおり，準則制定時は，地籍調査の趣旨を普及するための作業について，準備作業であっても一筆地調査の中の作業として位置づけられていました。

さらに，現行2条に規定する地籍調査の実施について土地の所

第3章　準備

有者その他の者の協力を得るための「地元説明会」は，準則20条に基づく現地調査等の通知に併せて，この説明会の開催をお知らせするのが効果・効率的であり，現に，地籍調査を実施する者は，このような取扱いをしているものと思います。

　したがって，前記 Q&A49 1の一般への周知の段階と，2の特定の者への周知である地元説明会での周知の段階では，同じ準則第1章総則の2条に規定する趣旨の普及のための作業とはいえ，普及作業の目的（単なる行政の周知であるのか，目的を地籍調査に限定した周知であるのか）や対象者（一般を対象としたものか，土地所有者その他の特定者を対象としたものか），作業実施時期（年間を通した周知であるのか，E・GE工程着手間際であるのか）が異なるので，少なくとも「地元説明会」の開催は，国調法施行令14条に掲げる一筆地調査の範疇であるとして，都道府県又は国が負担する経費に該当すると考えます。

　いずれにせよ，制度府省において，国調法施行令14条の国等の経費負担が一筆地調査等であると規定されているところ，①「地元説明会」は，法律や国土交通省令に規定されていないため，単に検査規程細則における市町村広報と同じレベルの例示に過ぎないことから，準則第1章総則の2条の範疇であるので，負担金の対象ではないとの解釈とならざるを得ないのか（仮に，そうである場合には，法律改正を行えば解消する。），②負担金交付要綱にいう会場等の借上使用費とはいかなるための会場借料をいうのか（地元説明会の会場借料は負担金の対象であるのか否か）などについて，通知類等により明確にされることを期待しています。

　なお，航測法手引Ⅱ5表7（10頁）においては，地元説明会が経費積算条件に計上されています（積算基準書2021年4月1日版）。

82

第 1　作業の準備（C1・GC1 工程）

第**4**章
地籍図根三角測量

第 1　作業の準備（C1・GC1 工程）

Q52

地上法による地籍測量について教えてください。

A　1　地上法による地籍測量

　　地上法による地籍測量とは（準則 37 条 1 項 1 号），地上に
おいてセオドライト，光波測距儀若しくはトータルステーショ
ン（以下「**TS 法**」という。）又は GNSS 測量機を用いて測量（以
下「**GNSS 法**」という。）を行う方式をいいます（以下「**地上法**」と
いう。）。

　　地籍測量においては，下記 3 の 4 つの作業工程から構成され
ています。

2　地籍測量の方法

　　TS 法とは，トータルステーション，セオドライト及び測距
儀を用いる測量方法をいいます（運用基準 21 条の 2 前段）。

　　GNSS 法とは，GPS，GLONASS 及び準天頂衛星システム等
の衛星測位システムの総称をいいます（同条後段）。

　　TS 法は水平方向の視界が，GNSS 法は上空視界が，開けい
れば測量は可能です。

83

第 4 章　地籍図根三角測量

3　地籍測量の作業工程

(1)　地籍図根三角測量

　　地籍図根三角測量は，国家基準点や電子基準点を基点に，三角点と呼ばれる測量点を設置し，その間の角度と距離を測量します。これにより，測量地域の全体的な枠組みが構築されます。

(2)　地籍図根多角測量

　　地籍図根多角測量は，上記(1)の三角点を利用して，地籍図根点と呼ばれる測量点を設置し，その間の角度と距離を測量します。地籍図根点は，一筆地測量の基礎となる点です。

(3)　細部図根測量

　　細部図根測量は，上記(2)の地籍図根点を利用して，更に細かく測量点を設置し，その間の角度と距離を測量します。この測量点群は，一筆地の形状を詳細に把握するために利用されます。

(4)　一筆地測量

　　一筆地測量は，各筆ごとの筆界点の位置を測量し，地籍図原図に筆界線として書き表すための座標値を求めます。筆界点の位置は，土地の所有者等の立会い又は図面等により確認されます。

　　地上法は，従来から行われてきた地籍測量の方式として代表的なものであり，高い精度と信頼性を得ることができます。近年では，測量機器の発展により，地上法に加えて，空中写真測量や航測レーザ測量などの航測法（準則37条1項2号。後記 Q&A53 ）を組み合わせた併用法（同項3号。後記 Q&A54 ）も用いられています。

84

第 1 　作業の準備（C1・GC1 工程）

　　地上法の利点としては，高い精度と信頼性のある測量が可
能であり，複雑な形状の境界線でも測量ができるなどが挙げ
られると思います。

Q53

航測法による地籍測量について教えてください。

A　　航測法による地籍測量とは（準則37条1項2号），空中写
真測量や航空レーザ測量によるリモートセンシング技術を
用いて測量を行う方式をいいます（以下「**航測法**」という。）。地籍
測量においては，以下の1又は2及び3の作業工程から構成され
ています。

1　空中写真測量

　　空中写真測量は，航空機搭載のカメラで空中写真を撮影し，
写真測量技術を用いて地表の形状や構造を立体的に解析します。

2　航空レーザ測量

　　航空レーザ測量は，航空機搭載のレーザ装置で地表をスキャ
ンし，点群データを取得します。点群データから，地表の起伏
や構造を詳細に把握することができます。

3　一筆地測量

　　一筆地測量は，空中写真測量や航空レーザ測量で得られた
データを基に，筆界点の位置を推定し，地籍図原図に筆界線と
して書き表します。必要に応じて，地上法をもって筆界点の位
置を改めて確認することもあります。

　　航測法は，近年の測量機器の発展により測量の精度が向上し
ており，地上法に比べて以下のメリットがあります。

85

第4章　地籍図根三角測量

・広範囲の地域を短時間で測量することができます。

・山間部や災害地など，地上法が困難な地域でも測量できます。

・地形や地物の状況を広範囲に把握できます。

・コストを抑えられます。

一方，デメリットとしては，以下の点が挙げられます。

・地上法に比べて精度が劣る場合があります。

・識別困難な境界線については，地上法が必要になる場合が
あります。

・高度な技術と専門的知識が必要です。

・航測法は，地上法と併用することで（準則37条1項3号），
それぞれの利点を活かした効率的な地籍測量を実現するこ
とができます。

Q54

併用法による地籍測量について教えてください。

A　　　併用法による地籍測量とは（準則37条1項3号），地上法
（同項1号。前記 Q&A52 ）と航測法（同項2号。前記 Q&A53 ）
を併用する方式をいいます（以下「**併用法**」という。）。例えば，以
下のとおり，調査地域に航測法が適用される精度区分以外の地域
が含まれる場合には併用法による地籍測量を行うことになります
（航測法手引Ⅱ3（8頁）参照）。

　併用法を用いるケースとしては，単位区域内に精度区分甲1，
甲2又は甲3が適用される区域が存在する場合，地形，植生，そ
の他現地の状況等により航測法による地籍測量の実施が困難な場
合などが挙げられます。したがって，実施計画を策定する際に

86

第1　作業の準備（C1・GC1工程）

は，調査対象地域の状況を把握し，地上法と航測法をどのように
組み合わせるかを計画します。

　また，地籍図根点の密度や航測法で取得できる写真の品質など
を考慮する必要があります。

　地上法による地籍測量を実施する区域は，地籍図根点の設置や
境界点の位置の確認などの地上測量を行います。

　航測法による地籍測量を実施する区域は，空中写真測量又は航
空レーザ測量を行い，地表の形状や構造を立体的に解析し，取得
したデータを基に，筆界点の位置を推定します。

　これら地上法による地籍測量と航測法による地籍測量の成果で
ある各取得データを統合し，地籍図原図を作成します。

　航測法による地籍測量の実施区域であっても，必要に応じて，
現地において筆界点の位置を再度確認することもあります。

　併用法は，調査地域の特性に応じた測量方式による作業効率及
び成果が得られるというメリットがあります。

　併用法は，今後の測量機器の発展により，航測法の精度が更に
向上し，広範囲での地籍測量が可能となり，測量する範囲が広く
なると併用法を利用すべき地域も増加するものと考えます。

　また，併用法に限らず，AIなどの新技術を活用することで，
作業効率の更なる向上が期待されています。

Q55

地籍測量に用いる器械及び器材について教えてください。

A　地籍測量に用いる器械及び器材は，運用基準別表第4に
定める性能若しくは規格を有するもの又はこれらと同等以

第4章　地籍図根三角測量

上のものでなければならないとされています(運用基準18条1項)。

　観測又は測定に用いる器械は、作業開始前に点検し、その性能に応ずる観測又は測定ができるように調整しておかなければならず(同条2項)、この点検の要領は、別に地籍整備課長が定めるものとされています(同条4項。「地籍調査に用いる器械の点検要領」平成23年12月27日付け国土籍第280号国土交通省土地・建設産業局地籍整備課長通知(法令集809頁))。

　測量機器は、以下のものなどがあります。

○トータルステーション：角度と距離を同時に測定できる測量機器です。地籍測量において使用する最も基本的な機器であり、境界点の位置測定や地形図の作成などに用いられます。

【図4-1】トータルステーション

出典：国土交通省地籍整備課令和
　　　2年度研修会資料

○セオドライト：角度を測定する測量機器です。トータルステー

88

ションが普及する以前は，地籍測量において主要な機器として用いられていました。
○GNSS測量機：測位衛星を用いた測量を行うための測量機器です。

【図4-2】GNSS測量機

出典：国土交通省地籍整備室令和6年度研修会資料

Q56

地籍測量における作業の記録及び成果について教えてください。

A 　地籍測量は，国調法に基づく地籍調査において確認された筆界点の位置を平面直角座標面上で求めるため，国土地理院が設置した基本三角点（一等～三等三角点）及び基準点（四等三角点）のほか基本水準点等を基礎として行う測量です（準則38条参照。詳しくは後記 Q&A57 参照）。

地籍測量は，地上法，航測法，併用法のいずれかによって行うこととされています（準則37条1項。各方式は，前記 Q&A52

第4章　地籍図根三角測量

Q&A53　Q&A54　参照）。

　以上の方式により行った地籍測量における作業の記録及び成果
は，運用基準別表第5に掲げるものとされています（運用基準19
条1項）。

　この記録及び成果における座標値及び標高は，運用基準別記計
算式により求めます（同条2項）。

第2　選点（C2・GC2工程）

Q57

地籍測量の基礎とする点について教えてください。

A　1　地籍測量の基礎とする点

　　　　地籍測量は，①基本三角点（測量法第二章の規定による基本
測量の成果である三角点及び電子基準点をいう。），②基本水準点（同
法第二章の規定による基本測量の成果である水準点をいう。），③国調
法19条2項の規定により認証された基準点，④同条5項の規
定により指定された基準点，⑤これらと同等以上の精度を有す
る基準点を基礎として行わなければならないとされています
（準則38条）。

　これらの基準点は，地球上の位置や高さが正確に測定された
ものです。

　基準点には，国土地理院が基本測量として設置・測量する，
国の骨格的な測量の基礎となる基本三角点（一等～三等三角点
等）や公共事業等を行う際に市町村等が設置する公共基準点な

第 2　選点（C2・GC2 工程）

ど様々なものがあります。

　そのほか，上記のとおり，国調法 19 条 2 項の規定により認
証され，若しくは同条 5 項の規定により指定された基準点又は
これらと同等以上の精度を有する基準点を基礎として行う場合
もあります。

2　同等以上の精度を有する基準点とは

　準則 38 条後段に規定する上記 1 ⑤「同等以上の精度を有す
る基準点」とは，測量法 41 条 1 項の規定に基づく国土地理院
の長の審査を受け，十分な精度を有すると認められた基準点と
されています（運用基準 19 条の 2）。

3　基準点の精度

　基準点の精度については，運用基準 19 条の 3 に以下のとお
り定められています。

（1）　1 級基準点等

　1 級基準点は，基準点（補助基準点を除く。）と同等なものと
して取り扱うとされ，国調法 19 条 2 項の規定により認証さ
れ又は同条 5 項の規定により指定された基準点のうち 1 級基
準点に相当するものについても，同様とするとされています
（運用基準 19 条の 3 第 1 項）。

（2）　2 級基準点等

　2 級基準点，街区三角点及び補助基準点（主として宅地が占
める地域以外におけるもの）は，1 次の地籍図根三角点と同等
なものとして取り扱うとされ，国調法 19 条 2 項の規定によ
り認証され又は同条 5 項の規定により指定された基準点のう
ち 2 級基準点に相当するものについても，同様とするとされ
ています（同条 2 項）。

91

第4章　地籍図根三角測量

(3)　3級基準点等

　　3級基準点，街区多角点及び補助基準点（主として宅地が占める地域におけるもの）は，1次の地籍図根多角点と同等なものとして取り扱うとされ，国調法19条2項の規定により認証され又は同条5項の規定により指定された基準点のうち3級基準点に相当するものについても，同様とするとされています（同条3項）。

(4)　4級基準点等

　　4級基準点は，2次の地籍図根多角点と同等なものとして取り扱うとされ，国調法19条2項の規定により認証され又は同条5項の規定により指定された基準点のうち4級基準点に相当するものについても，同様とするとされています（同条4項）。

　上記1①括弧書きの電子基準点は，次の図のとおりの場所に設置されています。

92

第 2　選点（C2・GC2 工程）

【図 4-3】電子基準点設置場所

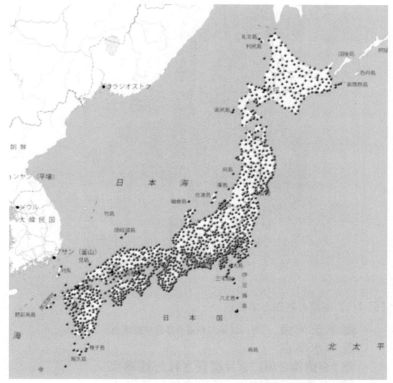

出典：国土交通省地籍整備室令和 6 年度研修会資料

　電子基準点は，米国の GPS，日本のみちびきなど各国の GNSS（全球測位衛星システム）からの測位信号を受信し，位置を精密に決定する観測施設です。全国約 1,300 か所に設置されており，24 時間 365 日絶え間なく観測を行っています。電子基準点は，国家座標の維持管理に必要不可欠である上，測量の基準として，また，地殻変動監視や位置情報サービスの支援などに広く利用されており，高精度測位社会を支える重要なインフラです。

第4章　地籍図根三角測量

【図4-4】電子基準点全景

出典：地籍調査 Web サイト・国の推進施策

【図4-5】測量の基礎とする点

- **基本三角点** 一等～三等三角点及び電子基準点
- **基本水準点**
- **第19条第2項により認証された基準点**
- **第19条第5項により指定された基準点**
- **公共測量成果（測量法第41条の審査）** 1～4級基準点等

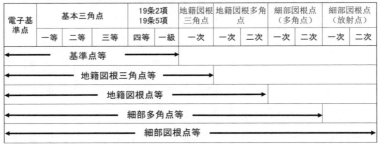

（平28国土籍第10一部改正）
出典：国土交通省地籍整備室令和6年度研修会資料

第 2　選点（C2・GC2 工程）

　　上記【図 4-5】の表は，例えば，「基準点等」は電子基準点〜国調法 19 条 2 項又は 5 項の一級基準点を，「細部図根点等」は電子基準点〜細部図根点の多角点又は放射点の 2 次までを測量の基礎とすることができることを説明したものです。

　　なお，一筆地測量における筆界点の次数については，後記第 8 章 Q&A173 を参照願います。

【図 4-6】平面直角座標系・横メルカトル図法

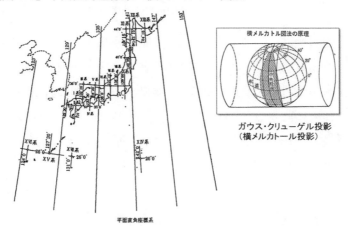

出典：国土交通省地籍整備課令和 2 年度研修会資料

　　上記【図 4-6】左の平面直角座標とは，地表を平面とみなし得る範囲内においては，2 つの直線を座標軸にとり，両軸からの距離をもって点の位置を示すものです。地籍調査で得られる地点の位置は，平面直角座標系による平面直角座標値で表示します。

　　【図 4-6】右上の横メルカトル図法とは，ある地点の座標値をガウス・クリューゲル投影法によって表示する手法です。

第4章　地籍図根三角測量

【図 4-7】縮尺係数

出典：国土交通省地籍整備課令和2年度研修会資料

　上記【図 4-7】は，座標系の X 軸を座標原点において子午線に一致する軸とし，真北に向かう値を正とします。また，座標系 Y 軸を座標系原点において座標系の X 軸に直交する軸とし，真東に向かう値を正とします。座標系の X 軸上における縮尺係数は 0.9999 とします。座標系原点の座標値は，「X＝0.000 m　Y＝0.000 m」とします。

【図 4-8】測量の基礎　座標系

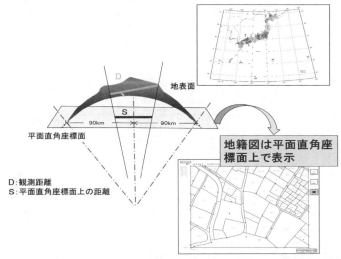

出典：国土交通省地籍整備課令和 2 年度研修会資料

　上記【図 4-8】は，地表面は球面であるのに対し，地籍図は，平面であるので，これを平面直角座表面上で表示するために，筆界点間の観測距離を平面直角座表面上の距離に変換して表示することを説明したものです。

第4章　地籍図根三角測量

【図4-9】位置表現

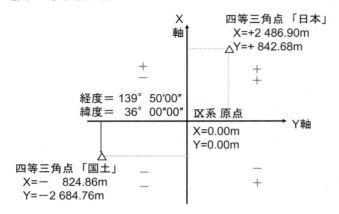

出典：国土交通省地籍整備課令和2年度研修会資料

　上記【図4-9】は，第Ⅸ座標系原点の求め方の事例を示したものです。四等三角点の名称「日本」と「国土」の2つの四等三角点を利用して，「日本」のX軸に対して＋2486.90 m南に移動した点をX＝0.000 mとし，「国土」のX軸に対して北へ－824.86 m北に移動した点X＝0.000 mとします。また，「日本」のY軸に対して＋842.68 m西側に移動した点Y＝0.000 mとし，「国土」のY軸に対して－2884.76 m東側に移動した点Y＝0.000 mとします。各Xと各Yを直線で結んで交わった交点を第Ⅸ系の原点座標値であることを説明したものです。

【図4-10】方向角,方位角,真北方向角

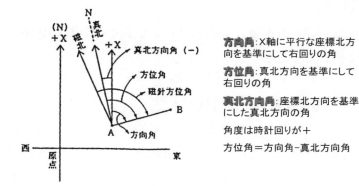

出典:国土交通省地籍整備課令和2年度研修会資料

【図4-11】地籍図の図郭

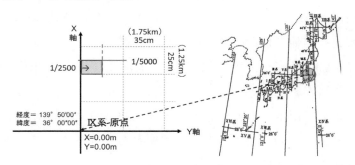

出典:国土交通省地籍整備課令和2年度研修会資料

地籍図又は街区境界調査図の図郭は,座標系に基づいて区画をします。

上記【図4-11】は,例えば,第Ⅸ系の原点は,経度=139°50′00″緯度=36°00′00″であり,そこから地籍図の図郭を割り込んでいきます。原点座標はX=0.000 m,Y=0.000 mとなることを説明したものです。

第4章　地籍図根三角測量

Q58

地籍図根点の配置及び密度並びに地籍図根測量の方法について教えてください。

A　**1　地籍図根点の配置及び密度**

　　　一般に，目標とする精度の地図を作成する場合には，位置に関し所定の精度の情報を持った基準となる点が，測量区域内に一定以上の密度で配置されている必要があります。地籍調査の実施地域内には，国土地理院や地方公共団体等によって設置された地籍測量の基礎となる基準点（一等～四等三角点，公共基準点）があります（前記 Q&A57 ）。特に地籍測量を目的として設置される地籍図根三角点は，市街地及び市街地周辺等で家屋密集その他の状況により見通し距離が著しく短い地区にあっては1k㎡に4点～9点，水田，畑，集落及び集落周辺等で見通しが良好な地区にあっては1k㎡に3点～5点，山林部及び山林部周辺等で樹木その他の障害により見通しが比較的困難な地区にあっては1k㎡に2点～4点を標準として配置されます（運用基準21条1項・別表第1(1)）。

　　準則44条1項は，地籍図根測量を行う上で必要な地籍図根点の配置について定めたもので，調査地域の既設の基準点等の配置を考慮して準則に定められた測量方法が可能となるように適正な密度を定めることとしています。

　　同条2項は，地籍図根点の配置に当たっての留意点について定めたもので，地籍図根点の配置密度は，調査区域面積当たりの土地の筆数，地形，地物，見通し障害等の状況，隣接する地

100

域における地籍測量の精度及び縮尺の区分その他の事項を考慮して定めることとしています。

2 地籍図根測量の方法

地籍図根測量は，TS法又はGNSS法により多角測量法をもって行います（準則45条本文，運用基準21条の2）。

ただし，地形の状況等によりやむを得ない場合には，直接水準測量法を併用することができるとされています（準則同条ただし書）。

【図4-12】地籍図根測量の観測方法

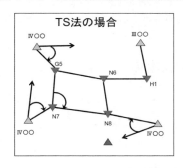

出典：国土交通省地籍整備課令和2年度研修会資料

第4章　地籍図根三角測量

【図4-13】TSを使用した多角測量法

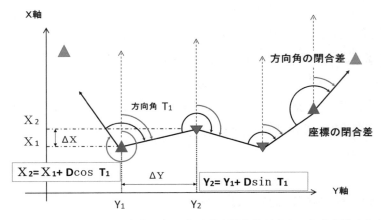

出典：国土交通省地籍整備課令和2年度研修会資料

【図4-14】GNSSを使用した多角測量法

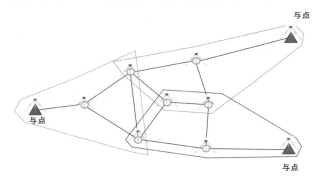

『セッション』
　→　同時に複数のGNSS測量機で行う観測のこと

出典：国土交通省地籍整備課令和2年度研修会資料

第 2　選点（C2・GC2 工程）

Q59

地籍図根三角点の選定について教えてください。

A　　地籍図根三角点の選定は，地籍図根測量を行うための基準点となる地籍図根三角点の位置を決める工程です。

具体的には，以下の点に留意して選定作業を行います。

1　位置

後続の測量を行うのに便利であり，標識の保存が確実である位置を選定します（準則 48 条 1 項）。

例えば，地籍図根三角点から観測できる範囲（視線）を広く確保でき，周囲に障害物がなく，標識が破損しにくい位置を選定します。

2　配置

地籍図根三角測量を行う区域に平均的に配置します（同条 2 項）。

地籍図根三角点間の距離は，概ね 200 m から 500 m 程度とし，地形や地物等の状況に応じて，適宜間隔を調整して配置します。

Q60

地籍図根三角測量における多角路線の選定について教えてください。

A　　地籍図根三角測量における多角路線（以下この章において「**多角路線**」という。多角路線の意義は，運用基準 22 条 6 項参照）

103

第4章　地籍図根三角測量

の選定に当たっては，補助基準点を除く基準点等又は地籍図根三
角点（以下「**地籍図根三角点等**」と総称する。）を結合する多角網を形
成するように努めなければなりません（準則49条1項本文）。ただ
し，地形の状況等によりやむを得ない場合には，単路線を形成す
ることができるとされています（同項ただし書）。

　また，多角路線はなるべく短い経路を選定しなければならず，
多角路線の次数は地籍図根三角点等を基礎として1次までとしま
す（同条2項・3項）。

　そして，地籍図根三角測量における多角網は，地籍図根三角点
等を与点とした1次の多角路線で構成することとします（運用基
準22条1項）。

　また，多角網に必要な与点の数は，次の式により算出した値以
上とします。ただし，nは新点数とし，〔　〕の中の計算終了時
の小数部は切り上げるものとされています（同条2項）。

$$〔n／5〕+2$$

　なお，電子基準点のみを与点とするGNSS法に必要な与点
は，作業地域の近傍の電子基準点3点以上とし，作業地域の周辺
に均等に配置するものとします。

　地形の状況等により単路線を形成する場合に必要な与点の数
は，2点とします（同条3項）。

　TS法による場合の多角網の外周路線に属する新点は，外周路
線に属する隣接与点を結ぶ直線から外側40度以下の地域内に選
定することを標準とし，路線の中の夾角は，60度以上を標準と
します（同条4項。下記【図4-15】参照）。

104

【図 4-15】TS 法による網の構成条件

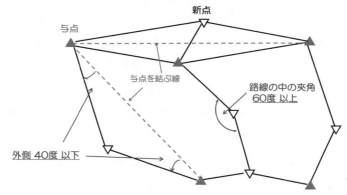

提供：合同会社リモートセンシング研究所

　GNSS 法による場合の新点は，多角網の与点となる地籍図根三角点等を結ぶ最外周線により構成される区域内に選定するよう努めるものとされています。ただし，地形の状況等により外周路線に属する隣接与点を結ぶ直線の区域外に新点を配置する場合及び単路線を形成する場合は，新点から最も近い与点までの距離を隣接する与点間の距離より短くするよう努めるものとします（同条5項）。

　与点から他の与点まで，与点から交点まで又は交点から他の交点までを結ぶ路線，すなわち多角路線の長さは，以下のとおりとします（同項6項）。

① TS 法による場合は，2.0 km 以下を標準とし，ただし，単路線にあっては，3.0 km 以下を標準とします（同項1号）。
② GNSS 法による場合は，5.0 km 以下を標準とし，ただし，電子基準点のみを与点とする場合は，この限りでないとされています（同項2号）。

　同一の多角路線に属する新点間の距離は，なるべく等しく，か

第 4 章　地籍図根三角測量

つ，150m 以下はなるべく避け，著しい見通し障害によりやむを得ない場合にあっても 100 m 以上とします。なお，GNSS 法による場合の新点間の距離は，運用基準別表第 1（法令集 169 頁）に定めるところによるとされています（同条 7 項）。

　同一の多角路線に属する新点の数は，8 点以下とするとされています。ただし，単路線にあっては 9 点以下とします（同条 8 項）。

　新点全てを電子基準点のみを与点とする GNSS 法で設置する場合において，周辺の地籍図根三角点等との整合を確認しようとするときは，点検のための既設点を 1 点以上選定するものとし，選定した既知点について地籍図根三角点選点図（後記【図 4-16】）及び地籍図根三角点平均図（後記【図 4-17】）に記載します（同条 9 項）。

Q61

地籍図根三角点選点図，地籍図根三角点平均図及びその縮尺について教えてください。

A　　地籍図根三角点及び多角路線の選定の結果は，地籍図根三角点選点図及び地籍図根三角点平均図に取りまとめます（準則 50 条）。

　そして，地籍図根三角点選点図，地籍図根三角点平均図及び地籍図根三角点網図の縮尺は，1/25,000，1/10,000 又は 1/5,000 とします（運用基準 23 条）。

第 2 　選点（C2・GC2 工程）

【図 4-16】地籍図根三角点選点図

提供：第一測工株式会社

107

第 4 章　地籍図根三角測量

【図 4-17】地籍図根三角点平均図

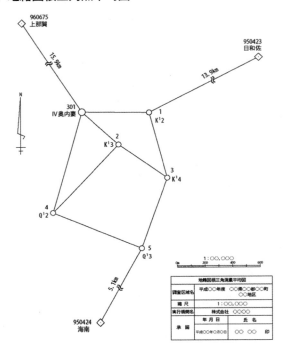

注1：多角路線の長さは、5.0km以内を標準とする。ただし、電子基準点のみを与点とする場合における与点から交点までの路線の長さは除く。
注2：電子基準点のみを与点とする地籍図根三角測量に必要な与点は、作業地域に最も近い電子基準点3点以上とする。
注3：電子基準点のみを与点とするGNSS法における多角網は、与点から最も近い新点を交点とする多角路線で構成する。

出典：電子基準点のみを与点とする地籍図根三角測量における記載例（平成27年4月1日付け国土交通省地籍整備課長補佐事務連絡）

第 3　標識の設置（C3・GC3 工程）

Q62

地籍図根三角点の標識の設置及び規格について教えてください。

A　地籍図根三角点には，標識を設置します（準則51条）。
　この設置する地籍図根三角点の標識の規格は，運用基準別表第2に定めるところによるものとされています（運用基準24条1項）。プラスチック製の場合の例を次の【図4-18】に示します。
　この標識については，滅失，破損等の防止及び後続の測量の容易化を図るため，保護石，表示板等を設置するように努めるものとし，その設置状況を写真により記録します（同条2項）。
　この記録した標識の写真は，電磁的記録又はフィルムにより保存し管理するよう努めるものとされています（同条3項）。

【図4-18】地籍図根三角点に設置するプラスチック製の杭の例

第 4 章　地籍図根三角測量

第 4　観測及び測定（C4・GC4 工程）

Q63

　地籍図根三角測量における観測及び測定について教えてく
ださい。

A　　地籍図根三角測量における観測及び測定は，地籍図根三
　　　　角測量により設置された地籍図根三角点を基礎として行う
一筆地測量及び地積測定において，国調法施行令別表第 4 に定め
る限度以上の誤差が生じないように行います（準則 52 条 1 項）。

　この観測及び測定は，必要に応じて，水平角，鉛直角，器械
高，目標の視準高，距離，気圧，温度，基線ベクトル及び高低差
について行うものとされています（運用基準 25 条 1 項）。

　具体的な観測及び測定の方法は，運用基準別表第 6 に定められ
ています（同条 2 項）。

　観測及び測定において偏心がある場合には，運用基準別表第 7
に定めるところにより偏心要素を測定するものとし，この場合に
おいて，偏心距離は，測定距離の 6 分の 1 未満でなければなりま
せん（同条 3 項）。

　地籍図根三角測量における計算の単位及び計算値の制限は，運
用基準別表第 8 に定められています。なお，電子基準点のみを与
点とする GNSS 法においては，セミ・ダイナミック補正を行い
ます（同条 4 項）。

110

第 4　観測及び測定（C4・GC4 工程）

【図 4-19】電子基準点のみを与点とする地籍図根三角測量

電子基準点：全国約1,300か所に設置されたGNSS連続観測点

出典：国土交通省地籍整備室令和6年度研修会資料

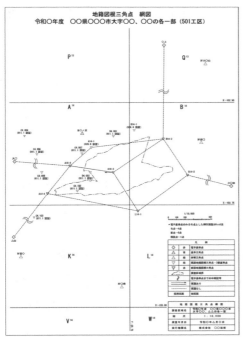

【図 4-20】電子基準点のみを与点とするGNSS法における地籍図根三角点網図

提供：株式会社成和技術

第 4 章　地籍図根三角測量

【図 4-21】電子基準点のみを与点とする地籍図根三角測量

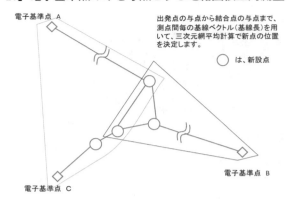

出典：国土交通省地籍整備課令和 2 年度研修会資料

　電子基準点のみを与点とする地籍図根三角測量は，平成 28 年国土交通省令第 42 号により測量業務を効率化するための作業方法として採用され，運用基準に規定されました。

第 5　計算（C5・GC5 工程）

Q64
地籍図根三角点の座標値及び標高の計算を教えてください。

A

1　座標値及び標高

　　地籍図根三角点の座標値及び標高は，前記 Q&A63 に記述した観測及び測定の結果に基づいて求めるものとし，その結果は，地籍図根三角点網図及び地籍図根三角点成果簿に取りまとめます（準則 52 条 2 項）。

第6　点検測量（C6・GC6工程）

　この座標値及び標高は，TS法の場合には厳密網平均計算により求めることとし，GNSS法による場合にはジオイド・モデルを使用する三次元網平均計算により求めるものとされています（運用基準25条5項前段）。この場合において，厳密網平均計算又は三次元網平均計算に用いる重量は，運用基準別表第9に定める数値を用いて計算します（同項後段）。

2　再測

　観測，測定及び計算結果が運用基準別表第6～第8に定める制限を超えた場合は，再測をしなければなりません。再測は，観測中の諸条件を吟味し，許容範囲を超えた原因を考慮して行います（同条6項）。

　この規定により観測を行った既知点については，地籍図根三角点網図に記載します（同条10項）。

第6　点検測量（C6・GC6工程）

Q65

地籍図根三角測量の点検測量について教えてください。

A　地籍図根三角測量を行った場合は，運用基準別表第10に定めるところにより点検測量を行わなければなりません（運用基準25条7項）。

　この点検測量の数量は，TS法による場合は新設した地籍図根三角点数の10％以上，GNSS法による場合は平均図において採用する観測辺数の総和の10％以上とされています（同条8項。下

113

記【図 4-22】参照)。

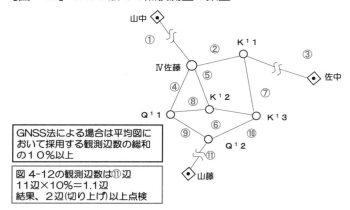

【図 4-22】GNSS 法での点検測量の数量

提供：合同会社リモートセンシング研究所

　新点の全てを電子基準点のみを与点とする GNSS 法で設置する場合において点検のために選定した既知点（運用基準22条9項。前記 Q&A60 ）について周辺の地籍図根三角点等との整合を確認するための観測を行った結果，水平位置又は標高の較差が運用基準別表第8に定める三次元網平均計算による標準偏差を超過した場合には，地籍図根三角点等の成果の取扱いについて，国土地理院の意見を求めるものとされています（運用基準25条9項）。

　前記 Q&A63 において示した運用基準別表第8は，地籍図根三角測量における計算の単位及び計算値の制限を定めたもので，計算の単位について，TS法では角度に関する角値を秒位，長さに関する辺長値，座標値，標高をmm位と，GNSS法では辺長値，基線ベクトル3成分，座標値，標高のいずれについても長さに関する数値ですのでmm位としています。

第 6　点検測量（C6・GC6 工程）

　TS 法における計算値の制限として，運用基準別表第 8(1)に，方向角の閉合差，座標の閉合差，標高の閉合差，新点位置の標準偏差，単位重量の標準偏差及び高低角の標準偏差が定められています。これらのうち，①方向角の閉合差，座標の閉合差，標高の閉合差は，点検計算によって求め，②新点位置の標準偏差，単位重量の標準偏差及び奥底核の標準偏差は，厳密網平均計算により求めます。点検計算は，与点から新点を経由し他の与点に結合させる最短の路線（結合路線）で行います。ただし与点から新点を経由し同一の与点に閉合する路線（環閉合）により行うこともできます。環閉合による場合の閉合差の許容範囲は，各制限式の定数項を省いた値とします。なお，座標値を厳密網平均計算で算出する場合は，方向角の計算を省略できるとしていますが，図形の強さを考慮し，可能な限り方向角の取り付けを行うことが望まれます。

　GNSS 法における計算の制限値は，運用基準別表第 8(2)の 1)に，環閉合差及び重複辺の較差について定められています。環閉合差又は重複辺の較差は，点検計算により求め，水平位置及び標高の標準偏差は，三次元網平均計算により求めます。環閉合差は，異なるセッションの辺を組み合わせて構成される多角形（1つのセッションとして観測されない多角形）について，各辺が属するセッションで得られた基線ベクトルの 3 成分（ΔX，ΔY，ΔZ）をそれぞれ合計して求めます。

115

第4章　地籍図根三角測量

【図4-23】観測の良否を判断する点検計算

① 電子基準点間の閉合差による点検
【電子基準点3点の場合は、2路線】
② 重複辺の較差による点検
③ セッション間の環閉合差による点検

『セッション』
→ 同時に複数のGNSS測量機で行う観測のこと

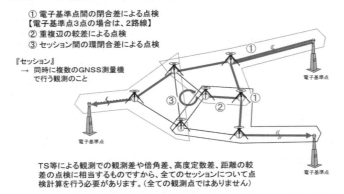

TS等による観測での観測差や倍角差、高度定数差、距離の較差の点検に相当するものですから、全てのセッションについて点検計算を行う必要があります。（全ての観測点ではありません）

出典：国土交通省地籍整備課令和2年度研修会資料

第1 地籍図根多角測量

第5章
地籍図根多角測量

第1 地籍図根多角測量

1 選点（D2・GD2工程）

Q66

地籍図根多角点の選点について教えてください。

A 　地籍図根多角点は，後続の測量を行うのに便利であり，かつ，標識の保存が確実である位置に選定します（準則53条）。

　地籍図根多角点の密度の標準は，運用基準別表第1に定めるところによるとされています（運用基準26条1項）。

　地籍図根多角測量により決定された節点は，2次の地籍図根多角点とすることができます（同条2項）。

　なお，地籍図根多角点選点図等において，承諾印，認証月，助言番号等について遺漏がある旨の留意事項が，下図のとおり指摘されていますので，ご参照ください。

117

第 5 章　地籍図根多角測量

【図 5-1】地籍図根多角点平均図（選点図）の承諾印等
平均図、選点図の承諾印について

出典：国土交通省地籍整備室令和 6 年度研修会資料

Q67

地籍図根多角測量における多角路線の選定について教えてください。

A　地籍図根多角測量における多角路線（以下 D2・GD2 工程において「**多角路線**」という。）の選定に当たっては，地籍図根点等を結合する多角網又は単路線を形成するように努めなければなりません（準則 54 条 1 項）。

多角路線の与点となる地籍図根多角点は，当該路線についての地籍測量の精度区分以上の精度区分に属するものでなりません（同条 2 項）。

多角路線の次数は，地籍図根三角点等を基礎として 1 次までとします（同条 3 項本文）。ただし，隣接する調査地域における地籍図根多角測量により設置された地籍図根多角点を与点とする場合

には，2次までとすることができます（同項ただし書）。

　そして，地籍図根多角測量における多角網は，地籍図根三角点等を与点とした1次の多角路線で構成することを原則とします（運用基準27条1項本文）。ただし，真に必要な場合に限り，地籍図根多角点を与点とした2次の多角路線で構成することができます（同項ただし書）。

　地籍図根多角点を与点とした場合の多角路線の次数は，与点の最大次数に1次を加えるものとされています（同条2項本文）。ただし，地籍図根多角点を与点とした多角路線について，当該多角路線における与点のうち1/2以上が地籍図根三角点等であって，かつ，厳密網平均計算を行った場合には，与点とした地籍図根多角点の最大次数をもって当該多角路線の次数とすることができます（同項ただし書）。

　多角網に必要な与点の数は3点以上とし，単路線に必要な与点の数は2点とします（同条3項）。

　TS法による場合の多角網の外周路線に属する新点は，外周路線に属する隣接与点を結ぶ直線から外側50°以下の地域内に選定することを標準とし，路線の中の夾角は，60°以上を標準とします（同条4項。下記【図5-2】参照）。

　GNSS法による場合の新点は，多角網の与点となる地籍図根三角点等を結ぶ最外周線により構成される区域内に選定するよう努めるものとされています（同条5項本文）。ただし，地形の状況等により外周路線に属する隣接与点を結ぶ直線の区域外に新点を配置する場合及び単路線を形成する場合は，新点から最も近い与点までの距離を隣接する与点間の距離より短くするよう努めます（同項ただし書）。

第5章　地籍図根多角測量

【図 5-2】 TS 法による網の構成条件

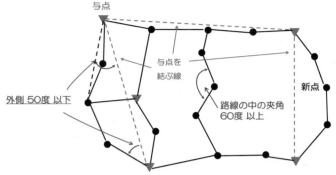

提供：合同会社リモートセンシング研究所

　多角路線の長さは，1.5 km 以下を標準とします（同条 6 項本文）。ただし，2 次の多角路線にあっては，1.0 km 以下を標準とするものとされています（同項ただし書）。

　同一の多角路線に属する新点間の距離は，なるべく等しく，かつ，30 m 以下はなるべく避け，見通し障害等によりやむを得ない場合にあっても 10 m 以上とします。なお，GNSS 法による場合の新点間の距離は，運用基準別表第 1 に定めるところによるものとされています（同条 7 項）。

　同一の多角路線に属する新点の数は，1 次の多角路線（単路線を含む。）にあっては 50 点以下，2 次の多角路線（単路線を含む。）にあっては 30 点以下とします。なお，GNSS 法のみによる場合の新点の数は，運用基準別表第 1 に定めるところによるものとされています（同条 8 項）。

第 1 　地籍図根多角測量

【図5-3】多角路線の選定

分類記号	作 業 内 容
D1	作業の準備
D2	選点
D3	標識の設置
D4	観測及び測定
D5	計算
D6	点検測量
D7	取りまとめ
D8	実施者検査
D9	認証者検査

　与えられた条件や地籍図根三角測量の結果をもとに地籍図根多角点の配置計画を行い、後続の作業において便利でかつ保存がきく位置を現地で決定します。地籍図根多角測量は測量では測量の中程度の骨格を作る作業で、地籍図根三角点に比べて密度は高くなります。

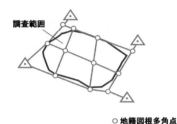

地籍図根多角点配置イメージ

　選点結果をもとに選点図及び平均図を作成します。平均図は観測前に工程管理者（監督職員）の承認が必要となります。その後、現地に標識を設置し、その一部で工程管理者は標識の規格や設置の状況を現地で確認します。

標識の設置状況と確認状況（D3工程）

提供：西谷技術コンサルタント株式会社

Q68

　地籍図根多角点選点図，地籍図根多角点平均図及びその縮尺を教えてください。

A　地籍図根多角点及び多角路線の選定の結果は，地籍図根多角点選点図及び地籍図根多角点平均図に取りまとめます

121

第5章 地籍図根多角測量

（準則56条）。

　地籍図根多角点選点図，地籍図根多角点平均図及び地籍図根多角点網図の縮尺は，1/10,000，1/5,000又は1/2,500とします（運用基準29条）。

【図5-4】地籍図根多角点平均図

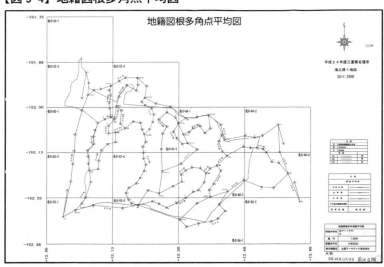

提供：三重県名張市役所

　地籍図根多角路線は，なるべく短い経路を選定します。地籍図根多角網は，地籍図根三角点等を与点とした1次の多角路線で構成するよう努めます。

　この多角網に必要な与点数は，〔n／5〕＋2（nは新点数，少数部切り上げ。）により算出した値以上とします。電子基準点のみを与点とするGNSS法に必要な与点は，作業地域に近傍の電子基準点3点以上とし，作業地域の周辺に均等に配置します。

　地籍図根多角網に必要な与点の数等が規定されているので（前

記 Q&A67 ），注意します。

　多角路線の長さが TS 法と GNSS 法の別々に規定されています。

　新点間の距離の最低の制限が規定されています。

　多角路線に属する新点の数が規定されています。

　地籍図根多角網の構成の条件が規定されています。

　周辺の地籍図根三角点等との整合確認を行い，地籍図根多角点平均図及び地籍図根多角点網図に記載します。

2 標識の設置（D3・GD3 工程）

Q69

地籍図根多角点の標識の設置及び規格について教えてください。

A　地籍図多角点は，後続の細部図根測量及び一筆地測量の基礎とするためのものですので，それらの測量に利用するためには地籍図根多角点の位置を示す標識が必要です。

　このため，地籍図根多角点には標識を設置することとしています（準則 57 条本文）。なお，当該地籍図根多角点の位置に自然物又は既設の工作物がある場合には，それを利用することが許されています（同条ただし書）。

　この地籍図根多角点は，永久的な標識を設置するように努めるものとし，標識の規格は，運用基準別表第 2 に定められています（運用基準 30 条 1 項）。

　この標識については，滅失，破損等の防止及び後続の測量の容

第 5 章　Q66〜Q93

123

第 5 章　地籍図根多角測量

易化を図るため，その設置状況を写真により記録します（同条2項）。

この記録した標識の写真は，電磁的記録又はフィルムにより保存し管理するよう努めるものとされています（同条3項）。

【図 5-5】地籍図根多角点の標識

3 観測及び測定（D4・GD4 工程）

Q70

地籍図根多角測量における観測及び測定について教えてください。

第1 地籍図根多角測量

A　地籍図根多角測量における観測及び測定は，地籍図根多角測量により設置された地籍図根多角点を基礎として行う一筆地測量及び地積測定において，国調法施行令別表第4に定める「一筆地測量及び地積測定の誤差の限度」以上の誤差が生じないように行います（準則58条1項）。

　この観測及び測定は，必要に応じて，水平角，鉛直角，器械高，目標の視準高，距離，気圧，温度及び基線ベクトルについて行うものとされています（運用基準31条1項）。

　具体的な観測及び測定の方法は，運用基準別表第11に定められています（同条2項）。

　地籍図根多角点の座標値及び標高は，上記の観測及び測定の結果に基づいて求めて，これを地籍図根多角点網図及び地籍図根多角点成果簿に取りまとめます（準則58条2項）。

【図5-6】地籍図根多角点網図

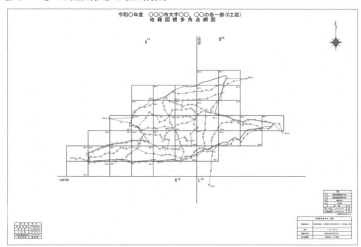

提供：株式会社成和技術

第 5 章　地籍図根多角測量

4 計算（D5・GD5 工程）

Q71

地籍図根多角点の座標値及び標高の計算について教えてください。

A　**1　座標値及び標高**

　　　地籍図根多角点の座標値及び標高は，地籍図根多角測量の観測及び測定結果（準則 58 条 1 項。前記 **Q&A70** ）に基づいて求めるものとし，その結果は地籍図根多角点網図及び地籍図根多角点成果簿に取りまとめます（同条 2 項）。

　この座標値及び標高は，TS 法による場合には厳密網平均計算により求めることを原則とし，GNSS 法による場合にはジオイド・モデルを使用する三次元網平均計算により求めるものとされています（運用基準 31 条 4 項前段）。この場合において，厳密網平均計算又は三次元網平均計算に用いる重量は，運用基準別表第 14 に定める数値を用いて計算します（同項後段）。

　地籍図根多角測量において座標値及び標高を求めるには，TS 法による場合においては，水平角，鉛直角，器械高，目標の視準高，距離，気圧，温度の観測及び測定が必要です。また，GNSS 法による場合は，GNSS 衛星から送られる電波を受信して基線ベクトルを観測及び測定する必要があります。

　なお，地籍測量の精度区分が国調法施行令別表第 4 に定める乙 2，乙 3 の区域においては，標高の計算を省略することができるとされています（同条 5 項）。

126

第 1　地籍図根多角測量

2　再測

　　観測，測定及び計算結果が運用基準別表第 11 及び別表第 12 に定める制限を超えた場合は，再測をしなければなりません。再測は，観測中の諸条件を吟味し，許容範囲を超えた原因を考慮して行います（同条 6 項）。

5　点検測量（D6・GD6 工程）

Q72

地籍図根多角測量の点検測量について教えてください。

A　　地籍図根多角測量を行った場合は，運用基準別表第 14 に定めるところにより点検測量を行わなければなりません（運用基準 31 条 7 項）。

　　この点検測量の数量は，TS 法による場合は新設した地籍図根多角点数の 5%以上，GNSS 法による場合は平均図において採用する観測辺数の総和の 5%以上とされています（同条 8 項）。

　　上記運用基準別表第 14 は，地籍図根多角測量における点検測量の較差の許容範囲について，以下のとおり示したものです。

1　点検値と採用値の較差の許容範囲

（1）　TS 法の場合

　　距離 15 mm，水平角 4500/S 秒，鉛直角 7500/S 秒，偏心距離 15 mm，偏心角 4500/e 秒，鉛直角 7500/e 秒

①S は測点間距離（m 単位），e は偏心距離（m 単位）とする。

②水平角の許容範囲における測点間距離 S は，夾角をなす 2

127

第 5 章　地籍図根多角測量

辺のうち距離を比較して長い方を採用する。

③乙 2，乙 3 地区で標高を求めない場合の距離の点検は，水平
距離で行うことができる。この場合の鉛直角の点検は省略で
きる。

(2)　GNSS 法の場合

重複する基線ベクトルの較差

　　　ΔN　20 mm（水平面の南北方向の較差）

　　　ΔE　20 mm（水平面の東西方向の較差）

　　　ΔU　30 mm（高さ方向の較差）

2　点検測量実施箇所の選定等

(1)　実施箇所の選定

　点検測量の数量は新設点数の 5％以上（小数点以下切り上げ）
とし，網平均計算結果を基に次の事項を勘案して実施箇所を選
定する。

①　観測時の状況等（GNSS アンテナタワー使用観測箇所，偏心観測
箇所等）

②　点検計算結果（方向角及び座標の閉合差，環閉合差，重複辺の較
差）

③　網平均計算結果（新点位置の標準偏差）

(2)　比較点検計算

①　比較点検計算は，（点検値）－（採用値）とする。

②　TS 法による鉛直角の点検測量は，片方向の観測とし，同
一方向の採用値との比較を行なう。ただし，許容範囲を超過
した場合は，正反観測の平均値による比較を行う。

(3)　点検測量手簿等の整理

①　観測手簿等上部余白部には点検測量と記載する。

128

第 2　航空測量

② 観測手簿等任意の箇所に比較点検計算結果を整理する。

(4) 再測等

　点検測量の較差が許容範囲を超過した場合は，原因を調査し，再測又は観測点を追加して観測を行うなど必要な処置を講じる。

(5) 備　考

　点検測量実施後は，観測値等の点検を本作業と同様に実施する。

第 2　航空測量

１ 作業の準備（RD1 工程）

Q73

航空測量の作業について教えてください。

A　　航空測量には，次の５つの作業工程があります（準則76条の3第1項）。

① 空中写真測量（同項1号）

② 航空レーザ測量（同項2号）

③ 既存資料の収集及び解析（同項3号）

④ 補備測量（同項4号）

⑤ 筆界点の座標値の算出（同項5号）

ただし，筆界点の座標値の算出において，国調法施行令別表第4に定める誤差の限度内の精度を保つことができる場合は，上記

第5章　地籍図根多角測量

①～④の作業の一部を省略することができます（同条2項）。

　航空測量の実施に当たっては，既存の空中写真測量又は航空レーザ測量の成果を可能な限り活用します（運用基準44条の4第1項）。

　空中写真測量に係る作業のうち，運用基準に定めのない事項については，測量法34条に基づき定められた作業規程の準則（平成20年国土交通省告示第413号）第3編第3章，第4章又は同準則17条3項の規定に基づき国土地理院が定めるマニュアルの規定を準用するものとされています（同条2項）。

　また，航空レーザ測量に係る作業のうち，運用基準に定めのない事項については，測量法34条に基づき定められた作業規程の準則第4編第4章，第6章又は同準則17条第3項の規定に基づき国土地理院が定めるマニュアルの規定を準用するものとされています（同条3項）。

　なお，航空測量の作業の流れについては航測法手引12頁において，下図のとおり記述されていますので，ご参照ください。

　また，上記作業工程のうち，①空中写真測量は後記 Q&A77 ，②航空レーザ測量は後記 Q&A78 ，③基本資料の収集及び解析は後記 Q&A74 　Q&A80 　Q&A83 ，④補備測量は後記 Q&A86 ～ Q&A92 ，⑤筆界点の座標値の算出は後記 Q&A93 において解説します。

【図 5-7】航測法による地籍調査の作業フロー

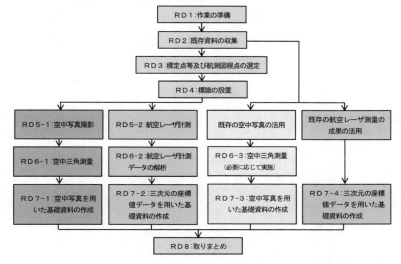

出典:航測法手引

2 既存資料の収集（RD2 工程）

Q74

航空測量の作業における既存資料の収集について教えてください。

A 　航空測量は，既存資料を収集し，これを解析して実施することとされています（準則 76 条の 3 第 1 項 3 号）。

したがって，調査地域において，既存の空中写真又は航空レーザ測量の成果が存在する場合には，当該資料の収集に努めることになります（準則 81 条の 6）。

既存資料としては，下記【図 5-8】～【図 5-10】のようなもの

第5章　地籍図根多角測量

があります。

　なお，①既存のリモセンデータが地籍測量に使用できるかどうか，②既存のリモセンデータの精度確認の工程，③既存の航空レーザ測量データの精度検証の方法が，航測法手引6頁において，下記【図5-11】に基づき記述されていますので，ご参照ください。

【図5-8】既存の空中写真

提供：合同会社リモートセンシング研究所

【図5-9】既存の微地形表現図

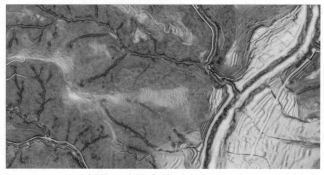

提供：合同会社リモートセンシング研究所

第 2　航空測量

【図 5-10】既存の林相識別図

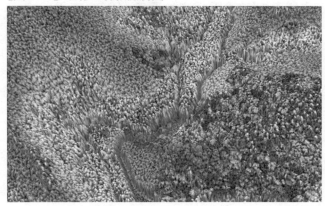

提供：合同会社リモートセンシング研究所

【図 5-11】既存のリモセンデータの利用可能性判定の方法と航空測量方法との関係

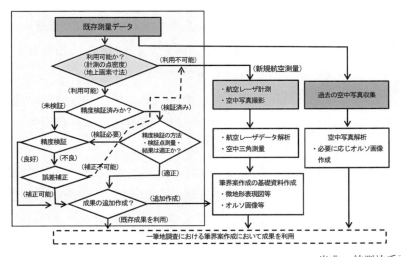

出典：航測法手引

第 5 章　地籍図根多角測量

3 標定点等及び航測図根点の選定（RD3 工程）—————

Q75

航空測量における標定点等及び航測図根点の選定について
教えてください。

A　**1　定義**

標定点とは，空中写真測量に必要な水平位置及び標高の
基準となる点をいいます。

また，航空レーザ計測とは，航空機又は無人航空機に搭載し
たレーザ測距装置と地表面又は地物との距離並びにそのレーザ
測距装置の位置及び傾きの計測をいいます。

この航空レーザ計測の結果得られたデータ（以下「**航空レーザ
計測データ**」という。）の点検及び調整を行うために必要な水平
地及び標高の基準となる点を調整点といいます。

これら標定点及び調整点は，地籍図根三角点等又は単点観測
法により観測された点を使用し，単点観測法により観測された
点の座標値は，周辺の細部図根点等との整合性の確保を図るよ
う努めなければならないとされています。ただし，対空標識に
代えて，自然物又は既設の工作物を利用することが認められて
います（以上準則 77 条 1 項）。

2　標定点及び調整点の選定

標定点及び調整点は，次の条件に基づいて選定しなければな
りません（同条 2 項）。

(1)上空視界が十分に確保され，空中写真又は航空レーザ測量の

134

第2　航空測量

結果得られたデータ（以下「**航空レーザ測量データ**」という。）において明瞭に識別することができる地点であること（同項1号）。

(2)対空標識を設置する場合には，その対空標識の設置が容易であり，かつ，これが確実に保存される地点であること（同項2号）。

そして，標定点及び調整点の配置及び点数の標準は，運用基準別表第31に定められています（運用基準45条1項）。

3　選定の取りまとめ

上記1及び2の結果は，標定点選点図又は調整点選点図に取りまとめます（準則77条3項）。

これら標定点選点図及び調整点選点図の縮尺は，1/25,000，1/10,000，1/5,000，1/2,500又は1/1,000とします（運用基準45条2項）。

4　補備測量の実施が見込まれる場合

補備測量（準則82条）の実施が見込まれる場合には，空中写真測量又は航空レーザ測量の実施前に，必要に応じて，航測図根点（補備測量に必要な水平位置及び標高の基準となる点であって，空中写真測量又は航空レーザ測量によって当該点の座標値及び標高を求めるものをいう。）を選定します（準則77条4項）。

航測図根点は，1次の細部多角点と同等のものとして取り扱うものとされています（運用基準46条6項）。

この選定の結果は，航測図根点選点図に取りまとめます（準則77条5項）。

航測図根点選点図の縮尺は，1/10,000，1/5,000，1/2,500又は1/1,000とします（運用基準46条2項）。

第5章　Q66〜Q93

135

第5章　地籍図根多角測量

5　標識

　航測図根点には，標識を設置します。ただし，自然物又は既設の工作物を航測図根点として利用することが認められています（同条6項）。

　航測図根点は，上空視界が十分に確保され，空中写真又は航空レーザ測量データにおいて明瞭に識別することができる地点に選定します（運用基準46条1項）。

　航測図根点の標識の規格は，運用基準別表第2に定めるところによります（同条3項）。

　航測図根点の標識については，滅失，破損等の防止及び後続の測量の容易化を図るため，その設置状況を写真により記録します（同条4項）。

　この記録した標識の写真は，電磁的記録により保存し管理するよう努めるものとされています（同条5項）。

【図5-12】調整点の見取図及び遠景

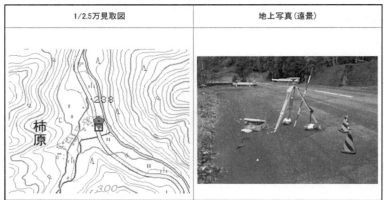

提供：アジア航測株式会社

第 2　航空測量

4　標識の設置（RD4 工程）

Q76

対空標識の設置について教えてください。

A　　対空標識は，標定点等及び航測図根点（以下「**航測図根点等**」という。）に設置します（準則 78 条本文）。ただし，航測図根点等として自然物又は既設の工作物を利用する場合であって，空中写真又は航空レーザ測量データにおいて明瞭に識別できることが確実である場合は，対空標識を設置する必要はありません（同条ただし書）。

　対空標識の規格の標準は，運用基準別表第 32 に，以下のとおり定められています（運用基準 47 条 1 項）。

1　空中写真測量の場合

　精度区分乙 1 の区域にあっては空中写真の地上画素寸法の 15 倍以上の大きさの方形を標準とし，乙 2 又は乙 3 の区域にあっては空中写真の地上画素寸法のおおむね 2.0～2.5 倍の方形を標準とします。

　したがって，乙 2 の地上画素寸法は 40 cm 以内ですので（運用基準別表第 33 参照），対空標識の大きさは 80 cm～100 cm となり，同様に乙 3 における対空標識の大きさは 160 cm～200 cm となります。

2　航空レーザ測量の場合

　精度区分乙 1 の区域にあっては標準的な計測点間隔の 5 倍以上の方形を標準とし，乙 2 又は乙 3 の区域にあっては 90 cm×

第 5 章　Q 66～Q 93

137

第 5 章　地籍図根多角測量

90 cm の方形を標準とします。

　対空標識の色は，白色又は黄色が最適とされています。

5 空中写真撮影又は航空レーザ計測（RD5 工程）

Q77

空中写真撮影について教えてください。

A　　　航空写真測量は，航空機から撮影した写真を使用して，
　　　広域の地理・地形情報を精密に抽出する技術です。

　一般的には，地表の垂直写真を飛行コースに沿って 60％〜
80％ずつ重複させながら撮影した航空写真と地上の位置関係を詳
細に求め，写真上での画像の違いを立体的にかつ精密に測定する
ことによって正確な 3 次元計測によるデータを作成します。

　そこで，地籍測量においては，以下の規定に従い行います。

　空中写真撮影は，撮影に必要な装備を有し，所定の高度で安定
飛行を行うことができる航空機又は無人航空機を用いて行います
（準則 79 条 1 項）。

　これらの航空機を用いる場合にあっては，原則としてデジタル
航空カメラを使用して行うものとし，かつ同一区域内の撮影は，
同一カメラで行うものとされています（運用基準 47 条の 2）。

　空中写真の撮影計画は，撮影を行う区域ごとに，地形の状況や
地籍図根点等の配置状況等を考慮して作成します（準則 79 条 2 項）。

　空中写真撮影は，原則として，気象条件が良好で，かつ，撮影
に適した時期に行うものとされています（同条 3 項）。

138

空中写真の地上画素寸法は，筆界の調査に当たって必要となる地形，地物その他の特徴点を明瞭に判読することができるよう適切に設定します（同条4項）。

　空中写真の地上画素寸法の標準は，運用基準別表第33に定められています（運用基準48条）。

　なお，近年の空中写真撮影の技術は，デジタルによるマッピングが主流となり，紙地図への出力のみではなく，GISの基盤地図として大いに利活用されています。

【図5-13】空中写真撮影の仕組み

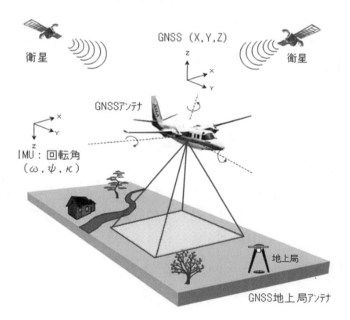

提供：アジア航測株式会社

第 5 章　地籍図根多角測量

Q78

航空レーザ計測について教えてください。

A　　航空レーザ計測は，計測に必要な装備を有し，所定の高
　　　　度で安定飛行ができる航空機又は無人航空機を用いて行い
ます（準則 81 条の 3 第 1 項）。

　この計測の計画は，計測区域ごとに地形状況や地籍図根点等の
配置状況等を考慮して作成します（同条 2 項）。

　航空レーザ計測は，原則として，気象条件が良好で，かつ，計
測に適した時期に行います（同条 3 項）。

　航空レーザ計測の点密度は，筆界の調査に当たって必要となる
地形，地物その他の特徴点を明瞭に判読することができるよう適
切に設定します（同条 4 項）。

　また，航空レーザ計測は，航空レーザ計測システム（運用基準
51 条 1 項括弧書き）を使用して行い，同一区域内の航空レーザ計
測は，同一の航空レーザ計測システムを使用して行います（同
項）。取得したデータ解析の参考とするため，当該計測の対象範
囲を網羅する地上の写真を同時期に撮影します（同条 2 項）。

　これらは，主に地目の認定等に利用されます。

140

【図 5-14】航空レーザ測量の仕組み

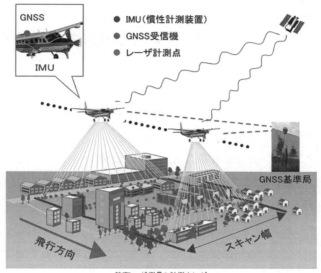

出典:航空レーザ測量の概要(国土地理院)

6 空中三角測量又は航空レーザ計測データの解析 (RD6 工程)

Q79

空中三角測量における調整及び座標計算について教えてください。

A 空中三角測量における調整及び座標計算は,解析法によるものとされ(準則81条),具体的には,GNSS / IMU装置(空中写真撮影時のカメラの位置及び傾きを計測する装置をいう。)により観測したデータから得られた外部標定要素,標定点の座標値及び標高並びに空中写真上で計測したパスポイント,タイポイン

第 5 章　地籍図根多角測量

ト，標定点等の画像上の座標を用いて，バンドル法により行います（運用基準 49 条 1 項本文）。ただし，無人航空機を用いて撮影した空中写真について空中三角測量を行う場合の調整及び座標計算にあっては，外部標定要素を用いることを要しません（同項ただし書）。

　調整における標定点の残差等の制限の標準は，運用基準別表第 34 に定められています（同条 2 項）。

　調整により得られた外部標定要素の成果値を用いて航測図根点の座標値を計測し，その結果を航測図根点配置図及び航測図根点成果簿に取りまとめます（同条 3 項）。

　そして，航測図根点の 2 ％以上について，GNSS 測量による単点観測法による点検測量を行い，上記により得られた座標値が運用基準別表第 35 に定める誤差の制限内にあることを確認します（同条 4 項本文）。ただし，GNSS 測量の実施が困難な場合は，航測図根点間の辺長点検を行い，辺長が同別表に定める誤差の制限内にあることを確認するものとされています（同条ただし書）。

Q80

既存の空中写真の活用について教えてください。

A　航測法による地籍測量においては，既存の空中写真を活用することができます（準則 81 条の 7 第 1 項）。この既存の空中写真の地上画素寸法の標準は，運用基準別表第 33 に定められています（運用基準 55 条 1 項）。

　既存の空中写真を用いて空中三角測量を行う場合には，調整及び座標計算を解析法により行います（準則 81 条の 7 第 2 項）。この

第2　航空測量

場合に，空中三角測量における調整及び座標計算，標定点の残差等の制限，航測図根点配置図及び航測図根点成果簿への取りまとめ，単点観測法による点検測量等について規定する運用基準49条（前記 Q&A79 ）が準用されています（運用基準55条2項）。

　既存の空中写真を活用する場合には，基礎資料を，当該空中写真及び当該空中写真を用いた空中三角測量の成果を用いて作成します（準則第81条の7第3項）。この場合に，空中写真測量におけるオルソ画像の地上画素寸法及び位置の精度，必要に応じて隣接オルソ画像を結合した画像の作成，オルソ画像の点検方法，微地形表現図等の作成等について規定する運用基準50条（後記 Q&A84 ）が準用されています（運用基準55条3項）。

　収集した既存の空中写真の地上画素寸法その他の仕様が，上記の基礎資料の作成に適さない場合であっても，当該空中写真は，基礎資料を作成する際の参考資料とすることができます（準則81条の7第4項）。

　この後，既存の空中写真を活用して筆界案を作成して（下記【図5-15】。後記第6章 Q&A135 参照），集会所等で図面等調査を実施します（準則23条の2第1項2号。後記第6章 Q&A129 2参照）。

第5章　Q66〜Q93

143

【図 5-15】空中写真を活用した筆界案

提供：合同会社リモートセンシング研究所

Q81

航空レーザ計測の点密度について教えてください。

A 　航空レーザ計測の点密度の標準は，運用基準別表第 33 に定められています（運用基準 52 条）。

　航空レーザ計測は，地形条件によって地表面に到達する点密度にばらつきが発生します。

　地表面に到達する点密度のばらつきを抑制するため，地形条件を考慮した対地高度，対地速度，コース間重複度（パーセント），スキャンレート，スキャン角度，パルスレート等を設定します。

第 2　航空測量

また，急峻な地形の場合には，谷沿いに計測コースを追加設定するなどして，必要な点密度の確保を図ります。

Q82

航空レーザ計測データの解析について教えてください。

A　計測範囲における地表面及び地物の形状を示す三次元の座標値データは，航空レーザ計測データを解析し，作成します（準則 81 条の 4）。

上記の解析は，以下の作業の順序に従って行うものとされています（運用基準 53 条 1 項）。

①航空レーザ計測データにおける計測ノイズ等の除去（同項 1 号）

② DSM（建物，樹木その他の地形以外の地物等の高さを含む三次元の座標値データをいう。以下同じ。）の作成（同項 2 号）

③ DEM（DSM から建物，樹木その他の地形以外の地物等の高さを除いた，地形を表す三次元の座標値データをいう。以下同じ。）の作成（同項 3 号）

点検における調整点の残差等の制限の標準は運用基準別表第 34 に定められています。また，作成した上記②及び③の DSM 及び DEM の格子間隔の標準は，運用基準別表第 36 に定められています（同条 2 項）。

そして，上記②及び③のデータを用いて航測図根点の座標値を計測し，その結果を航測図根点配置図及び航測図根点成果簿に取りまとめます（同条 3 項）。

点検測量は，座標値を算出した航測図根点の 2％以上について，GNSS 測量による単点観測法を行い，上記において計測した

第 5 章　Q 66 〜 Q 93

145

第 5 章　地籍図根多角測量

座標値が運用基準別表第 35 に定める誤差の制限内にあることを
確認します（同条 4 項本文）。ただし，GNSS 測量の実施が困難な
場合は，航測図根点間の辺長点検を行い，辺長が同別表第 35 に
定める誤差の制限内にあることを確認します（同項ただし書）。

　航空レーザ計測データの具体的な解析方法は，航測法手引 19
頁を参照願います。

Q83

既存の航空レーザ測量成果の活用について教えてください。

A　　　航測法による地籍測量においては，既存の航空レーザ測
　　　　量の成果を優先的に活用します（準則 81 条の 8 第 1 項参照）。

　既存の航空レーザ測量の成果を活用する場合には，基礎資料
を，その航空レーザ測量の結果得られた三次元の座標値データを
用いて作成します（同条 2 項）。

　既存の航空レーザ測量の成果を活用する場合の航空レーザ計測
の点密度の標準は，精度区分乙 1 地域においては 100 点 / ㎡以
上，乙 2 又は乙 3 地域においては 4 点 / ㎡以上（運用基準別表第
33）とします。ただし，無人航空機を用いて航空レーザ測量を行
う場合の航空レーザ計測の密度は，25 点 / ㎡以上であることが望
ましいとされています（同別表備考欄）。

146

第 2　航空測量

7 空中写真又は三次元の座標値データを用いた基礎資料の作成（RD7 工程）

Q84

空中写真等を用いた基礎資料の作成について教えてください。

A　空中写真測量においては，地目の調査及び筆界案の作成の基礎となる資料（以下「**基礎資料**」という。）を，空中写真及び空中三角測量の成果を用いて作成します（準則81条の2）。

基礎資料として，オルソ画像（空中写真を中心投影から正射投影に変換した画像をいう。以下同じ。）を作成します（運用基準50条1項）。これにより作成したオルソ画像については，必要に応じ，隣接するオルソ画像を結合させた画像を作成するものとされています（同条3項）。また，オルソ画像のほか，基礎資料として，必要に応じて，地形の微妙な起伏を表現した図面（以下「**微地形表現図**」という。）その他の資料を作成することができます（同条5項）。

オルソ画像の地上画素寸法及び位置の精度は，運用基準別表第36に定められています（同条2項）。

オルソ画像の点検は，水平位置，色調，局所歪み及び接合について行います（同条4項）。

Q85

三次元の座標値データを用いた基礎資料の作成について教えてください。

第5章　Q66～Q93

147

第 5 章　地籍図根多角測量

A　　　航空レーザ測量における基礎資料は，作成した三次元の
　　　　座標値データ（準則 81 条の 4。前記 Q&A82 ）を用いて作成
します（準則 81 条の 5）。

　航空レーザ測量においては，基礎資料として，微地形表現図を
作成します（運用基準 54 条 1 項）。このほか，必要に応じて，樹種
の分布を表現した図面（いわゆる林相識別図），樹高の分布を表現
した図面（いわゆる樹高分布図）その他の資料を作成することがで
きます（同条 4 項）。

　微地形表現図の地上画素寸法及び位置の精度は，運用基準別表
第 36 に定められています（同条 2 項）。

　微地形表現図の点検は，水平位置及び色調について行います
（同条 3 項）。

　三次元の座標値データを用いた基礎資料の作成について，具体
的な内容は，航測法手引 22 頁を参照願います。

8　補備測量における選点及び標識の設置（RD12 工程）──

Q86

補備測量について教えてください。

A　　　補備測量は，基礎資料及び筆界に関する情報を用いるの
　　　　みでは筆界点の座標値を算出することができない場合に
は，補備として測量を行うものです（準則 82 条 1 項参照）。

　補備測量の作業は，細部図根測量，一筆地測量の順序に従って
行います（同条 2 項）。

148

一筆地測量の作業において，国調法施行令別表第4に定める誤差の限度内の精度を保つことができる場合は，細部図根測量の全部又は一部を省略することができます（同条3項）。

　詳しくは，航測法手引Ⅳ10（23頁）を参照願います。

【図5-16】市町村界を補備測量（単点観測法）により調査した地域

提供：合同会社リモートセンシング研究所

　細部図根測量を省略して，直接筆界点を観測する場合が多くあります。その手法を単点観測法といい，観測方法は，干渉測位法のように受信データから求めた基線ベクトルを観測値とした三次元網平均計算によって座標値を算出するのではなく，測位によって得られた受信データから直接座標値を算出する方法です。

　単点観測法による一筆地測量は，ネットワーク型RTKによる

第 5 章　地籍図根多角測量

測量方法（以下「**ネットワーク型 RTK 法**」という。）により行います。ただし，当該地籍測量の精度区分が国調法施行令別表第 4 に定める乙二又は乙三の区域の一筆地測量については，DGPS 測量機を用いる測量方法（以下「**DGPS 法**」という。）により行うことができます。

　DGPS 法は，GNSS 法の一つの測量方法であり，筆界点の上に直接アンテナを立て，FIX 解を得てから 10 エポック（データ取得間隔は 1 秒）以上の観測を 1 セットとし，これを 2 セット行います。

　この観測は，1 セット目の観測終了後に，初期化して 2 セット目の観測を行います。

　この測量方法の利点は，次のとおりです。

・周囲の三角点等を使用せず，筆界点の座標を直接求めることができます。

・三次元網平均計算は不要です。

・GNSS 測量機器 1 台でも測定が可能です。

・受信衛星数は，少ないときでも 8〜10 衛星の確保が可能です。

・短時間で観測を行うことができるため，作業効率に優れています。

Q87

　補備測量（細部図根測量）における選点及び標識の設置について教えてください。

A　**1　準用規定**

　　補備測量における細部図根測量は，その基礎とする点などについて地上法における細部図根測量の規定（準則 46 条，59

条～64条，67条1項・2項）を準用しています（準則82条の2）。

　また，具体的な内容として，運用基準32条，33条2項本文及び34条～36条の2の規定は，準則82条2項1号の細部図根測量について準用しています（運用基準55条の3）。

2　選点及び標識の設置

　上記1の準用規定において，本問に関するものとして，①細部図根点は，後続の測量を行うのに便利であり，かつ，標識の保存が確実な位置に選定すること（準則61条），②その結果を細部図根選点図に取りまとめ，その縮尺は1/10,000，1/5,000，1/2,500又は1/1,000（航測法手引24頁は1/1,000を除外している。）とすること（運用基準33条2項本文，34条の2），③細部図根点には，自然物又は既設の工作物を利用するほか標識を設置すること（準則62条）が規定されています。

9　補備測量における観測及び測定（RD13工程）

> ## Q88
>
> 　補備測量（細部図根測量）における観測及び測定について教えてください。

A　前記 Q&A87 1の準用規定において，本問に関するものは，以下のとおりです。

　細部図根測量は，①当該測量の精度区分以上の精度区分に属する地籍図根多角点を含む地籍図根点等を基礎として行い（準則46条），②GNSS法又はTS法による多角測量法によることを原則

第 5 章　地籍図根多角測量

とするが，見通し障害等によりやむを得ない場合には放射法によることができること（運用基準 32 条，準則 59 条）が規定されています。

　また，航測法手引 24 頁の「使用する測量方法等に応じて……適宜に実施します」とは，上記の多角測量法と放射法の測量方法のことを指しているものと思いますが，①多角測量法の場合には，多角路線の選定に当たって細部多角点等又は航測図根点のいずれかを結合する多角網又は単路線を形成するように努めること（準則 63 条 1 項）など（運用基準 34 条），②この結果を，縮尺 1/10,000，1/5,000，1/2,500 又は 1/1,000 とする細部多角点選点図及び細部多角点平均図に取りまとめること（運用基準 34 条の 2，準則 63 条の 2），③放射法の場合には，細部図根測量は細部多角点等又は航測図根点を与点として行うこと（準則 64 条 1 項）など（運用基準 35 条）が規定されています。

　そして，細部図根測量における観測及び測定は，細部図根測量により設置された細部図根点等を基礎として行う一筆地測量及び地積測定において国調法施行令別表第 4 に定める限度以上の誤差が生じないように行います（準則 67 条 1 項）。

🔟 補備測量における計算（RD14 工程）

Q89

　補備測量（細部図根測量）における計算について教えてください。

第 2　航空測量

A　　細部図根測量の計算は，使用する測量方法等に応じて適宜に実施し（前記 Q&A88 また書参照），細部図根点の座標を計算します。

11 補備測量における点検測量（RD15 工程）

> ### Q90
> 補備測量（細部図根測量）における点検測量について教えてください。

A　　前記 Q&A87 1 の準用規定において，本問に関するものは，以下のとおりです。

1　点検測量

　　細部図根測量の点検測量は，使用する測量方法等に応じて（前記 Q&A88 また書参照），一筆地測量に先立ち実施します。

　　多角測量法の場合には，運用基準別表第 19 の定めにより新設した細部図根点数の 2％以上の点検測量を行います（運用基準 34 条 12 項・13 項）。詳しくは，後記第 7 章 Q&A161 を参照願います。

　　放射法の場合には，あらかじめ行う与点の点検測量は，TS 法による場合は同一の多角路線に属する他の細部多角点等又は細部図根点までの距離の測定又は基準方向と同一の多角路線に属する他の細部多角点等又は細部図根点との夾角の観測を，GNSS 法による場合は基線ベクトルの観測を行い，当該点の移動等の点検を行います（運用基準 35 条 7 項）。

153

第 5 章　地籍図根多角測量

2　細部図根測量結果の取りまとめ

　多角測量法による細部図根測量の結果は，単位区域ごとに，かつ，図郭区域ごとに，縮尺 1/10,000，1/5,000，1/2,500 又は1/1,000 の細部図根点配置図（細部図根点網図のことをいう（運用基準 36 条の 2 第 1 項））及び細部図根成果簿に取りまとめます（準則 67 条 2 項，運用基準 36 条・36 条の 2 第 2 項）。詳しくは，後記第 7 章 Q&A163 を参照願います。

12　補備測量における観測及び測定（RD16 工程）──────

Q91

補備測量（一筆地測量）における観測及び測定について教えてください。

A　**1　準用規定**

　　補備測量における一筆地測量は，細部図根測量の基礎となる点の規定（準則 46 条）のほか，一筆地測量の基礎とする点などの規定（同 68 条，70 条〜71 条，72 条 1 項）を準用しています（同 83 条）。

　また，具体的な内容として，運用基準 37 条〜42 条の規定は，準則 82 条の 2 項 2 号の一筆地測量について準用しています（運用基準 55 条の 4）。

2　一筆地測量の方法等

　上記 1 の準用規定において，本問に関するものとして，一筆地測量は，①単点観測法によるものを除き，地籍図根点等又は

第 2　航空測量

航測図根点を基礎として行い（準則68条），②放射法（準則70条の2，運用基準38条），多角測量法（準則70条の3，運用基準39条），交点計算法（準則70条の4，運用基準40条）又は単点観測法（準則70条の5，運用基準41条）により行い（準則70条，運用基準37条），③筆界点の次数は，上記①において，多角測量法にあっては2次まで，その他の方法にあっては1次までとすることなど（準則71条）が規定されています。

　放射法又は多角測量法による一筆地測量は，GNSS法又はTS法により行うこととされていますが，精度区分乙2又は乙3区域においては，デジタル方位距離計法により行うことができるとされています（運用基準37条1項）。

　また，単点観測法による一筆地測量は，ネットワーク型RTK法により行うものとされ，精度区分乙2又は乙3区域においてはDGPS法により実施することもできます（運用基準37条2項）。

　以上，詳しくは，後記第8章を参照願います。

第5章　Q66〜Q93

155

第 5 章　地籍図根多角測量

【図 5-17】DGPS 器械による観測風景

出典：航測法手引

13 補備測量における計算及び筆界点の点検（RD17 工程）

Q92

補備測量（一筆地測量）における計算及び筆界点の点検について教えてください。

A　　前記 Q&A91 1 の準用規定において，本問に関するものは，以下のとおりです。

筆界点の位置は，精度管理表の全数を点検するとともに，その位置が現地の位置を正しく表示しているかどうかについて点検するように努めなければならないとされています（準則72条1項）。

第 2 　航空測量

　航測法手引 25 頁の「使用する測量方法等により適宜に実施します」の測量方法とは，多角測量法と放射法を指しているものと思いますので，次に，これらの測量方法における筆界点の点検について運用基準 42 条 1 項に基づき解説します。なお，詳しくは，後記第 8 章 Q&A174 を参照願います。

1　多角測量法の場合

　多角測量法による一筆地測量により求めた筆界点を除く単位区域の総筆界点から 2％以上を抽出し，抽出した筆において筆界点を 1 点選定後，この筆界点から視通が取れる 2 辺以上において，座標計算による距離と TS 等による実測距離との較差が国調法施行令別表第 4 の公差（α の項を除く。）の範囲内にあるかの点検を行います。ただし，視通条件等により筆界点同士の辺長の測定が困難な場合には，辺の一端をその筆以外の筆を構成する筆界点又は航測図根点とすることができます。

2　放射法の場合

　他の細部図根点等からの同一の方法（放射法）の観測により，点検を行います。

3　単点観測法の場合

　同一の方法（単点観測法）により点検を行います。ネットワーク型 RTK 法により単点観測法を行い，水平位置の整合処理がされた場合は，その処理方法について，準則 70 条の 5 及び運用基準 41 条の規定に照らして適正に実施されているかを点検します。

第 5 章　Q 66 ～ Q 93

157

第 5 章　地籍図根多角測量

14 筆界点座標値の計測及び点検（RD18 工程）

Q93

筆界点座標値の計測及び点検について教えてください。

A　　筆界点の座標値は，空中写真又は航空レーザ測量データを用いて算出したものを採用します（準則 83 条の 2 本文）。ただし，補備測量を行った場合に，対象となった筆界点については，その補備測量により得られた座標値を採用します（同条ただし書）。

　空中写真又は航空レーザ測量データを用いて算出した筆界点の座標値の点検は，総筆界点（補備測量により得られた座標値を採用した筆界点を除く。）から 2％以上を抽出し，当該空中写真又は航空レーザ測量データを用いて再算出する方法により行います（運用基準 55 条の 5）。この場合は，筆界点座標値を算出したソフトウェアと違うソフトウェアを用いて，筆界点及び筆界線を表示させて点検します。

第 1　作業の準備（E1・GE1 工程）

第 **6** 章
一筆地調査

第 1　作業の準備（E1・GE1 工程）

Q94

作業の準備について教えてください。

A　　作業の準備として，工程管理者（2 項委託の場合は受託法人の工程管理者）は，一筆地調査の作業を所定の期間内において効率的かつ確実に実施できるように，工程計画を練り上げ，それを分かりやすい工程管理表に取りまとめます（各検査規程細則本文 7(4)①・(3)①前段）。また，請負者（2 項委託の場合は受託法人）は，業務計画書等を発注者に提出します（各検査規程細則本文 7(3)①後段）。

　航測法による地籍測量においては，航空測量（RD 工程）は一筆地調査と併行して行うことができるとされています（準則 76 条 3 項）。

第 6 章　Q 94 〜 Q 149

159

第 6 章　一筆地調査

第 2　作業進行予定表の作成（E2・GE2 工程）

Q95

作業進行予定表の作成について教えてください。

A　　一筆地調査は，実施計画に掲げた作業計画に基づき（準則 9 条 1 項 5 号，準則 12 条 1 項），作業進行予定表を作成して行います（準則 13 条）。ここでいう一筆地調査とは，地籍調査における毎筆の土地についての所有者や境界等の調査（準則 3 条 1 項 1 号）及び街区境界調査における街区境界に接する街区内土地の所有者や街区境界等の調査（同条 2 項 1 号）を指しますので（同条 3 項前段），地籍調査のみならず街区境界調査においても作業進行予定表を作成します（GE2 工程）。

1　作業進行予定表の記載事項

　　準則及び運用基準，その他通知類には，作業進行予定表に記載する事項や様式が定められていません。

　　しかし，準則 13 条は，準則 12 条の規定により作成された作業計画に基づき作成すると規定していますので，単位区域ごとに単位作業である一筆地調査の作業を更に分けて，この分けた作業の予定及び進行状況が分かる表にするものと思います。

　　具体的には，一筆地調査は，準則及び運用基準並びに各検査規程細則において，下記【図 6-1】の作業があります。

第 2　作業進行予定表の作成（E2・GE2 工程）

【図 6-1】一筆地調査の作業内容

作業内容	規定	工程
地元説明会の開催	準則 2 条	Ｅ１・ＧＥ１
作業進行予定表の作成	準則 13 条	Ｅ２・ＧＥ２
単位区域の概略調査	準則 14 条	Ｅ３・ＧＥ３
関係機関との調整	運用基準 7 条	
調査図素図の作成	準則 16 条	Ｅ４・ＧＥ４
調査図一覧図の作成	準則 17 条	Ｅ４・ＧＥ４
地籍調査票（街区境界調査票）の作成	準則 18 条	Ｅ４・ＧＥ４
現地調査等の通知	準則 20 条	Ｅ５・ＧＥ５
筆界標示杭の設置	準則 21 条	
市町村の境界の調査	準則 22 条	Ｅ６・ＧＥ６
私有地以外の土地の現地調査	運用基準 12 条	Ｅ７・ＧＥ７
私有地の現地調査	準則 23 条	Ｅ７・ＧＥ７
図面等調査	準則 23 条の 2	Ｅ７・ＧＥ７
代位登記の申請	準則 27 条	Ｅ７のみ
取りまとめ	準則 6 条	Ｈ１・ＧＨ１

（注）街区境界調査における一筆地調査は，合併又は一部合併があったものとしての調査（準則 25 条・26 条）の適用がありませんので（同 36 条の 2），代位登記の申請（同 27 条）は認められていません（同 36 条の 2）。

2　作業進行予定表の作成例

　　作業進行予定表は上記【図 6-1】の作業内容ごとの予定と進行状況が分かる表にするところ，一筆地調査においては天候といった自然現象による影響や現地調査における立会人の都合又は図面等調査における送付した図面等に対する土地の所有者の回答遅延という対外的な影響があるため，当初の作業進行予定

第 6 章　Q94〜Q149

161

第 6 章　一筆地調査

表を作成する段階から日にち単位の予定を定めることは困難であり，進行途中の段階で予定を変更する作業も繁雑となると思います。

そこで，前記第 2 章 Q&A36 の作業計画の更新と同様な考え方から，作業進行予定表も，作成当初は週程度の単位で作成し，天候や対人的な影響を受ける E7 又は GE7 の工程の進行状況によって作業予定を変更し，日にち単位に更新することが効果・効率的であると考えます。

また，作業進行予定表の作成に当たっては，前記第 3 章 Q&A48 に記述した事務取扱要領第 1 章第 3（法令集 670 頁）より設置された推進委員会等の助言を参考にするとされています（各検査規程細則本文 7(4)②後段）。

これは，現地調査の立会いを多く確保するため住民側の意向を聴取するとされており（地籍調査事業の推進上留意すべき事項について（昭和 54 年 2 月 7 日付け国土国第 27 号国土庁土地局国土調査課長通知）の別紙「筆界確認の確保のために講ずべき措置」1②。法令集 1079 頁），具体的には，特に，推進委員会の委員のうち，地元代表者の推進委員から現地調査の時期についての意見・助言を聞くことによって，住民側の意向の参考にするとのことと思います。

作成当初の作業進行予定表の作成例を図に示すと，次の【図 6-2】のとおりです。

第2　作業進行予定表の作成（E2・GE2工程）

【図 6-2】作業進行予定表の作成例

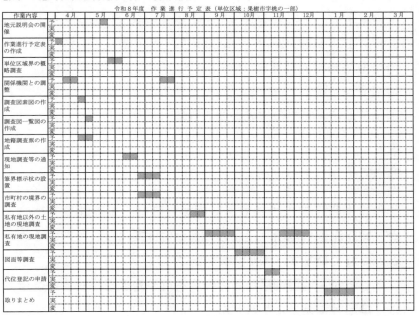

　作業進行予定表に記載する事項や様式は，上記1のとおり準則等に定められていませんが，地籍調査を行う者が，一筆地調査の効果・効率的な予定，予定に対する進行状況，進行状況に応じた変更後の予定等を把握することができるものでなければ作成する効果がありません。

　そこで，上記【図 6-2】のように作業内容ごとに，上段に予定を，中段に実績を，下段に実績に応じた変更後の予定を記載する様式が作業の進度に応じた更新がしやすいと考えます。

　なお，作業の必要人日について，國見ほか準則解説56頁に，200筆程度の場合，字限図1枚の謄写整理等を3人日，地籍調査票の作成を1人日との目安が説明されていますが，「登

第 6 章　一筆地調査

記情報及び地図情報の電子データの提供方法並びに地籍調査成
果の電子データによる送付をする場合の取扱いについて」令和
3 年 3 月 26 日付け国不籍第 532 号国土交通省不動産・建設経
済局地籍整備課長通知（法令集 1188 頁）に基づき登記情報及び
地図情報の電子データの提供を受けることによって，調査図素
図及び地籍調査票の作成必要人日は，これより短くなると思い
ます。

Q96

　作業進行予定表の基である作業計画は，一筆地調査のほ
か，地籍測量や地積測定などの各単位作業について定めるこ
ととされています（準則 12 条 1 項・2 項）。
　ところが，地籍測量などの作業進行予定表を作成する規定
は，準則等に見当たりません。
　なぜ，一筆地調査のみ作業進行予定表を作成するのでしょ
うか？

A　　　地籍測量にあっては，作業進行予定表を作成する規定は
　　　　ありませんが，工程管理表を作成することとされています
（各検査規程細則本文 7 (3)①前段）。

〈解説〉

　地籍測量においても，一筆地調査と同様に，気象や天候といっ
た自然現象による影響を受ける作業です。したがって，この点に
おいては，地籍測量における作業進行予定表を作成する必要があ
ると思います。

164

第3　単位区域界の調査（E3・GE3工程）

とはいえ，準則が制定された昭和32年当時（旧準則には一筆地調査においても作業進行予定表の作成規定はない。）において，地籍測量の作業をも直営で実施する市町村は少なく，外注又は委託による地籍測量等の作業進行予定は，当該請負契約の範疇で管理することであるとの考えから，発注者は受注者から提出される業務計画書等において把握することで足りるとしたものと思います（各検査規程細則本文7(3)①後段参照）。

他方，一筆地調査においては，直営で実施する市町村がほとんどであり，天候といった自然現象による影響のほか，現地調査における立会人の都合又は図面等調査における送付した図面等に対する土地の所有者の回答遅延という対外的な影響があるため，常に作業進行の状況及びその状況に応じた予定の変更について，準則13条が規定する「作業計画に基き……作業進行予定表を作成」する地籍調査を行う者，すなわち一筆地調査の作業を直営実施する市町村が自ら作成することとしたものと思います。

なお，一筆地調査を外注又は2項委託により実施する場合には，請負者又は受託法人が提出した工程管理表を，発注者である地籍調査を行う者が作業進行予定表として作成します（各検査規程細則本文7(4)②前段）。

第3　単位区域界の調査（E3・GE3工程）

Q97

単位区域界の調査について教えてください。

第6章　一筆地調査

A　準則14条は，一筆地調査を行う前に，調査地域の単位
　　　である地番区域ごとの単位区域（準則10条3項）の概略を
現地において調査しなければならないと規定しています（以下
「**現地概略調査**」という。）。

　また，運用基準6条の2は，現地概略調査を原則とするが，航
測法による地籍測量を想定して土地の現況等の事情を考慮し現地
概略調査以外の方法によって単位区域の概略の調査を行うことが
できるときは，準則14条が規定する現地概略調査でなくともよ
いことを規定しています。

Q98

　果樹市役所は，前記【図2-7】の2つの単位区域における
現地概略調査を行います。
　準則14条の見出しは「単位区域界の調査」としています
ので単位区域の境の現地概略調査を行えばよいのでしょう
か？それとも同条本文の単位区域の現地概略調査を行うので
しょうか？

A　単位区域の境についての概略を調査するものと思いま
　　　す。

〈解説〉

　質問のとおり，準則14条の見出しと本文が整合していません。
　さらに，運用基準6条の2の見出しと本文は「単位区域の概略
の調査」として整合していますが，いかなることの概略を調査す
るのか判然としていません。

166

第 3　単位区域界の調査（E3・GE3 工程）

1　改正経緯

　　まず，この検討に関連する準則の改正経緯を以下に示します。

　　旧準則 10 条 1 項は，次のとおり規定していました。

旧準則（昭和 27 年経済安定本部令第 15 号）

（市町村又は地番区域の境界の調査）

第 10 条　一筆地調査を行う区域内における市町村又は地番区域の境界は，関係市町村の職員その他の関係者を立ち会わせ，現地について調査し，その境界を表示するのに必要な位置に，境界標を設置するものとする。

　　上記旧準則 10 条 1 項は，市町村の境界の調査（準則 22 条），筆界標示杭の設置（準則 21 条）についても規定するとともに，地番区域（準則 14 条の単位区域を定める区域）の境界を現地において調査することも規定していました。

　　その後，旧準則が全部改正された際の準則 14 条は，次のとおり規定していました。

準則（昭和 32 年総理府令第 71 号）

（地番区域と異なる単位区域の調査）

第 14 条　地番区域と異なる区域をその区域とする単位区域について一筆地調査を行おうとする場合には，あらかじめ当該区域を囲む図郭線の概略の位置を現地について調査しなければならない。

　　さらにその後の昭和 61 年総理府令第 53 号をもって，見出し

167

第6章　一筆地調査

及び本文が現行準則14条の規定に一部改正されています。

2　現地概略調査の対象

　上記のとおり，旧準則10条は地番区域の境界の現地調査を，改正前準則14条は単位区域を囲む図郭線の概略位置の現地調査を，それぞれ規定していますので，いずれも単位区域内の土地ではなく，単位区域の境を指しているものと思います。

　また，現行の各検査規程細則本文7(4)③は，「作業者による現地踏査の結果を勘案しながら，登記所地図等と地形図とを対照することにより，単位区域界……が適正に確認されているかどうかを点検……」として，単位区域の境である単位区域界を適正に調査しているかについて点検することとし，各検査成績表別葉E又は別葉GEは区域界を点検対象としています。

　そうすると，現行準則14条は，本文において「単位区域の概略を現地について調査」と規定しているところ，この調査する対象は，見出しである「単位区域界」であると考えます。

　したがって，果樹市役所は，前記【図2-7】の調査地域の境及び単位区域①と単位区域②との境について現地概略調査を行うものと考えます。

3　現地概略調査の調査内容

　単位区域界の現地概略調査をするとして，何を調査するかについても準則及び運用基準から判然としません。

　また，各検査規程細則においても，上記2のとおり，単位区域界の確認が適正であるかを点検すると規定しているものの，単位区域界の何について適正に確認されていることを点検するのかが判然としません。

　とはいえ，この現地概略調査は，一筆地調査を行う前に実施

第3 単位区域界の調査（E3・GE3工程）

するものであることからすると，一筆地調査が正確に行われる
ための事前調査であると思います。

　そうすると，住宅地図や道路等の長狭物を示す図面等の既存
資料における単位区域界と現地における単位区域界の状況を照
合調査し，単位区域外の土地を単位区域内の土地であると誤解
して現地調査等の通知を発出する（準則20条），逆に単位区域
内であるのに単位区域外の土地であると誤解して一筆地調査の
実施（準則23条・23条の2）を漏らすことがないようにするため
の調査内容となります。

　具体的には，現地における単位区域界の目印となる付近の地
物（境界標，段差等）や工作物（ブロック塀，電柱等）について，
あらかじめ作成している場合には調査図素図に，そうでない場
合には住宅地図等に記録します（國見ほか準則解説57頁参照）。

　したがって，このような単位区域界の状況の概略を現地に赴
くことなく調査できる場合には，現地概略調査を実施する必要
がないとされているものと思います（運用基準6条の2ただし書）。

　なお，同条ただし書の適用要件は，現地概略調査を行うこと
が相当でない場合のみでは足りず，現地概略調査以外の方法
（既存の空中写真の活用等）で当該単位区域界の概略を調査するこ
とができなければならず，準則14条が「調査しなければなら
ない」と規定しているので，単位区域界の概略調査を実施しな
くてよいとする規定は存在しません。

　いずれにせよ，地籍調査の制度府省において，現地概略調査
の対象及び調査内容について，準則や運用基準，その他通知類
をもって明確にされることを期待しています。

169

第 6 章　一筆地調査

第 4　調査図素図等の作成（E4・GE4 工程）

1 調査図素図の作成

Q99

調査図素図の作成方法について教えてください。

A　　調査図素図は，調査する単位区域の登記所地図（準則 7 条の 2 括弧書き）を複写し，現地調査又は図面等調査の作業に適した大きさに区分したものに（運用基準 8 条 1 項），①名称，②番号，③縮尺及び方位，④土地の所有者の氏名又は名称，⑤地番，⑥地目，⑦隣接区域の登記所地図の名称又は調査図素図の番号，⑧作成年月日及び作成者の氏名を表示して作成します（準則 16 条 1 項）。

　航測法による地籍測量の実施対象地域においては，登記所地図の一つである公図が地租改正の際に作成された図面を基にしたものが多く，地租が安価であった山林等については公図の正確性が低いものもありますので，林地台帳附図や保安林台帳図なども調査図素図の附属図として活用します。

Q100

　準則 16 条 1 項が規定する登記所地図の複写は，どのような方法で行うのでしょうか？

第4　調査図素図等の作成（E4・GE4工程）

A　管轄登記所の地図情報の電子データを利用することが，正確で作成作業も簡易です。

〈解説〉

　かつては，地籍調査の担当者が管轄登記所に赴いて，公図（不登法14条4項に規定する地図に準ずる図面）の閲覧を行い，公図を透明紙に透き写す又は写真撮影して，公図を複写していました。

1　管轄登記所の地図情報の電子データを利用

　その後，全国の登記所において，紙媒体の登記所地図が電子データ化されたことに伴い，管轄登記所から地図情報の電子データによる提供を受け，登記所地図を複写したものを作成することができることになりました。この電子データの提供依頼手続は，前記 Q&A95 に記述した「登記情報及び地図情報の電子データの提供方法並びに地籍調査成果の電子データによる送付をする場合の取扱いについて」令和3年3月26日付け国不籍第532号国土交通省不動産・建設経済局地籍整備課長通知（法令集1188頁）に定められています。

2　G空間情報センターを通じた登記所地図の電子データを利用

　また，令和5年1月23日（月）正午から，全国の登記所地図の電子データが，G空間情報センターを通じて無償で一般公開されています（法務省ホームページ「地図データのG空間情報センターを介した一般公開について」参照）。この電子データは，地図XMLファイル及び見たい地番の地図XMLファイルを探すときに使用する検索用CSVファイルで構成されています。したがって，上記1の管轄登記所から直接電子データの提供を受ける方法のほか，この公開情報から電子データを入手することも

第6章　Q94〜Q149

171

第 6 章　一筆地調査

可能です。ただし，公開されるデータの情報は年に 1 回程度の更新を行う予定とのことですが，令和 6 年 4 月 15 日現在公開されているデータは，令和 6 年 2 月時点の地図データを抽出した情報ですので（次回更新は，令和 7 年春頃の予定），一筆地調査の開始時には，その時点における管轄登記所の登記所地図と照合する必要があります。

3　地方税法に規定する資料を利用

さらに，市町村が保管する地方税法 380 条 3 項（法令集 2166 頁）に規定する土地使用図等を用いて作成することが認められています（準則 16 条 3 項前段）。ただし，この場合においても，上記 2 と同様に最新の地図情報とのタイムラグがあり得ますので，登記所地図との照合をしなければならないと規定されています（同項後段）。

Q101

登記所地図がない場合における調査図素図の作成方法を教えてください。

A　登記所地図がない場合における調査図素図の作成については，管轄登記所と協議し，登記簿の記載，市町村保存の地図，空中写真その他の資料に基づいて行います（運用基準 8 条 2 項）。

これは，土地台帳法時における先例（土地台帳法施行細則第 2 条第 1 項の地図（字限図）が存しない場合における一筆地調査について（昭和 30 年 12 月 16 日付け民事三発第 753 号法務省民事局第三課長回答）。法令集 1171 頁）において，字限図が滅失した場合には，管轄登記所

第4 調査図素図等の作成（E4・GE4工程）

と協議し，土地台帳，市町村備付の地図，空中写真その他の資料
に基づいて一筆地調査図を作成し，一筆地調査図一覧図の余白に
この旨を記載することで差し支えないとの回答が受け継がれてい
るものです。

ただし，運用基準8条2項の例示する登記簿のみでは，土地の
配列や筆界の形状が記録されていません。

そこで，この土地の配列や筆界に準ずる土地の形状を調査でき
る資料も必要となります。例えば，前記 Q&A100 3の市町村保
存の地図，空中写真（地目の変更の有無や変更時期の調査も兼ねて撮影
年代の異なるものを複数取得するのが効率的である。），運用基準8条2
項が示す「その他の資料」として地理院地図や住宅地図などの可
能な限り多くの種類の参考資料を収集し，これらを複合的に利用
して調査図素図を作成します。

航測法による地籍測量においては，上記「その他の資料」とし
て，前記 Q&A99 のとおり，林地台帳附図や保安林台帳図などに
基づいて調査図素図を作成することについて，管轄登記所と協議
してもよいと考えます。

Q102

調査図素図の表示事項を教えてください。

A　前記 Q&A100 又は Q&A101 の方法により，調査図素図
の基図（登記所地図その他の資料を複写したもの）ができます。

この基図に，所定の事項を表示します。①名称，縮尺及び方
位，地番は登記所地図（前記 Q&A100 1又は2による方法の場合）又
は市町村保存の地図等（前記 Q&A100 3による方法又は前記 Q&A101

第6章 Q94〜Q149

173

第 6 章　一筆地調査

による方法の場合）により，②土地の所有者の氏名又は名称，地目
は登記簿又は土地課税台帳により表示します（準則 16 条 2 項）。

　具体的な表示方法は，運用基準 8 条 3 項に規定する素図表示例
に基づいて行います。

　なお，素図表示例には，作成者印，その点検者印，調査者印及
びその点検者印を押印する様式ですが，①調査図素図の作成を規
定する準則 16 条 1 項 8 号は作成者の氏名を表示するとしている
こと，②地籍調査票綴表紙の様式は票作成要領をもって作成者，
点検者及び検査者の押印記号が削除され，これらの者の氏名のみ
を記載することとされていますので，調査図素図においても氏名
の記載のみで差し支えなく押印は不要と考えます。

2 調査図一覧図の作成

Q103
調査図一覧図の作成方法について教えてください。

A　**1　調査図一覧図の作成目的**

　　　調査図一覧図は，調査図素図の接合関係が分かるように
するために（準則 17 条本文前段），所定の事項を表示して，単位
区域ごとに作成するものです（同条本文後段）。

　すなわち，調査図素図は，調査する単位区域を現地調査又は
図面等調査の作業に適した大きさに区分して作成しますので
（準則 16 条 1 項，運用基準 8 条 1 項），この各調査図素図がどのよ
うに隣り合わさるのかを示して，現地調査等において各筆の接

174

第4 調査図素図等の作成（E4・GE4工程）

合関係を明確に把握するためのものです。

　また，調査する単位区域に隣接する調査しない地番区域の名称を表示して（準則17条3号），調査しない区域外の土地を誤って調査すること，逆に調査すべき単位区域であるのに区域外であると誤解して調査を漏らすなどの防止も調査図一覧図の作成目的の一つです。

2　調査図一覧図の表示事項

　調査図一覧図には，名称（前記 Q&A102 に記述した調査図素図表示例「増林村大字増森調査図一覧図」）のほか，準則17条2号から4号まで及び運用基準9条1項に規定する事項も表示します。

　さらに，前記 Q&A101 において解説した登記所地図がない場合の手続により調査図素図を作成した場合には，その旨を調査図一覧図の余白に記載します（運用基準9条2項）。

　以上の調査図一覧図の具体的な表示は，素図表示例に基づいて行います。

　なお，素図表示例には，作成者印，その点検者印，調査者印及びその点検者印を押印する様式ですが，①調査図一覧図の作成を規定する準則17条4号は作成者の氏名を表示するとして押印について言及していないこと，②地籍調査票綴表紙の様式は票作成要領をもって作成者，点検者及び検査者の押印記号が削除され，これらの者の氏名のみを記載することとされていることから，調査図一覧図においても氏名の記載のみで差し支えなく押印は不要と考えます。

　また，素図表示例第12の備考1に「部落，主要な長狭物等をも表示する。」とされていますが，長狭物を表示することの効果と異なり住宅街の概略形状を表示する効果は低いと思いま

第6章　Q94〜Q149

175

第 6 章　一筆地調査

すので，この表示を省略して差し支えないと考えます。

3 地籍調査票・街区境界調査票の作成 ────────

Q104

地籍調査票の作成方法について教えてください。

A　　地籍調査票は，毎筆の土地について，登記簿に基づいて
作成します（準則 18 条 1 項）。

　なお，登記簿に基づかずに土地課税台帳を用いて作成すること
ができますが（同条 2 項前段），この場合には，作成後遅滞なく登
記簿と照合しなければなりません（同項後段）。

　登記簿の記載内容は，地図情報の電子データの提供を受けるの
と同様に，登記情報の電子データの提供を受けることができます
（前記 Q&A95 に記述した「登記情報及び地図情報の電子データの提供方
法並びに地籍調査成果の電子データによる送付をする場合の取扱いについ
て」令和 3 年 3 月 26 日付け国不籍第 532 号国土交通省不動産・建設経済
局地籍整備課長通知（法令集 1188 頁））。

　具体的な作成方法は，運用基準 10 条が規定するとおり，票作
成要領に基づいて行います。

Q105

街区境界調査票の作成方法について教えてください。

176

第4　調査図素図等の作成（E4・GE4 工程）

> **A**　街区境界調査票は，毎筆の土地について，登記簿に基づいて作成します（準則 18 条 1 項括弧書き）。

　なお，登記簿に基づかずに土地課税台帳を用いて作成することができますが（同条 2 項前段），この場合には，作成後遅滞なく登記簿と照合しなければなりません（同項後段）。

　登記簿の記載内容は，地図情報の電子データの提供を受けるのと同様に，登記情報の電子データの提供を受けることができます（前記 **Q&A95** に記述した「登記情報及び地図情報の電子データの提供方法並びに地籍調査成果の電子データによる送付をする場合の取扱いについて」令和 3 年 3 月 26 日付け国不籍第 532 号国土交通省不動産・建設経済局地籍整備課長通知（法令集 1188 頁））。

　具体的な作成方法は，運用基準 10 条が規定するとおり，街区票作成要領に基づいて行います。

Q106

**　地籍調査票又は街区境界調査票の編綴及び表紙の作成方法について教えてください。**

> **A**　作成した地籍調査票又は街区境界調査票は，現地調査又は図面等調査を終了した後，紛失等を防止するため速やかに地番区域ごとに（その地番区域の筆数が多く調査票の枚数が多い場合には適宜分冊する。），土地の所有者別ではなく地番の順序に従ってつづります（準則 18 条 3 項前段）。

　その際，票作成要領又は街区票作成要領の様式第 5 号による表紙を付し，所定の事項を記載します（同項後段）。

　なお，令和 3 年 3 月 30 日付け国不籍第 555 号国土交通省不動

第 6 章　Q94〜Q149

177

第6章　一筆地調査

産・建設経済局地籍整備課長通知による改正前の運用基準10条
に規定されていた地籍調査票作成要領（平成14年1月16日付け国
土国第432号国土交通省土地・水資源局長通知）の様式第4号による
地籍調査票綴表紙には作成者，点検者及び検査者の押印記号が
あったところ，現行の票作成要領及び街区票作成要領の様式第5
号にはこれらの者の押印記号が削除されています。

　これは，地籍調査票の「所有者等確認」及び「所有者意見」欄
において所有者等による署名がされた場合には押印を不要とする
改正と整合を図ったものと思います。

第5　現地調査等の通知（E5・GE5工程）

1 現地調査等の通知の記載事項

Q107

　現地調査又は図面等調査を実施することの通知に記載する
事項について教えてください。

A　　1　一筆地調査の種類

　　　　一筆地調査について，地籍調査と街区境界調査とに区分
した作業（準則3条）の概要を前記【図1-5】上段に示しました
が，ここでは，現地調査等の通知をする際の前提として，地籍
調査における一筆地調査の種類に区分すると，次の4つがあり
ます。

178

第5　現地調査等の通知（E5・GE5 工程）

⑴　現地調査

　現地調査とは，現地において行う一筆地調査をいい，調査する土地の所有者等の立会いを求めるものです（準則 20 条 1 項）。

⑵　現地調査の通知を受けた者が希望する図面等調査

　現地に関する図面や写真等の資料を用いて一筆地調査である図面等調査（準則 20 条 2 項・3 項）のうち，上記⑴の現地調査の通知を受けた土地の所有者等が図面等調査の実施を希望し，地籍調査を実施する者が地籍調査の効率的な実施のために必要であると認めて現地調査に代えて実施する図面等調査です（準則 20 条 2 項 1 号）。

⑶　現地調査の通知を受けた者と連絡を取ることができない場合に行う図面等調査

　上記⑴の現地調査の通知は届いているものの，現地調査の日程や現地調査に不立会後の再立会日程の調整などの連絡を取ることができない場合に（無反応者要領第 1 の 1⑵。後記 Q&A130 参照），地籍調査を実施する者が地籍調査の効率的な実施のために必要であると認めて現地調査に代えて実施する図面等調査です（準則 20 条 2 項 2 号）。

⑷　地籍調査を実施する者が現地調査の実施は適当でないと認定して行う図面等調査

　土地の勾配が急であることなどの事情により実施する図面等調査です（準則 20 条 3 項）。

2　現地調査等の通知に記載する事項

　上記 1⑴の現地調査又は⑵〜⑷の図面等調査を実施することの通知に記載する事項は，準則 20 条及び運用基準 10 条の 2 第

第 6 章　一筆地調査

1 項・2 項に定められ，これらの通知が到達しなかった場合の所有者探索の範囲（運用基準 10 条の 2 第 3 項），現地復元性を有する地積測量図等の筆界を明らかにする客観的な資料が存在する場合には現地調査の通知に併せてあらかじめ作成した筆界案を送付することができること（同条 4 項）などが規定されています。

また，現地調査の通知を受けたにもかかわらず，その土地の所有者等と連絡を取ることができない（準則 20 条 2 項 2 号）又は図面等調査における報告若しくは資料の提出の求め（同項柱書き，同条 3 項）に応じない土地の所有者等（準則 30 条 3 項。以下**「無反応所有者等」**という。）に該当すると客観的に判断するためには，これらの通知等を受けた土地の所有者等が，連絡，報告又は資料の提出をしなければならないことなどを通知等に明示する必要があるとされています（無反応者要領第 1 の 3）。

以上の現地調査等の通知の記載事項を図に示すと，次の【図6-3】のとおりです。

なお，無反応所有者等に該当すると判断するプロセス等については，後記 Q&A130 において解説します。

第 5　現地調査等の通知（E5・GE5 工程）

【図6-3】現地調査等の通知別による記載事項

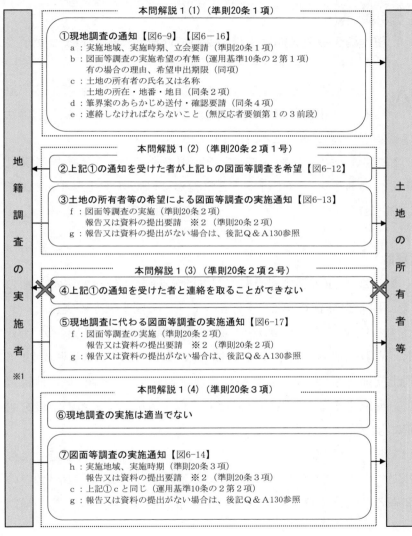

＜凡例＞
※1：都道府県、市町村、土地改良区等
※2：国調法23条の5（わかる！国調法の国調法23条の5の解説 3 （289頁）参照）

第 6 章　一筆地調査

Q108

現地調査等の通知は，誰の名義で作成するのでしょうか？

A　　現地調査等の通知は，地籍調査を実施する者である都道
　　　府県，市町村又は土地改良区等（詳しくは，わかる！国調法
17 頁参照）の名義をもって行います。

　2 項委託の場合であっても，地籍調査を実施する都道府県又は
市町村の名義をもって行うことに変わりはありません（準則 20 条
1 項括弧書き）。

〈解説〉

　準則 20 条 1 項括弧書きに 2 項委託の場合について明示したの
は，平成 22 年法律第 21 号をもって「……国土調査の実施……」
とする法文である国調法 10 条 2 項が新設され（詳しくは，わか
る！国調法 165 頁参照），これに併せて準則 20 条 1 項も平成 22 年
国土交通省令第 48 号をもって「地籍調査を行う者」を「地籍調
査を実施する者」に改め，地籍調査を「実施」する者の定義を明
確にしたものと思います。

　なお，準則 20 条 1 項は，現地調査の通知の名義人を定めたも
のですので，地籍調査の受注者は，地籍調査又は街区境界調査の
実施者との委託契約の範囲内で，通知文書の作成，発送等の補助
作業を妨げるものではないと考えます。

　他方，準則 20 条 1 項と同じく「地籍調査を実施する者」との
用語である準則 7 条 1 項については，準則 20 条 1 項より手前の
条項である準則 7 条 1 項に準則 20 条 1 項と同じ趣旨としての括

弧書きを規定していませんので，準則7条1項に規定する「地籍調査を実施する者」には都道府県，市町村又は土地改良区のほか，2項委託の受託業者も含まれ，2項委託の受注者は作業班の編成及び責任者（班長）を選定するものと思います（前記第3章 Q&A46 参照）。

2 現地調査等の通知の対象者

Q109

準則20条1項は，現地調査を実施する地域内の土地の所有者等に通知すると規定しています。

実施地域に接する実施地域外の土地の所有者等には，地籍調査を実施することの周知をしなくともよいのでしょうか？

　周知する必要があります。

〈解説〉

一筆地調査には，①地籍調査においては毎筆の土地についてその所有者，地番，地目及び境界の調査の作業（準則3条1項1号）が，②街区境界調査においては街区内土地のうち街区外土地と接する一筆又は二筆以上の土地の所有者及び地番並びに街区境界の調査の作業（同条2項）が，それぞれあります。

これらの境界の調査，換言すると調査する筆界は，ある土地とこれに隣接する他の土地との境ですので（不登法123条1号。法令集2080頁），現地調査の作業のうち，筆界確認については，ある

第6章　一筆地調査

土地が現地調査の実施地域内で，これに隣接する他の土地が実施地域外であっても，その実施地域外の土地の所有者等から筆界確認を得る必要があります。

したがって，実施地域外であっても実施地域内の土地に接する土地の所有者等にも何らかの方法により，当該現地調査の実施について協力（立会い及び筆界確認）を得る必要があります（準則2条）。

ところで，現地調査の実施地域（地籍調査の調査地域，準則9条1項1号）は道路や河川等又は市町村境界によって区画された境をもって設定することが多く，その道路や河川等の所有・管理者は公共物を管理する国の機関や都道府県等の部局であることが多いと思います。

そうすると，これらの関係機関との連絡調整は，前記第2章 Q&A10 の2つの先例に従い，連絡会議等により，現地調査の実施地域及び実施時期等を周知し，現地調査への立会いすべき旨を通知できると思います。

他方，様々な事情により，現地調査の実施地域の境が民有地となることもあると思います。

その場合には，準則16条の規定に基づき作成する調査図素図のための登記所地図（地図情報）において現地調査の実施地域に隣接する実施地域外民有地の地番に応じた登記簿（登記情報）から土地の所有者等を把握し，実施地域内の土地の所有者等と同様な現地調査の通知をする必要があります。

この実施地域に隣接する実施地域外の土地の所有者等へは，準則20条3項による図面等調査の通知や同条1項の現地調査の通知と併せて送付する運用基準10条の2第4項による筆界案においても同様と考えます。

184

第5　現地調査等の通知（E5・GE5工程）

　なお，前記 Q&A95 の「筆界確認の確保のために講ずべき措置」（法令集1079頁）には，地籍調査の実施地域内の土地の所有者を①地域内在住者と②地域外在住者に分類とあり（同文書1①），①の者（同文書1②）と②の者（同文書1③）への地籍調査の実施時期及び方法並びに立会の方法について通知することの記述のみで，実施地域内の土地に隣接する地域外の土地の所有者については言及していません。

　この趣旨は判然としませんが，上記のとおり，実施地域に隣接する実施地域外の土地は公共物であることが多く，連絡調整を連絡会議等の先例に委ねていることからであろうと思います。

3 利害関係人の範囲

Q110

　準則20条1項に規定する「その他の利害関係人」とは，どのような利害がある人を指しているのでしょうか？

A　地籍調査においては，登記されている者のうち，地籍調査の成果によって土地の所有者と同様・同等な利害が生じる者が利害関係人であると考えます。

〈解説〉

　まず，土地の所有者については，①登記簿の表題部に所有者として記録されている者（不登法2条10号。法令集2072頁），②所有権の登記名義人（同法3条1号，2条11号），③未登記の土地の所

第6章　一筆地調査

有者（無地番の土地は国等の官有地であるとの裁判例がある（福岡高宮崎支判昭和31年3月26日（訟月2巻5号52頁）は地番もなく土地台帳にも登載されていない本件内堤防について官有地である認定した事例，熊本地判昭和57年6月18日（訟月29巻1号47頁）は本件里道について地租改正時に地番を付した民有地と画するため無地番の国有地に編入したものと認定した事例），法定外公共物については市町村（いわゆる地方分権一括法による国有財産特別措置法5条1項5号）。埋立地は竣工認可を受けた者（詳しくは後記 Q&A146 ）），④以上の者の相続人その他の一般承継人（不登法30条。合併後の存続又は新設法人など）をいうと考えます。

　次に，質問の「その他の利害関係人」については，様々な見解の文献がありますが，いずれの論者や読者も登記された利害関係人を指すことに異論はないと思います。

　これは，現地調査の通知をする地籍調査の実施者（市町村等）の立場からすると，登記されていない者が仮に地籍調査の成果による利害を有する者であったとしても，地籍調査の実施者がこの登記されていない利害者の存在を把握することは困難であることからです。

　また，不動産登記の観点からすると，登記をしなければ第三者に対抗することができない（民法177条・法令集2060頁）との対抗力の有無の関係から，登記されていることが利害関係人であることの前提条件であると思います。

　この登記をしている者が，地籍調査の成果による利害について，いずれも同等な権利を有しているのか，同等な利害ではないのかについて，見解を示した文献は見当たりません。

　本書の著者は，登記をしている権利の種類（不登法3条。法令集

第5　現地調査等の通知（E5・GE5 工程）

2073 頁），また，その登記が本登記か仮登記かといった登記の形
態の別により，土地の所有者（表題部所有者（不登法 2 条 10 号）又
は所有権の登記名義人（同条 11 号）等）と同等の利害を有するもの
とそうではないものがあり，利害を有するとしてもその利害の性
質や程度が異なるとの見解です。

　登記されている者のうち，土地の所有者と同等の利害を有する
利害関係人とは，当該土地の所有権の仮登記名義人のうち，実体
上は所有権を有しているが，その登記の申請をするために必要な
情報を登記所に対し提供できない者（不登法 105 条 1 号）をいい，
所有権であってもその移転等の請求権を保全しようとする仮登記
名義人（同条 2 号）等は含まれない，あるいはこれらの者が有す
る利害は土地の所有者と同等な利害ではないと考えます。

　この利害の性質や程度の強弱の差による現地調査の通知をする
順位については，後記 Q&A112 において解説します。

　以上，詳しくは，わかる！国調法 Q&A85 （303 頁）を参照願います。

4　代理人とは？

Q111

　準則 20 条 1 項に規定する「これらの者の代理人」とは，
どのような人を指しているのでしょうか？

A　現地調査等の通知をする段階においては，地籍調査の実
施者（市町村等）がその時点で代理人の存在を分かる範囲
での代理人を指しているものと考えます。

第 6 章　Q94〜Q149

187

第6章　一筆地調査

〈解説〉

　代理人には，「法定代理人」と「任意代理人」とがあります。

　「法定代理人」とは，本人に代わって法律行為等を行う者について当該法律が定めている者をいいます。

　例えば，土地の所有者が，未成年者又は成年被後見人等で法定代理人が定められている場合には，その法定代理人である親権者（民法5条・818条・819条・824条）又は成年後見人（民法8条・838条2号・843条）が，代理人です。

　また，「任意代理人」とは，上記の法定代理人以外の代理人のことをいいます。

　任意ですので，土地の所有者等（委任者）と任意（法律で規定されていない）者（受任者）との委任契約による受任者が代理人です。

　しかし，準則20条1項の段階，すなわち，現地調査等の通知をする一筆地調査の準備作業の段階において，地籍調査の実施者（市町村等）は，不動産の登記簿から現地調査の通知宛先人を把握しますが，①法定代理人については，不動産の登記簿には登記名義人が未成年者であるのか成年被後見人であるのかの登記（記録）はされていないこと（成年後見人の登記は別途の成年後見登記制度である。），②任意代理人については，土地の所有者等が本人宛ての現地調査等の通知を見て任意代理人を選定することから，地籍調査の実施者が準則20条1項に規定する「これらの者の代理人」へ通知するのは，当初の通知をする前に法定代理人又は任意代理人が存在していることを把握しているといった限られた場合であり，また，任意代理人であることの確認は委任状等で行うことから，これら代理人宛ての通知は土地の所有者宛てに当初の通知をした後に，当該土地の所有者から改めて代理人に通知してほしい

第 5　現地調査等の通知（E5・GE5 工程）

との連絡を受けた際に代理人宛てに再通知（2 回目）することが多いと思います。

　なお，住所が外国の所有権の登記名義人のときの日本における連絡先となる者の氏名等（不登法 73 条の 2 第 1 項 2 号，不登規則 156 条の 5。登記の記録例は後記【図 6-26】参照），ストーカー行為や DV 等の被害者の公示用住所（不登法 119 条 6 項，不登規則 202 条の 10。後記 Q&A118 参照）が登記されている場合には，これらの者が地籍調査における任意代理人となる可能性があるので，この点に留意して現地調査等の通知をすることも効果的であると考えます。

　そうすると，準則 20 条 1 項が現地調査の通知をする時期（調査図素図……作成の終了時期が明らかになったとき又はその作成を終了したとき）を定めていますが，これはあくまで通知する始期であって，その後の手続である運用基準 10 条の 2 第 3 項に規定する所有者等の探索を行った後の再通知や改めての代理人宛ての通知といった最終の手続も含んだ規定であると思います。

5　現地調査等の通知をする順位

Q112

　準則 20 条 1 項は「土地の所有者その他の利害関係人又はこれらの者の代理人に……通知する」と規定しています。
　土地の所有者のほかに利害関係人が登記されている場合には，同時に現地調査の通知をしなければならないのでしょうか？

第 6 章　Q 94 〜 Q 149

189

第 6 章　一筆地調査

A 登記されている権利の種類（不登法 3 条。法令集 2073頁），また，その登記が本登記か仮登記かといった登記の形態の別により，地籍調査の成果による利害の性質及び程度が異なるので，現地調査等の通知をする順位付けをしても許されると考えます。

〈解説〉

　準則 20 条 1 項は，「土地の所有者」及び「その他の利害関係人」の双方が存在する場合，双方に同時に通知するのか，順位を付けて通知してよいのかを規定していません。

　著者は，前記 Q&A110 において触れましたが，いずれも登記名義人であるとはいえ，当該筆界の認識程度や地籍調査の成果による利害の程度は，土地の所有者と地上権者等の用益権者や抵当権者等の担保権者とは異なると考えます。

　そこで，現地調査の通知を行う順位を，利害の強弱によって設けても，土地の所有者及びその他の利害関係人から是認されると思います。

　ただし，現地復元性のある地積測量図がある場合には地籍調査は公法上の境界を調査することから必ずしも土地の所有者の意見を鵜呑みにする必要はないことや不存在等の処理を行う場合には所有者の承認を要件とされているものの（準則 35 条 2 項）抵当権等が設定登記されているときなどの状況により，利害等が異なることにも留意します。

1　第 1 順位の通知対象者

　第 1 順位の通知対象者を，地籍調査を実施する地域内の土地の所有者及びこれらの土地に隣接する土地の所有者（前記

第5　現地調査等の通知（E5・GE5工程）

Q&A109 参照）並びに利害関係人である不登法105条1号に規定する所有権の仮登記名義人（前記 Q&A110 参照）と設定する方法があると考えます。

　また，あらかじめ法定相続人及び法定代理人の存在を把握している場合は，これらの者も第1順位の通知対象者です（前記 Q&A111 参照）。

2　後順位の通知対象者

　運用基準10条の2第3項に規定する所有者等の探索手続を行ってもなお第1順位の通知対象者に関する情報が得られなかったときは，地籍調査を実施する地域内の土地について，所有権以外の権利（地上権，抵当権等）について権利者として登記されている登記名義人を，後順位の通知対象者と設定します。

　なお，この所有権以外の権利者について，その権利の目的（用益権なのか担保権なのか）によって，通知の順位を更に段階付けしてもよいと考えますので，当該土地を使用することにより収益を得る用益権者を第2順位とし，担保物件としての土地の担保権者を第3順位としても差し支えないと考えます。

　また，土地の所有者の場合には実施地域に隣接する実施地域外の土地の所有者も第1順位の通知対象者と設定していますが，調査地域に隣接する実施地域外の所有権以外の権利者については更に後順位の通知対象者であると考えます。

　なお，詳しくは，わかる！国調法 Q&A85 （303頁）を参照願います。

　以上 Q&A109 ～ Q&A112 の著者の考えを図に示すと，次の【図6-4】のとおりです。

191

第6章 一筆地調査

【図6-4】土地の所有者等の意義と現地調査等の通知の順位

　上記【6-4】の第1順位通知者中，不登法105条1号の所有権の仮登記名義人はあくまでも②利害関係人ですので，この者からのみの筆界確認では足りず，登記上の①土地の所有者である所有権の登記名義人の双方から筆界確認（準則30条3項に規定するみなし調査を含む。）が必要であると考えます。

　いずれにせよ，地籍調査における「その他の利害関係人」の定義等について，各検査規程細則のE5又はGE5の工程管理及び検査の要目欄に「利害関係人の適切性」について検査を行うこととされ，さらに，無反応所有者等に対する筆界の調査については，所定の手続後，同人から確認を得たものとみなして，同人の筆界の確認を得ないで調査することができることとされており（令和6年国土交通省令第73号。詳しくは後記 Q&A130 参照），無反応所有者等である利害関係人にもこの規定が適用されます。

　そうすると，この地籍調査における利害関係人の意義を誤り，利害関係人に該当しないのに現地調査等の通知（準則20

第 5　現地調査等の通知（E5・GE5 工程）

条）を発出すると無用な混乱を招き，逆に，利害関係人である
にもかかわらず現地調査等の通知を怠ると，無反応所有者等で
あることを判断するための必要要件である現地調査等の通知を
しないまま，筆界の調査を進めてしまう可能性があります。

　無反応所有者等による筆界確認を得たものとみなして調査す
ることができるという強行的規定が新設されたことから（令和
6 年国土交通省令第 73 号。準則 30 条 3 項），この規定を適用する際
には，より一層の適正な取扱いが求められるので，利害関係人
の意義及び範囲を誤って不当な処理をすることがないようにす
るため，法律（国調法 23 条の 5，25 条）における「土地の所有者
その他の利害関係人」，国土交通省令（準則 20 条，30 条）におけ
る「土地の所有者その他の利害関係人……（以下「所有者等」と
いう。）」の「等」である「利害関係人」の意義及び範囲につい
て，制度府省としての見解が示されることを期待しています
（新制度の実施に当たっては，制度の周知及び適切な運用に努めるとの
国土交通省の考え方が示されている（2024 年 6 月 28 日準則の一部改正
案に関する意見募集の結果参照）。）。

6　土地の所有者が死亡している場合の現地調査の通知 ──

Q113

　現地調査の通知をしたところ，土地の登記簿の所有権登記
名義人は既に死亡しているとのことでした。
　どのように対処すればよいのでしょうか？

第 6 章　Q94〜Q149

第 6 章　一筆地調査

A　　　土地の遺産分割協議が成立している場合にはその相続人に，成立していない場合には，法定相続人の全員に，現地調査等の通知をします。

〈解説〉

1　対処方法

　相続は，被相続人（土地の所有者）の死亡によって開始します（民法 882 条）。

　そして，相続人は，相続開始の時から被相続人の財産に属した一切の権利義務を承継するので（民法 896 条），被相続人の財産である土地についての権利義務として筆界確認を行います。

　したがって，前記【図 6-4】①のとおり，第 1 順位の現地調査の通知対象者として法定相続人の全員に改めて通知をします。

　この法定相続人の調査方法等は，後記 Q&A114　Q&A115 において解説します。

2　今後の政策

　通常，地籍調査を実施する者は，現地調査等の通知（準則 20 条 1 項〜3 項）について，地籍調査票又は街区境界調査票の調査前に記載された（換言すると，これらの調査票に記載する基である土地の登記簿に記録された）所有者の住所・氏名又は名称宛てに行います。

　この宛先に現地調査等の通知を発出したところ，「宛て所不明」により郵便局等から返送されることがあります。

　郵便物が返送される原因としては，売買により土地を取得した者が不動産登記をしないままでいることはごく希であり，①土地の所有者が死亡して空き家となったが相続による移転登記

第5　現地調査等の通知（E5・GE5工程）

をしていない，②土地の所有者が引っ越しをしたが登記簿の住所を変更する登記をしていないことなどによるものです。

　この上記①の対策として，「相続登記の義務化」や「相続人申告登記」が令和6年4月1日から施行され（後記 Q&A114 2参照），上記②の対策として，「住所変更等の義務化」が令和8年4月1日から施行されることとなりました（後記 Q&A131 2(3)参照）。

　さらに，③相続すべき土地を見逃すことの防止策として相続人が被相続人名義の不動産の一覧的リストを交付請求する「所有不動産記録証明制度」（不登法119条の2），④登記官が住基ネット等から所得した死亡情報に基づいて所有権の登記名義人の記載に符号を表示する制度が（同法76条の4），それぞれ令和8年4月1日から施行されますので，法定相続人の協力を得て，地籍調査を実施する者の負担が軽減されるものと考えます。

Q114

相続人の調査方法や順位について教えてください。

A　相続人の調査については，「土地の所有者その他の利害関係人及びこれらの者の代理人の所在がいずれも明らかでない場合における筆界の調査要領」令和3年1月29日付け国不籍第435号国土交通省不動産・建設経済局地籍整備課長通知第1の4は，「土地の所有者……が死亡していること……が明らかであって，かつ，上記2に掲げる調査を行って」としていますが，その上記2には「戸籍の附票」とあるものの，土地の所有者等の「戸籍上の相続人その他の一般承継人のあることが明らかでない」かは，戸籍の附票のみでは判明しませんので，①戸籍謄本若しく

第6章　一筆地調査

は除籍謄本又は戸籍簿若しくは除籍簿に記載した事項に関する証明書（戸籍法10条1項，12条の2），②戸籍証明書又は除籍証明書（同法120条1項），③戸籍電子証明書又は除籍電子証明書（同法120条の3第1項。以下併せて「**戸籍事項証明書等**」という。）を同法120条の2第1項2号の規定による同法10条の2第2項に基づき取得して（上記課長通知第2また書参照），調査することになります。

　誰が相続人となるか（相続人の範囲）は民法の規定（第5編相続）に従い調査しますので，地籍調査の制度府省は，所管外であるため，この点に関する通知類の発出はありません。

　そこで，相続の順位等について，以下に解説します。

1　相続の順位

　民法は，相続の順位について，以下のとおり規定しています。

（1）　配偶者

　被相続人の死亡時における配偶者は，常に相続人となる（民法890条）。

（2）　第1順位の相続人（子及びその代襲者）

　ア　被相続人（死亡した者）の子は相続人となる（民法887条1項）。

　イ　被相続人の直系卑属である子が，次の(ア)～(ウ)の場合によって，その相続権を失ったときは，その者の子（被相続人の孫）が代襲相続人となる（同条2項）。

　　(ア)　被相続人より先に死亡したとき

　　(イ)　相続人となることができない欠格事由（民法891条）に該当するとき

　　(ウ)　排除（民法892条・893条）がされているとき

　ウ　上記イの代襲者（被相続人の孫）が上記イ(ア)，(イ)又は(ウ)に

第5 現地調査等の通知（E5・GE5工程）

よって，その代襲相続権を失ったときは，その代襲者の子
（被相続人のひ孫）が再代襲相続人となる（民法887条3項）。

(3)　**第2順位の相続人**（直系尊属）

上記(2)の規定により相続人となるべき者がない場合には，
被相続人の直系尊属が相続人となる（民法889条1項1号本
文）。被相続人の相続開始時において，父母のほか，祖父母
が生存しているときは，被相続人の親等が近い父母が相続人
となり，祖父母は相続人にならない（同号ただし書）。

(4)　**第3順位の相続人**（兄弟姉妹）

上記(2)及び(3)の規定により相続人となるべき者がない場合に
は，被相続人の兄弟姉妹が相続人となる（民法889条1項2号）。

この兄弟姉妹が上記(2)イ(ア)，(イ)又は(ウ)によって，その相続
権を失ったときは，その者の子（被相続人の甥・姪）が代襲相
続人となる（民法889条2項において準用する887条2項）。

なお，代襲相続において留意すべき点は，被相続人の直系
卑属の場合の代襲相続は，上記(2)ウのとおり民法887条3項
の規定により，被相続人の孫，ひ孫（再代襲），やしゃ孫
（再々代襲）……と続くのに対し，被相続人の兄弟姉妹の代襲
相続は，民法889条2項において887条3項の規定を準用し
ていないことから，その兄弟姉妹の子（被相続人の甥・姪）の
みまでであり，その子の子（被相続人の又甥・又姪）は再代襲
相続人にはならない点です。

この兄弟姉妹の代襲相続を一代限りの代襲相続といいます
が，直系卑属と兄弟姉妹との代襲相続における規定振りの相
違は，日本の親族に関する親近の差などによる付き合い（被相
続人との関係）度合いの状況等からの立法趣旨であると思います。

第6章　一筆地調査

以上の相続の順位等を図に示すと，次のとおりです。

2　具体的な相続人の順位

下記【図6-5】について，上記1において解説した民法の規定に基づき解説します。

(1)　第1順位の相続人と配偶者

被相続人である土地の所有者（所有権の登記名義人）の第1順位の相続人は，次の3名の者です。

A雄の子のC太（民法887条1項），子のD香はA雄死亡による相続開始以前（A雄より先）に死亡しているのでD香の子であるF紗（A雄の孫）がD香の相続権を代襲し（同条2項），子のE香はA雄より先に死亡しかつE香の子であるG紗もA雄より先に死亡しているのでG紗の子であるH裕（A雄のひ孫）がE香の相続権を代襲したG紗の代襲相続権を更に代襲（再代襲）します（同条3項）。

そして，妻のB美は常に相続人となるので（民法890条），A雄の相続人は，以上の第1順位の相続人と合わせて，C太，F紗，H裕及びB美の4名です。

(2)　第1順位の相続人がいない場合の相続人と配偶者

次に，第1順位の相続人となるべき者がいない場合には（第1順位の相続人となる者が全員死亡又は相続欠格者若しくは排除者），第2順位の相続人として，A雄の直系尊属が相続人なります（民法889条1項1号本文）。A雄の直系尊属は，第1親等の母J子と第2親等の祖母N子が生存しているところ，親等の近い（第1親等の）J子が相続人となります（同号ただし書）。なお，J子も死亡している場合には，第1親等の直系尊属がいないので，第2親等のN子が相続人となります。

第 5　現地調査等の通知（E5・GE5 工程）

【図 6-5】相続関係図（一般的な事例）

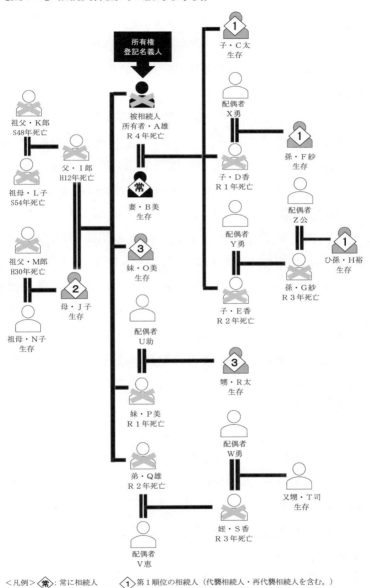

第6章　一筆地調査

　　　そして，妻のB美は常に相続人となるので（民法890条），
　A雄の相続人は，第2順位の相続人J子及び配偶者B美の2
　名です。
(3)　第1順位及び第2順位の相続人がいない場合の相続人と配
　偶者
　　　さらに，第1順位及び第2順位の相続人となるべき者とも
　いない場合には（第1順位及び第2順位の相続人となる者が全員死
　亡又は相続欠格者若しくは排除者），第3順位の相続人として，
　A雄の兄弟姉妹が相続人となります（民法889条1項2号）。A
　雄の兄弟姉妹は，O美，P美及びQ雄の3名であり，この
　うち，P美及びQ雄はA雄死亡による相続開始以前（A雄よ
　り先）に死亡し，これらの子はA雄の甥・姪に当たるR太
　及びS香であるところ，被相続人（A雄）の兄弟姉妹におけ
　る相続権を代襲できるのはその子（P美及びQ雄の子）までの
　ため（一代限りの代襲相続。民法889条2項において準用する887
　条2項），Q雄の代襲相続人S香はA雄死亡による相続開始
　以前（A雄より先）に死亡していてもT司（A雄の又甥）には
　代襲相続権がありません。
　　　したがって，A雄の相続人は，妻のB美は常に相続人とな
　るので（民法890条），第3順位の相続人であるA雄の妹のO
　美及びP美の子（A雄の甥）のR太及び配偶者B美の3名です。

3　相続人の調査の留意点
(1)　相続人の漏れがない戸籍事項証明書等の収集
　　　被相続人の戸籍事項証明書等は，原則として出生から死亡
　までの連続したものを収集します。具体的には被相続人の死
　亡時の戸籍から順次，婚姻前の父又は母を筆頭者とする戸籍

200

など，出生時の戸籍まで遡って収集します。

　この収集する戸籍事項証明書等が連続しないと，相続人となるべき者を漏らすことになりますので留意します。戸籍事項証明書等の収集方法については，後記 Q&A115 を参照願います。

(2)　**数次相続における留意点**

　数次相続とは，最初の相続（1次相続）が開始したが被相続人の遺産について分割協議（民法907条1項）をしないうちに，その相続人も死亡して更に相続（2次相続）が開始し，幾度にわたる相続が連なっていることをいいます。

　この数次相続について，例えば，次の【図6-6】のように，上記【図6-5】におけるA雄の先代であるI郎が所有権の登記名義人である場合には，相続関係が更に複雑となり，相続人となるべき者が多くなることから，これらの者を漏らすことのないように留意すべき点も多くなります。

　上記【図6-5】の代襲相続における相続人と下記【図6-6】の数次相続における相続人との違いを，以下に解説します。

　下記【図6-6】においては，所有権の登記名義人であるI郎が平成12年に死亡したが（1次相続），その第1順位の相続人ら（I郎の子であるA雄・O美・P美・Q雄と常に相続人となるI郎の妻であるJ子）は，現地調査の通知時まで遺産の分割協議をしていません。すなわちI郎の遺産を誰が相続するのか決定されておらず，その間にA雄・P美・Q雄が死亡し，2次相続が発生しています。さらに，I郎の孫ら（D香・E香・S香）が死亡し，ひ孫のG紗も死亡し，3次相続及び4次相続が発生しています。したがって，I郎の遺産を玄孫の

H裕が相続することもあり得ます。

これに対して，上記【図6-5】は代襲相続があるものの，A雄がI郎の不動産を相続した場合として，次に解説します。

上記【図6-5】の相続人は，配偶者のB美及び第1順位の相続人の合計4名（B美・C太・F紗・H裕）ですので，現地調査の通知の宛先人も4名です。

これに対して下記【図6-6】では，数次相続によって現地調査の通知の宛先人は，その時点の生存者14名（J子・B美・O美・U助・V恵・C太・X勇・Y勇・R太・W勇・F紗・Z公・H裕・T司）となります。

地籍調査において数次相続の発生を防止することはできませんので，現地調査の通知を漏れなく発することが適正処理であり，このためには，相続人が4名であろうが，14名であろうが，相続人を漏らすことなく戸籍事項証明書等を収集する必要があります。

相続関係が複雑で，相続人となり得る者が多くなればなるほど，綿密かつ丹念に相続人の調査をしなければなりません。

第5　現地調査等の通知（E5・GE5工程）

【図6-6】相続関係図（数次相続の場合）

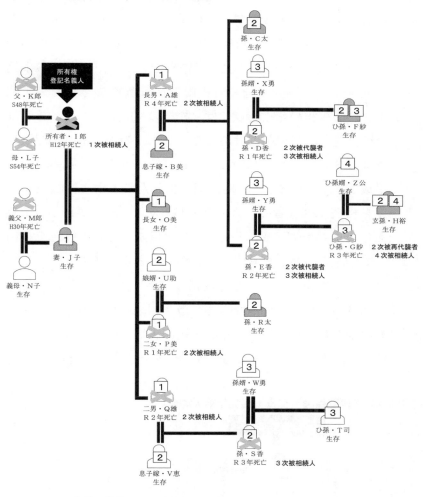

<凡例>　1 ～ 4 の数字は、数次相続の次数であり、その被相続人又は相続人を示す。

(3) 異母・異父の兄弟による相続の場合の留意点

　次に，父又は母が異なっても，被相続人の子である限り，相続人となるべき者に変わりはありません。

第6章　一筆地調査

　このことについて，次の【図6-7】を基に，解説します。
　所有権の登記名義人である松雄には先妻の菊枝との子である桐紀と後妻の桜花（松雄の死亡時の妻）との子である杉則がいるところ，松雄は平成25年に死亡したが，上記(2)の事例と同様に現地調査の通知時まで遺産分割協議をしていません。この松雄の死亡時点では，松雄の相続人となるべき者は妻の桜花と異母兄弟ではあるものの松雄の子である桐紀及び杉則の3名でした。しかし，常に相続人となる後妻の桜花が平成27年に死亡し2次相続が発生したことから，松雄の遺産を相続すべき者の一人である桜花の前夫（竹男）との子である榎也（杉則との異父兄弟）は2次相続人として桜花を経由して松雄の遺産を相続すべき者の一人となります。
　この2次相続などの数次相続が発生している場合には，1次相続の被相続人のみならず，数次相続の被相続人についても出生から死亡までの戸籍事項証明書等を収集しないと，相続人の調査が不十分となる可能性がありますので留意します。

【図6-7】相続関係図（異母・異父兄弟の場合）

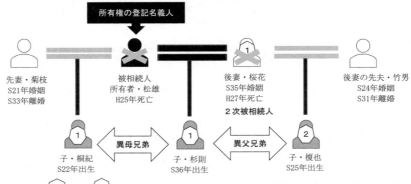

<凡例>　①及び②の数字は，相続の次数であり，その被相続人又は相続人を示す。

第5　現地調査等の通知（E5・GE5工程）

Q115

　現地調査等の通知を行うため相続人の調査をする必要があります。

　戸籍事項証明書等の収集方法を教えてください。

A　市町村等の地籍調査の実施者は，戸籍法10条の2第2項又は同法120条の2第1項2号の規定による同法10条の2第2項の規定に基づき戸籍事項証明書等の交付請求をします。この公用交付請求書には，その請求の任に当たる権限を有する者の官職，戸籍謄本等を必要とする事務の種類及び根拠法令の条項並びに利用目的として「国調法第2条第1項第3号に規定する地籍調査を実施することから現地に立ち会わせる土地の所有者その他の利害関係人又はこれらの者の代理人（同法第25条第1項）の相続人を調査する必要があるため」などと記載します（戸籍法10条の2第2項後段）。また，写真を貼り付けた地方公共団体が発行した身分証明書等を提示する方法により（同法施行規則11条の2第1号），戸籍謄本等の請求の任に当たっている者の氏名及び所属機関，住所又は生年月日を明らかにしなければなりません（同法施行規則73条の2第2項）。①戸籍謄本若しくは除籍謄本又は戸籍簿若しくは除籍簿に記載した事項に関する証明書（戸籍法10条1項，12条の2）については相続人の本籍地の市町村（同法8条2項）に，②戸籍証明書又は除籍証明書（同法120条1項），③戸籍電子証明書又は除籍電子証明書（同法120条の3第1項）については法務省のコンピュータと市町村のコンピュータとを接続したものにより戸籍事務を取り扱う市町村（同法118条）にも交付請求

第6章　Q94〜Q149

205

第6章　一筆地調査

することができます（同法 10 条の 2 第 2 項，120 条の 2 第 1 項 2 号）。

　地籍調査の相続人調査において収集する戸籍事項証明書等の範囲について，前記【図 6-5】を基に，解説します。

1　被相続人（所有権登記名義人・A 雄）の戸籍事項証明書等の収集

　　被相続人 A 雄の相続人を漏らすことがないように調査します。

　　原則として A 雄の出生（場合によっては生殖年齢）から死亡までの連続した戸籍事項証明書等を収集します。この連続した戸籍事項証明書等によって，常に相続人となる配偶者（B 美）及び第 1 順位の相続人である子（C 太・D 香・E 香）の存否を確認します。

2　配偶者及び第 1 順位の相続人の戸籍事項証明書等の収集

　　上記 1 の収集した戸籍事項証明書等により判明した相続人の生死を調査します。

　　A 雄に配偶者 B 美がいることが判明し，A 雄の戸籍が除籍とされていなければ B 美が生存していることを確認することができます。また，A 雄の子 C 太も A 雄の戸籍に記載されていますので，C 太の生死も確認できます。このほか，A 雄の子 D 香及び E 香の婚姻による新戸籍を収集し，これら A 雄の子の生死を調査し，死亡している場合には A 雄の死亡日との先後から代襲相続か数次相続か否かを確認し，更なる第 1 順位の相続人の存否のために戸籍事項証明書等（G 紗の婚姻による新戸籍簿の写し等）を収集します。

3　先順位の相続人となるべき者がいない場合の戸籍事項証明書等の収集

　　第 1 順位の相続人となるべき者がいない場合には，第 2 順位

第 5　現地調査等の通知（E5・GE5 工程）

の相続人の存否を調査するための戸籍事項証明書等を収集します。

　さらに，第 2 順位の相続人となるべき者がいない場合には，第 3 順位の相続人の存否を調査するための戸籍事項証明書等を収集します。

4　登記簿の住所から戸籍事項証明書等の収集

　A 雄の場合には，B 美及び C 太等の親等が近い者が生存しているので，戸籍事項証明書等を収集する際に A 雄の本籍地が登記簿の住所と異なるときでも，B 美等から本籍地を聴取することが可能です。

　他方，親族の存否が不明の場合には，A 雄の本籍地を聴取できる者がいないので，A 雄の本籍地の調査は，登記簿の住所の住民票（除かれた住民票を含む。）等の写しを収集することから始めます。

　この住民票の写し等を交付請求する根拠法条は，「土地基本法等の一部を改正する法律等の施行に伴う地籍調査に関する事務の取扱い等について」令和 2 年 6 月 15 日付け国土籍第 164 号国土交通省土地・建設産業局地籍整備課長通知（法令集 70 頁）第 2 の 1 また書のとおり，前記 Q&A114 の戸籍事項証明書等の交付請求と同様に，国調法 31 条の 2 ではなく，住民基本台帳法 12 条の 2 です。

　この収集した住民票の写し等に記載されている本籍（同法 7 条 5 号）により戸籍事項証明書等を収集します。

5　現住所の調査

　以上により収集した戸籍事項証明書等から相続人の戸籍の附票等を所得し，現地調査の通知をすべき相続人の現住所を調査

第 6 章　Q94〜Q149

207

第6章　一筆地調査

します。

Q116

現地調査の通知に係る留意点を教えてください。

A　土地の所有者等による筆界確認（準則30条）は，地籍調
査における最も基本的かつ重要な作業の一つです。

このため，筆界調査に関する先例が多く発出されています。こ
のうち，現地調査の通知に係る措置について，「筆界確認の確保
のために講ずべき措置」昭和54年2月7日付け国土国第27号国
土庁土地局国土調査課長通知（以下「**27号課長通知**」という。法令集
1078頁）があります。

なお，相続放棄がされている場合の留意点は，後記 Q&A117
を参照願います。

また，現地調査の通知作成例は，後記【図6-9】を参照願いま
す。

1　現地調査の通知に係る先例の要旨

(1)　実施地域内の土地所有者の分類

実施地域内の土地所有者を，地域内在住者と地域外在住者
とに分類し，その結果，地域外在住者が多い場合には，現地
調査への立会いが難しいことが予想されるため，27号課長
通知1①が記述する「時期その他」（現在の法令等に照らすと図
面等調査・準則20条2項及び3項，筆界案の送付・運用基準10条の
2第4項）の対応措置について検討します。図面等調査を希
望する旨の申出書作成例は，後記【図6-12】を参照願いま
す。

208

第5　現地調査等の通知（E5・GE5 工程）

このため，地域内在住者と地域外在住者の土地所有者一覧表を作成すると，その後の作業（地元説明会の開催，現地調査の実施等）をスムーズに行えることができる資料となると考えます。

(2)　**地域外在住者への対策**

地域外在住者には，現地調査への立会いの代理人選任の照会を行います（27 号課長通知 1 ③）。

すなわち，代理人選任は，地域外在住者に限ったことではありませんが，現地調査の通知に委任状（相続人代表者選任書を含む。）を同封することも効率的であると考えます。現地調査についての委任状作成例は後記【図 6-10】を，共同相続人代表者選任書作成例は後記【図 6-11】を，それぞれ参照願います。

2　相続人申告登記

不動産登記において新たに設けられた「相続人申告登記」が（不登法 76 条の 3），令和 6 年 4 月 1 日から施行されました。

これは，同日に施行された「相続登記の義務化」（相続又は相続人への遺贈により不動産の所有権を取得した者に対し，その取得を知った日から 3 年内に相続登記の申請を義務付け（同法 76 条の 2），正当な理由がないにもかかわらずこの申請を怠ったときは 10 万円以下の過料に処する（同法 164 条 1 項）。この正当な理由とは，①相続人が多数で戸籍関係書類等の収集や他の相続人の把握等に多くの時間を要する，②遺言の有効性等について相続人等の間で争われている，③相続登記の申請人が重病，DV 被害者又は経済的困窮者の場合とされている（民法等の一部を改正する法律の施行に伴う不動産登記事務の取扱いについて（相続登記等の申請義務化関係）（令和 5 年 9 月 12 日付け法務省

第6章　一筆地調査

民二第 927 号法務省民事局長通達。登研 911 号 135 頁）第 3 の 3）につ
いて，何らかの事情により遺産分割が成立しないなどの場合
に，自らが相続人であることを登記官に対し申し出ることに
よって，相続登記の申請義務を履行したものとみなすものです
（同法 76 条の 3 第 2 項。過料に処されない。）。

　申出を受けた登記官は申出をした相続人の氏名（旧氏併記
可。不登規則 158 条の 34～158 条の 37）及び住所（ストーカー行為，
DV 等被害者への措置については，後記 Q&A118 参照）等を職権で
「付記登記」をしますので（不登法 76 条の 3 第 3 項），地籍調査の
実施者は相続登記ではなく相続人申告登記であることを把握す
ることができます。

　ただし，この相続人申告登記の申出は，相続人が複数存在す
る場合には，そのうちの一人でも行うことができるため，相続
人の全員が登記簿に記録されているとは限りませんので，留意
する必要があります。

　例えば，下記【図 6-8】の(1)においては相続人申告登記の申
出をした B 美及び C 太のほか所有権の登記名義人である A 雄
の法定相続人は前記【図 6-5】の場合に F 紗及び H 裕が存在
し，下記【図 6-8】の(2)においては相続人申告登記の申出をし
た T 司（T 司の被相続人 Q 雄及び S 香を含む。）のほか所有権の登
記名義人である I 郎の法定相続人は前記【図 6-6】の場合に 13
名（J 子・B 美・O 美・U 助・V 恵・C 太・X 勇・Y 勇・R 太・W 勇・
F 紗・Z 公・H 裕）が存在します。

　筆界の調査については（準則 30 条 1 項・2 項），無反応所有者
等（同条 3 項）又は所在不明者（同条 4 項・5 項）が存在する場合
や筆界確定訴訟の確定判決（準則 30 条の 2 第 1 項）又は筆界特定

がされている場合（同条2項）を除き，全ての法定相続人から確認を得なければなりません。

　しかし，相続人申告登記は，その登記の目的から，上記のとおり全ての法定相続人が登記されているとは限りませんし，管轄登記所には相続人申告登記の申出人に係る資料のみが提出されていますので（相続人申告登記の添付書類は，当該申告に係る不動産の所有権の登記名義人（A雄又はI郎）と相続人申告登記名義人（B美及びC太又はQ男・S香及びT司）との相続を証明する戸籍謄本等又は法定相続情報一覧図及び相続人申告名義人の住民票等（数次相続の場合の中間相続人（不登規則158条の19第1項1号）があるときは，その者の戸籍謄本等及び最後の住所地の住民票等を含む。）のみであるので（同条2項），相続人申告登記の申出をしない他の法定相続人の戸籍謄本等の情報は当該登記所には提出されていない。），全ての法定相続人を調査して，同人らから確認を得ることになります。

　このことから，登記事項証明書には，「「登記の目的」欄に「相続人申告」と記載されている登記は，所有権の登記名義人（所有者）の相続人からの申出に基づき，登記官が職権で，申出があった相続人の住所・氏名等を付記したものであり，権利関係を公示するものではない。」と記載がされます（民法等の一部を改正する法律の施行に伴う不動産登記事務の取扱いについて（相続人申告登記関係）（令和6年3月15日付け法務省民二第535号法務省民事局長通達。民月79巻5号274頁。以下「**535号局長通達**」という。）第2部第1の21）。

　この相続人申告登記の記録例は様々なパターンによって異なりますが（535号局長通達別紙1），前記【図6-5】及び【図6-6】の相続関係を基に示すと，以下のとおりです。

第6章　一筆地調査

【図6-8】相続人申告登記の記録例

(1)単有の登記名義人（前記【図6-5】のA雄）の相続人4名のうち，2名
（B美・C太）がした相続人申出の場合

権　利　部　　（甲区）		（所有権に関する事項）	
順位番号	登記の目的	受付年月日・受付番号	権利者その他の事項
2	所有権移転	昭和48年6月5日 第26789号	原因　昭和48年3月15日売買 所有者　山海市字森822番地 　山　本　A　雄
付記1号	相続人申告	令和6年4月1日 第23456号	原因　令和6年4月1日申出 相続開始年月日　令和4年3月2日 山本A雄の相続人として申出があった者 果樹市字桃927番地 　山　本　B　美（田　中　B　美） 松竹市松一丁目3番7号 　山　本　C　太

(注)旧氏併記の申出がされた場合である（不登規則158条の37において準用す
る158条の34。不動産登記規則等の一部を改正する省令の施行に伴う不動
産登記事務の取扱いについて（旧氏併記関係）（令和6年3月27日付け法
務省民二第553号法務省民事局長通達）別紙1。民月79巻5号410頁）。

212

第5 現地調査等の通知（E5・GE5工程）

(2)単有の登記名義人（前記【図6-6】のⅠ郎）の3次相続人（T司）がした相続人申出の場合

権　利　部	（甲区）	（所有権に関する事項）	
順位番号	登記の目的	受付年月日・受付番号	権利者その他の事項
2	所有権移転	昭和40年9月1日 第34567号	原因　昭和40年8月20日売買 所有者　山海市字森822番地 　　山　本　Ⅰ　郎
付記1号	相続人申告	令和6年4月1日 第23488号	原因　令和6年4月1日申出 相続開始年月日　平成12年10月8日 山本Ⅰ郎の相続人として申出があった者 　　山海市字湖35番地8 　　山　本　Q　雄
付記1号 の付記1号	相続人申告	令和6年4月1日 第23488号	原因　令和6年4月1日申出 相続開始年月日　令和2年12月18日 山本Q雄の相続人として申出があった者 　　山海市字浜1111番地 　　鈴　木　S　香
付記1号 の付記1号 の付記1号	相続人申告	令和6年4月1日 第23488号	原因　令和6年4月1日申出 相続開始年月日　令和3年2月25日 鈴木S香の相続人として申出があった者 　　山海市字浜1111番地 　　鈴　木　T　司

3　相続に関するその他の政策

　　相続に関する今後の政策である「所有不動産記録証明制度」等については，前記 Q&A113 2を参照願います。

第6章　一筆地調査

7 土地の所有者の相続人が相続放棄している場合 ────

Q117

　相続人が相続放棄をしているとの主張の場合，どのように
すればよいのでしょうか？

A　　民法に規定する手続による相続放棄であることを確認
　　　し，次順位の相続人が存在するかを調査するなどの対応を
執ります。

〈解説〉

1　相続放棄の手続

　まず，相続放棄をするには，法律に基づく正式な手続が必要
です。

　相続人は，相続の開始があったことを知った時から3か月以
内に（民法915条1項。法令集2063頁），家庭裁判所に戸籍事項証
明書等を添付した相続放棄申述書を提出しなければなりません
（民法938条）。

　この申述書を受け付けた家庭裁判所は，相続放棄申述書を提
出した者への照会書の送付やその回答を受けて審理を行った上
で，相続放棄が適法である場合には相続放棄申述受理通知書を
送付します。この受付から受理通知まで約1か月程度を要しま
す。

　したがって，地籍調査において，相続人から相続放棄をした
との供述がされた際には，単なる自己主張ではなく，民法上の

214

第 5　現地調査等の通知（E5・GE5 工程）

手続を踏まえていることを確認するため，相続放棄申述書のコ
ピーや相続放棄申述受理通知書の提示を求めることが肝要と考
えます。

2　相続放棄者等への対応

そして，供述者から相続放棄申述受理通知書等が示された後
の地籍調査の担当者の対応については，以下のとおりです。

(1)　相続放棄者

家庭裁判所が相続放棄をしたことを受理したからといって
も，当該相続放棄者がその放棄をした時に相続財産を占有し
ている否かによって，相続財産を保存する義務の有無が異な
ります。

相続財産を占有する相続放棄者は，相続人又は相続財産の
清算人（民法 952 条 1 項）に対して相続財産を引き渡すまでの
間その財産を保存しなければなりません（同法 940 条 1 項）。

したがって，相続財産を占有する相続放棄者は，他の相続
人等に相続財産を引き渡す前に，地籍調査において国調法
25 条 1 項に基づき準則 20 条 1 項の規定による現地調査への
立会い又は国調法 23 条の 5 に基づき準則 20 条 2 項若しくは
3 項の規定による図面等調査による報告を求められた場合に
は，保存行為としてこの求めに応じる義務があるものと考え
ます。

他方，相続財産を占有していない相続放棄者は，そもそも
相続財産を占有していないので，他の相続人等に引き渡す相
続財産がなく，相続財産を保存する義務がありません（民法
940 条 1 項の反対解釈）。

ただし，この保存行為と地籍調査の現地調査等への立会い

第 6 章　Q94〜Q149

215

第6章　一筆地調査

等の行為とが同列であるのか，すなわち，相続財産を占有していない相続放棄者は，地籍調査の現地調査等への立会い等の義務はなく，罰則規定（国調法 37 条 2 号・4 号）の適用対象外であるのかについては，なお議論の余地があると考えます。

そこで，地籍調査の担当者は，この民法の規定及び地籍調査の対象土地の占有状況を念頭に，相続財産の清算人が選任されていない段階においては，国調法 25 条 1 項に基づき現地調査への立会いを求めることは，法律に則った対応です。

(2)　**他の同順位相続人等**

破産の場合は債権者が存在しますので，これらの者の申立てにより破産管財人（破産法 2 条 12 号）の選任が多くされていますが，通常の相続案件の場合には，利害関係人がいない場合もあるため，相続財産の清算人の選任申立ては少ないと思います。

そこで，前記【図 6-5】又は【図 6-6】のように，同順位（まずは第 1 順位）の相続人となるべき者が存在し，その同順位の他の者が相続放棄をしていない場合には，その者を地籍調査における相続人として，一筆地調査の処理を進めることができます。同順位の相続人となるべき者がいない場合には，次順位（まずは第 2 順位）の相続人となるべき者の有無を調査し，第 2 順位の相続人からも相続放棄申述受理通知書等が提示された場合には，第 3 順位の相続人となるべき者の存在を調査します。

なお，第 3 順位の相続人からも相続放棄申述受理通知書等が提示され，相続人となるべき者が存在しない場合には，地方公共団体による筆界特定の申請を検討します（詳しくは，

第 5　現地調査等の通知（E5・GE5 工程）

後記 Q&A138 4 参照）。

8　現地調査等の通知に所有者名等を付記する際の留意点 ─

Q118

　運用基準 10 条の 2 第 2 項は，「当該通知に係る土地の所有者の氏名……を併せて通知するよう努める」として，「……しなければならない」としていませんので，これを通知しなくてもよいのでしょうか？

A　土地の所有者本人宛て以外の者に通知する際には，通知する内容を留意すべきと考えます。

〈解説〉

　質問のとおり，運用基準 10 条の 2 第 2 項は，「努める」との努力義務規定とし，「しなければならない」との義務規定ではありません。

　著者は，前記 Q&A109 のとおり，地籍調査の実施地域に隣接する実施地域外の土地の所有者等に地籍調査への協力を得るために，その実施地域外土地の所有者等にも現地調査等の通知をするとの見解です。そのときに，通知に係る土地の情報（所有者の氏名等）は，実施地域内の土地の情報であって，実施地域外の土地の所有者として通知を受ける者の情報ではないことから，義務規定とすると，住所は準則 20 条 1 項の通知事項とされていないとしても，他に知られたくない情報に該当することもあり得る情報

第 6 章　Q94〜Q149

217

第6章　一筆地調査

を通知しなければならなくなることへの配慮であると考えます。

　なお，不動産登記の実務においては，例えば，氏名については，所有権の保存や移転の登記等の登記名義人となる者及び相続人申告登記（前記 Q&A116 2参照）の名義人の申出により，旧氏を登記簿に併記します（不登規則158条の34～158条の37。登記の記録例は前記【図6-8】参照）が，旧氏名を括弧書きとするのみで，旧氏であることの表記はされません。

　また，住所については，登記簿に記録されている者がストーカー行為やDV等被害者（不登規則202条の3）の場合に，当該者からの申出により，登記事項証明書及び登記事項要約書に記載する住所について，住所に代わる公示用住所（登記名義人と連絡をとることができる者の住所又は弁護士等の事務所の所在地。不登規則202条の10）を記載しなければならないとされています（不登法119条6項）。この公示用住所については，ストーカー行為やDV等被害者本人と連絡をとることのできる者の住所として，申出人の選択により，①法務局又は地方法務局とすることや（不登規則202条の11第2項4号），②公示用住所の末尾に「○○司法書士事務所気付」や「○○方」のような郵便物の受取に資する情報を付記しても差し支えないとされています（民法等の一部を改正する法律の施行に伴う不動産登記事務の取扱いについて（登記事項証明書等における代替措置関係）（令和6年4月1日付け法務省民二第555号法務省民事局長通達）第2部第2の1。民月79巻5号455頁。登記の記録例は国外住所者における国内連絡先であるが後記【図6-26】参照）ので，この住所に現地調査等の通知をし，図面等調査の実施も検討すべきであると考えます。

　さらに，株式会社（特例有限会社，合同会社等の会社及び各種の法人等は対象外）の登記事項証明書及び登記事項要約書においても，

218

第5 現地調査等の通知（E5・GE5 工程）

令和6年10月1日から，登記申請の際の申出により，代表取締役や代表清算人等の住所を市区町村名までしか記載されないこととされましたので（商業登記規則等の一部を改正する省令（令和6年法務省令第28号）。商業登記規則等の一部を改正する省令の施行に伴う商業登記事務の取扱いについて（令和6年7月26日付け法務省民商第116号法務省民事局長通達），現地調査等の通知を会社の本店所在地以外の代表清算人等の住所宛てにする必要がある際には，注意を要します。

その他，地籍調査におけるストーカー行為，DV等被害者に対する留意点は，わかる！国調法 Q&A7 （28頁）を参照してください。

9 準則・運用基準の規定以外の現地調査の通知の記載事項

Q119

準則や運用基準の規定以外で現地調査の通知に記載する事項は，ありますか？

A 現地調査の通知には，地籍調査の実施地域の特性に応じた内容を記載することによって，土地の所有者等の協力が得られることに繋がることから，以下の事項を記載すべきと考えます。

〈解説〉

運用基準10条の2第4項に規定する現地調査の通知に併せて

第6章　一筆地調査

送付する筆界案については後述しますが（後記 Q&A134 Q&A135 参照），この規定以外で現地調査の通知に記載すべきと考える事項は，以下のとおりです。

1　立会義務の周知

　現地調査の通知の目的は，基本的かつ重要な作業である土地の所有者等による筆界確認ですので，通知の確実な到達に加え，これらの者が地籍調査の実施地域の現地（当該土地）に立ち会うことにあります（国調法25条1項）。

　無反応所有者等への対応（準則30条3項）のほか，無反応所有者等自体を減少させる方策として，立会いを拒むと罰金の対象となることを（国調法37条4号）付記するなどの注意喚起をする方法があると考えます（詳しくは，わかる！国調法313頁参照。注意喚起の記述例は，後記【図6-9】N参照）。

2　現地調査の集合場所

　現地調査は，土地の所有者等ごとではなく，おおむね土地の配列の順序に従い行うので（準則23条1項），複数の土地を所有する所有者の現地調査を同一日に実施する場合には，その日の最初に現地調査を行う土地や調査する土地の順序などを明示する必要があると考えます。

3　現地案内図の同封

　前記 Q&A116 に記述した27号課長通知（法令集1078頁）に基づき分類した地域外在住者は，現地調査を行う土地の位置に不案内であることがあり得るので，主要な場所から現地調査を行う土地までの周辺案内図を現地調査の通知に同封する配意も必要であると考えます（後記【図6-9】S参照）。

4　隣接所有者との事前確認

第5　現地調査等の通知（E5・GE5 工程）

　現地調査が住宅街で地域内在住者が多い場合には，現地調査の実施前に，隣接地の所有者とあらかじめ筆界の位置について確認されていると，現地調査の時間短縮に繋がることも付記すると地籍調査の実施担当者（市町村等の職員）にとってもメリットがあると考えます。

　ただし，地籍調査の実施担当者は，この確認は所有権の範囲境界ではなく公法上の境界である筆界であることを周知し，所有者間での確認結果を鵜呑みにするのではなく，筆界の資料である登記所地図との整合性について現地等において調査することに留意します（所有者間で確認した境界が筆界であるとの調査・確認をせずに測量工程を実施することは許されない。）。

5　急用又は悪天候による延期の連絡先

　現地調査の立会予定者の急用による連絡，通常の雨天の場合には予定どおり現地調査を実施するが悪天候の場合における延期照会など，地籍調査の実施担当者の連絡先を付記することも必要と考えます（後記【図6-9】R参照）。また，悪天候による周知として市町村等のホームページへの掲載という措置のほか，現地調査の立会予定者からの照会も受ける担当係全体の体制を執るべきと考えます。なお，立会予定者の連絡先をあらかじめ聞いておくこともあり得ますが，個人情報であるとして拒否する土地の所有者等がいるので，強制ではなく，希望者のみとすべきと考えます（同図O・P参照）。

6　実施地域の属性に応じた配慮

　実施地域の土地の利用状況によって，土地の所有者の協力度合いが異なることも考慮する必要があります。

　例えば，①新興住宅街の場合には平日は勤務先に出勤してい

221

第6章　一筆地調査

るため休日の現地調査を希望するか代理人に委任することが多く，②商店街の場合には店主が土地の所有者であることが多いため代理人に委任することが少ないものの商店街のセール時期や本人が出前等で不在時には現地調査ができない，③マンション敷地の場合には管理組合の総会における代表者の選任，④農村部や山林部の現地調査の場合にはある程度の集団による集合場所を設定するなど，それぞれの地域には，その属性があります。そこで，「住民側の意向及び事情を聴取」して（前記 Q&A116 の 27 号課長通知の別紙 1 ②参照），これら地域の属性に応じた現地調査の方法を検討することも必要であると考えます。

10 現地調査の通知等の作成例

Q120

現地調査の通知等の作成例について教えてください。

A　準則 20 条 1 項，運用基準 10 条の 2 第 1 項及び同条 2 項の規定のほか，これらの規定以外で現地調査の通知に記載すべき事項として示した前記 Q&A119 の内容について，前記【図 2-7】の果樹市における現地調査の通知，委任状，共同相続人代表者選任証明書，図面等調査希望申出書の作成例を以下に示します。

なお，行政機関としての住民等に対する謝意の記述は，下記作成例において省略します。

第 5　現地調査等の通知（E5・GE5 工程）

【図 6-9】現地調査の通知の作成例

　当市においては、○○年度から、国土調査法（昭和２６年法律第１８０号）第２条第５項の規定に基づく地籍調査を実施しています。

　本年度においては、あなた様が所有する土地を含む地域について、下記のとおり地籍調査を実施することといたします。

　つきましては、先般開催した果樹市字桃地域地元説明会において説明した現地調査への立会いなどのご協力をお願いいたします。

記

1　地籍調査の目的

　　土地に関する記録は登記所において管理されていますが、土地の位置や形状等を示す登記所に備え付けられている地図等のうちの約半数は、明治時代の地租改正時に作られたものを基にして作られた公図と呼ばれる図面です。この公図は、正確な土地の位置を示す座標値がありませんので、災害が発生した後の復旧の際に多くの期間と労力を要してしまいます。また、土地の面積等を記録する登記簿も地租改正時のものが基となっている場合には、正確な面積等が記録されているとは限りませんので、土地取引をするにも個人で測量することがあり得ます。

　　他方、地籍調査を実施することにより、土地の所有者等の方々の確認を得て正確な地図及び簿冊を作成し、この結果により登記所の公図及び登記簿が更新されますので、ライフラインの早期整備、土地取引の安全、迅速な災害復旧など、安心・安全な暮らしに役立つものです。

　　詳しくは、同封のパンフレットをご覧願います。

2　費用

　　当市が、法律に基づき地籍調査を実施するものですので、現地調査への交通費等を除き、測量費用などを当市が負担しますので、あなた様に費用の負担をお願いすることはありません。

第6章　一筆地調査

3　本年度実施する地域　　果樹市字桃の一部及び字栗の一部地区 ── E

4　実施時期　　本年9月

5　調査する土地

(1)　所　在　　果樹市字桃

(2)　地　番　　１００番２３

(3)　地　目　　雑種地

(4)　所有者　　桃田　一郎

I

6　あなた様へのお願い事項 ── E

(1)　現地調査への立会い

　　土地の境界については、登記所の備付け資料、慣習、地形や地物などの現地の状況を総合的に考慮し、土地の所有者等の確認を得て調査します。

　　そのため、あなた様においては、別途ご連絡調整する日時に、この文書をご持参の上、上記5の土地にお越しいただきたくお願いします。 ── J

　　なお、あなた様が立会いをすることができない場合には、以下の2つの方法があります。

K

ア　立会い等を代理人に委任する方法

　　現地における調査の確認行為を別の方に委任する場合には、同封の「委任状」に必要事項を記入され、受任された方が別途ご連絡・調整する日時に、委任状をご持参の上、調査に立ち会う方法です。

イ　ご自宅等において図面等を確認する方法

L

　　現地以外の場所において図面や写真等などの資料を用いて、所有者、地番、地目及び境界の調査を行うことを希望される場合には、同封の「図面等調査希望申出書」に必要事項を記入の上、本年7月末日（当日消印有効）までに、当係宛てお送りください。

　　また、調査する土地である果樹市字桃１００番２３は、同封の地積測量図が登記所に備え付けられています。これは、平成２５年６月５日に１００番8の土地を同番２０から同番２５に分筆した際に土地家屋調査士が作成したもので、この図面からこれらの土地の境界を現地に復元することができます。そこで、この図面を基に、あなた様の所有地（１００番２３）の境界を示す「地籍図案」を作成し、後日、国土調査法第１７条第１項の規定に基づき閲覧に供しますので、この地積測量図についてご確認をされましたら、同封の「地籍調査票」の上段「所有者確認」欄に、確認日及び住所を記入され、氏名を署名又は記名（ゴム印）押印され、本年１０月末日までに、当係宛て返送願います。 ── M

ウ　連絡がなく立会いを拒んだ場合

第5 現地調査等の通知（E5・GE5工程）

　　現地への立会いを拒んだ者は３０万円以下の罰金に処せられることがありますので(国土調査法第３７条第４号)、ご留意ください。 ── N
(2) 急用等により現地調査への立会いができなくなった場合などの連絡 ── O
　　現地調査の日程が確定後、その日に差し支えがあるとなったときは、現地調査の日程を再調整しますので、速やかに、当係宛てご連絡願います。
　　なお、雨天決行ですが、悪天候の場合には、延期することもありますので、その際にも当係宛てご連絡ください。 ── P
　　おって、連絡を取ることができない場合には、所要の手続を経て、あなた様による境界の確認を得たものとみなして調査を進めることとなりますので、必ず、連絡を取ることができるようにしてください。 ── Q

　以上、ご不明な点がありましたら、当係宛てご相談願います。

　　　　　　　〒123－4567　果樹市字梅官有無番地
　　　　　　　　地域産業振興部企画課地籍調査係　柿木太朗、栗田源太
　　　　　　　　　　電話：0198－76－5432　FAX：0198－76－1234
　　　　　　　　　　ｅメール：kikaku@city.kaju.chiba.jp
　　　　　　 R ──　緊急連絡先：090－2345－6789

＜以下、地域の実情に応じて付記＞
7　集合場所 ── S
　　現地調査の土地までは、当係の担当職員が同行し案内しますので、同封の「現地案内図」の集合場所に、現地調査の当日午前（午後）〇時までにお越しください。

【現地調査の通知の作成例の留意事項】

A：文書番号を記載するかは，当該市町村等の文書規程により判断してください。

B：この作成例は，実施地域内の土地の所有者に通知する作成例です。利害関係人及び実施地域外の隣接地所有者宛ての通知については，この作成例を参考にしてください。

C：地籍調査を実施する者は（準則20条1項），都道府県，市町

村，土地改良区等の機関ですので（国調法2条1項3号。わかる！国調法【図2】17頁参照），その機関名で通知する作成例です。なお，その代表者も記載する「果樹市　市長　梅山耕作」との表記でも丁寧であると考えます。

D：果樹市は，前記【図6-2】作業進行予定表のとおり，現地調査の通知の前に地元説明会を開催する計画です。

E：準則20条1項に規定する通知事項です。同項は「実施する……時期…を通知する」との規定ですので，「4　実施時期」は前記【図6-2】の「私有地の現地調査」の第1回目の期間を通知しています。

F：地籍調査の目的，作業の流れなどは，地元説明会において周知していますが，地元説明会の欠席者又は出席者に再度周知することによる徹底のため，記載するものです。

G：地籍調査Webサイトにおいては地籍調査の成果が「固定資産税算出の際の基礎情報となる」との記述がありますが，税金にシビアな住民感情を考慮して，この作成例には記述しません（地籍調査の結果と固定資産税については，わかる！国調法 Q&A1 （5頁）参照）。

H：果樹市は，同市作成のパンフレットではなく，全国国土調査協会発行の「みなさんの暮らしにつながる地籍調査〈一般〉」を同封しています（趣旨の普及に係る経費負担については，前記第3章 Q&A51 参照）。

I：運用基準10条の2第2項が規定する「通知するよう努める」ことの記載です。この作成例は，土地の所有者への通知例ですので所有者の氏名を通知していますが，利害関係人及び実施地域の隣接する地域外土地所有者への通知においては，通

第 5　現地調査等の通知（E5・GE5 工程）

知する内容に留意します（前記 Q&A118 参照）。

J：上記 E のとおり準則 20 条 1 項は実施時期を通知すること，また，前記 Q&A116 に記述した 27 号課長通知の別紙 1 ②は実施の時期においても住民側の意向及び事情を聴取して定めるとしていることから各現地調査の実施日時も同様な配慮が必要であると考えますので，この日時は個別調整としています。なお，何らかの方法（地元説明会等）により，現地調査の通知前に，日時調整済みの場合には，現地調査の通知に具体的日時を記載するのが省力化であり効率的です。

K：委任状については，下記【図 6-10】を参照願います。

L：図面等調査希望申出書については，下記【図 6-12】を参照願います。

M：筆界の案（準則 30 条 2 項）とはいえ，一筆地測量（FⅡ-1 の工程）後の正確な図面でなければ，送付を受けた土地の所有者等からの質問に対する回答に苦慮するであろうことから，現地調査の通知時点においては，その時点で存在する「筆界を明らかにする客観的な資料（現地復元性を有する地積測量図等）」や写真を送付し（運用基準 10 条の 2 第 4 項・12 条の 2 第 1 項・15 条の 2 第 5 項 2 号），後日，筆界案を送付することを通知することで差し支えないと考えます。

N：前記 Q&A119 1 の考えに基づくものです。

O：前記 Q&A119 5 の考えに基づくものです。

P：立会予定者の連絡先をあらかじめ聞いておくこともあり得ますが，個人情報であるとして拒否する土地の所有者等がいるので，まずは，果樹市役所のホームページのほか，当日の現地調査立会人からの連絡を待つとの記載です。

第 6 章　Q 94〜Q 149

227

第6章　一筆地調査

Q：無反応者要領第1の3前段に記述されている通知事項です。
　なお，この作成例は，準則20条1項の通知ですので，無反
　応者要領第1の3後段に記述されている「準則第20条第2
　項又は第3項の通知には……本制度が施行されることとなっ
　た旨及び無反応所有者等となると新制度の適用対象になる
　旨」を記載していません。

R：果樹市役所の携帯電話番号であり，現地調査の現場への連絡
　先です。

S：前記 Q&A119 2及び3の考えに基づくものです。

　以上のほか，調査地域の実情に応じて（前記 Q&A119 6），住宅
街等において，筆界について隣接地所有者との事前確認が得られ
る場合には，その旨も記載するとよいと思います（前記 Q&A119 4）。

228

第5　現地調査等の通知（E5・GE5 工程）

【図6-10】委任状（現地調査）の作成例

委　任　状　　　A

代理人

住　所　〒＿＿＿＿－＿＿＿＿＿＿＿＿＿＿＿＿＿＿＿＿＿＿＿＿

氏　名　＿＿＿＿＿＿＿＿＿＿＿＿＿＿＿＿＿＿＿

電話番号　＿＿＿＿＿＿（　　　）＿＿＿＿＿（任意）　　B

委任者との関係　　　C

□配偶者　　□同居の家族　　□別居の家族　　□共有者　　□借主

□管理人　　□知人　　□税理士等その他（　　　　　　　　　　　　）

私は、上記の者を代理人と定め、次の権限を委任します。

□私が所有する以下の土地について、国土調査法（昭和２６年法律第１８０号）第２

５条第１項に規定する現地に立ち会うこと

　　□私が所有する全ての土地の立会い

　　□私が所有する次の土地の立会い（果樹市＿＿＿＿＿＿＿＿＿＿＿＿＿＿）

□地籍調査の結果について、確認、同意又は承認をし、そのことを地籍調査票に署名

又は記名押印すること

D

□その他、現地の立会いに関する一切の権限

令和＿＿＿＿年＿＿＿＿月＿＿＿＿日

委任者

住所又は法人所在地　〒＿＿＿＿－＿＿＿＿＿＿＿＿＿＿＿＿＿＿＿＿　E

氏名又は法人名及びその代表者名　＿＿＿＿＿＿＿＿＿＿＿＿＿＿㊞

【委任状の作成例の留意事項】

A：土地の所有者宛てに発出した現地調査の通知書を持参した者

229

は，その本人又は代理人であるとして，委任状を徴収しない方法もあり得ると思います。ただし，同居の家族が土地の所有者本人から委任を受けずに現地に立会い，その後土地の所有者本人から照会がされたときの対応に苦慮するため，委任状の徴収，又は少なくとも土地の所有者から委任を受けた代理人であることを聞き取り地籍調査票の余白にその旨記載させる対応をすべきと考えます。

B：代理人と連絡が必要な場合に備えて，あらかじめ記入する欄を設けています。任意記入としているのは，前記 Q&A119 5 と同じく，代理人であっても，電話番号は個人情報であるとして拒否する者がいるので，強制ではなく，任意としています。

C：上記 A と同様に，同居の家族が無断で委任状を記載することの牽制として，土地の所有者との関係を記入する欄です。

D：地籍調査においては，現地調査への立会いでの筆界確認や分割調査等の同意又は滅失調査等の承認等について地籍調査票への記入のほか，地図及び簿冊の閲覧及び成果案の誤り等の申出の手続があります（国調法17条）。しかし，この閲覧は「一般の閲覧」に供するものですから，あえてこの権限を委任しなくとも，代理人は一般者として閲覧する権限があります（わかる！国調法 Q&A44 （190頁）参照）。したがって，この作成例は，閲覧に関して委任することの欄は設けていません。

E：地籍調査票の所有者意見欄へは，署名すると押印は不要です。この考えを踏襲すると，委任状においても署名されていれば，押印は不要となります。

　　しかしながら，地籍調査票への署名の多くは，地籍調査の担当者の面前で立会人が署名します。これに対して，委任状

第5　現地調査等の通知（E5・GE5 工程）

への署名は地籍調査の面前では行われないことから，署名で
あっても押印を求めるべきと考えます。

【図 6-11】共同相続人代表者選任証明書の作成例

共同相続人代表者選任証明書 —— A

代表者
　住　　所　〒＿＿＿＿＿－＿＿＿＿＿＿＿＿＿＿＿＿＿＿＿＿＿
　氏　　名　＿＿＿＿＿＿＿＿＿＿＿＿＿＿＿＿＿
　電話番号　＿＿＿＿＿＿（＿＿＿＿＿）＿＿＿＿＿＿（任意）—— B

　被相続人（亡くなられた方）＿＿＿＿＿＿＿＿の死亡によって開始した相続の共同相続人は、
上記の者を代表者と定め、次の権限を委任することを証明します。—— C

　　□被相続人が所有する全ての土地について、国土調査法（昭和２６年法律第１８０号）
　　　第２５条第１項に規定する現地に立ち会うこと

　　□地籍調査の結果について、確認、同意又は承認をし、そのことを地籍調査票に署名
　　　又は記名押印すること

　　　　　　　　　　　　　　　　　　　　　　—— D

　　□その他、現地の立会いに関する一切の権限

　令和＿＿＿＿年＿＿＿＿月＿＿＿＿日

　共同相続人
　　住　　所　〒＿＿＿＿＿－＿＿＿＿＿＿＿＿＿＿＿＿＿＿
　　氏　　名　＿＿＿＿＿＿＿＿＿＿＿＿㊞ —— E

第6章　Q94〜Q149

第6章　一筆地調査

【共同相続人代表者選任証明書の作成例の留意事項】

A：前記 Q&A113 のとおり，土地登記簿の所有者宛てに現地調
査の通知を発出したところ本人は既に死亡しているものの，
その遺産分割協議が成立していない場合には，原則として，
相続人の全員に現地調査の立会いを求めます。この場合に，
共同相続人が多数の場合や遠方居住者の場合には，筆界確認
に不協力であることがあり得ますので，現地に近隣の共同相
続人に立会いを委任する書面の作成例です。

B：代表者と連絡が必要な場合に備えて，あらかじめ記入する欄
を設けています。任意記入としているのは，前記 Q&A119 5
と同じく，代表者であっても，電話番号は個人情報であると
して拒否する代表者がいるので，強制ではなく，任意として
います。

C：「共同相続人代表者選任書」として1枚の書面に共同相続人
の全員が署名等をする様式もありますが，共同相続人が多数
の場合には全員が1枚の書面に署名等をするまで期間を要す
るため，各自がそれぞれ署名し，共同相続人の総意であるこ
とを証明する様式が効率的です。

D：地籍調査においては，現地調査への立会いでの筆界確認や分
割調査等の同意又は滅失調査等の承認等について地籍調査票
への記入のほか，地図及び簿冊の閲覧及び成果案の誤り等の
申出の手続があります（国調法17条）。しかし，この閲覧は
「一般の閲覧」に供するものですから，あえてこの権限を委
任しなくとも，共同相続人代表者は相続人の一人として閲覧
する権限があります（わかる！国調法 Q&A44 （190頁）参照）。
　したがって，この作成例は，閲覧に関して委任することの

232

第5　現地調査等の通知（E5・GE5工程）

欄は設けていません。

E：遺産分割協議書には実印を押印しますが，共同相続人代表者選任証明書には実印までを求めなくとも，書面の性質上差し支えないと考えます。ただし，地籍調査票とは異なり，認印の押印は求めるべきと考えます（上記【図6-10】委任状作成例の留意事項E参照）。

【図6-12】図面等調査希望申出書の作成例

図面等調査希望申出書　A

　私は、次の理由により、現地以外の場所において図面や写真等などの資料を用いて、所有者、地番、地目及び境界の調査を行う「図面等調査」の実施を希望します。

　　＜図面等調査を希望する理由＞

　　　□現地が遠隔なため

　　　□高齢なため

　　　□多忙であるため

　　　□その他（具体的理由　B　　　　　　　　　　　　　　　　　　　　　）

　また、国土調査法（昭和２６年法律第１８０号）第２３条の５の規定に基づき、図面等調査の実施に必要な事項に関する報告又は資料の提出を求められたときは、これに応じます。

　　　□はい　　　　□いいえ　　　　　　　　　　　　　C

　　令和＿＿＿年＿＿＿月＿＿＿日

　　　　　　※本年７月末日までに郵送願います。　　　D

　　住　　所　＿＿＿＿＿＿＿＿＿＿＿＿＿＿＿＿＿＿＿＿＿＿＿＿＿

　　氏　　名　＿＿＿＿＿＿＿＿＿＿＿＿＿　E

第6章　Q94〜Q149

233

第 6 章　一筆地調査

※登記されている住所及び氏名に変更又は誤りがないかを確認しますので、
正確に記入願います。　　　　　　　　　　　　　　　F

電話番号　　　　　（　　　　）　　　　　（任意）　　　G

【図面等調査希望申出書の作成例の留意事項】

A：文書名は，特に規定されていません。この作成例は，運用基
準 10 条の 2 第 1 項が「図面等調査……を希望する……申出
ができる旨」と規定することに基づく文書名としています。

B：「入院のため」等が想定され，図面等調査を希望する理由は
様々あると思いますので，この欄を設けています。

C：地籍調査を実施する者（市町村等）は，地籍調査に係る土地
の所有者等に対し，地籍調査の実施に必要な事項に関する報
告又は資料の提出を求めることができます（国調法 23 条の
5）。詳しくは，わかる！国調法 288 頁を参照願います。

D：運用基準 10 条の 2 第 1 項は「申出の期限を……通知する」
と規定していますので，申出期限を上記【図 6-9】現地調査
の通知に記載していますが，念のため再掲載しているもので
す。

E：上記【図 6-10】委任状及び【図 6-11】共同相続人代表者選
任証明書には押印を求めていますが，後日，送付する地籍調
査票への署名又は記名押印（票作成要領 1(8)）との整合性か
ら，押印は求めない様式としています。

F：現地調査を実施する地籍調査において図面等調査を認める場
合には（準則 23 条の 2 第 1 項 1 号），集会所等で行う図面等調
査（同項 2 号）と異なり，土地の所有者等と面会することは

234

第 5 　現地調査等の通知（E5・GE5 工程）

国調法 25 条 2 項に規定する出頭を求める以外に機会がない
ため，後日，送付する地籍調査票の所有者の住所・氏名又は
名称の変更等の有無について，この申出書により事前に確認
することを兼ねた様式です。

G：前記 Q&A119 5 と同じく，電話番号は個人情報である，要
　　件がある場合には自身から市役所等に連絡するとして，自身
　　の電話番号の記載を拒否する土地の所有者等がいるので，強
　　制ではなく，任意としています。

🈳 図面等調査の通知の作成例

Q121

図面等調査の通知の作成例について教えてください。

A　　　　図面等調査は，地籍調査を実施する者（市町村等）が，
　　　　　①土地の所有者等の申出を認める場合（準則 20 条 2 項 1
号），②現地調査の通知が届いているにもかかわらず応答がない
場合（同項 2 号），③現地調査を実施することが適当でないと認め
る場合（同条 3 項）の 3 種類があります（前記 Q&A107 1 及び【図
6-3】参照）。上記②の通知は現地調査の通知を行った後の通知で
すので，ここでは上記①及び③の場合における図面等調査の通知
を以下に示します（上記②は，後記 Q&A130 参照）。

第 6 章　Q 94 〜 Q 149

235

第6章　一筆地調査

【図6-13】申出を認め図面等調査を実施する通知の作成例

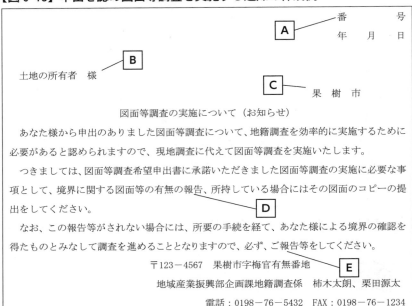

【図面等調査の通知の作成例（図6-13）の留意事項】

A：文書番号を記載するかは，当該市町村等の文書規程により判断してください。

B：この記載例は，土地の所有者からの申出に対する通知の作成例です。利害関係人及び実施地域外の隣接地所有者宛ての通知については，この作成例を参考にしてください。

C：地籍調査を実施する者は（準則20条1項），都道府県，市町村，土地改良区等の機関ですので（国調法2条1項3号。わかる！国調法【図2】17頁参照），その機関名で通知する作成例です。なお，その代表者も記載する「果樹市　市長　梅山耕

第5　現地調査等の通知（E5・GE5工程）

作」との表記でも丁寧であると考えます。

D：地籍調査を実施する者（市町村等）は，地籍調査に係る土地
の所有者等に対し，地籍調査の実施に必要な事項に関する報
告又は資料の提出を求めることができます（国調法23条の
5）。詳しくは，わかる！国調法288頁を参照願います。ま
た，この法律の規定から省令である準則においても，図面等
調査の通知（準則20条2項）及び図面等調査の実施（準則23
条の2第2項）に際し，図面等調査の実施に必要な事項に関
する報告又は資料の提出を求めることを規定しています。

　土地の所有者等からの申出を認めて実施する図面等調査に
おいて，実施に必要な事項に関する報告とは，送付した地籍
調査票に確認日及び所有者等の住所の記入及び署名又は記名
押印の上で返送することや電子メール等で筆界確認した旨の
報告のことです（票作成要領1(8)なお書・ただし書）。なお，こ
の地籍調査票の送付は，返送期限を定めた上で，改めて行う
方法があります。

E：無反応者要領第1の3前段に記述されている通知事項です。

　この作成例は，図面等調査の申出に対する結果回答の通知
ですので，その目的から，封書に限らず，官製はがきでも差
し支えないと考えます。

　なお，現地調査の通知に無反応な者への通知作成例は，後
記【図6-17】を参照願います。

第6章　一筆地調査

【図6-14】現地調査を実施することが適当でないと認めて実施する図面等調査の通知の作成例

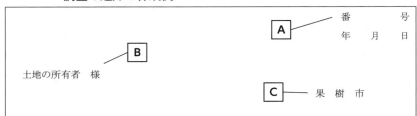

第5 現地調査等の通知（E5・GE5工程）

3 本年度実施する地域　　果樹市字桃の一部及び字栗の一部地区 ── H

4 実施時期　　本年5月

5 調査する土地

(1) 所　在　　果樹市字栗

(2) 地　番　　１２３４番 ── I

(3) 地　目　　山林

(4) 所有者　　栗山　林造

6 あなた様へのお願い事項

(1) 栗地区集会所における図面等の確認

　　所有山林の境界については、登記所の備付け資料、慣習、地形や地物などの現地の状況を空中写真又は航空レーザ測量によって作成した図面や写真を総合的に考慮し、土地の所有者等の確認を得て調査します。

　　そのため、あなた様においては、別途ご連絡調整する日時に、この文書をご持参の上、栗地区集会所にお越しいただきたくお願いします。 ── J

　　なお、あなた様がお越しになれない場合には、次の方法があります。

ア　栗地区集会所での確認を代理人に委任する方法　　　　　　　　　　　　　　　K

　　栗地区集会所における調査の確認行為を別の方に委任する場合には、同封の「委任状」に必要事項を記入され、受任された方が別途ご連絡・調整する日時に、委任状をご持参の上、栗地区集会所にお越しいただく方法です。

イ　連絡がなく出頭を拒んだ場合

　　出頭を拒んだ者は３０万円以下の罰金に処せられることがありますので(国土調査法第３７条第４号)、ご留意ください。── L

(2) 急用等により栗地区集会所にお越しになれなくなった場合などの連絡

　　栗地区集会所での確認日程が確定後、その日に差し支えがあるとなったときは、速やかに、当係宛てご連絡願います。

　　なお、連絡を取ることができない場合には、所要の手続を経て、あなた様による境界の確認を得たものとみなして調査を進めることとなりますので、必ず、連絡を取ることができるようにしてください。 ── M

　　以上、ご不明な点がありましたら、当係宛てご相談願います。

〒123－4567　果樹市字梅官有無番地

地域産業振興部企画課地籍調査係　柿木太朗、栗田源太

第 6 章　一筆地調査

> 電話：0198－76－5432　FAX：0198－76－1234
> e メール：kikaku@city.kaju.chiba.jp
> 栗地区集会所
> 果樹市字栗 300 番地
> 電話：0198－78－1001

【図面等調査の通知の作成例（図 6-14）の留意事項】

A：文書番号を記載するかは，当該市町村等の文書規程により判断してください。

B：この作成例は，実施地域内の土地の所有者に通知する作成例です。利害関係人及び実施地域外の隣接地所有者宛ての通知については，この作成例を参考にしてください。

C：地籍調査を実施する者は（準則 20 条 1 項），都道府県，市町村，土地改良区等の機関ですので（国調法 2 条 1 項 3 号。わかる！国調法【図 2】17 頁参照），その機関名で通知する作成例です。なお，その代表者も記載する「果樹市　市長　梅山耕作」との表記でも丁寧であると考えます。

D：果樹市は，前記【図 6-2】作業進行予定表のとおり，図面等調査の通知の前に地元説明会を開催する計画です。

E：地籍調査の目的，作業の流れなどは，地元説明会において周知していますが，地元説明会の欠席者又は出席者に再度周知することによる徹底のため，記載するものです。

F：現地調査の通知の作成例（前記【図 6-9】）とは記述内容を変えています。また，地籍調査 Web サイトにおいては地籍調査の成果が「固定資産税算出の際の基礎情報となる」との記述がありますが，税金にシビアな住民感情を考慮して，この作成例には記述しません（地籍調査の結果と固定資産税について

は，わかる！国調法 Q&A1 （5頁）参照）。

G：果樹市は，同市作成のパンフレットではなく，全国国土調査協会発行の「みなさんの暮らしにつながる地籍調査〈リモセン編〉」を同封しています（趣旨の普及に係る経費負担については，前記第3章 Q&A51 参照）。

H：準則20条3項に規定する通知事項です。同項は「実施する……時期…を通知する」との規定ですので，「4　実施時期」は月単位程度で差し支えないと考えます。

I：運用基準10条の2第2項が規定する「通知するよう努める」ことの記載です。この作成例は，土地の所有者への通知例ですので所有者の氏名を通知していますが，利害関係人及び実施地域に隣接する地域外土地所有者への通知においては，通知する内容に留意します（前記 Q&A118 参照）。

J：上記Hのとおり準則20条3項は実施時期を通知すること，また，現地調査の実施時期より実施日時の配意は低いとはいえ，前記 Q&A116 に記述した27号課長通知の別紙1②は実施の時期においても住民側の意向及び事情を聴取して定めるとしていることから図面等調査の実施日時も同様な配慮が必要であると考えますので，この日時は個別調整としています。なお，何らかの方法（地元説明会等）により，図面等調査の通知前に，日時調整済みの場合には，図面等調査の通知に具体的日時を記載するのが省力化であり効率的です。

K：委任状については，下記【図6-15】を参照願います。

L：国調法25条2項は，地籍調査に係る土地の「市町村内の事務所への出頭を求めることができる」と規定しています。この「事務所」とはいかなる施設を指すのかは別にして，現地

第6章　一筆地調査

調査への立会確保の方策である前記 Q&A119 1の考えと同様に，集会所への参集確保をするための牽制としての記載です。

M：無反応者要領第1の3前段に記述されている通知事項です。

【図6-15】委任状（図面等調査）の作成例

委　任　状 ── A

代理人
　　住　　所　〒_____－_____

　　氏　　名　_____ B

　　電話番号　_____（　　　）_____（任意）

　　委任者との関係 ──────── C

　　　□配偶者　　□同居の家族　　□別居の家族　　□共有者　　□借主

　　　□管理人　　□知人　　□税理士等その他（　　　　　　　　　　）

私は、上記の者を代理人と定め、次の権限を委任します。

　　□私が所有する以下の土地について、地籍調査作業規程準則（昭和３２年総理府令第
　　　７１号）第２３条の２第１項第２号に規定する集会所その他の施設に出頭すること
　　　　　□私が所有する全ての山林の土地
　　　　　□私が所有する次の山林の土地（果樹市_____）

　　□地籍調査の結果について、確認、同意又は承認をし、そのことを地籍調査票に署名
　　　又は記名押印すること

　　　　　　　　　　　　　D

　　□その他、地籍調査の結果に関する一切の権限

令和_____年_____月_____日

委任者
　　住所又は法人所在地　〒_____－_____ E
　　氏名又は法人名及びその代表者名　_____㊞

242

第 5 　現地調査等の通知（E5・GE5 工程）

【委任状の作成例の留意事項】

A：土地の所有者宛てに発出した図面等調査の通知書を持参した者は，その本人又は代理人であるとして，委任状を徴収しない方法もあり得ると思います。ただし，同居の家族が土地の所有者本人から委任を受けずに集会所等に出向き，その後土地の所有者本人から照会がされたときの対応に苦慮するため，委任状の徴収，又は少なくとも土地の所有者から委任を受けた代理人であることを聞き取り地籍調査票の余白にその旨記載させる対応をすべきと考えます。

B：代理人と連絡が必要な場合に備えて，あらかじめ記入する欄を設けています。任意記入としているのは，前記 Q&A119 5 と同じく，代理人であっても，電話番号は個人情報であるとして拒否する者がいるので，強制ではなく，任意としています。

C：上記 A と同様に，同居の家族が無断で委任状を記載することの牽制として，土地の所有者との関係を記入する欄です。

D：地籍調査においては，集会所等での筆界確認や同意又は承認等の地籍調査票への記入のほか，地図及び簿冊の閲覧及び成果案の誤り等の申出の手続があります（国調法 17 条）。しかし，この閲覧は「一般の閲覧」に供するものですから，あえてこの権限を委任しなくとも，代理人は一般者として閲覧する権限があります（わかる！国調法 Q&A44 （190 頁）参照）。

　　したがって，この作成例は，閲覧に関して委任することの欄は設けていません。

E：地籍調査票の所有者意見欄へは，署名すると押印は不要です。この考えを踏襲すると，委任状においても署名されてい

第6章 Q94〜Q149

243

第 6 章　一筆地調査

れば，押印は不要となります。

　しかしながら，地籍調査票への署名の多くは，地籍調査の担当者の面前で集会所等への参集者が署名します。これに対して，委任状への署名は地籍調査の面前では行われないことから，署名であっても押印を求めるべきと考えます。

12 街区境界調査の通知の作成例

Q122
街区境界調査の通知の作成例について教えてください。

A　　街区境界調査においても，現地調査（準則 23 条 1 項ただし書）及び図面等調査（準則 23 条の 2 第 1 項ただし書）が規定されています。

　また，現地調査等を実施する旨の通知を規定する準則 20 条には街区境界調査にあっての取扱いの定めがありませんが，街区境界調査における現地調査等に関する特例規定である準則 36 条の 2 は準則 20 条を適用除外としていませんので，準則 20 条を適用し，現地調査等の通知をすることとなります。

　そこで，現地調査の通知の作成例を以下に示します。

　なお，図面等調査による街区境界調査は，街区境界調査を実施する地域の地理的状況や地主居住率の高さから，土地の所有者等が希望する場合又は無反応所有者等に該当するかを判断する前提としての図面等調査の実施であって，レアケースと思いますので，前記【図 6-13】を参考に作成願います。

244

第 5　現地調査等の通知（E5・GE5 工程）

【図 6-16】街区境界調査における現地調査の通知の作成例

　　　　　　　　　　　　　　　　　　　　　　　　　　　　　番　　　　　号
　　　　　　　　　　　　　　　　　　　　　　　　A
　　　　　　　　　　　　　　　　　　　　　　　　　　　　　年　　月　　日

　　　　　　　　　　　B
　　土地の所有者　様

　　　　　　　　　　　　　　　　　　　　　　C
　　　　　　　　　　　　　　　　　　　　　　　　　松　竹　市

　　　　　　　　　街区境界調査の実施について（お知らせとお願い）

　当市においては、〇〇年度から、国土調査法（昭和２６年法律第１８０号）第２条第５項の規定に基づく地籍調査を実施しています。

　本年度においては、あなた様が所有する土地を含む街区について、下記のとおり同法第２１条の２第１項の規定に基づき街区境界調査を実施することといたします。

　つきましては、先般開催した松竹市松１丁目地元説明会において説明した現地調査への立会いなどにご協力をお願いいたします。
　　　　　　　　　　　　　　　　　　　　　　　　D

　　　　　　　　　　　　　　　　　記
１　街区境界調査の目的　　　　E

　　土地に関する記録は登記所において管理されていますが、土地の位置や形状等を示す登記所に備え付けられている地図等のうちの約半数は、明治時代の地租改正時に作られたものを基にして作られた公図と呼ばれる図面です。この公図は、正確な土地の位置を示す座標値がありませんので、災害が発生した後の復旧の際に多くの期間と労力を要してしまいます。

　　他方、街区境界調査を実施することにより、土地の所有者等の方々の確認を得て、道路や水路等に囲まれた街区との境界などについて、正確な地図及び簿冊を作成することにより、ライフラインの早期整備、迅速な災害復旧など、安心・安全な暮らしに役立つものです。

　　詳しくは、同封のパンフレットをご覧願います。　　F
２　費用

　　当市が、法律に基づき街区境界調査を実施するものですので、現地調査への交通費等を除き、測量費用などを当市が負担しますので、あなた様に費用の負担をお願いすることはありません。

３　本年度実施する地域　　　街区符号：松竹市松一丁目３番　　　G
４　実施時期　　本年１０月
５　調査する土地（街区を構成する道路に接する土地のみ）

第6章　一筆地調査

(1)　住居表示番号　松竹市松1丁目3番35号　　　H

(2)　登記簿の表示

　　　所　在　　　松竹市松一丁目

　　　地　番　　　108番35　　　　I

　　　所有者　　　松山　年男

6　あなた様へのお願い事項

(1)　現地調査への立会い

　　　土地の境界については、登記所の備付け資料、慣習、地形や地物などの現地の状況を総合的に考慮し、土地の所有者等の確認を得て調査します。　　J　　　　K

　　　そのため、あなた様においては、別途ご連絡調整する日時に、この文書をご用意の上、道路と上記5の土地との境界などの調査に立会いをお願いします。

　　　なお、あなた様が立会いをすることができない場合には、次の方法があります。

ア　立会い等を代理人に委任する方法　　　　　　　　　　L

　　　境界などの調査の確認行為を別の方に委任する場合には、同封の「委任状」に必要事項を記入され、受任された方が別途ご連絡・調整する日時に、委任状をご用意の上、調査に立ち会う方法です。

イ　ご自宅等において図面等を確認する方法　　　M

　　　現地以外の場所において図面や写真等などの資料を用いて、所有者、地番及び道路との境界の調査を行うことを希望される場合には、同封の「図面等調査希望申出書」に必要事項を記入の上、本年8月末日（当日消印有効）までに、当係宛てお送りください。

　　　また、調査する土地である松竹市松一丁目108番35は、令和2年12月1日に建物を建築される際に宅地の一部を公衆道路に分筆された際に土地家屋調査士が作成した地積測量図が同封のとおり登記所に備え付けられています。そこで、この図面を基に、街区とあなた様の所有地（108番35）との境界を示す「街区境界調査図案」を作成し、後日、国土調査法第21条の2第3項の規定に基づき閲覧に供しますので、この地積測量図についてご確認をされましたら、同封の「街区境界調査票」の上段「所有者確認」欄に、確認日及び住所を記入され、氏名を署名又は記名（ゴム印）押印され、本年11月末日までに、当係宛て返送願います。　　N

ウ　連絡がなく立会いを拒んだ場合

　　　立会いを拒んだ者は30万円以下の罰金に処せられることがありますので（国土調査法第37条第4号）、ご留意ください。　　O

(2)　急用等により現地調査への立会いができなくなった場合などの連絡　　P

246

第5　現地調査等の通知（E5・GE5工程）

　　現地調査の日程が確定後、その日に差し支えがあるとなったときは、速やかに、当係宛
てご連絡願います。

　　なお、雨天決行ですが、悪天候の場合には、延期することもありますので、その際にも
当係宛てご連絡ください。──┤Q│

　　おって、連絡を取ることができない場合には、所要の手続を経て、あなた様による境界
の確認を得たものとみなして調査を進めることとなりますので、必ず、連絡を取ることが
できるようにしてください。──┤R│

以上、ご不明な点がありましたら、当係宛てご相談願います。

〒234－5678

松竹市松2丁目1番1号

都市部計画部産業課地籍調査係　杉田香里、桐山華菜

電話：033－444－5555　FAX：033－444－6666

│S│　eメール：sangyou@city.syoutiku.or.jp

緊急連絡先：090－3456－7890

【街区境界調査の通知の作成例の留意事項】

A：文書番号を記載するかは，当該市町村等の文書規程により判
　　断してください。

B：この記載例は，街区に接する街区内土地の所有者に通知する
　　作成例です。利害関係人及び実施地域外の隣接地所有者宛て
　　の通知については，この作成例を参考にしてください。

C：街区境界調査を実施する者は（国調法21条の2第1項），地方
　　公共団体又は土地改良区等の機関ですので（国調法2条1項3
　　号。わかる！国調法【図2】17頁参照），その機関名で通知する
　　作成例です。なお，その代表者も記載する「松竹市　市長
　　桧江一弘」との表記でも丁寧であると考えます。

D：松竹市は，前記【図6-2】の果樹市の作業進行予定表と同様

247

第6章　一筆地調査

　　に，街区境界調査の通知の前に地元説明会を開催する計画で
　　す。

Ｅ：街区境界調査の目的，作業の流れなどは，地元説明会におい
　　て周知していますが，地元説明会の欠席者又は出席者に再度
　　周知することによる徹底のため，記載するものです。

Ｆ：松竹市は，同市作成のパンフレットではなく，全国国土調査
　　協会発行の「みなさんの暮らしにつながる地籍調査〈街区境
　　界調査編〉」を同封しています（趣旨の普及に係る経費負担につ
　　いては，前記第3章 Q&A51 参照）。

Ｇ：準則20条1項が規定する「実施する地域」について，街区
　　境界調査においては，街区符号であると考えます（街区図作
　　成要領5ただし書参照。法令集1351頁。街区番号は任意の番号であ
　　るため，住居表示法2条1号（法令集2165頁）に基づく街区符号が
　　当該住民等に浸透していると思う。）。

Ｈ：準則及び運用基準等には規定されていませんが，住居表示実
　　施地区の場合，当該住民等は地番より住居表示番号を把握し
　　ています。

Ｉ：運用基準10条の2第2項が規定する「通知するよう努める」
　　ことの記載です。この作成例は，土地の所有者への通知例で
　　すので所有者の氏名を通知していますが，利害関係人及び実
　　施地域の隣接する地域外土地所有者への通知においては，通
　　知する内容に留意します（前記 Q&A118 参照）。

　　　なお，街区境界調査は地目の調査はしません。さらに，こ
　　の作成例6(1)イのとおり，建築基準法42条2項の規定に基
　　づきいわゆるセットバックをしているものの分筆及び宅地か
　　ら公衆用道路に地目変更の登記をしていない場合に，この通

248

知に地目を記載すると無用な誤解や混乱を生じさせる可能性があると思います（わかる！国調法 Q&A69 （263頁）参照）。

このため，前記【図6-9】の現地調査の通知と異なり，地目の記載をしていません。

J：準則20条1項は実施時期を通知すること，また，前記 Q&A116 に記述した27号課長通知の別紙1②は実施の時期においても住民側の意向及び事情を聴取して定めるとしていることから街区境界調査の実施日時も同様な配慮が必要であると考えますので，この日時は個別調整としています。なお，何らかの方法（地元説明会等）により，街区境界調査の通知前に，日時調整済みの場合には，街区境界調査の通知に具体的日時を記載するのが省力化であり効率的です。

K：街区境界調査は都市部の市街地を中心に実施することから，土地の所有者の住居地での立会いが多いと思いますので，前記【図6-9】の現地調査の通知の「ご持参」ではなく，「ご用意」としています。

L：委任状については，前記【図6-10】を参照願います。

M：街区境界に接する土地の所有者が遠方に居住していることもあり得ます。街区境界調査においても図面等調査（準則20条2項）が認められています（準則23条の2第1項ただし書）。

図面等調査希望申出書については，前記【図6-12】を参照願います。

N：街区境界の案（準則36条の2が適用する準則30条2項）とはいえ，一筆地測量（GFⅡ-1工程）後の正確な図面でなければ，送付を受けた土地の所有者等からの質問に対する回答に苦慮するであろうことから，街区境界調査の通知時点において

第6章　一筆地調査

は，その時点で存在する「街区境界を明らかにする客観的な
資料（現地復元性を有する地積測量図等）」や写真を送付し（運用
基準10条の2第4項・12条の2第1項・15条の2第5項2号），後
日，街区境界案を送付することを通知することで差し支えな
いと考えます。

O：前記 Q&A119 1の考えに基づくものです。

P：前記 Q&A119 5の考えに基づくものです。

Q：立会予定者の連絡先をあらかじめ聞いておくこともあり得ま
すが，個人情報であるとして拒否する土地の所有者等がいる
ので，まずは，松竹市役所のホームページのほか，当日の街
区境界調査の立会人からの連絡を待つとの記載です。

R：無反応者要領に街区境界調査について言及されていないのは
準則36条の2が準則30条を適用除外していないことから，
街区境界調査の現地調査等についても準則30条2項が適用
され，無反応者要領に基づく筆界の調査ができるものと思い
ます。

　　したがって，無反応者要領第1の3前段に記述されている
通知事項です。

S：松竹市役所の携帯電話番号であり，現地調査の現場への連絡
先です。

　以上のほか，調査地域の実情に応じて（前記 Q&A119 6），住宅
街等であることから，街区（道路）と隣接地との3筆境について
隣接地所有者との事前確認が得られる場合には，その旨も記載す
るとよいと思います（前記 Q&A119 4）。

250

第 5　現地調査等の通知（E5・GE5 工程）

13 図面等調査の実施決定基準

Q123

準則 20 条 2 項と同条 3 項の「その他の事情」について教えてください。

A　1　準則 20 条 2 項 1 号のその他の事情

　　　土地の所有者等が遠隔の地に居住していること「その他の事情」により図面等調査の実施を希望する旨を申し出た際に，地籍調査を実施する者は，申出理由が相当であるか，地籍調査を効率的に実施するために必要があるか認否をして，図面等調査の実施の可否を判断します（準則 20 条 2 項）。

　このうち，判断基準の例として，上記のとおり，現地調査の立会対象者が，①遠隔地居住者であるため，②現地立会いに比べて図面等調査の実施によって地籍調査を効率的に実施することができることが示されています。

　この②のことが発揮する①の要件として「その他の事情」が規定されていますので，①の要件は②が発揮される理由でなければならないと思います。

　例えば，前記【図 6-12】の希望理由欄に示した，「遠隔」には準則 20 条 2 項が示す遠隔地居住者に限らず現地立会期間中は国内・外での長期出張中であることも含まれると考えます。

　また，入院中や行刑施設に収監中等で，かつ，立会いを依頼する代理人もいない場合に，その申出理由を認めなければ上記②の地籍調査を効率的に実施することができないかどうかを，

第 6 章　Q 94〜Q 149

251

第6章　一筆地調査

地籍調査を実施する者である市町村等が判断するものです。

2　準則20条3項のその他の事情

上記1は土地の所有者等の希望を考慮して図面等調査の実施をすべきか判断するのに対し，準則20条3項は，地籍調査を実施する者（市町村等）が自発的に図面等調査の実施を決定するものです。

この決定の基準として，準則20条3項は，①土地の勾配が急であること「その他の事情」により，②現地調査を実施することが適当でない場合としています。

この土地が急勾配以外で，地籍調査を実施する者が現地調査は適当でないと判断すべきものとして，平坦地であるが広大な山林・原野等で現地までの道がなく，徒歩での移動手段のみであり，現地まで数時間を要し休憩場所もないなど，現地調査を実施した場合における関係者の生命・身体に影響が生じる危険性があれば「その他の事情」に該当すると思います（地籍調査における図面等調査のさらなる活用について（令和3年6月9日付け国土交通省不動産・建設経済局地籍整備課企画専門官事務連絡の図の実施事由参照）。法令集735頁）。

そして，準則20条3項の規定に基づく図面等調査は，精度区分乙1，乙2又は乙3区域において航測法による地籍測量を実施した結果を（準則37条3項），生命・身体に危険性が少ない集会所等の施設で土地の所有者等に図面等を示す方法を創設したものと思います（準則23条の2第1項2号）。

さらに，精度区分乙1区域については，次のとおり測量工程のスピードアップが「その他の事情」に該当するものと考えます。

第5　現地調査等の通知（E5・GE5工程）

　リモートセンシングデータを活用した調査対象区域を乙1区域まで拡大することも含め所要の制度改正を行うべきとの報告がされ（あり方報告書12頁），近年の測量機器の高精度化によって航測法により求めた筆界点の座標値の精度が精度区分乙1に収まることが確認できたことから準則8条申請の不要化を含め，精度区分乙1区域においても航測法を活用できるようになりました（地籍調査作業規程準則の一部を改正する省令の施行に伴う地籍調査に関する事務の取扱い等について（令和6年6月28日付け国不籍第271号国土交通省不動産・建設経済局地籍整備課長通知）。以下「**271号課長通知**」という。2⑴）。

　しかしながら，上記の集会所等での図面等調査（準則23条の2第1項2号）は，土地の勾配が急であることや上記のその他の事情により現地調査を実施することが適当でないと認める場合において行う調査手法です（準則20条3項）。

　他方，精度区分乙1区域は，農用地及びその周辺の区域とされています（運用基準5条1項）。

　リモートセンシングデータを活用した調査対象区域を乙1区域まで拡大する趣旨は，あり方報告書に記述がされているとおり，測量技術の進展を踏まえた上での測量工程のスピードアップです。

　精度区分乙1区域の農用地が急勾配な土地である状況とは棚田などが考えられますが，地上法の地籍測量より航測法による地籍測量が格段に効率的となるような広範囲な棚田は少ないと思います。

　また，「その周辺の区域」が，精度区分乙2又は乙3区域の山林及び原野ではなく，甲3区域の整形された農用地である場

第6章　Q94〜Q149

253

第 6 章　一筆地調査

合にはその区域の土地の所有者等は筆界の調査を現地で行うことを希望し，この意向は整形されていない農用地である乙1区域であっても同じであると思います。

そうすると，精度区分乙1区域においては，上記の「その他の事情」により現地調査を実施することが適当でないと認める状況であることは少ないと思います。

そこで，航測法による地籍測量の実施対象区域が乙1区域まで拡大されていますが（準則37条3項），筆界の調査等は現地調査をもって行い（準則23条），その後の測量については航測法による地籍測量を行うといった従前（令和6年国土交通省令第73号施行前）の乙2及び乙3区域における調査手法とは異なる調査手法とするのが，当該乙1区域の土地の所有者等から理解が得られるものであると考えます。例えば，筆界の位置は現地調査において調査し，筆界標示杭等を設置し，これを航測法による地籍測量をもって筆界点座標値を求めるといった調査手法もあり得ると考えます。

なお，この点について地籍調査の制度府省は，航測法による地籍測量を選択することが適切であると判断した理由を土地の所有者等に説明し，現地調査を希望する者が多いときは地上法による地籍測量や補備測量の実施を検討することとしているとの見解です（準則37条3項が「行わなければならない」ではなく「できる」との規定であることから，土地の所有者等の意向を十分に把握して測量方法等を検討することについて示唆しているものと思われる。2024年6月28日準則の一部改正案に関する意見募集の結果参照）。

公図の精度の違いによる筆界の調査手法に関しては，後記 Q&A135 を参照願います。

254

第5 現地調査等の通知（E5・GE5 工程）

14 集会所等での図面等調査を自宅等で行うことの可否 ──

Q124

集会所等での図面等調査について，土地の所有者から高齢のため図面等を自宅に送付してほしいとの申出がされました。どのように対応すればよいのでしょうか？

A 準則等の規定上では想定していないものと思いますが，運用上，筆界未定の防止策として認められると考えます。

〈解説〉

1 規定振り

　前記 Q&A123 2のとおり，集会所，公民館，学校，役場等の施設において，収集又は作成した図面等を土地の所有者等に示す方法は（準則23条の2第1項2号），準則20条第3項に規定する地籍調査を実施する者（市町村等）が自ら図面等調査の実施を決定した場合に，効率的にこの手法を実施する施設の場所を想定しているものと思います（地籍調査作業規程準則の一部を改正する省令（令和2年6月改正分）の施行に当たっての留意事項について（令和2年7月1日付け国不籍第2号国土交通省不動産・建設経済局地籍整備課長通知）。以下「**2号課長通知**」という。4②参照。法令集337頁）。

　そうすると，現地調査を実施せず当初から図面等調査を実施するので，準則20条2項の図面等調査とは異なり，同条1項に規定する現地調査の通知は行わないことになります。

第6章　Q94〜Q149

255

第6章　一筆地調査

　この現地調査の通知を行わないということは，運用基準 10
条の 2 第 1 項は適用されず，同項に規定する図面等調査の実施
を希望する旨の申出を照会する必要がないことになります。

2　実際の運用

　しかしながら，準則 20 条 3 項の規定に基づく図面等調査
は，航測法による地籍測量を実施した結果を集会所等の施設で
土地の所有者等に図面等を示す方法を定めたものですので，特
に精度区分乙 2 又は乙 3 区域の山林・原野の所有者が集会所等
の近隣住民とは限りません。

　また，準則 20 条 3 項の規定に基づく図面等調査において，
準則 23 条の 2 第 1 項 1 号に規定する図面等を土地の所有者等
に送付する方法を許さないとする規定は，見当たりません。

　そこで，前記【図 6-14】のとおり，図面等調査の通知書に
は代理人への委任の方法があることにとどめるとし，遠方居住
者や高齢者から相談を受けたときは，オルソ画像，微地形表現
図等を背景とした各種の資料について送付文書で説明すること
に苦慮すると思いますが，この説明の責務は，山林所有ではな
く，図面等調査を行う者（市町村等）にあると考えます。

　したがって，集会所等へ参集しないことの代替として，オル
ソ画像等を背景とした筆界案を土地の所有者等の自宅等に送付
することによって，筆界未定の防止とすることは，あり得る方
策と考えます。なお，この集会所へ参集できない者に対する代
替策は，地籍調査に協力する意思はあるが集会所等へ出向けな
い者への方策であって，無反応所有者等への対応（準則 30 条 3
項。後記 Q&A130 ）とは論点が異なります。

256

第 5　現地調査等の通知（E5・GE5 工程）

15　所有者等の探索の範囲

Q125

　現地調査等の通知が到達しなかった場合の対応について教えてください。

A　運用基準 10 条の 2 第 3 項は，現地調査等の通知が土地の所有者等に到達しなかった場合や当初から所有者等の所在が不明で現地調査等の通知を発出できなかった場合の当該所有者等の探索の範囲について規定しています。

　同項は，土地の所有者等の探索は，あくまで書面上の探索及び親族・関係者への照会とし，近隣住民や現地精通者等への聞き取り，最終住所地への現地訪問等は不要としています。これは，行政機関が土地の所有者等の所在を探索していることを近隣住民等に知られると無用な誤解が生じること，探索を追求しすぎるとプライバシー問題に発展し兼ねないこと，筆界未定も地籍調査の成果の一つであり調査の迅速性が失われることなどから，探索の限界との考慮を図ったものと思います。

　なお，所有者不明土地であるとの認定基準については，わかる！国調法 Q&A84 （302 頁）を参照願います。

〈7 次計画後半における国土調査の方向性〉

　ところで，7 次計画後半における国土調査の方向性の議論において「市区町村等のニーズを踏まえ，固定資産課税台帳等と同様に利用可能な所有者等関係情報について整理し，更なる利用拡大

第 6 章　Q 94〜Q 149

257

第6章　一筆地調査

を図るべきである。また……個人情報保護に留意しつつ……情報提供までの事務やフローの簡略化についても併せて検討を行うべきである。」との報告がされています（あり方報告書10頁）。

　所有者等の探索について，登記簿のみで所在が判明しない場合には，上記のとおり，住民票や戸籍等のほか，親族等への聞き取りによる地籍調査を行っているところ（運用基準10条の2第3項），固定資産課税台帳等の所有者等関係情報の内部利用等（国調法31条の2。わかる！国調法325頁）について令和4年度の活用率が77.2％となっていますが（あり方報告書3頁【表2】），介護保険に関する情報等の更なる所有者等関係情報の利用拡大ニーズを踏まえた検討が必要であるとの報告がされ（あり方報告書3頁），市町村の福祉部局が介護保険に関する事務に関して知り得た所有者等関係情報のうち不動産登記簿情報として一般に公開されていないものについては，地籍調査の実施区域内の土地の所有者等の探索に必要な限度で，利用又は提供することが可能となりました（地籍調査における介護保険事務に利用する目的で保有する所有者等関係情報の内部利用等について（令和6年6月3日付け国不籍第233号国土交通省不動産・建設経済局地籍整備課長通知）。公刊物未登載）。

　他方，登記簿に記録されている者がストーカー行為やDV等被害者の場合における登記事項証明書等に記載する住所について住所に代わる公示用住所を記載することとされていること（前記 Q&A118 参照）など，個人情報に対する慎重な取扱いが求められている社会情勢を鑑みて，地籍調査においても，所有者等関係情報の収集・利用・保管について厳格に取り扱わなければならないと考えます。

第6 筆界標示杭の設置

第6 筆界標示杭の設置

Q126

筆界標示杭の設置について教えてください。

A 　地籍調査を実施する者は，その実施に必要があると認めるときは，土地の所有者等の協力（筆界の屈曲点等の位置確認）を求め，筆界（街区境界調査にあっては街区境界上の筆界のみ）を標示するために必要な位置に，筆界標示杭を設置します（準則21条）。

　この筆界標示杭は，可能な限り，永久的な標識を設置するよう努めるものとされています（運用基準11条）。

　しかしながら，現地調査等に着手する日までに（準則21条1項），すなわち筆界点の位置確認を得る前に，この永久的な標識を設置できることは，公法上の境界という論理からは可能であるとしても，公図の精度からしてこのような運用は少なく，ほとんどは同項括弧書きの現地調査等のとき以降であると思います。

　準則21条1項の地籍調査を実施する者とは，2項委託であっても委託者である都道府県又は市町村です（準則20条1項括弧書き「以下……次条において同じ」参照）。

　なお，準則20条は現地調査等の通知文の名義人を定めたものであり，準則21条は筆界標示杭の設置権限を定めたものと思いますので，地籍調査又は街区境界調査の受注者は，地籍調査の実施者との委託契約の範囲内において，筆界標示杭を設置する杭の埋め込みなどの補助作業を妨げるものではないと考えます。

259

第 6 章　一筆地調査

　航測法による地籍測量においては，土地の所有者等が希望しない限り，原則として現地における一筆地調査は行わず，筆界点の位置は算出した座標値により管理しますので（準則83条の2），仮に，土地の所有者等の希望により同人らが現地調査に立ち会って筆界標示杭の設置を希望したとしても，同地域内の現地調査を希望しない他の土地の所有者等との公平性の観点から（設置費用負担や現地調査を行った土地のみ筆界標示杭を設置することの是非），準則21条が規定する地籍調査の実施に必要がある場合ではないとして，筆界標示杭の設置希望を拒否することができると考えます。

　この筆界点座標値で筆界の位置を管理することは地上法による地籍調査においても同様であり，航測法による地籍測量の区域内での公平性のほか，地上法と航測法との地籍測量の方式の違いによって，地籍調査を実施する者の費用をもって筆界標示杭が設置される地域と設置されない地域が生じる不公平の是正について，永久的な筆界標示杭の設置割合を含め，地籍調査の制度府省において検討されることを期待します。

第 7　市町村の境界の調査（E6・GE6 工程）

Q127

市町村の境界の調査について教えてください。

A　　地籍調査を行う者（市町村等）は，その実施地域界に市町村の境界があるときは，隣接する市町村の境界を所管する職員及び市町村境界に接する土地の所有者等の立会いを求め，

260

第 8　現地調査等の実施（E7・GE7 工程）

これらの者から市町村の境界の位置について同意を得て（同意が
得られないなどの場合には，境界未定の処理），必要な地点に境界標を
設置します（準則 22 条）。ただし，土地の勾配が急であるなどに
より現地調査を行うことが適当でない場合には，航測法による地
籍測量において作成・収集した資料等により市町村の境界を調査
することができるとされています（準則 22 条 2 項ただし書）。

　市町村の境界を変更する場合には，関係のある市町村の申請に
基づき都道府県議会の議決を経なければなりませんので（地方自
治法 7 条 1 項），当該市町村の境界を所管する職員の確認が必要で
す。さらに，変更する境界が都道府県にわたるときは，関係のあ
る普通地方公共団体の申請に基づき総務大臣が定めることとされ
ていますので（同条 3 項），当該都道府県の境界を所管する職員の
確認も必要です。

　街区境界調査において，街区境界が（準則 3 条 2 項 1 号），市町
村の境界である場合には，上記の地籍調査と同様に，市町村の境
界の調査を行います。

第 8　現地調査等の実施（E7・GE7 工程）

1　現地調査の実施方法

Q128

現地調査の実施方法について教えてください。

第 6 章　Q 94 〜 Q 149

261

第6章　一筆地調査

A　現地調査は，立会人が持参した現地調査の通知又は委任状等により（前記【図6-9】J・K，【図6-16】K・L），当該土地の立会適格者であるかの確認から始めます。

そして，所有者の調査として，立会人から当該土地の登記簿の住所・氏名に変更や誤りがないか聞き取ります。

次に，筆界又は街区境界の調査として，事前に収集した筆界に関する情報により妥当な位置を立会人に説明し，その確認を求めるとともに，分割・合併の要否を調査します。

さらに，調査図素図と現地との地番の配列等の調査，地籍調査にあっては，これと併せて，当該土地全体の利用状況を観察して地目の調査をします。

最後に，現地調査日から測量作業（FⅡ-1，GFⅡ-1工程）を行うまでの間に，①分割や合併調査をすべき状況に土地の異動が発生する予定の有無，②現地調査において明示したしるし（ペンキ等）が不明瞭となり境界の位置が判然としなくなることの禁止などについて説明します。

2 図面等調査の実施方法

Q129

図面等調査の実施方法について教えてください。

A　図面等調査は，地籍調査又は街区境界調査を行う者が収集又は作成した図面等について，①土地の所有者等に送付する方法（準則23条の2第1項1号）と，②集会所等の施設におい

第 8 　現地調査等の実施（E7・GE7 工程）

て土地の所有者等に示す方法（同項 2 号）とがあります（前記 Q&A124 に記述した 2 号課長通知 4 ①②参照）。

上記①の方法は，土地の所有者等の図面等調査の実施の申出について地籍調査を実施する者（市町村等）が認めた場合及び無反応所有者等（現地調査（準則 20 条 1 項）に無断で欠席しその後の連絡がない者，航測法による地籍測量の実施通知（同条 3 項）に無反応な者を含む。）への対応に適用することが想定されています（準則 20 条 2 項。この地籍調査を実施する者に図面等調査の実施決定権を与えたのは，条文上のテクニックである。2 号課長通知 2(1)3 段落目参照）。

他方，上記②の方法は，現地調査を実施することが適当でないとして地籍調査を実施する者が自ら図面等調査を実施することを決定した場合，すなわち航測法による地籍測量に適用することが想定されています（準則 20 条 3 項）。

1 　準則 20 条 2 項の規定に基づく図面等調査の実施

準則 20 条 2 項の規定に基づく図面等調査は，準則 23 条の 2 第 1 項 1 号により，現地調査の通知をした住所宛てに収集又は作成した現地に関する図面，写真その他の資料（準則 20 条 2 項 1 号括弧書き）を送付します（上記 2 号課長通知 4 ①）。このその他の資料とは，前記【図 6-9】又は【図 6-16】現地調査の通知とともに送付した地積測量図，運用基準 10 条の 2 に規定する筆界案であり，これらをあらかじめ作成・送付していない場合には準則 30 条 2 項の規定に基づき筆界案を作成・送付し，筆界の確認を求めます。

なお，筆界確定訴訟の確定判決又は筆界特定がされているときは，準則 30 条の 2 において，準則 30 条の適用を除外，すなわち筆界の確認（同条 1 項・2 項），所在不明者がある場合の公

第 6 章　Q 94〜Q 149

263

第 6 章　一筆地調査

告（同条 4 項・5 項）及び筆界未定の処理（同条 6 項）は適用され
ませんので，図面等調査の実施も不要です（筆界確定判決等がさ
れている土地の把握については，わかる！国調法 219 頁参照）。

　また，筆界の確認や地籍調査の結果の同意又は承認事項につ
いて署名等を求める地籍調査票又は街区境界調査票も送付文書
として送付します。送付した所有者等から電子メール等により
筆界の確認をした旨の報告を受けたときは地籍調査の実施主体
が地籍調査票等の摘要欄に記載し所有者等による記入及び署名
等を求めません（票作成要領 1(8)又は街区票作成要領 1）。

　さらに，必要があるときは，あらかじめ現地を確認するとさ
れています（運用基準 12 条の 2 第 1 項）。

　準則 20 条 2 項の規定に基づく図面等調査は，上記のとお
り，地籍調査の実施地域内の土地の所有者から現地調査ではな
く図面等調査の実施を申出がされた場合及び無反応所有者等へ
の対応ですので，この申出等がされた土地以外は現地調査を行
うため，この現地調査と併せて図面等調査を実施する土地の現
地を確認することは困難ではなく，その際に，境界標等の有無
など現地に関する写真を撮影することが可能です。

2　準則 20 条 3 項の規定に基づく図面等調査の実施

　準則 20 条 3 項の規定に基づく図面等調査は，準則 23 条の 2
第 1 項 2 号により，集会所，公民館，学校，役場等の施設にお
いて，収集又は作成した図面等を土地の所有者等に示します
（上記 2 号課長通知 4 ②）。この図面等とは，上記 1 の図面とは異
なり，公図，空中写真（前記【図 5-15】），オルソ画像（航測法手
引の図 43），微地形表現図（同図 44），樹高分布図（同図 45），林
相識別図（同図 46），調査図素図を説明資料とします（航測法手

264

第 8　現地調査等の実施（E7・GE7 工程）

引の表 27 ④）。

　また，所有者等からの質問や意見に応答するために必要な資料として（運用基準 12 条の 2 第 2 項），地形図，森林計画図，森林境界明確化関係資料，林地台帳附図，保安林台帳図，道路台帳図，法定外公共財産図面，農地台帳，住宅地図等を準備します（航測法手引の表 22，表 27 ⑤）。

　このほか，上記 1 の図面等調査と異なる点は，地籍調査票への記入や署名等は自宅等への送付を希望した者（前記 Q&A124 参照）以外は集会所等において求めること，必要があるときはあらかじめ現地を確認するとされていることについては（運用基準 12 条の 2 第 1 項），収集した資料では筆界案を作成することが困難な土地について現地精通者の同行により現地確認を行います（航測法手引 E7-2 工程）。

3　無反応所有者等への対応

Q130

無反応所有者等への対応について教えてください。

A　1　規定新設の経緯

　　地籍調査における筆界の調査は，筆界を表示する資料である公図の作成経緯から，あらゆる筆界に関する情報を総合的に考慮した調査結果について，その土地の事情を知っていて，かつ，登記簿が変更されるという影響がある土地の所有者の確認を得なければならないことを準則 30 条各項に定めたものと

265

第 6 章　一筆地調査

思います（わかる！国調法 Q&A78 296 頁参照）。

　そして，更なる円滑な地籍調査の実現のため，土地の所有者等の所在が明らかでない者がいる場合の規定（準則 30 条 4 項・5 項）に加え，令和 6 年国土交通省令第 73 号により無反応所有者等が筆界の確認をしたものとみなして筆界の調査を進めることができることの手続が新設されました（同条 3 項。前記 Q&A123 に引用した 271 号課長通知 1(1)）。

2　無反応所有者等に対する調査手順

　令和 6 年国土交通省令第 73 号により改正された準則，同日付け国不籍第 270 号国土交通省大臣官房土地政策審議官通知により改正された運用基準において盛り込まれた無反応所有者等への対応規定及び無反応者要領に定められた手続内容は，次のとおりです。

(1)　無反応所有者等とは

　無反応所有者等とは，①現地調査の通知を受けた者と連絡を取ることができず（準則 20 条 2 項 2 号）現地調査に代えて図面等調査を実施するもののこれに必要な報告又は資料の提出に応じない者，②現地調査の通知を受けた者が図面等調査の実施を希望し（同項 1 号）現地調査に代えて図面等調査を実施するもののこれに必要な報告又は資料の提出に応じない者，③地籍調査を実施する者が現地調査の実施は適当でないと認定して行う図面等調査（同条 3 項）に必要な報告又は資料の提出に応じない者を，総称して「無反応所有者等」といいます（準則 30 条 3 項括弧書き）。

(2)　無反応所有者等であると判断するまでの手順

　土地の所有者等が上記(1)の無反応所有者等であると判断す

第8　現地調査等の実施（E7・GE7 工程）

るための手順は，以下のとおりです。

ア　〈手順1〉現地調査等の通知に記載することによる注意
　喚起

　　手順1のフロー図は，前記【図6-3】のとおりです。

　(ア)　現地調査の通知には（上記(1)①の前提），①その通知を
　　受けた者が地籍調査を実施する者に対し必要な連絡をし
　　なければならないこと，②これに応じないことによる影
　　響をあらかじめ認識できるように記載します（無反応者
　　要領第1の3前段。前記【図6-3】①e参照。通知の作成例は，
　　地籍調査にあっては前記【図6-9】Q参照，街区境界調査にあっ
　　ては前記【図6-16】R参照）。

　(イ)　図面等調査を希望する者への図面等調査の実施通知に
　　は（上記(1)②の前提），①その通知を受けた者が地籍調査
　　を実施する者に対し必要な報告又は資料の提出をしなけ
　　ればならないこと，②これに応じないことによる影響を
　　あらかじめ認識できるように記載します（無反応者要領第
　　1の3前段。前記【図6-3】③f参照。通知の作成例は前記【図
　　6-13】E参照,）。

　(ウ)　地籍調査を実施する者が現地調査の実施は適当でない
　　と認定して行う図面等調査の実施通知には（上記(1)③の
　　前提），①その通知を受けた者が地籍調査を実施する者
　　に対し必要な報告又は資料の提出をしなければならない
　　こと，②これに応じないことによる影響をあらかじめ認
　　識できるように記載します（無反応者要領第1の3前段。前
　　記【図6-3】⑦h参照。通知の作成例は前記【図6-14】M参照）。

イ　〈手順2〉現地調査の通知について連絡を取ることがで

第6章　Q94〜Q149

267

第 6 章　一筆地調査

きない場合又は図面等調査の実施に必要な報告若しくは資料の提出がない場合の再通知

　上記ア(ア)～(ウ)の 3 つのパターンごとに，土地の所有者等からの反応（意思表示）がない場合における次の手順（手順2）を以下に解説します。

(ア)　上記ア(ア)による現地調査の通知について連絡を取ることができない（現地調査の日程調整ができない，現地立会いがない，共有者若しくは共同相続人又は第三者への立会い等の委任がない，図面等調査の申出がないなど）場合には，現地調査に代えて図面等調査の実施通知を発出します（準則20 条 2 項）。この通知には，必要となる報告又は資料の提出期限や回答方法を明示するとともに，無反応所有者等のみなし調査制度が施行されることとなったこと及び無反応所有者等となるとこの新制度の適用対象になり得ることを記載します（無反応者要領第 1 の 3 後段。前記【図6-3】⑤ g 参照。通知の作成例は下記【図 6-17】D・E 参照）。

　　この通知には収集又は作成した図面（準則 23 条の 2 第1 項 1 号。公図，地積測量図等）を同封し，書留郵便等（書留郵便，レターパックプラス，配達証明等）により送付します（無反応者要領第 1 の 1 (2)）。この通知の送付回数は，1回の送付で足りるとされています（無反応者要領第 1 の 1(2)において，地籍調査を実施する者の判断で複数回送付することを妨げないとされているが，通知の内容が異なるとはいえ，現地調査の通知を送付した後の 2 回目の通知であることなどから，著者は，同要領のとおり，1 回の送付でよいと考える。）。

　　この再通知の作成例を次に示します。

268

第 8　現地調査等の実施（E7・GE7 工程）

【図 6-17】連絡を取ることができない場合に現地調査に代わる図面等調査の実施通知の作成例

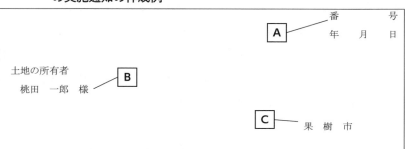

現地調査に代わる図面等調査の実施について（お知らせ）

　本年　月　日付け番号をもって、あなた様が所有する土地について、地籍調査を実施するため現地調査への立会いをお願いする文書をお送りしましたが、その後、連絡を取ることができない状況となっております。

　そこで、地籍調査を効率的に実施するため、現地において土地の境界を確認する方法に代えて、境界案を示した図面等を確認していただく方法を実施することといたします。

　つきましては、後日、お送りします土地の境界案を示した図面等の確認に必要な境界に関する資料（境界協議書や測量図など）として、①あなた様が所持しているか否かの報告、②これを所持している場合にはその資料のコピーの提出を、本年９月末日までに、当市役所宛て、持参、郵送又はメールにより、ご協力ください。　　D

　なお、これらの報告等がない場合には土地の所有者等による境界の確認を得たものとしてみなし調査することができる制度が令和６年国土交通省令第７３号をもって施行されています。あなた様が、仮に、本年９月末日までに報告等をされない場合には、この制度の適用対象となり得ることになりますので、必ず、報告等をしてください。

　　　E

　　　　　　〒123－4567
　　　　　　果樹市字梅官有無番地
　　　　　　　地域産業振興部企画課地籍調査係　柿木太朗、栗田源太
　　　　　　　　　電話：0198－76－5432　FAX：0198－76－1234
　　　　　　　　　eメール：kikaku@city.kaju.chiba.jp

【図面等調査の通知の作成例（図 6-17）の留意事項】

A：文書番号を記載するかは，当該市町村等の文書規程により判

第6章　一筆地調査

　　断してください。

B：この作成例は，土地の所有者が連絡を取ることができない者
　　である場合の通知例です。この場合，宛先を不特定者的な印
　　象を与える「土地の所有者様」宛てではなく（前記【図6-14】
　　B参照），「特定の氏名」を付した宛先が効果的であると考え
　　ます。利害関係人宛ての通知については，この作成例を参考
　　にしてください。

C：地籍調査を実施する者は（準則20条1項），都道府県，市町
　　村，土地改良区等の機関ですので（国調法2条1項3号。わか
　　る！国調法【図2】17頁参照），その機関名で通知する作成例で
　　す。なお，その代表者も記載する「果樹市　市長　梅山耕
　　作」との表記でも丁寧であると考えます。

D：地籍調査を実施する者（市町村等）は，地籍調査に係る土地
　　の所有者等に対し，地籍調査の実施に必要な事項に関する報
　　告又は資料の提出を求めることができます（国調法23条の
　　5）。詳しくは，わかる！国調法288頁を参照願います。この
　　法律である国調法の規定から省令である準則においても，図
　　面等調査の通知（準則20条2項）及び図面等調査の実施（準則
　　23条の2第2項）に際し，図面等調査の実施に必要な事項に
　　関する報告又は資料の提出を求めることを規定しています。
　　土地の所有者等が連絡を取ることができない者である場合に
　　実施する図面等調査において，実施に必要な事項に関する報
　　告等とは，筆界案を作成するために必要な資料となり得る境
　　界協議書や測量図等の有無の報告や所持している場合のその
　　コピーの提出です。

E：無反応者要領第1の3後段に記述されている通知事項です。

270

第8 現地調査等の実施（E7・GE7 工程）

　なお，連絡がある者への筆界案の送付書作成例は，後記【図6-29】を参照願います。

(イ)　上記ア(イ)による図面等調査を希望する者への図面等調査の実施通知についての報告又は資料の提出がない（筆界に関する図面等の有無の報告がない，境界確認書等の資料が存在することは分かるがその提供がないなど）場合には，再度，報告等を求める通知を発出します。この通知には，上記(ア)と同様に必要となる報告（筆界に関する図面等の有無の報告）又は資料（筆界に関する図面等）の提出期限や回答方法を明示するとともに，無反応所有者等のみなし調査制度が施行されることとなったこと及び無反応所有者等となるとこの新制度の適用対象になり得ることを記載します（無反応者要領第1の3後段。前記【図6-3】③g参照。通知の作成例は下記【図6-18】D・E参照）。

　この通知は，上記(ア)と同じく書留郵便等により送付し，1回の送付で足りるとされています（無反応者要領第1の1(1)）。なお，上記(ア)と異なり，準則23条の2第1項1号による図面は，手順1の図面等調査を実施する旨の通知において送付しているので，改めての送付は，手順1後に収集又は作成した図面等のみの送付で差し支えないと考えます。

　この再通知の作成例を次に示します。

第6章　一筆地調査

【図 6-18】図面等調査に必要な報告等を求める再通知の作成例

【図面等調査の再通知の作成例（図 6-18）の留意事項】

A：文書番号を記載するかは，当該市町村等の文書規程により判断してください。

B：この作成例は，土地の所有者が必要な報告等をしていない者である場合の通知例です。この場合，宛先を不特定者的な印

第 8 現地調査等の実施（E7・GE7 工程）

象を与える「土地の所有者様」宛てではなく，「特定の氏名」を付した宛先が効果的であると考えます。利害関係人宛ての通知については，この作成例を参考にしてください。

C：地籍調査を実施する者は（準則20条1項），都道府県，市町村，土地改良区等の機関ですので（国調法2条1項3号。わかる！国調法【図2】17頁参照），その機関名で通知する作成例です。なお，その代表者も記載する「果樹市　市長　梅山耕作」との表記でも丁寧であると考えます。

D：地籍調査を実施する者（市町村等）は，地籍調査に係る土地の所有者等に対し，地籍調査の実施に必要な事項に関する報告又は資料の提出を求めることができます（国調法23条の5）。詳しくは，わかる！国調法288頁を参照願います。この法律である国調法の規定から省令である準則においても，図面等調査の通知（準則20条2項）及び図面等調査の実施（準則23条の2第2項）に際し，図面等調査の実施に必要な事項に関する報告又は資料の提出を求めることを規定しています。土地の所有者等が図面等調査を希望するにもかかわらず図面等調査に必要な報告又は資料の提出がない場合の再通知において，実施に必要な事項に関する報告等とは，筆界案を作成するために必要な資料となり得る境界協議書や測量図等の有無の報告や所持している場合のそのコピーの提出です。

E：無反応者要領第1の3後段に記述されている通知事項です。

　(ウ)　上記ア(ウ)による地籍調査を実施する者が現地調査の実施は適当でないと認定して行う図面等調査の実施通知について，上記(ア)と同様に連絡を取ることができず（集会

第6章　Q94〜Q149

273

第6章　一筆地調査

所等での調査の日程調整ができない，集会所等に現れない，共有者若しくは共同相続人又は第三者への集会所等での調査の委任がないなど。無反応者要領第1の2)，上記(イ)と同様な報告又は資料の提出がない場合には，再度，報告等を求める通知を発出します。この通知には，上記(ア)及び(イ)と同様に必要となる報告（筆界に関する図面等の有無の報告）又は資料（筆界に関する図面等）の提出期限や回答方法を明示するとともに，無反応所有者等のみなし調査制度が施行されることとなったこと及び無反応所有者等となるとこの新制度の適用対象になり得ることを記載します（無反応者要領第1の3後段。前記【図6-3】⑦g参照。通知の作成例は下記【図6-19】D・E参照）。この通知は，上記(ア)及び(イ)と同じく書留郵便等により送付します（無反応者要領第1の2)。

なお，図面等の送付を行うが報告又は資料の提出がない場合（無反応者要領第1の2(1)）には，上記(イ)と同様に図面等を手順1の通知等において既に送付しているので，改めての送付は，その後に収集又は作成した図面等のみで差し支えないと考えます。他方，集会所等の施設に現れない場合（同要領第1の2(2)）には，上記(イ)と異なり，地籍調査を実施する者が収集又は作成した図面等は，集会所等の施設において示すため（準則23条の2第1項2号)，当初の通知にはこれらの図面等を送付していません。

そこで，通知の送付回数について無反応要領第1の2は，同要領第1の1のような1回で足りるとの記述がありません。このため，1回の送付で差し支えないものと思いますが，同要領第1の2の記述である「土地の所有

274

者等の応答機会が少ない状況に照らし」（現地調査の通知がなく，当初から図面等調査の通知であることからと思われる。），可能であれば，地籍調査を実施する者の判断で，2回程度の送付が望ましいと考えます。

この再通知の作成例を次に示します。

【図 6-19】図面等調査に必要な報告等を求める再通知の作成例

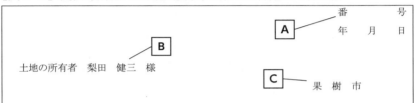

　　図面等調査の実施に必要な事項に関する報告又は資料の提出について（お願い）

　先般、お知らせいたしました図面等調査の実施に必要な事項として、境界に関する図面等の有無の報告、これを所持している場合にはその図面のコピーの提出をお願いしているところですが、あなた様からのご連絡がありません。

　つきましては、図面等調査の実施に必要な境界に関する資料（境界協議書や測量図など）として、①あなた様が所持しているか否かの報告、②所持している場合にはその資料のコピーの提出を、本年9月末日までに、当市役所宛て、持参、郵送又はメールにより、ご協力ください。 D

　なお、これらの報告等等がない場合には土地の所有者等による境界の確認を得たものとしてみなして調査することができる制度が令和6年国土交通省令第73号をもって施行されています。あなた様が、仮に、本年9月末日までに報告等をされない場合には、この制度の適用対象となり得ることになりますので、必ず、報告等をしてください。
E

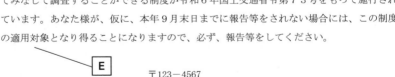

第6章　一筆地調査

【図面等調査の再通知の作成例（図6-19）の留意事項】

A：文書番号を記載するかは，当該市町村等の文書規程により判断してください。

B：この作成例は，土地の所有者が必要な報告等をしていない者である場合の通知例です。この場合，宛先を不特定者的な印象を与える「土地の所有者様」宛てではなく，「特定の氏名」を付した宛先が効果的であると考えます。利害関係人宛ての通知については，この作成例を参考にしてください。

C：地籍調査を実施する者は（準則20条1項），都道府県，市町村，土地改良区等の機関ですので（国調法2条1項3号。わかる！国調法【図2】17頁参照），その機関名で通知する作成例です。なお，その代表者も記載する「果樹市　市長　梅山耕作」との表記でも丁寧であると考えます。

D：地籍調査を実施する者（市町村等）は，地籍調査に係る土地の所有者等に対し，地籍調査の実施に必要な事項に関する報告又は資料の提出を求めることができます（国調法23条の5）。詳しくは，わかる！国調法288頁を参照願います。この法律である国調法の規定から省令である準則においても，図面等調査の通知（準則20条2項）及び図面等調査の実施（準則23条の2第2項）に際し，図面等調査の実施に必要な事項に関する報告又は資料の提出を求めることを規定しています。土地の所有者等が図面等調査に必要な報告又は資料の提出しない場合の再通知において，実施に必要な事項に関する報告等とは，筆界案を作成するために必要な資料となり得る境界協議書や測量図等の有無の報告や所持している場合のそのコピーの提出です。

276

E：無反応者要領第1の3後段に記述されている通知事項です。

ウ　〈手順3〉無反応所有者等であると判断するための手順

　　　上記イの再通知に対し，この再通知に記載した期限を経過しても，当該土地の所有者等から必要な連絡，報告又は資料提出がない場合は，準則30条3項の「無反応所有者等」に該当すると判断することができます（無反応者要領第1柱書）。

　　　したがって，地籍調査を実施する者には，上記イの再通知が当該通知を受けるべき（連絡等をすべき）対象者に送付されたにもかかわらず，当該者から必要な連絡等がないため，無反応所有者等に該当すると判断した「客観性」のある根拠が求められます。

　　　このため，再通知等は，この客観性のある根拠資料となる送付を行う必要があるとされ（無反応者要領第1の3前段），書留郵便等による送付方法とされています（同要領第1の各項）。

(3)　無反応所有者等であると判断した後の調査手順

　　　上記2(2)ウの手順3により，土地の所有者等が無反応所有者等であると判断した場合には，次の手順により筆界の調査を行います（無反応者要領第2）。

ア　筆界案の作成

　　　準則30条3項が規定する無反応所有者等に送付する筆界案を作成します（無反応者要領第2の1）。

　　　筆界案の作成は，後記 Q&A132 ～ Q&A135 を参照願います。

第6章 一筆地調査

イ 〈手順4〉筆界案の送付

この筆界案の送付書の作成例を次に示します。

【図 6-20】無反応所有者等への筆界案の送付文書作成例

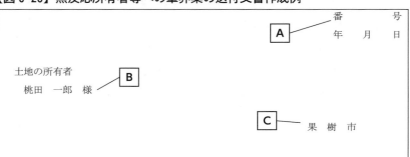

第 8　現地調査等の実施（E7・GE7 工程）

【筆界案の送付文書の作成例（図 6-20）の留意事項】

A：文書番号を記載するかは，当該市町村等の文書規程により判断してください。

B：この作成例は，土地の所有者が無反応所有者等である場合の通知例です。この場合，宛先を不特定者的な印象を与える「土地の所有者様」宛てではなく，「特定の氏名」を付した宛先が効果的であると考えます。利害関係人宛ての通知については，この作成例を参考にしてください。

C：地籍調査を実施する者は（準則 20 条 1 項），都道府県，市町村，土地改良区等の機関ですので（国調法 2 条 1 項 3 号。わかる！国調法【図 2】17 頁参照），その機関名で通知する作成例です。なお，その代表者も記載する「果樹市　市長　梅山耕作」との表記でも丁寧であると考えます。

D：筆界案のほか，筆界案の作成のために収集した資料，現地の写真等を添付することとされています（運用基準 15 条の 2 第 6 項柱書の規定による同条 5 項 2 号。無反応者要領第 2 の 2)。

E：運用基準 15 条の 2 第 6 項は，返答の期日を通知するとされている同条 5 項 3 号を適用していませんが，20 日間を経過すると筆界案を確認したものとみなして調査することから，念のための記載です。

F：意見を申し出る場合の方法を通知することとされています（運用基準 15 条の 2 第 6 項 2 号。無反応者要領第 2 の 2)。

G：筆界案到達後，20 日間を経過しても意見の申出がないときは，送付した筆界案の確認を得たものとみなして調査を行う旨を通知することとされています（同項 1 号。無反応者要領第 2 の 2)。

第 6 章　Q 94〜Q 149

279

第 6 章　一筆地調査

ウ　筆界案の送付方法

(ア)　配達証明付き書留郵便による送付

　　筆界案は，到達したことの確認が得られる手段によって送付することとされています（運用基準 15 条の 2 第 6 項柱書の規定による同条第 5 項 1 号）。

　　具体的には，配達証明（国際郵便においては，受取通知）により送付するとされています（無反応者要領第 2 の 2 (1)）。

　　筆界案の送付方法について，上記〈手順 2〉の現地調査の通知について連絡を取ることができない場合又は図面等調査の実施に必要な報告若しくは資料の提出がない場合の再通知（上記【図 6-17】）においては書留郵便・レターパックプラス・配達証明等とされているところ（無反応者要領第 1），本項〈手順 4〉の無反応所有者等への筆界案の送付（上記【図 6-20】）においては配達証明に限定されています（同要領第 2 の 2 (1)）。

　　これは，無反応所有者等の意思表示の有無を確認するための最終の通知であり，これに対する意思表示がないことをもって筆界案を確認したものとみなした調査を行うことから，差出人自身が到達したことを確認することに加え，書留郵便を配達したという事実を第三者である郵便局が証明することによって，より客観性が高まるとの考えによるものと思います。

　　他方，この配達証明は，その書留郵便を誰が受け取ったかを証明するものではありません。すなわち，筆界案を送付すべき無反応所有者等が書留郵便を受け取ったかを証明するものではありませんので，差出人である地籍

第 8　現地調査等の実施（E7・GE7 工程）

調査を行う者も，無反応所有者等が受け取ったのか，その同居人が受け取って無反応所有者等本人に当該書留郵便を手渡しているかについて分かりません。

　この点については，当該無反応所有者等の住所（場合により居所）宛てに到達したことの確認を得られれば，当該本人に到達したであろう蓋然性（当然に本人に届いたであろう可能性）が高いとの考えによるものと思います。

　また，意思表示（本問では地籍調査を実施する者が作成した筆界案に対する当該土地の所有者等である無反応所有者等の意見について，地籍調査を実施する者が確認する意思）はその通知が相手方（本問では当該無反応所有者等）に到達した時からその効力が生じるとされており（民法 97 条 1 項），相手方である当該無反応所有者等の本人（その同居人も含むと考える。）が不当に通知の到達を妨げたときは通常到達すべきであった時に到達したものとみなす（同条 2 項）との考えからであると思います。

(イ)　郵便物が到達しなかった場合の裁判例

　判例は，内容証明郵便が保管期間の経過により差出人に返却された事案について，①不在配達通知書の記載等により通知の内容が十分に推知でき，②受領しようとすれば内容証明郵便の受領は難しくなかったことの 2 つの状況（①通知内容の推知可能性，②郵便物の受領可能性）から，社会通念上（一般的に）郵便物が配達されていることの了知可能な状態に置かれたものとして到達を認めています（最一小判平成 10 年 6 月 11 日民集 52 巻 4 号 1034 頁）。

　そうすると，地籍調査を実施する者としては，上記判

第 6 章　Q 94 ～ Q 149

281

第6章　一筆地調査

例に照らして，①筆界案の確認依頼という意思表示を当該無反応所有者等が推測できる郵便物であるか，②無反応所有者等が郵便局に再配達依頼や受領することができる状況であるかに留意する必要があると思います。

例えば，筆界案を配達証明付き書留郵便で送付した旨の電話連絡をすることも一つの方法と考えます。

なお，意思表示の相手方（無反応所有者等）が，その意思表示（筆界案の確認依頼）を受けた時に意思能力を有しなかったとき又は未成年者若しくは成年被後見人であったときは，相手方の法定代理人がその意思表示を知らないと，その意思表示をもって相手方に対抗（主張）することができないので（民法98条の2），この確認のためにも上記の電話連絡をお勧めします。

(ウ)　特定記録郵便等による送付方法は不適である理由

上記(ア)のとおり，〈手順2〉及び〈手順4〉のいずれにおいても，特定記録郵便やレターパックライトでの送付は，郵便追跡による到達記録を取得できるものであっても許されていません。

これは，例えば，無反応所有者等が，単身者で同居人がおらず，かつ，住所地を長期（20日以上。準則30条3項）不在としている場合に，受取人の面前でなく郵便受けに投函する送付方法であるため，20日間以上郵便受けの中に郵便物が放置されることとなり，無反応所有者等が受け取ったかの確認ができないことからとのことです。

すなわち，地籍調査の制度府省は，「到達したことの確認が得られる手段」（運用基準15条の2第5項1号）と

282

第8　現地調査等の実施（E7・GE7工程）

は，無反応所有者等の住所地の郵便受けに到達したこと
ではないとの見解です。

㈔　配達証明付き書留郵便以外の意思表示方法

　　上記㈐の民法に規定する意思表示の効力発生時期や㈑
の最高裁判例を根拠とするとしても，書留郵便による送
付に配達証明を付加した方法では，無反応所有者等が受
け取っていないと主張したときの対応や訴訟が提起され
た際の負担に不安を抱く場合には，課長通知である無反
応者要領による配達証明付き書留郵便ではなく，これよ
り上位規律である到達したことの確認が得られる手段と
して（運用基準15条の2第5項1号），配達証明付き本人限
定受取郵便（特定事項伝達型）による送付があると考えま
す。

　　また，この本人限定受取郵便であっても，上記（ア）
と同様に，当該無反応所有者等が受け取らずに保管期間
が経過すると差出人に返却されてしまいますが，無反応
所有者等本人以外の同居人が受け取って，その同居人が
無反応所有者等本人に手交しない可能性がある配達証明
付き書留郵便よりも，受取人を無反応所有者等本人に限
定する上記本人限定受取郵便のほうが，同居人から通知
を受け取っていないというトラブルは防止できると思い
ます。

　　予算事情があるとは思いますが，無反応所有者等の予
測発生数による費用とトラブル防止との費用対効果を衡
量すると，若干の費用増加となりますが，本人限定受取
郵便による筆界案の送付をお勧めします。

第6章　Q94〜Q149

283

第 6 章　一筆地調査

(オ)　紛争リスクの軽減策検討への期待

　　以上のとおり，上記ウにおける著者の見解は，筆界案が無反応所有者等に到達したことを客観的に証明するための方策であり，筆界案が届いていない，見ていないという無用な紛争を防止するための方策です。

　　上記(ア)の配達証明付き書留郵便による送付は，この方策の一つであると思いますが，あり方報告書において「この仕組みを設けるに当たっては，地籍調査の実施主体である市区町村等に対する事後の紛争リスクを軽減する措置についても併せて検討を行うべきである」（同報告書 11 頁）とされているので，地籍調査の制度府省における更なる検討に期待しています。

エ　筆界案に同封する資料

(ア)　運用基準に規定する同封資料

　　筆界案の作成のために収集した資料，現地の写真等を添付することとされています（運用基準 15 条の 2 第 6 項柱書の規定による同条第 5 項 2 号）。

(イ)　課長通知に規定する同封資料

　　無反応所有者等について実施する図面等調査においても，実施に必要な事項に関する報告として，送付した地籍調査票に確認日及び所有者等の住所の記入及び署名若しくは記名押印又は意見を摘要欄に記載の上で返送することや電子メール等で筆界確認した旨又は意見を求めることが効率的であると思います（票作成要領 1 (8)なお書・ただし書。街区票作成要領 1）。

第 8　現地調査等の実施（E7・GE7 工程）

オ　〈手順 5〉筆界案の到達後 20 日間を経過しても意見の申
出がないことの判断

(ア)　筆界案が到達した日からとの規定理由

準則 30 条 3 項は，「筆界案が到達した日から」と規定
しています。

上記ウ(ア)のとおり，民法は，意思表示はその通知が相
手方に到達した時からその効力を生じると規定し（民法
97 条 1 項），原則として到達主義を採用しています。

地籍調査における無反応所有者等に係る意思表示の効
力発生についても，この到達主義を採ったものと思いま
す。

さらに，発信主義（意思表示をする者が相手方に通知を発
した時）の場合には，相手方の住所地による郵送期間の
長短が生じ，相手方である無反応所有者等が筆界案を検
討する期間がまちまちとなり，不公平な取扱いとなると
の考えによるものと思います。

(イ)　20 日を経過とは

準則 30 条 3 項は「筆界案が到達した日から二十日を
経過」と，運用基準 15 条の 2 第 6 項 1 号は「筆界案到
達後，20 日間」と，それぞれ規定しています。

まず，この 20 日を経過とは，いつの時点を指してい
るのかについては，起算日を土地の所有者等に到達した
日とし，民法 140 条及び 142 条の定める一般的な規定に
従うとされています（無反応者要領第 2 の 2(2)）。

すなわち，20 日間の起算日は，無反応所有者等に筆
界案が到達した日とし，日によって期間を定めているの

第6章　Q94〜Q149

285

で，期間の初日に到達日を算入しないということです（民法140条本文（法令集2059頁）。期間の計算における起算日は，わかる！国調法17条の解説5(1)181頁参照）。

　そして，20日間の期間の末日は，その日が日曜日等で地方公共団体等の閉庁日に当たる日の場合にはその翌日に満了します（民法142条。期間の計算における満了日は，わかる！国調法17条の解説5(2)182頁参照）。

　ただし，この期間満了日について，著者は，無反応所有者等の意思表示は，民法の原則である到達主義ではなく，発信主義を採用するのが望ましい取扱いであると考えます。

　具体的には，20日目が日曜日であり，無反応所有者等がその翌日（月曜日）に筆界案についての意見書を郵便ポストに投函し，その翌日（火曜日）に地籍調査を実施する者に到着した場合，到達主義では期間満了日は月曜日であり火曜日の到着では期間を経過しているとなるが，発信主義では期間満了日当日の消印郵便又はメール発信であるので，期間は満了していないことから無反応所有者等の意思が表示されたことになります（上記【図6-20】Eの「当日消印有効」参照）。

　この発信主義を許容しないと，その後の閲覧前後における意見の申出対応（無反応者要領第3）に際し苦慮することになります。

　この点について，無反応者要領第3の1には可能な範囲で（無反応所有者等の協力が得られればという趣旨と思う。）準則30条1項等の調査をするとされているところ，その結

果によって（無反応所有者等が筆界を示さず，筆界案の確認もしない）同条6項による「筆界未定」との対応をするかについての記述がありません。著者は，筆界は所有者の合意により定まるものではないとの最高裁判例（わかる！国調法50頁）の判旨から，準則20条2項及び30条3項の手続を適正に行い，地籍調査を実施する者が作成した筆界案は客観性のある資料・根拠に基づくものであるとして，閲覧者の主張のみにとらわれず，筆界未定の処理は妥当ではなく，筆界特定の申請（下記3）又は隣接所有者間の民事訴訟に委ねる事案と考えます。

(ウ)　無反応所有者等の確認を得たものとのみなした調査

上記(ア)及び(イ)の方針による筆界案が到達した日からの期間が経過しても無反応所有者等から意見の申出がないときは，当該無反応所有者等による確認（準則30条1項）を得たものとのみなして調査することができます（同条3項）。

準則30条3項が「……調査するものとする」でなく「……調査することができる」との規定としているのは，同項が自治事務（わかる！国調法384頁）であることからとのことですが，同項は筆界未定（街区境界未定）を減少させる方策の一つですので，無用な紛争に負担を強いられることがないよう上記ウ(エ)の更なる方策を検討し，この規定を積極的に適用するべきと考えます。

3　地方公共団体による筆界特定申請の検討

上記〈手順5〉において調査することができないとき（準則30条6項前段），すなわち，連絡，報告又は資料の提出の求めに応じない旨の意思を表示した者（同条3項括弧書き）がいる場合

第 6 章　一筆地調査

には，地籍調査の関係法令のみでは「筆界未定」（街区境界調査
にあっては「街区境界未定」）の処理となりますが（同条 6 項後
段），不動産登記の手続として地方公共団体による筆界特定の
申請を検討されたいとされています（不登法 131 条 2 項。無反応
者要領第 1 の 4）。筆界特定の申請方法はわかる！国調法 Q&A59
（220 頁）を，筆界特定の申請費用等は同書 Q&A60 （223 頁）
を，それぞれ参照願います。

　このうち，留意すべき点は，筆界特定の申請をする時期です
（同書 222 頁参照）。

　無反応要領第 1 の 4 に記述されている「土地の所有者等が積
極的に地籍調査に協力しない旨の意思表示を示している場合」
は，比較的早い時期に判明しますので，早い段階での筆界特定
の申請が可能です。

　他方，同要領に記述されている一方の「通知の到達が確認で
きない場合」は，現地調査等の通知が宛て所不明で返送された
段階では，所在不明者であるのか，住所移転後の所在が判明す
るが地籍調査に非協力者であるかの区別はできませんので，準
則 30 条各項のいずれを適用するかの判断期間が必要であるた
め，早い段階での筆界特定の申請に苦慮すると思います。

　そこで，現地調査等の通知が宛て所不明で返送された時点で，
筆界特定の申請可能性について，管轄登記所を通じて法務局本
局の筆界特定登記官に伝えておくことが肝要であると思います。

　なお，この筆界特定申請の活用促進に係る地籍調査を実施す
る者と法務局との連携については，7 次計画後半における国土
調査の方向性の議論において「関係省庁と連携しつつ，地籍調
査の工程に支障が生じないような工夫を含め，地方公共団体の

第 8　現地調査等の実施（E7・GE7 工程）

ニーズを踏まえた活用促進のための措置を講じるべきである」との報告がされていますので（あり方報告書 11 頁），筆界特定の制度を運用する当事者である市町村等と法務局との連携を強固なものとする取組が重要です。

4　現地調査等の通知から無反応所有者等の確認を得たとみなしての調査までの手順のまとめ

準則 30 条 3 項の無反応所有者等への対応を含めた現地調査等の通知（前記 Q&A120 ～ Q&A122 参照）から筆界の調査までの手順（〈手順 1〉現地調査等の通知：上記 2(2)ア。〈手順 2〉連絡，報告又は資料の提出を求める再通知：上記 2(2)イ。〈手順 3〉無反応所有者等であると判断：上記 2(2)ウ。〈手順 4〉筆界案の送付：上記 2(3)イ。〈手順 5〉無反応所有者等の確認を得たものとみなした調査：上記 2(3)オ。〈その他〉筆界特定申請：上記 3。筆界未定（同条 6 項））について，土地の所有者等である通知をすべき対象者が，1 名から 3 名で，これらの者が，連絡を取ることができる者，無反応所有者等である者，所在不明な者である場合に，ケース別に手順をまとめると，以下の【図 6-21】～【図 6-23】のとおりです。

第 6 章　Q 94 ～ Q 149

第 6 章　一筆地調査

【図 6-21】現地調査等の通知対象者が 1 名の筆界調査手順

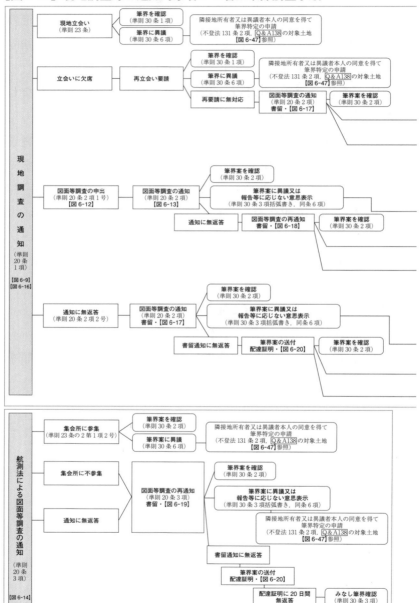

第 8　現地調査等の実施（E7・GE7 工程）

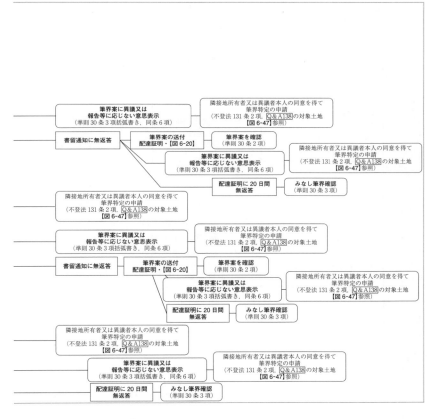

　この【図 6-21】は，現地調査等の通知の対象者が 1 名ですので，土地の所有者等（準則 20 条 1 項括弧書き）のうち，「等」の利害関係人は存在しない所有者のみであり，その所有者が地籍調査に①協力（現地に立会い又は集会所等に参集）又は②非協力（連絡，報告又は資料の提出依頼に返答しない）の場合です。

　なお，現地調査等の通知の対象者が 1 名で，その者の所在が明らかでない場合は，土地の所有者等の全員が所在不明者ですので，準則 30 条 5 項を適用します（後記 Q&A137 参照）。

第6章　一筆地調査

【図6-22】現地調査の通知対象者が2名の場合の筆界調査手順

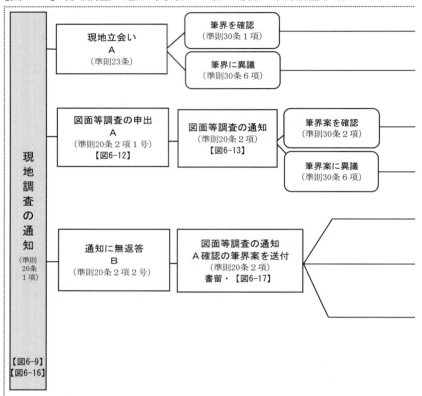

　上の【図6-22】は，現地調査の通知の対象者が2名の場合です。

　この2名の類型として，①2名とも土地の所有者であって上記【図6-21】と同様に利害関係人は存在しないケース（2名とも所有権の登記名義人であって共有地である場合），②2名のうち，1名は土地の所有者であって，他の1名は利害関係人であるケース（所有権の登記名義人は1名で（単有地）で，ほかに利害関係人として1名登記されている場合）があります。

第 8　現地調査等の実施（E7・GE7 工程）

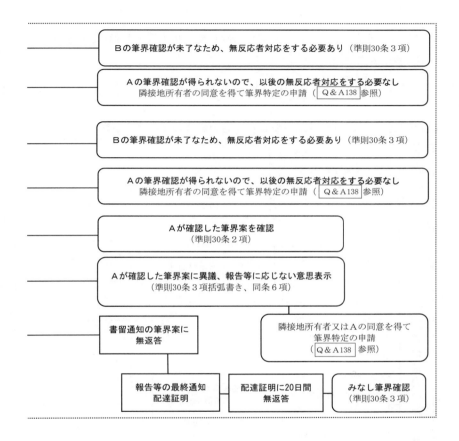

　地籍調査における利害関係人の意義・範囲を誤ると，例えば，この②のケースで利害関係人は存在しないと判断し，現地調査の通知対象者は1名であると誤解すると，準則20条1項及び30条1項が規定する土地の所有者等の全員に現地調査の通知をしていないことから，筆界の確認も全員から得ていないという準則の規定に抵触する処理をしてしまうことになります。
　著者は，地籍調査の利害関係人とは，実体上は所有権を有しているが，その登記の申請をするために必要な情報を登記所に対

第6章　一筆地調査

し提供できないため所有権の仮登記名義人（不登法105条1号。2号仮登記を除く。）をいうとの見解です（前記 Q&A110 Q&A112、後記 Q&A136 参照）。

上記【図6-22】のAは仮登記名義人（利害関係人）とはいえ

【図6-23】現地調査の通知対象者が3名の場合の筆界調査手順

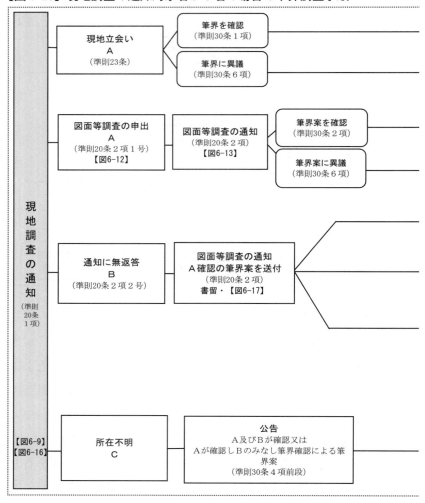

第 8　現地調査等の実施（E7・GE7 工程）

実体上の所有者であり協力者であるが，登記上の所有者Ｂは既に実質的に所有権を移転しているとして非協力者の場合が多いと思いますので，Ａの筆界案による準則30条3項の適用効果が発揮するものと思います。

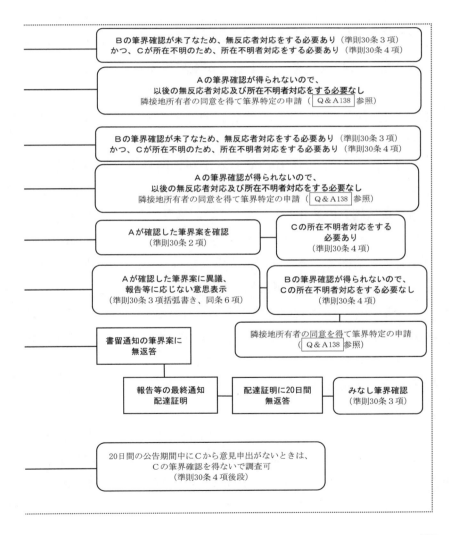

第6章　一筆地調査

　なお，実体上は所有権を移転している場合であっても（生前贈与等），何らの登記をしていない場合には，地籍調査には実体上の権利関係を調査する権限はないこと及び地籍調査票の所有者欄の表示と所有者等確認欄の署名等との関係が関係書類上で証明できませんので，この場合には，実体上の所有権者は利害関係人でないため，実体上の所有権が移転する前の所有権の登記名義人から筆界の確認を得ることになり，これが得られなければ，地籍調査を実施する者が筆界案を作成し，準則30条3項等の手続をすることになります。

　上記【図6-23】は，現地調査の通知の対象者が3名の場合です。

　準則は，土地の所有者であるか利害関係人であるかを問わず，土地の所有者等として（準則20条1項括弧書き），これら全員に，現地調査の通知をし（同項本文），筆界の確認を得て調査する（準則30条1項）と，それぞれ規定していますので，A，B，Cが土地の所有者であろうと利害関係人であろうと手順は同じです。

5　無対応所有者等が閉鎖会社の場合

　土地の所有権の登記名義人である株式会社に現地調査等の通知をしたところ，既に清算結了の登記をしているとして現地調査等に無反応な解散会社があり，苦慮しているとの相談を受けることがあります。

　令和6年国土交通省令第73号による準則の一部改正により無反応所有者等による筆界の確認を得たものとみなして調査することができる（準則30条3項）こととなり，上記解散会社についてもこれを適用することによって，従前より筆界未定となる事案は減少するものと思います。

第8　現地調査等の実施（E7・GE7工程）

　とはいえ，地籍調査を実施する者にとっては，無反応所有者等であるとの判断の上，筆界確認を得たものとみなした調査をするよりも，当該土地の所有者等から，「みなし」ではなく，「直接」に筆界確認を得られることが望ましいものと思います。

　そこで，これまでにアドバイスした上記の事案への対応方法を以下に解説します。

(1)　事案の概要

　会社（A社）の清算結了の登記がされ，その会社の登記記録（登記簿）が閉鎖されているものの，その会社を登記名義人とするB土地（B市10番地）が登記されている。

　このため，地籍調査の実施主体C市役所は，B市10番地の登記簿に登記されているB市15番地のA社に現地調査の通知を発出した。

　この通知を受けたA社の代表清算人であったDは，上記のとおり，A社は，解散し既に清算を結了した登記をし，登記簿も閉鎖されているので，現地調査に立ち会う権限にないとの態度である。

(2)　地籍調査の実施主体の対応策

ア　判例の立場

　清算結了の登記がされ，登記記録（登記簿）が閉鎖されたとしても，実際の清算が結了しておらず，残余財産がある場合には，当該会社の法人格は存在するとの判例があります（大判大正5年3月17日（民録22輯364頁））。

　この判例を示して，Dに対しB土地の清算が終了していないので，A社の法人格は存在しているため，DはA社の残余財産であるB土地の現地調査に立ち会う権限が

第6章　Q94〜Q149

297

第6章　一筆地調査

あるとして，Dに立会いを求める方法があると考えます。

イ　先例の紹介

　　なお，Dが現地調査に立ち会う権限があることは上記アの判例を示すことで足りますが，D土地の所有権登記名義人はA社のままであるが第三者Eに既に売却済みであるので，現地調査に立ち会わないとDが反論した場合の登記手続等について，参考までに紹介します。

(ｱ)　清算結了の登記の抹消登記

　　清算結了する前の代表清算人から清算結了の登記の抹消登記を申請する（昭和45年7月17日付け民事甲第3017号民事局長回答。登研273号67頁）。

(ｲ)　清算結了会社名義の不動産についての所有権移転登記

　　清算中の株式会社が不動産を売却したが，その所有権移転登記が未了のまま当該株式会社の清算結了の登記がされた場合，代表清算人個人の印鑑証明書を添付して所有権移転の登記申請ができる（昭和30年4月14日付け民事甲第708号法務省民事局長回答。登研90号27頁）。

(ｳ)　裁判所の取扱い

　　特定の財産の処分のみが問題となっている場合においても，清算人に当該株式会社の全ての権利義務について清算をさせるとなると清算結了の見込みが立たず，清算人の負担が過剰になってしまうため，東京地方裁判所や大阪地方裁判所などでは，申立人（上記の事案では買主E）が目的とする清算業務を行い，当該業務が終了した時点で，非訟事件手続法59条1項の規定により清算人の選任を取り消し，当該清算人の業務を終了させる「スポッ

第 8　現地調査等の実施（E7・GE7 工程）

ト運用」を行っている（「新・類型別会社非訟」大竹昭彦ほか（2020 年判例タイムズ社））。

4　各調査の処理及び留意点

Q131

所有者の調査について教えてください。

A　**1　所有者の調査に係る規定**

　　所有者の調査は，地籍調査にあっては国調法 2 条 5 項及び準則 23 条 1 項本文に，街区境界調査にあっては国調法 21 条の 2 第 1 項及び準則 23 条 1 項ただし書に，それぞれ規定されています。

　　この所有者とは，誰で，何を調査するのか，調査の留意点等は，わかる！国調法 23 頁・24 頁・28 頁・297 頁・326 頁を参照願います。

　　所有者の調査において，土地の所有者の住所が変更され，更に住居表示が実施され（簿作成要領 13(2)の記載例），また，名前が最初から誤って登記されている（同要領 14(2)の記載例）場合の地籍調査票の記入例を次に示します。

第 6 章　Q 94～Q 149

299

第6章　一筆地調査

【図6-24】地籍調査票記入例（住所変更・氏名更正，代理人の場合）

地籍調査票（現地調査等用）

調査図番号	3	A

所有者等確認	確認日　　　　　　　　　　　B C　　　　　令和6年10月23日	所有者等の住所及び氏名 住所　松竹市松1－3－35 氏名　松山年男　代理人　松山梅子

	地籍調査前の土地の表示	地籍調査後の土地の表示
所在・地番	松一丁目108－35	G
地目・地積	地目　宅地　　地積　180.57㎡	地目
所有者	住所　　字桧1023－18　　D	3番35号　H
	氏名又は名称　　松山　年夫　　E　　F	年男　　I
登記関係 表示事項	所有権 ㋐・無　　抵　賃仮	そ　の　他　の　登　記

異動事項（同意・承認事項）	異動事項
□　　　　　　　　　　　　に分割	□　　年　　月　　日不詳（一部）地目変更
□　　　　　　　　　　から分筆	□　　年　　月　　日　　　　所在変更
□　　　　　　　　　番を合併	☑平成15年6月5日　　㋐住所変更（訂正）
□　　　　　　　　　番に合併	☑　年　　月　　日　　氏名変更（訂正）
□　　　　　　　番の一部を合併	□　　年　　月　　日不詳新たに
□　　　　　　　番に一部合併	表題登記をする土地
□　　　　　　番と地番変更（訂正）	□　　　　を　　　　　　　と訂正
□　　年　　月　　日不詳（一部）滅失	□　　　　　　　　　番との筆界未定
□不存在	□　　現地確認不能
所有者意見　上記のとおり分割・合併・一部合併・地番変更（訂正）・滅失・不存在について同意（承認）をする。 　　　　　　年　　月　　日 　土地所有者氏名 　（代理人）	☑令和1年4月1日　　住居表示実施

	J

（摘要）

土地の所有者桃田一郎がその妻・梅子に筆界の確認を委任する旨の別添委任状により、梅子は任意代理人であることを確認した。

第 8　現地調査等の実施（E7・GE7 工程）

【住所変更・氏名更正の地籍調査票記入例（図 6-24）の留意事項】

A：調査図番号等の数字を記載するにはアラビア数字を用います（票作成要領 1 (2)）。

B：筆界の確認を行った所有者等に住所の記入及び署名又は記名押印を求め，確認日は，図面等調査を実施する場合における所有者等に記入の上，返送することを求める方法を除き，地籍調査の調査担当者が記入するとされています（同要領 1 (8)）。

C：大字以下について記載します（同要領 1 (4)）。

D：土地の所在と同一の部分は省略し，異なる部分のみを記入すれば足ります。ただし，地番は必ず記入します（同要領 1 (5)）。

E：所有権の登記（登記簿の甲区）がされていれば「有」に，なければ（登記簿の表題部のみ）「無」に，○を付します（同要領 1 (7)前段）。

F：所有権以外の権利に関する登記の種類を略記することができます（同要領 1 (7)後段）。

G：票作成要領には定められていませんが，「地籍調査後の土地の表示」欄が空欄であると，調査漏れや調査したことの記入漏れでないことが明確でないので，斜線や変更なしなどの記入をお勧めします。

H：この記入例は，松山年男が平成 15 年に松竹市字桧 1023 番地 18 から同市字松 300 番地 35 に住所移転し，その後の令和元年に松竹市が字松の住居表示を実施したものです。

　　この場合には，最終（現住所）の住所を記入します。

　　なお，更に令和 3 年に住居表示の未実施地区である字桐に住所移転している場合には，令和 3 年の住所移転日を記入

第 6 章　Q 94〜Q 149

301

第 6 章　一筆地調査

し，登記簿上の住所地及び現在の住所地のいずれも住居表示
を実施していないので，途中の住所地である松一丁目の住居
表示実施のことは記入しません。

　住所変更登記の実務においては，登記簿上の住所と現在の
住所及び住所移転日が記載されている住民票写しを，2 回以
上住所変更している場合には，登記簿上の住所から現在の住
所までの経緯が分かる戸籍の附票写しなどを添付します。

　地籍調査における住所の調査は，住民票に限らず，所有者
等が証言する現住所が記載されている自動車運転免許証や健
康保険証等で差し支えないと考えます。2 回以上住所変更し
ている場合には本人であることが確認できれば問題はありま
せんが，現住所への変更の年月日について所有者等の記憶で
は曖昧であり，所持品もないことが多く，結果，住民票での
調査になると思います（住民基本台帳法 12 条の 2。前記 Q&A115
に記述した土地基本法等の一部を改正する法律等の施行に伴う地籍調
査に関する事務の取扱い等について（令和 2 年 6 月 15 日付け国土籍
第 164 号国土交通省土地・建設産業局地籍整備課長通知）（法令集 70
頁）第 2 の 1 また書）。

Ⅰ：この記入例は，名が「年男」のところ誤って登記簿に「年
夫」と登記されていた事例ですので，変更年月日の調査は不
要です。他方，婚姻等により登記簿の氏から変更されている
場合には，その変更年月日の記入が必要となります。

　氏名変更登記の実務においては，戸籍事項証明書等を添付
します。

　地籍調査においては，変更後の氏は明確な資料があるとし
ても，婚姻日が氏名変更日とは限らないので，正確な年月日

第 8　現地調査等の実施（E7・GE7 工程）

を記入するためは戸籍事項証明書等での調査になると思います（戸籍法 10 条の 2 第 2 項。上記 H の課長通知第 2 の 1 また書）。

　　所有権の登記名義人の旧氏併記等については，下記 2 を参照願います。

J：代理人であることの確認方法等を付記します（票作成要領 1 ⒀③）。

【図 6-25】地籍簿記載例（住所変更・氏名更正の場合）

地籍調査前の土地の表示					
字名	地番	地目	地積		所有者の住所及び氏名又は名称
			ha a	㎡	
松一丁目	108-35	宅地	180	57	字桧 1023-18 松山　年夫

地籍調査後の土地の表示						
字名	地番	地目	地積		所有者の住所及び氏名又は名称	原因及びその日付	地図番号
			ha a	㎡			
					3 番 35 号 松山　年男	平成 15 年 6 月 5 日住所移転 令和 1 年 4 月 1 日住居表示実施 氏名錯誤	B2－6

2　所有者の調査に係る施策

⑴　所有権の登記名義人のローマ字氏名の併記又は旧氏併記

　　不動産登記の実務においては，平成 6 年法務省令第 7 号（令和 6 年 4 月 1 日施行）による不動産登記規則等の一部を改正する省令により，①所有権の登記名義人が日本国籍でない者であるときに，当該登記（氏名変更登記等）の申請人又は既に登記された所有権の登記名義人は，登記官に対し，所有権の登記名義人（当該登記によって登記名義人となる者を含む。以下同じ）の氏名の表音についてローマ字で表示したものを登記記

第6章　一筆地調査

録に併記するよう申し出ると，登記官は，職権で，ローマ字氏名の併記（既に登記された所有権の登記名義人については付記登記）をし（不登規則158条の31，158条の32），②所有権に関する登記（氏についての変更登記等）の申請人又は既に登記された所有権の登記名義人は，登記官に対し，所有権の登記名義人の旧氏を登記記録に併記するよう申し出ると，登記官は，職権で，申出のあった旧氏を併記（既に登記された所有権の登記名義人については付記登記）をすることとされました（不登規則158条の34，158条の35。登記の記録例は前記【図6-8】参照）。

(2)　外国住所者の国内連絡先

さらに，上記2の平成6年法務省令第7号により，所有権の登記名義人が国内に住所を有しない場合には，①その者の国内連絡先となる者があるときは，国内連絡先となる者の氏名及び国内住所等を，②国内連絡先となる者がいないときは，その旨を，所有権の登記の登記事項とされました（不登法73条の2第1項2号，不登規則156条の5）。

この①及び②の登記の記録例を示すと下記【図6-26】のとおりです（民法等の一部を改正する法律の施行に伴う不動産登記事務の取扱いについて（所有権の登記の登記事項の追加関係）（令和6年3月22日付け法務省民二第551号法務省民事局長通達。民月79巻5号325頁）別紙2参照）。

第8　現地調査等の実施（E7・GE7工程）

【図6-26】国外住所者における国内連絡先の登記の記録例

ア　自然人の氏名及び営業所等を国内連絡先とされている場合

権　利　部　　（甲区）		（所有権に関する事項）	
順位番号	登記の目的	受付年月日・受付番号	権利者その他の事項
1	所有権保存	令和6年5月1日 第25677号	所有者　アメリカ合衆国ニューヨーク州 　　マンハッタン通り 　　渡　邉　一　郎 国内連絡先　四街道市鹿渡1109番地 　　（やまと司法書士事務所） 　　山　中　正　登

イ　所有者である外国法人の日本における営業所を国内連絡先とされている場合

権　利　部　　（甲区）		（所有権に関する事項）	
順位番号	登記の目的	受付年月日・受付番号	権利者その他の事項
1	所有権保存	令和6年6月1日 第31515号	所有者　中華人民共和国河北省北京市 　　東城区王府井1番地 　　中華コーポレーション 　　会社法人等番号　0400−03−1 　　23456 国内連絡先　千葉市中央区旭町3番地 　　（日本における営業所） 　　中華コーポレーション 　　会社法人等番号　0400−03−1 　　23456

ウ　国内連絡先となる者がないとされている場合

権　利　部　　（甲区）		（所有権に関する事項）	
順位番号	登記の目的	受付年月日・受付番号	権利者その他の事項
1	所有権保存	令和6年5月1日 第26567号	所有者　アメリカ合衆国カリフォルニア 　　州ロサンゼルス通り 　　鈴　木　和　男 国内連絡先　なし

第6章　Q94〜Q149

第 6 章　一筆地調査

(3)　その他

このほか，所有権の登記名義人の住所等に変更があったときは，その変更があった日又はこの施行日（令和 8 年 4 月 1 日）のいずれか遅い日から 2 年以内に，住所等の変更登記をしなければなりません（不登法 76 条の 5。詳しくは，わかる！国調法 30 頁参照）。

以上のとおり，前記 Q&A116 2 において解説した相続人申告登記などの各種施策により，地籍調査における所有者の調査又は相続人探索にとっても効率化が図られるものと思います。

なお，登記官は，地籍調査の成果の写しに基づいて所有権の登記名義人の氏名・住所の変更・更正の登記を行う場合（国調法 20 条 2 項。国調法登記政令 1 条・2 条（法令集 2125 頁）），当該登記名義人が海外居住者であっても，国内連絡先事項の記録を要しないとされているので（所有権の登記の登記事項の追加に関する質疑事項集の問 29 の回答），地籍調査における所有者の調査において，上記(2)の国内連絡先となる者を調査する必要がないとの考えであると思います。したがって，海外居住者自身において国内連絡先の登記を申請することになります（不登法 73 条の 2 第 1 項 2 号。下記【図 6-27】参照）。

第8 現地調査等の実施（E7・GE7工程）

【図6-27】国内連絡先が登記されていない場合に，これを新たに登記する登記の記録例

権　利　部　　（甲区）		（所有権に関する事項）	
順位番号	登記の目的	受付年月日・受付番号	権利者その他の事項
1	所有権保存	平成２３年４月５日 第２２３４５号	所有者　アメリカ合衆国ニューヨーク州 　　　　マンハッタン通り 　　　　渡　邉　一　郎
付記１号	１番所有権変更	令和６年９月１日 第８１２３４号	原因　令和６年９月１日国内連絡先設定 国内連絡先　四街道市鹿渡１１０９番地 （やまと司法書士事務所） 　　　　山　中　正　登

Q132

**　現地調査における筆界又は街区境界の調査について教えてください。**

A

1　筆界確認を得る対象者

　　筆界の調査は，筆界に関する情報を総合的に考慮し，土地の所有者等の確認を得るものとされています（準則30条1項）。

　　この所有者等の確認を得ることの趣旨については，わかる！国調法 Q&A17 （49頁）， Q&A78 （296頁）を参照願います。

　　この筆界確認を得る必要がある者について，準則30条4項及び5項の規定から考えると，土地の所有者等の全員（確認を得たとみなすことも含む。同条3項）であり，筆界確認を得る全員とは，①所有者，②利害関係人，③又はこれらの者の代理人の全員ということになります。なお，滅失等の調査での承認者が所有者のみであることとの相違は，後記 Q&A147 3(2)を参照願います。

第6章
Q94〜Q149

307

第6章　一筆地調査

　ここで論点となるのは，筆界確認を得る上記①～③は誰なのかということです。

　筆者の見解における上記①は表題部所有者・所有権の登記名義人・未登記土地所有者・これらの相続人その他の一般承継人であり，②は不登法105条1号の所有権の仮登記名義人であり（前記 Q&A110 ），③は筆界確認の段階に至っては法定代理人又は任意代理人（前記 Q&A111 参照）です。著者の見解では，上記①と②の全員及び③が複数の場合には③の全員から筆界確認を得ることになります。

　ところが，別の見解，例えば，用益権者（地上権等）や担保権者（抵当権等）も所有者と地籍調査における同等の利害を有する考え方の場合には，これらの者の全員から筆界確認を得る又は無反応所有者等（準則30条3項）若しくは所在不明（同条4項・5項）の対応手続を執る必要があることになります。

　特に，地籍調査を行う者が，無反応所有者等であると認定するためには現地調査等の通知（準則20条2項・3項）をすることが前提ですので，この通知をすべき者（国調法23条の5・25条，準則20条）の解釈を誤り，通知漏れが生じることは許されません。

　したがって，繰り返しとなりますが，利害関係人の意義及び範囲について，制度府省としての見解が示されることを期待しています。

2　筆界の調査の具体的方法

　筆界確認を得るべき土地の所有者等が，無反応所有者等の場合（準則30条3項），これらのうちの一部が所在不明である場合（同条4項），全員が所在不明の場合（同条5項）の筆界調査にお

ける運用手続について，筆界確定訴訟の確定判決又は筆界特定がされているときを除き（準則30条の2），運用基準15条の2第6項～9項に規定されています。

筆界調査の基本的な考え方や留意点は，わかる！国調法 Q&A18 （50頁）を，また，街区境界の調査の基本的な考え方は同書257頁以下を，復元測量（運用基準15条の2第4項）について適用する要件が緩和されましたが（令和6年6月28日付け国不籍第270号国土交通省大臣官房土地政策審議官通知）適用場面や留意点は同書 Q&A69 （263頁）を，それぞれ参照願います。

準則30条5項に規定する「筆界を明らかにするための客観的な資料」については，わかる！国調法 Q&A79 （296頁）を参照願います。

さらに，筆界の調査に当たっては，必要に応じ，現地精通者の証言も参考にすることができるとされています（運用基準15条の2第3項）。

例えば，新興住宅街などは分譲時に作成した地積測量図が多くあるのに対し，古くからある村落地では土地取引が少ないことから地積測量図も少ないことが多く，この現地精通者の証言が発揮されることが多いものです。

次の実例は，現地精通者の記憶証言が発揮されたものですので，地籍調査担当者のメモを下記【図6-28】において紹介します。

なお，【図6-28】の実例は，上記のとおり山林より地租金額が高い村落地，換言すると，公図の精度が比較的高い地域であることを念のため申し添え，航測法による地籍測量における筆界案の作成については，後記 Q&A135 において解説します。

309

第6章　一筆地調査

【図6-28】現地調査の結果メモ

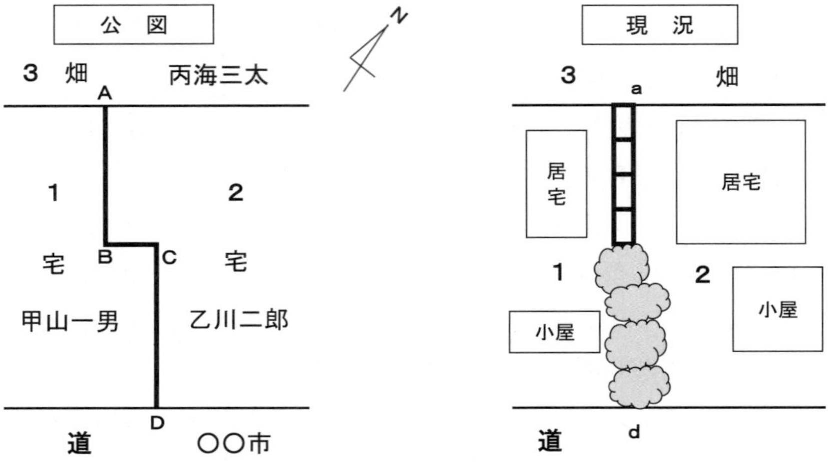

公　図

3　畑　　　丙海三太

A

1　　　　　　2

宅　B　C　宅

甲山一男　　乙川二郎

D

道　　〇〇市

現　況

3　　　　　　畑

a

居宅　　　　居宅

1　　　2

小屋　　　小屋

道　　d

〈調査担当者のメモ〉

　1と2の土地の筆界について，公図はA・B・C・Dの4点である。所有者甲山及び乙川ともaとdの正確な位置は不明だが，これらを結ぶ境界は直線で公図のB・C点は知らないとのことで意見が一致している。

　公図が誤りなのかを確認するため，閉鎖和紙公図と登記情報を調査したところ，和紙公図にもB・Cがあり，甲山も乙川も相続により居宅とともに取得して入居している。

　現地精通者によると，2の土地は市道に向かって緩やかに傾斜して，A～Bは2の土地が1の土地より高く段差があった。1の土地に居宅を建てるときに甲山の先代が土留めとしてブロック塀をこの地方の慣習で法面（のりめん）の下に造った。市道側のC～Dは段差がなくこれも甲山の先代が植えた樹木（カイズカイブキ）はそのまま残してブロック塀に変えていないと証言した。

310

第 8　現地調査等の実施（E7・GE7 工程）

　そこで，地籍調査担当者は，甲山及び乙川に，和紙公図も B・C 点が表示されていること，公図と周辺地の現状との違いが大きくなく比較的精度の高い公図であること，過去に 1 と 2 の土地に段差があったこと，ブロック塀の建造経緯を説明し，A はブロック塀の右端，B はその塀の延長上，C は公図の法面幅と D 付近の樹木が南側方向に育つこと，○○市道の道路台帳図面などの状況を総合し，公図の形状に基づき筆界点を見いだし説明し，両者からの確認を得た。

　上記の調査担当者メモは，土地の所有者が変わったときの照会への対応用備忘録として，地籍調査票の別紙として綴られたものです。

　調査の記録として，①公図の表示が誤りではなく筆界を示しているとした根拠，②筆界点の A・B・C・D を見いだした経緯，③これらを説明し土地の所有者の確認を得たことを詳細に記録したものです。

　地籍図及び地籍簿のほか，調査資料である調査図素図や地籍調査票等のみから，前任の地籍調査担当者が調査した経緯を克明に調べるには限界がありますので，後任者のためにも，詳細な調査担当者メモを記録することが肝要です。

Q133

　地上法による地籍調査において，図面等調査によって行う筆界の調査について教えてください。

A　　図面等調査を行う場合においては，筆界案を作成し，土地の所有者等の確認を求めることとされています（準則 30

第6章　一筆地調査

条2項)。

　この土地の所有者等に筆界案を送付する方法の場合には（準則23条の2第1項1号），次の送付書作成例に示す事項を記載し，到達追跡が可能なものにより，筆界案及び次の送付書（下記【図6-29】）が到達したことを確認できる方法で通知します（運用基準15条の2第5項)。

【図6-29】筆界案の送付書作成例

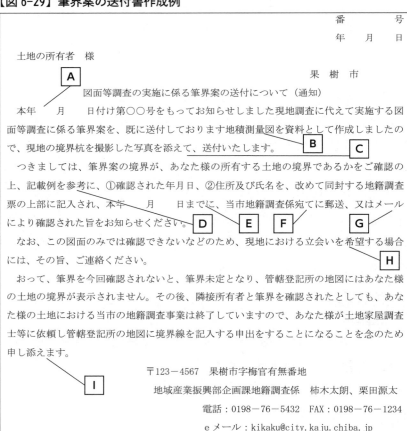

第8　現地調査等の実施（E7・GE7工程）

【筆界案の送付書作成例の留意事項】

A：土地の所有者の申出を認めて図面等調査を実施することを通知した前記【図6-13】の文書のことです。

B：現地調査の通知（前記【図6-9】）において，土地の所有者に地積測量図を送付している場合の作成例です（同図の留意事項M参照）。

C：図面等調査を行う土地に，居住等の経験がある場合には，現地の状況を把握していますが，相続等により取得して当該土地の状況を把握していない所有者には，筆界案のほか，視覚に訴える資料が効果的です。そのため，筆界案のほか，筆界案作成のために収集した資料，現地の写真等を添付することとされています（運用基準15条の2第5項2号）。

D：準則及び運用基準には規定されていませんが，地籍調査票の所有者意見欄に署名又は記名押印を求める事案の場合には，特に，異動事項の内容説明を含めた記載例を同封するのが効率的であると考えます。

E：筆界案を承認又は不承認とする場合の返答の期日を通知するとされ（運用基準15条の2第5項3号後段），具体的な期日の期間は規定されていません。また，前記 Q&A124 に引用した2号課長通知5(2)における筆界案の送付に係る留意事項においても返答期日の具体的設定について言及されていません。

　筆界案の送付は準則第3章第2節に規定されていることから一筆地調査の図面等調査（E7・GE7）の工程です。そうすると，この工程が終了する予定日までに返答があれば予定どおりの工程進行が可能となります。

　とはいえ，土地の所有者にとっては土地の面積（地積）が

第 6 章　一筆地調査

最も関心事であって，地積は確認された境界を測量した結果
であるので，地積を求める前提の筆界確認が重要であると説
明しても，地積が分からないと確認した境界（筆界案）が正
しいか判断できないと主張する所有者等が存在すると思いま
す。地積が判明する（G2・GG2 の工程）前に筆界確認をされ
たとしても，閲覧（H5・GH5 の工程）時において地籍簿案の
地積に納得せず，筆界案で確認した境界の位置は勘違いで
あったとして筆界確認を撤回する可能性があります（意思の
撤回への対応についてはわかる！国調法 197 頁〈②について〉を，筆
界という事実の確認と時の経過との関係については同書 Q&A45
（190 頁）参照）。

　このときに，筆界案の作成に使用した資料や根拠を説明し
（前記【図 6-28】参照），筆界は公法上の境界であるから土地所
有者の意見に左右されない（わかる！国調法 50 頁・51 頁の最高
裁判例参照）との説明対応の労力が少ない（図面等調査の実施希
望者数が少なく，筆界の位置を証明する資料が多い）場合には，早
期の E・GE の工程終了という観点から，この終了予定日前
後を返答期日と設定することがあり得ると考えます。

　逆に，図面等調査の実施希望者数が多く，証明力のある資
料が少ない場合には，工程の早期終了と労力負担とを比較
し，返答期日を慎重に設定するのが得策であると考えます。

F ：返答の方法を通知するとされています（運用基準 15 条の 2 第 5
項 3 号後段）。

G ：運用基準 15 条の 2 第 5 項 3 号後段は，返答の方法を通知す
るとして，方法は限定していません。この方法について，票
作成要領 1 ⑻は，電子メールその他の手段を例示しています。

第 8　現地調査等の実施（E7・GE7 工程）

H：遠隔地居住であるなどにより図面等調査の実施を希望した者
であっても，改めて現地調査に立ち会うことの希望に応じて
（運用基準 15 条の 2 第 5 項 4 号），筆界未定を減少させる方策を
採る必要があります。

I：運用基準 15 条の 2 第 5 項 3 号前段は，筆界未定とした場合の
不利益を通知することとしています。何をもって不利益とする
かについては，その通知名義人に委ねていますので，この作成
例においては，①地図に境界が表示されない事実と，②地図
訂正の手続は土地の所有者自身が行うことを記載しています。

〈7 次計画後半における国土調査の方向性〉

　ところで，7 次計画後半における国土調査の方向性の議論にお
いて「遠隔地に居住する土地所有者等に対する筆界の調査におい
ては，図面等だけでは十分に現地の筆界を確認することが困難な
場合において，オンラインによる筆界確認の方法を導入すること
を長期的な視点で検討するべきである」との報告がされています
（あり方報告書 11 頁）。

　この「オンラインによる筆界確認」とは，いかなる方法を指し
ているのか判然としませんが，遠隔地居住者や図面等のみでは筆
界確認が困難な場合の解消策であるとの記述からすると，地籍調
査の担当者が現地に赴いて撮影する動画により，当該土地の所有
者等は現地に赴かずに自宅や地籍調査の実施主体の事務所等にお
いて現地の筆界をリアルタイム（質疑応答を含む。）又は録画で確
認する方法があり得ると考えます。

　なお，オンラインによる筆界確認の導入検討は，「長期的な視
点」とされていますが，この方法の導入は，地籍調査の実施主体

第 6 章　Q 94 〜 Q 149

第 6 章　一筆地調査

のほか土地所有者にとってもメリットが大きいので，速やかな検
討及び実現を期待しています。

Q134

現地復元性を有する地積測量図がありません。
筆界案の作成方法について教えてください。

A　1　準則 23 条の 2 第 1 項 1 号の図面等調査の実施決定基準
　　　　前記 Q&A123 1 において解説したとおり，準則 23 条の
2 第 1 項 1 号の規定に基づく図面等調査は，地籍調査を実施す
る者が，土地の所有者等の申出理由が相当であるかの認否をし
て，図面等調査の実施の可否を判断します（準則 20 条 2 項）。

　この判断基準について，準則や運用基準のほか，前記
Q&A124 に引用した 2 号課長通知にも言及されていません。

　国土交通省令である準則に図面等調査という方法を規定した
限りにおいて，資料が不足しているため筆界案を作成すること
ができないとして，地籍調査を行う者が，土地の所有者等の図
面等調査の申出を認めないとするのは，好ましい措置とはいえ
ないと考えます。

2　筆界を明らかにするための客観的な資料とは

　筆界案とは，筆界に関する情報を総合的に考慮し（準則 30 条
1 項），当該筆界の現地における位置と推定される位置を図面等
に表示したものとしています（同条 2 項）。

　そうすると，推定筆界を表示できるのであれば，現地復元性
を有する地積測量図に限定していません。

　この現地復元性を有する地積測量図については，土地の所有者

316

第8　現地調査等の実施（E7・GE7工程）

等の全員が所在不明所有者等であるときの筆界調査を規定する準則30条5項及び運用基準15条の2第8項に掲げられているものであり，準則30条5項は「筆界を明らかにするための客観的な資料」の例示として地積測量図を掲げたものであり，運用基準15条の2第8項がその地積測量図は「原則として」現地復元性を有するものとしているので，例外もあり得ることを示唆しているものと思います（詳しくは，わかる！国調法 Q&A79 （296頁）参照）。

　　しかしながら，質問のとおり，現地復元性を有する地積測量図を使用した筆界案は，説得力のあるものです。

3　現地復元性を有する地積測量図とは

　　準則30条5項が掲げる不登令2条3号の地積測量図には，筆界案を作成する上で必要なものとして，①基本三角点等（基本測量の三角点及び電子基準点，国調法19条2項により認証又は同条5項により指定された基準点又はこれらと同等以上の精度を有すると認められる基準点。不登規則10条3項）に基づく測量の成果による筆界点の座標値，②境界標があるときはその表示などを記録しなければならないとされ（不登規則77条1項8号・9号），③分筆の登記申請の場合には特別な事情があるときを除き全ての筆の地積が求積されています（不登準則72条2項）。

4　地積測量図の作成規定の経緯

　　上記3の地積測量図の要件は，平成16年法律123号による不登法の全部改正によって規定されたものです。

　　したがって，それ以前に作成された地積測量図は，必ずしも上記3①～③が記録されているとは限りません。

　　ただし，以下の変遷（申告図による昭和35年以前，尺貫法による昭和41年以前は除く。）を参考として，上記の不登法全部改正以

第6章　Q94〜Q149

317

第 6 章　一筆地調査

前の地積測量図であっても，その他多くの資料を総合して，筆
界を明らかにするための客観的な資料となるものがあり得ます。

(1)　**昭和 41 年 4 月～昭和 52 年 9 月**

　　いわゆるメートル法への書き替え作業（昭和 41 年 4 月 1 日）
等により，単位が m・㎡ となる。依然として平板測量が主
流であるが，後半頃にトランシットによる測量が登場する。

(2)　**昭和 52 年 10 月～平成 5 年 9 月**

　　境界標と引照点の表記が規定される（昭和 52 年法務省令第
564 号）。

　　原則，全筆測量が明文化される（昭和 62 年 3 月 1 日不動産表
示登記事務取扱基準）。ただし，原則であることから，残地部
分を測量していないものも見受けられる。

(3)　**平成 5 年 10 月～平成 14 年 3 月 30 日**

　　境界標の表記が義務化される（平成 5 年 10 月 1 日旧不登法施
行細則 42 条の 4 第 2 項の改正）。境界標がないときは，筆界点
と近傍の恒久的地物からの距離・角度・座標等を記載する。

　　公共座標系（日本測地系）によるものが主流となる。

(4)　**平成 14 年 4 月 1 日～平成 17 年 3 月 6 日**

　　日本測地系から世界測地系に移行した地積測量図が登場し
始める。

(5)　**平成 17 年 3 月 7 日（現行不登法の施行日）～**

　　上記 3 の地籍測量図が原則となる。

5　現地復元性を有する地積測量図がない場合の筆界案の作成方法

　　筆界案の様式や記載事項を定めたものは，見当たりません
（筆界特定の申請における筆界案図面の作成例（法令集 1133 頁）を除
く。筆界特定の申請については後記 Q&A138 参照）。

318

第 8　現地調査等の実施（E7・GE7 工程）

　土地の所有者にとって，分かりやすく，説得力があり，納得を得られやすいのは，筆界点座標値を測定してから筆界案を作成する場合であっても，図面に記載された筆界点座標値よりも，その座標値にある筆界を示す境界標（杭や境界木等），地物（ブロック塀や生け垣，道路，水路や畦畔等），地形（段差や尾根，谷等）の状況（準則 30 条 1 項）を撮影した写真であると思います（運用基準 15 条の 2 第 5 項 2 号後段）。

【図 6-30】筆界を示す現況写真

道路境界を示す石杭

民地の 4 筆境を示すコン杭

民地の境に植えた生け垣

段差の下が境界の地域

畦畔の中央が境界の地域

水路の構造部外側が境界

319

第 6 章　一筆地調査

6　筆界案の作成例

　以上を参考にして，筆界案作成の資料の収集方法や筆界調査の結果説明方法を，以下に示します。

(1)　地積測量図の収集

　登記簿の表題部に，次のとおり「分筆」の記載があれば，登記簿の附属書類として，地積測量図の写しの交付請求をして収集します（準則 30 条 1 項，不登法 121 条 1 項，不登令 21 条 1 項，登記手数料令 18 条）。

【図 6-31】登記事項証明書の表題部

表　　題　　部　　（土地の表示）		調整	平成○年○月○日		不動産番号	1234567890123
地図番号	余白	筆界特定	余白			
所　　在	○市○○		余白			
①地番	②地目	③地積　㎡		原因及びその日付〔登記の日付〕		
1263 番 10	宅地	166	73	1263 番から分筆〔昭和 41 年 8 月 5 日〕		

　上記 1263 番 10 の土地は，1263 番から分筆され，昭和 41 年 8 月 5 日にその登記がされたことが分かります。

　このときの地積測量図は現行不登法前の上記 4 (1)の年代の地積測量図ですが，多くの資料を総合的に考慮するため，登記所から上記(1)括弧書きの法令規定に基づきこれを取り寄せます。

【図 6-32】現行不登法前の地積測量図

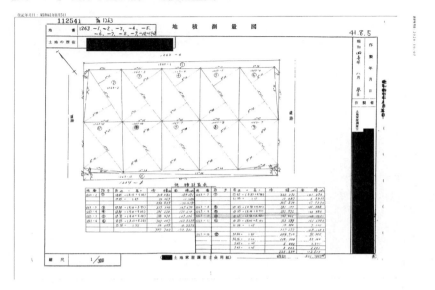

　この地積測量図は、分筆後の 1263 番 1 を残地としたものであり（この当時は、分筆元地 1263 番の登記簿の地積から、実測した分筆後の 1263 番 2〜同番 12 の地積の合計を差し引いた地積を 1263 番 1 の地積とし、1263 番 1 については実測しないもの。）、図面等調査の対象地 1263-10 は上記地積測量図下段の地積求積表のとおり実測されています。

第6章　一筆地調査

【図6-33】公図（地図に準ずる図面）

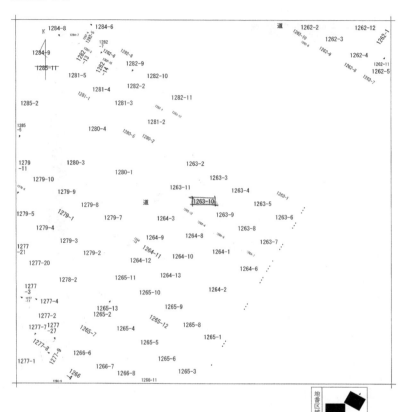

第 8 　現地調査等の実施（E7・GE7 工程）

【図 6-34】地理院地図

【図 6-35】建物図面

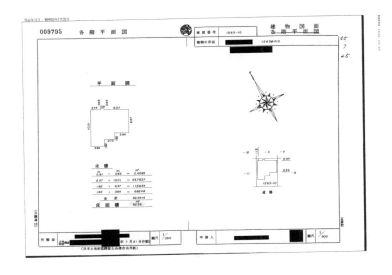

第6章 一筆地調査

【図6-36】境界杭

A点のコン杭

B点のコン杭

遠景も撮影して、筆界案の説明資料としますが、本書においては掲載を省略します。

【図6-37】道路図面

第 8　現地調査等の実施（E7・GE7 工程）

【図 6-38】筆界案の作成例（地上法，F・G 工程実施前）
図面等調査に係る筆界案

所在・地番：〇〇市〇〇1263番10　　地目：宅地

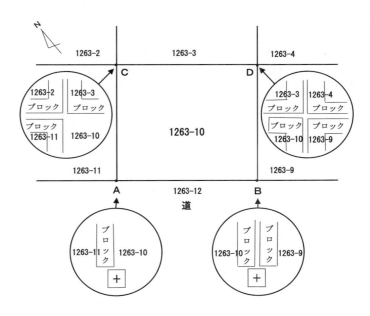

(2)　【図 6-38】及び【図 6-39】の筆界案の説明例

A点：写真のとおり，コンクリート製境界杭が埋設され，1263-11 の土地側にブロック塀が築造されている。東西の位置は，西側道路から鋼巻き尺で測定した距離と登記所にある 1263-11 の地積測量図（以下同じ。）の辺長とは，政令で定める測量誤差の範囲内である。南北の位置は，正面道路 1263-12 の道路台帳図面幅 3.79m の中心線から鋼巻き尺で 1.90m の位置にある。

B点：写真のとおり，コンクリート製境界杭が埋設され，1263-10 と 1263-9 の各土地側にブロック塀がそれぞれ

第6章　一筆地調査

築造されている。東西の位置は，東側道路から鋼巻き尺で測定した距離と地積測量図の1263-7，1263-8，1263-9の辺長の合計とは，政令で定める測量誤差の範囲内である。南北の位置は，A点と同様に，正面道路の中心線から鋼巻き尺で1.90mの位置にある。

C点：境界杭は現地で見当たらない。1263-2，1263-3，1263-11の各土地側に，ブロック塀がそれぞれ築造されている。これらのブロック塀相互の中心とA点の延長線の交点を境界点C点であると調査した。

D点：1263-3，1263-4，1263-10，1263-9の各土地側に，ブロック塀がそれぞれ築造されている。この4つのブロック塀のため，境界杭の有無は現地で確認できない。4つのブロック塀相互の中心交点をD点とし，B点とD点を結ぶ線と1263-10の建物との距離は，登記所にある建物図面（以下同じ。）のそれと一致した。また，D点とC点を結ぶ線と1263-10の建物との距離も同様に一致した。

A〜B間距離：鋼巻き尺で測定した距離と地積測量図の1263-10の辺長とは，政令で定める測量誤差の範囲内である。

C〜D間距離：A〜B間距離と同様に，政令で定める測量誤差の範囲内である。

以上の調査結果に基づき作成した筆界案は【図6-39】です。

〈今後の予定〉

あなた様が，この筆界案に承認された後，鋼巻き尺ではなく，

第 8　現地調査等の実施（E7・GE7 工程）

精度の高い測量機器により境界の測量を行います。

【図 6-39】筆界案の作成例（地上法，F・G 工程実施後）
図面等調査に係る筆界案

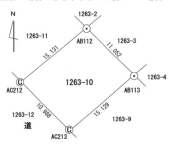

Q135

航測法による地籍測量において行う図面等調査での筆界の調査について教えてください。

A　1　基本的事項

　基本的な事項は，航測法手引 V 8(2)筆界案の作成（29頁）を参照願います。

　なお，航測法による地籍測量を適用することができる区域が精度区分乙 1 区域までに拡大されたことに関しては（令和 6 年国土交通省令第 73 号。準則 37 条 3 項），下記 7 において解説します。

第6章　一筆地調査

2　公図の精度が低い森林部の筆界調査であること

　航測法による地籍測量での図面等調査においては（準則23条の2第1項2号），これまでの筆界調査の基本的な考え方では，スムーズな処理に支障が生じる場面があり得ると考えます。なぜなら，筆界の調査資料の一つである公図の精度（正確性）が基となる図面作成時においては，その明治政府の方針から，作成期間の短さや土地の所有者自身が作成したという経緯と相まって，地租金額が高い市街地や農地は精度の高い（緻密な）図面を作成し，地租金額の低い森林部は比較的精度が低い（粗い）図面が作成されたため，市街地や農地の精度の良い公図がある地域と森林部等のそうでない地域とでは，同じ考え方での筆界調査は困難であると思います。

　すなわち，公図の評価に関する裁判例（東京地判昭和49年6月24日（判時762号48頁），東京高判昭和53年12月26日（判時928号66頁）。わかる！国調法51頁参照）において，境界の形状（直線であるか否かなど）というような地形的・定性的なものは比較的正確であるとの判示が（詳しくは，わかる！国調法 Q&A18 （50頁）参照），そのまま森林部に適合するとは限らないと考えます。

　例えば，ごく限られた登記所の更に一部の地域に「団子図（だんごず）」と呼ばれる公図があります。これは，土地（地番）の配列（1001番の隣地は1002番である。）は記載されているものの，その境界は毛筆等で地番を囲んで団子の絵のように丸く円を描いたもので（これが団子図の語源との説がある。），境界線が直線なのか屈曲点があるのかの判別が困難なものです。団子図のイメージは，地籍調査Webサイトの「国の推進施策」の「山村境界基本調査（平成22年度〜令和元年度）」に掲載されていま

328

第8　現地調査等の実施（E7・GE7工程）

す。

3　筆界に関する情報が少ない森林部の筆界調査であること

森林部においては，上記2のとおり公図の精度の支障があるほか，筆界に関する情報（準則30条1項）となる資料が少ないことへの適切な対応が肝要となります。

例えば，森林部の河川や道路の改修に伴う買収がされた際の登記において登記簿の附属書類である地積測量図が提出された場合以外には，土地取引が少ないことから地積測量図がない地域が多く（売買がされたとしても地価が低いことから登記簿上の面積による契約で測量をしない。），地番に支号（枝番。1001-2，-3……の-2，-3のこと。）がない本番号（親番。1001番）のみの土地が多いため（原始筆界の土地。機関誌2022年春季号No.192参照），管轄登記所の資料のみでは，十分な資料が得られないことが多いと思います。

4　森林部における筆界調査のための資料

そこで，まず，筆界案を作成するための基線となる長狭物の形状を公図において把握し，その後の現地確認（航測法手引におけるE7-2工程）の予察において，長狭物の位置，尾根・谷など基線となる地形の形状（屈曲箇所），地域で境界木とされている樹木（地方によりウツギやハゼなど）の場所，集会所等で土地の所有者等に説明するための目標物（山道・渓谷の名称，石仏・露岩等）の場所等，多くの情報を収集します（航測法手引V8表24・25参照）。

5　航測法による地籍測量の筆界案の作成方法

上記2のとおり，当該調査地域の公図の精度からすると，次の方法があり得ると考えます。

第6章　Q94〜Q149

329

第 6 章　一筆地調査

　公図の精度が低い，すなわち，登記簿の地積に対応した広がりが公図に表示されていないとしても（登記簿の地積が1001番は4,000㎡，1002番は3,000㎡であるのに，公図が1001番に比べて1002番のほうが極端に狭い，面積比が4対3でないなど），登記簿の地積に応じた広がり（範囲）による筆界を見いだす方法は，航測法による地籍測量においては，納得性のある合理的な方法であると考えます。

　また，公図の定性的なもの（折れ線であるか，直線であるか）は正確であることを維持しつつも，筆界の方向・角度や屈曲数が，公図の形状と現地の状況で一致していないのは，公図の粗さからであるといった合理的・客観的説明を見いだす方法もあり得ると考えます。

　このような考え方から，長狭物・尾根線・谷線などの筆界案を作成するための基線となる基線上の筆界点を見いだし（基点となる筆界点の選定方法は，下記【図6-40】【図6-41】において解説），斜面を横切る筆界線の位置を林相識別図，樹高分布図等の植生情報，過去の空中写真による施業界等を参考に筆界の位置を推定するとされています（航測法手引Ⅴ8⑵筆界案の作成における留意点（30頁）参照）。

　基線以外の筆界について，この林相識別図等や，航空測量（RD工程）と併行して実施した一筆地調査（準則76条3項。現地確認（E7-2工程）を含む。）における現地の状況からでは目標物が見当たらず筆界を推定できない場合には，調査地域の全体や複数の近隣土地の実測面積と登記簿の合算地積との比較から平均縄伸び率（又は縄縮み率）を算出して面積按分した地積を維持した筆界を推定する方法もあり得ると考えます（わかる！国調法

330

第 8　現地調査等の実施（E7・GE7 工程）

54 頁参照。なお，精度の高い公図の場合には，公図の辺長と実測辺長の東西差及び南北差による辺長縄伸び率から当該筆界点を見いだす方法があるが，森林部における団子図のような公図の精度では，辺長の起点をどこに見いだすかが不明確であることが多く，この手法は高度かつ特例であろう。）。

　なお，地番の配列が逆転している場合（公図は北から 1001 番，1002 番，1003 番との配列であるが，土地の所有者等の主張は北から 1002 番，1001 番，1003 番の順で，1001 番と 1002 番の配列が逆転している。），過去に事実上の使用土地の交換が行われたことがあるかを調査する必要があり，単に，公図の誤りであると認定するにはその公図の誤りの根拠が必要であることは，地上法による地籍調査と同じです（わかる！国調法 Q&A8 （31 頁）参照）。

　また，1004 番の地番が，公図に表示され，登記簿にも記録されているが，現地に見当たらないとして不存在とする処理は，著者の経験上，あり得ないので（1004 番の登記簿が 2 つ以上存在する重複登記ではなく，公図と登記簿が 1 対 1 の関係の場合である。），和紙公図や旧土地台帳から登記簿への移行の際の経緯や合筆登記漏れであるかを調査する必要があることも，地上法による地籍調査と同じです（わかる！国調法 Q&A8 （31 頁）参照）。

　以上の考え方から筆界案の作成方法を図示すると，次のとおりです。

第 6 章　Q94〜Q149

第6章 一筆地調査

6 筆界案の作成例

【図6-40】公図

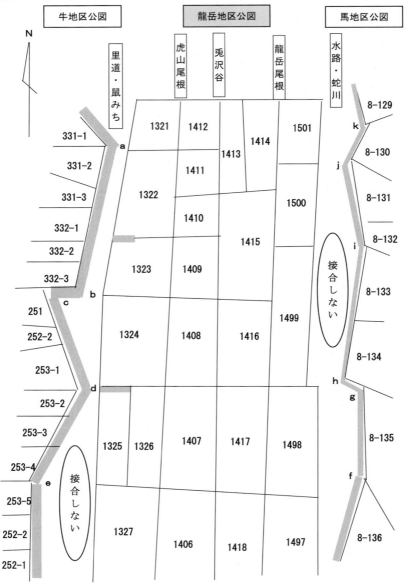

【図 6-41】筆界案の作成例（航測法）

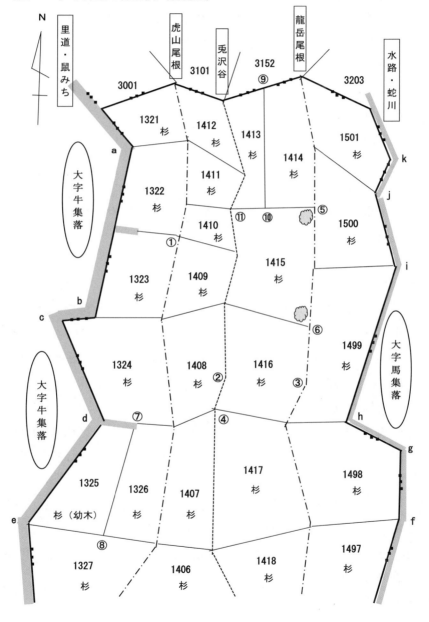

第 6 章　一筆地調査

〈筆界案作成担当者のメモ〉

(1)　**調査地域の概要**（事務取扱要領別記様式第 24 別紙(2)の記載要領(8)）

　　調査地域：○○市□□町大字龍岳地区

　　精度区分：乙 2

　　縮尺区分：1／2,500

　　傾斜区分：急傾斜(2)

　　視通障害区分：山 II

　　調査面積：1㎢

　　調査前筆数：200 筆

　　一筆平均面積：調査前・3,700㎡　調査後・5,000㎡

　　平均縄伸び率：1.35

　　筆の形状：整形地

(2)　**単位区域界の調査**

　　調査図素図の地番により単位区域界に接する土地を把握し，単位区域界の調査（準則 14 条。E3 工程）は，現地ではなく，地形図をもって概略の調査地域外周を調査した（運用基準 6 条の 2 ただし書。航測法手引 V4（27 頁））。

(3)　**基線の設定**

　　調査地域（大字龍岳地区）の西側には大字牛地区の赤線（里道・鼠みち）があり，東側には大字馬地区の青線（水路・蛇川）がある。

　　また，調査地域内には，南北方向に，尾根が 2 つ（虎山尾根及び龍岳尾根）及び谷が 1 つ（兎沢谷）ある。

　　そこで，これらの鼠みち，蛇川，虎山尾根，龍岳尾根，兎沢谷の 5 つを基線とした。

(4)　**基線の形状**

第 8　現地調査等の実施（E7・GE7 工程）

ア　調査区域界の基線

(ｱ)　里道・鼠みち

龍岳地区の公図では，1321 番〜1327 番の筆界の屈曲点が 1 箇所（b）であるのに対し，牛地区（地籍調査未実施・精度区分：甲 3）の公図では屈曲点が 5 箇所（a〜e）表示されている。

そこで，地形図，現地確認における形状調査（E7-2 工程），一筆地調査と併行実施した航空測量の基礎資料（RD7-2 工程），里道管理者（地方分権一括法 113 条による国有財産特別措置法 5 条 1 項により○○市に移譲）及び現地精通者の証言を含めて，登記所に備え付けられている資料との整合性を確保するため，管轄登記所の登記官に助言を求めた結果（準則 7 条の 2），筆界調査に関する里道の形状については，牛地区の公図を基礎資料とすることとした（ただし，詳細は，後日の現地確認時における筆界点調査で確認することとした。）。

これは，筆界は，登記所地図等の筆界に関する情報を総合的に考慮して調査することの規定（準則 30 条 1 項）を遵守するものであり（修正主義），現況のみを資料とするものではない。

(ｲ)　水路・蛇川

龍岳地区の公図では，1497 番〜1501 番の筆界の屈曲点が 2 箇所（g・h）であるのに対し，馬地区（地籍調査未実施・精度区分：乙 1）の公図では屈曲点が 6 箇所（f〜k）表示されている（微地形表現図の屈曲点も 6 箇所）。そこで，上記(ｱ)と同様な経緯を経て，筆界調査に関する水路の形状につ

第 6 章　Q94〜Q149

335

第 6 章　一筆地調査

いては，馬地区の公図を基礎資料とすることとした。

イ　調査地区内の基線

　龍岳地区の公図は，南北方向に概ね 4 つの地番帯に分かれ
て表示されている。そこで，この地番の境を西側から虎山尾
根，兎沢谷，龍岳尾根の基線であると仮定した。なお，森林
部の公図であるため，微地形表現図の尾根線や谷線の形状よ
り粗い表示となっている。

(5)　基線上の筆界点

　現地精通者は，この地区は，①現在の土地所有者の先代がほ
ぼ同時期に杉を植樹していて（樹高分布図で樹高差が確認できな
い。），管理している現所有者はほとんどいない，②境界木とし
てウツギやハギの木を植えている，③里道・水路や尾根・谷の
曲がりが境界点とする決まりの慣習がある，④尾根や谷をまた
がって同じ土地（一筆地）があることはないと証言している。

　そこで，南北方向の筆界は上記(3)において設定した基線と
し，東西方向の筆界は基線の屈曲点を筆界の起点・終点とし
て，微地形表現図等に表示した。

　ただし，上記【図 6-41】（以下略）の①点は，公図に虎山尾
根の屈曲点がなく，①点の位置に現地目標物はないが，1322
番・1323 番・1409 番・1410 番の 4 筆境であるので，各筆の登
記簿地積及び実測面積からの縄伸び率を考慮して，4 筆境は①
点の位置であると推定した。

　また，1416 番は基線上に屈曲点②点及び③点があるが，
1407 番・1408 番・1416 番・1417 番との 4 筆境である④点の位
置関係及びこれら 4 筆の登記簿地積に縄伸び率を考慮した面積
比較から，1416 番と 1417 番の筆界が②点と③点を結ぶ線では

第 8　現地調査等の実施（E7・GE7 工程）

ないと推定した。

　同様に，1415 番の⑤点及び⑥点も基線上に屈曲点がない
が，慣習であるウツギが植えてあり，1415 番の先代所有者が
植えたものであるとの現地精通者の証言を採用し，これらの位
置を筆界点であると推定した。

(6)　基線上以外の筆界点

　1325 番の土地所有者は先代が植樹した杉を伐採した後，杉
の幼木を植樹し，樹高分布図においても，隣接地との差が確認
できる。この差と分岐里道の先端を⑦点とし，⑧点は幼木と成
木との境とし，隣接地の登記簿地積に縄伸び率を考慮した面積
比較から，1325 番の土地所有者が 1326 番の杉を越境して伐採
していないことの立証ができるので，⑦点及び⑧点を筆界点で
あると推定した。

　また，1413 番と 1414 番の筆界⑨点及び⑩点には，屈曲や境
界木等の目標物がなく，樹種・樹高の差もなく，森林管理の差
もないので，南北方向の位置は，⑨点につき単位区域界とし，
⑩点は⑤点（境界木）と⑪点（4 筆境）を結ぶ筆界線として，東
西方向の位置は，土地の広がりを示す面積として，登記簿地積
に調査地域全体及び周辺地の平均縄伸び率を考慮した 1413 番
と 1414 番の合計面積を按分した（1413 番：1414 番＝登記簿地積・
2,000 ㎡：4,000 ㎡＝1：2＝2,000 ㎡×1.35 倍・縄伸び率：4,000 ㎡×1.35 倍
＝実面積・2,700㎡：5,400㎡）点にあると推定した。

(7)　現地確認の実施（E7-2 工程）

　以上の方針の下，里道・水路の管理者，現地精通者と共に，
現地確認の予察及び本調査を行い，現地の基線の屈曲状況や目
標物の位置を，調査図素図に記載し，筆界案の作成方針に客観

第 6 章　一筆地調査

性・合理性があることを確認した。

(8)　**龍岳地区集会所での説明結果**（E7-7 工程）

土地の所有者 150 名のうち，市外居住者でかつ自宅での確認を希望した 5 名，現地調査を希望した者 3 名を含め，全員が筆界を確認し，地籍調査票に署名又はメールによる回答あり。

7　**精度区分乙 1 区域における航測法による地籍測量**

航測法による地籍測量を行うことができる区域が精度区分乙 1 区域までに拡大されたとはいえ，筆界の調査において，乙 1（農用地及びその周辺の区域）と乙 2（山林及び原野並びにその周辺の区域）又は乙 3（山林及び原野のうち特段の開発が見込まれない区域）とでは，土地の勾配の緩急が異なることなどから，同じ調査手法によらなくても差し支えないと考えるとのことは，前記 Q&A123 において解説したとおりです。

さらに，乙 1 区域は主に農用地，乙 2 区域は主に山林又は原野，乙 3 区域は山林又は原野であることから，上記 2 のとおり，公図の精度が異なることから，この点からも筆界の調査を同じ手法によらなくてもよいと考えます。

Q136

準則 30 条 4 項（一部が所在不明）の適用について教えてください。

A　1　**手続の規定**

土地の所有者等（所有者その他の利害関係人又はこれらの者の代理人をいう。準則 20 条 1 項括弧書き）のうち，所在不明所有者等がある場合で（準則 30 条 4 項括弧書き），かつ，所在が明らか

第 8 　現地調査等の実施（E7・GE7 工程）

な他の所有者等による筆界の確認（無反応所有者等による筆界の確認を得たものとみなした場合を含む。（準則 30 条 4 項括弧書き）。以下同じ。）を得て筆界案を作成し，地籍調査を行う者（市町村等）が，市町村の公報，掲示板への掲示，ホームページへの掲載などの通常用いる公示の方法（前記 Q&A124 に引用した 2 号課長通知 5(3)）により，運用基準 15 条の 2 第 7 項に規定する事項を公告し，その日から 20 日間が経過しても所在不明所有者等から意見の申出がないときは，この者による筆界の確認を得ずに調査することができると規定されています（準則 30 条 4 項）。

　また，土地の所有者等のうちに所在不明者がいる場合に，上記括弧書きの無反応所有者等が筆界を確認したとみなした筆界案を 20 日間公告し，公告の日から 20 日間経過しても所在不明者から意見の申出がないときは，所在不明者による筆界の確認を得ないで調査することができます（準則 30 条 4 項括弧書き。前記 Q&A123 に引用した 271 号課長通知 1(2)）。

　なお，この 271 号課長通知が例示する調査対象地が共有地において準則 30 条 3 項の効果が発揮されるのは，宅地を夫婦や兄弟姉妹等で共有する事案よりも，後記【図 6-78】に解説する私道①の親族関係のない共有者による共有私道の事案です。

2 　土地の所有者等とは

(1) 　問題の所在

　土地の所有者等と総称する者のうち，地籍調査における利害関係人の範囲については，現地調査の通知を規定する準則 20 条 1 項での検討事項として前記 Q&A110 及び Q&A112 において取り上げましたが，準則 30 条 4 項及び後記同条 5 項においては，より一層，地籍調査の利害関係人は誰なのかと

第 6 章　Q94〜Q149

339

いう意義・範囲について，運用面で更なる議論が必要であると思います。

なお，地籍調査における利害関係人の意義・範囲について，著者の見解は，前記 Q&A110 のとおり所有権の仮登記名義人（不登法 105 条 1 号）であると解説しましたが，その根拠を以下に述べます。

(2) 所在不明所有者等の類型

準則 30 条 4 項は，「所在が明らかな他の所有者等（本書において便宜上以下「**所在判明者**」という。）による……確認」と規定しています。

例えば，下記【図 6-42】の場合は，いずれの見解でも支障はないと思います。

【図 6-42】共有者の一部が所在不明者の場合

【共有者 A】　　　　【共有者 B】
〈所在判明者〉　　　〈所在不明者〉

この【図 6-42】の例は，宅地が夫婦で共有名義の場合や私道が隣接宅地の所有者による共有名義の場合（後記【図 6-78】私道①）が典型です。この場合には，地籍調査を行う者（市町村等）は，所有者の 1 人である所在判明者 A が無反応所有者等でない限り A の確認を得て筆界案を作成するので，準則 30 条

第 8　現地調査等の実施（E7・GE7 工程）

4 項を適用することに躊躇しないと思います。すなわち，共有者 A から確認を得た筆界案について，共有者 B を対象として 20 日間の公告をします。この場合には筆界を確認した者と公告による意見の申出を受けようとする者とが所有権である共有者という同じ地位にあるからです。

次に，以下の点が論点です。

下記【図 6-43】のように，単有地（所有者が 1 人）で所有者が破産状態で所在不明者となり，抵当権者が所在判明者の場合，抵当権者も地籍調査における利害関係人であるとの見解の場合には，準則 30 条 4 項の条文上，抵当権者の確認を得て筆界案を作成・公告し，所有者から意見がなくとも調査を進められることになります。

【図 6-43】所有者が所在不明者で抵当権者が所在判明者である場合

しかし，この【図 6-43】の事例では，地籍調査を行う者は，所在判明者である抵当権者 C のみの確認を得て筆界案を作成することに躊躇すると思います。さらに，抵当権者 C は，筆界を確認する立場にないとして，無反応所有者等となることが多いと思いますので，抵当権者 C に対して筆界案を送付して 20 日

341

第6章　一筆地調査

間の経過を待ち（準則30条3項），更に所在不明である所有者Ａを対象に20日間の公告（同条4項）をすることになります。

また，下記【図6-44】の事例では，上記【図6-43】と同様に抵当権者等Ｃも地籍調査における利害関係人であるとの見解の場合，土地の所有者Ａの確認を得ているにもかかわらず，準則30条4項の条文上，その確認は土地の所有者等の一部の者からとなり，準則30条4項を適用させるべき事案となりますので，所有者Ａの確認を得た筆界案について，抵当権者Ｃを対象に20日間の公告（同条4項）をすることになります。

なお，抵当権者が所在不明となる事例は，抵当権者が金融機関ではなく個人である場合が多いと思います。この抵当権が休眠抵当権である場合に，地籍調査の実施期間内に所有者から休眠抵当権の抹消登記を申請されれば，この点については現行規定で解消されます（休眠抵当権の抹消登記の申請方法は，わかる！国調法 Q&A86（312頁）参照）。

【図6-44】所有者が所在判明者で抵当権者が所在不明者である場合

【所有者Ａ】　　　【抵当権者Ｃ】
〈所在判明者〉　　〈所在不明者〉

以上のとおり，ここで論点となるのが，地籍調査における利害関係人，特に，準則30条1項の筆界の確認についての利害

第 8　現地調査等の実施（E7・GE7 工程）

関係人の範囲です。

　繰り返し述べますが，著者は，登記された各種（所有権，地上権，抵当権等）の登記名義人のうち，地籍調査における利害関係人は不登法 105 条 1 号による所有権の仮登記名義人であるとの見解であり，仮に抵当権者等も含むとしても，当該筆界の認識程度や地籍調査の成果による利害の程度は，土地の所有者と地上権者等の用益権者や抵当権者等の担保権者である登記名義人とは異なるとの考えです。

　この見解ではなく，地上権者や抵当権者等も，地籍調査において所有権者と同等の利害関係人であるとの見解である場合には，上記【図 6-43】の事例では，抵当権者から当該土地の担保価値（当該担保物件の評価額又は競売時の落札相当額）のみならず，筆界の位置についても協力がない限り，無反応所有者等に対する手続（準則 30 条 3 項。前記 Q&A130 ）をする必要があります。

　また，上記【図 6-44】の事例では，筆界に関する情報を最も熟知している土地の所有者の確認を得ているのに，抵当権者を対象とした公告手続をする事務の繁雑さへの抵抗感があると思います。

　以上のとおり，抵当権等の担保権者のほか，地上権等の用益権者，不登法 105 条 1 号による所有権の仮登記名義人以外の仮登記名義人，差押権者等は，登記上の利害関係人ではあるものの，地籍調査のうち，特に筆界調査の利害関係人ではないとする筆者の見解には，合理性があると考えます。

　なお，著者の見解では，上記【図 6-43】の事例の場合には準則 30 条 5 項を適用して筆界未定とならない対応が可能と考えますが，この点については，後記 Q&A137 において解説します。

第 6 章　Q94〜Q149

343

第6章　一筆地調査

このほか，地籍調査における利害関係人の範囲については，
わかる！国調法 Q&A85 （303頁）を参照願います。

3　公告文の作成

準則30条4項の規定を適用するときは，次の事項について
（運用基準15条の2第7項），公告の日から20日間公告します。

(1)　土地の所在・地番

(2)　筆界案を確認することができる場所

(3)　筆界案を確認することができる者

(4)　筆界案の作成者

(5)　公告の日から20日間意見を申し出ることができる旨及び
当該期間を経過しても申出がないときは準則30条4項の
規定に基づき意見申出対象者による同条1項の筆界の確認
を得ずに調査を行う旨

この20日間という設定の趣旨は国調法17条の閲覧期間を参
考としたものとされています（前記 Q&A124 に引用した2号課長
通知5(3)）。

公告期間の起算日と終了日については，わかる！国調法180
頁を参照願います。

国調法17条1項の規定による公告の様式は事務取扱要領別
記様式第1に定められていますが（わかる！国調法175頁），省令
レベルである準則30条4項（同条5項を含む。）の規定による公
告の様式の定めは見当たりません。

そこで，準則30条4項の規定による公告文の作成例を次に
示します。

第 8　現地調査等の実施（E7・GE7 工程）

【図 6-45】筆界案の作成公告の作成例

地籍調査による筆界案の作成公告

　〇〇地域内の土地について、国土調査法（昭和２６年法律第１８０号）による地籍調査を行い、地籍調査作業規程準則（昭和３２年総理府令第７１号）第３０条第１項の規定に基づき土地の筆界（境界）について当該土地の所有者等から確認を得て調査するところ、下記土地の所有者等のうちに所在が明らかでない者があるため、同条第４項の規定により筆界案を作成したので、同項の規定により公告する。

　ついては、下記のとおり、筆界案を確認することができる者は公告期間内に筆界案について意見を申し出ることができ、公告期間内に申出がないときは筆界案を確認したものとして筆界の調査を行うものとする。

記

１．土地の所在・地番　□□市〇〇町三丁目１００番３５

　　　（住居表示番号）　□□市〇〇町三丁目２０番３５号

２．筆界案を確認できる場所　当市役所４階　地籍調査係事務室

３．筆界案を確認できる者　上記１の土地の所有者その他の利害関係人

又はこれらの者の代理人

４．筆界案を確認でき、意見を申し出ることができる期間

令和６年１２月５日（木）午前８時３０分から同月２５日（水）午後５時まで

（土日の閉庁日を除く。）

５．筆界案の作成者　□□市都市政策部企画課地籍調査係

令和６年１２月５日

□　□　市　長

Q137

　準則 30 条 5 項（全員が所在不明）の適用について教えてください。

第６章　Q94〜Q149

345

第 6 章　一筆地調査

A 　**1　手続の規定**（準則 30 条 4 項との異同）

　　　前記 Q&A136 において解説した準則 30 条 4 項は土地の所有者等の一部の者が所在不明所有者等である場合についての規定であるのに対し，同条 5 項は土地の所有者その他の利害関係人及びこれらの者の代理人の全員の所在が明らかでない場合の規定です。

　筆界案を作成し，その旨を 20 日間公告し，その期間内に意見申出対象者から意見の申出がないときは，これらの者の筆界の確認を得ないで調査することができることは，準則 30 条 4 項と 5 項とで同じです。

　ただし，準則 30 条 5 項を適用する場合には，①筆界案を作成するに当たり管轄登記所の登記官と協議すること（準則 7 条の 2 による協力の求めを含む。前記第 2 章 Q&A10 参照），②筆界案の作成に用いる筆界を明らかにするための客観的な資料は原則として現行不登令に規定する地積測量図などの現地復元性を有するものを使用すること（運用基準 15 条の 2 第 8 項。）とされていることが，同条 4 項の規定とは異なります（筆界を明らかにするための客観的な資料については前記 Q&A134 2，地積測量図に関しては同 3 及び 4，現行不登令以前の地積測量図による筆界案の作成例は前記【図 6-38】参照）。

2　問題の所在

　利害関係人の範囲の定義が規定されていないことによる運用面での支障問題は，前記準則 30 条 4 項を適用する際と同じです。

　例えば，土地の所有者（共有地の場合は共有者全員）のみが所在不明者で，抵当権者等の所在が明らかな場合に，所有者と抵

第8　現地調査等の実施（E7・GE7 工程）

当権者等の利害関係人が同列であるとの著者と異なる見解であると，共有者全員が所在不明者であるが抵当権者の所在が判明しているので，準則 30 条 5 項に規定する土地の所有者その他の利害関係人及びこれらの者の代理人の全員の所在が明らかでない場合に該当しないとして，同項を適用できず，所在が明らかな抵当権者に対して前記【図 6-43】の対応を執ることになります。

　思うに，この弊害は，準則 30 条 4 項及び 5 項を制定した制度府省の趣旨が，これらの条文に明確に規定されていないのではないかと感じます。省令レベルにおいて，法律レベルである国調法 25 条の利害関係人について定義するのは無理があり，法改正とならざるを得ないと思いますが，何らかの方策を望んでいます。

Q138

　準則 30 条の 2（筆界確定判決，筆界特定）の適用について教えてください。

A　1　準則 30 条の 2 の適用要件の土地の把握

　　筆界特定がされた土地については（準則 30 条の 2 第 2 項本文），登記簿の表題部に「筆界特定」欄がありますので（前記【図 6-31】），これを確認することで把握できます。ただし，CSV ファイルでの登記情報や登記事項要約書には筆界特定がされたことが記録されませんので，筆界特定がされたことの情報について管轄登記所と連携を図る必要があります。

　　筆界確定判決が確定している土地については（同条 1 項本

第6章　Q94〜Q149

347

第6章　一筆地調査

文），判決結果について登記簿とは異なり全ての判決が公開されていませんので，裁判所に照会することになります。ただし，判決結果については，訴訟当事者（原告等・被告等）及び受任弁護士以外には明らかにされません。また，地籍調査の実施主体が，筆界調査の効率性・公益性等を理由に，当該調査地域内における筆界確定判決がある土地の有無を照会して，裁判所から回答を得られるのか確信がありません。このため，地籍調査を行う者が筆界確定判決のある土地を把握するためには，下記2のとおり，紛争の再燃に留意しながら，現地調査等の通知をしない当事者以外の隣接地所有者等から情報を得ることになります。そこで，この点に関して，地籍調査の制度府省から最高裁判所事務総局に要請されることを期待しています。

2　準則30条の2を適用する際の留意点

準則30条の2は，筆界確定訴訟の判決が確定しているとき（1項本文），又は筆界特定がされているときは（2項本文），準則30条の規定にかかわらず，これらに基づき筆界の調査をすると規定しています。

したがって，準則30条が規定する土地の所有者等の確認を得る必要がありません。

筆界確定訴訟判決や筆界特定は，筆界に関する何らかの紛争があっての結果であり，その結果に当事者である双方の土地所有者とも納得していることは少ないことから，地籍調査において再度の筆界調査を行うと，紛争を再燃させるおそれがあります。

そして，確定判決には形成力（筆界を確定する効力）・拘束力（当事者を拘束する）・既判力（同じ訴えはできない）があること，

348

第 8　現地調査等の実施（E7・GE7 工程）

また，筆界特定にはこのような効力はありませんが筆界等に高い見識を有する筆界特定登記官が特定した筆界であることから（前記第 3 章 Q&A50 に記述した地籍整備課長通知 1 参照），準則 30 条の 2 は，公法上の境界である筆界について，あえて土地所有者の確認を得る必要のない土地であるとしたものと考えます。

以上のことから，これらの土地については，地籍調査票にその旨を記載し（票作成要領 1 ⒀⑦⑧），国調法 25 条 1 項の立会い，準則 20 条の現地調査等の通知は不要となります。ただし，これらの土地の所有者等は，国調法 17 条 1 項による閲覧の対象者であることに変わりません。

3　筆界特定手続記録の閲覧

地籍調査を行う地方公共団体又は土地改良区等が筆界特定手続記録の閲覧を請求する規定は，国調法 32 条の 3 第 2 項に定められていますので，わかる！国調法 378 頁を参照願います。

なお，筆界特定手続記録の閲覧は，登記官の面前で行う方法に加え，令和 6 年 6 月 24 日から，ウェブ会議のデジタルシステムを使用して登記官と閲覧者とが映像と音声の送受信により相手の状態を相互に確認しながら通話することができる方法も可能となりました（不登規則 202 条 3 項・241 条。不動産登記規則等の一部を改正する省令の施行に伴う不動産登記事務等の取扱いについて（令和 6 年 6 月 18 日付け法務省民二第 826 号法務省民事局長通達）。ウェブ会議による登記簿の附属書類等の閲覧に係る不動産登記事務等の取扱要領（同日付け法務省民二第 827 号法務省民事局民事第二課長依命通知））。

このウェブ会議による閲覧を希望する場合には，次の事項に同意し，下記【図 6-46】の様式による申出書を閲覧請求書と

第 6 章　一筆地調査

併せて提出します。

- ・ウェブ会議による閲覧は，閲覧申出書に記載された閲覧者及びその補助者のみに認められており，それ以外の第三者は認められないこと
- ・ウェブ会議の録画は，登記所職員の許可を得る必要があること
- ・登記所職員の指示に従わないときは，閲覧を中止すること
- ・登記所職員からの指示に応じない場合は，ウェブ会議による閲覧を終了すること
- ・ウェブ会議の閲覧中にトラブルが発生し，その復旧に時間を要するときは，改めてウェブ会議による閲覧実施日程を調整すること
- ・再閲覧は，改めて閲覧の請求をすること
- ・ウェブ会議による閲覧中，登記所職員は，閲覧書類の記載内容の確認等について回答できないこと

【図6-46】ウェブ会議による閲覧希望申出書の様式

ウェブ会議による閲覧を希望する旨の申出書

申 出 年 月 日	
請 求 人 の 表 示	住所 氏名又は名称 会社法人等番号　　　　　　　　－　　　　　－
閲 覧 者 の 表 示 □　　請求人 □　　代理人 □　　代表者 （いずれか1つにチェック）	住所 氏名 連絡先電話番号 連絡用メールアドレス　　　　　　　　　　（注１）

350

第 8　現地調査等の実施（E7・GE7 工程）

閲覧者の補助者の表示	□機器の操作の補助のため、以下の者の同席を希望します。 住所 氏名
閲覧請求する対象不動産の所在等	□土地 □建物 不動産番号　　　　　　　　　　－　　　　－ 受付年月日・受付番号　　　　年　　　月　　　日受付第　　　　　号
ウェブ会議による閲覧を希望する旨	私は、筆界特定手続記録の閲覧について、ウェブ会議による閲覧を希望します。
ウェブ会議による閲覧を希望する日時	第１希望 第２希望 第３希望　　　　　　　　　　　　　　　　　　　　　　（注２）

以下の事項を確認の上、□にチェックを入れてください。（注３）
□　ウェブ会議による閲覧に当たって、本人確認を行うことについて了承します。

□　裏面の同意事項について全て同意の上、申出を行うことを了承します。

（閲覧対象の不動産を管轄する登記所）　　　　　（地方）法務局　　　　　　宛て

（注１）法務局から、ウェブ会議による閲覧のための日程調整の連絡を行いますので、連絡可能な連絡先電話番号及び連絡用メールアドレスを必ず記載してください。
　　　　日程調整の後、法務局から、記載いただいた連絡用メールアドレスに宛てウェブ会議参加用の会議情報を送信します。
（注２）法務局における予約状況等によっては、記載いただいた希望日時での実施が困難な場合がありますので、あらかじめ御了承いただきますようお願いいたします。
（注３）了承をいただけない場合は、ウェブ会議による閲覧は認められませんので、あらかじめ御承知おきいただきますようお願いいたします。

4　地方公共団体による筆界特定の申請

(1)　筆界特定の申請事案例

　　筆界特定の申請をする事案としては，次のケースがあります。

　・１番の土地所有者 A とこれに隣接する２番の土地共有者 B・C のいずれも所在判明者で A と B・C との筆界に関する主張が異なる場合（ケース①）

第 6 章　一筆地調査

・Ｃが所在不明でＡとＢとの筆界に関する主張が異なるため
筆界案を作成できない場合（ケース②）
・Ｂ及びＣとも所在不明で筆界を明らかにする客観的な資料
がない場合（ケース③）

(2)　申請要件の留意点

申請の要件のうち，「対象土地の所有権名義人等のうちいず
れかの者の同意を得ていること」について，次の【図6-47】
により解説します。

【図6-47】筆界特定の対象土地と関係土地

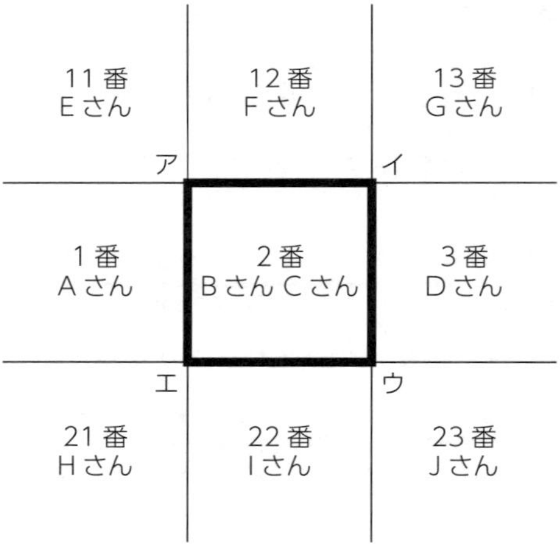

ア　対象土地とは

「対象土地」とは（不登法123条3号），ケース①又は②の場
合にはアとエを結ぶ筆界の確認が得られないための筆界特定
申請として1番及び2番の土地が対象土地でありアとエに接
する11番・12番・21番・22番の土地は関係土地であり（同
条4号），ケース③の場合にはアからエまでを順次結ぶ4辺

第8　現地調査等の実施（E7・GE7 工程）

の筆界の確認が得られないためこの4辺の筆界に接する1番・2番・3番・12番・22番の5筆の土地が対象土地でありアからエまでに接する11番・13番・21番・23番の土地が関係土地です。

イ　所有権登記名義人等とは

「所有権登記名義人等」とは，①所有権の登記名義人，②表題部所有者，③未登記土地の所有者，④この①又は②の相続人です（不登法123条5号）。

ウ　いずれかの同意とは

「いずれかの同意」とは，ケース①の場合にはA・B・Cのうち誰か1人から筆界特定の申請をすることの同意書があれば足り（筆界特定申請書作成要領（令和2年10月29日付け国不籍第235号国土交通省不動産・建設経済局地籍整備課長通知）別記様式2。法令集1109頁），ケース②の場合にはAの同意のみ又はBの同意のみでも足り，ケース③の場合には例えばFの同意のみが得られないときはアとイを結ぶ筆界の特定申請ができないがA・D・Iの同意が得られたときはアとエ・イとウ・ウとエをそれぞれ結ぶ筆界の特定はされるので（2+12）の筆界未定となるのみです。

(3)　申請の時期

上記(2)ウの筆界特定申請書作成要領第7において，可能な限り早い段階から法務局又は地方法務局へ相談を行うとされています。これは準則7条の2の適用範囲を広く解釈する表れであると思います（前記第2章 Q&A10 参照）。

また，これら法務局等においては，筆界特定の申請がされてから筆界特定をするまでの標準的な処理期間を定めて，公にし

第6章　一筆地調査

ています（不登法130条）。

　したがって，筆界特定を申請する市町村等からすると，まず，管内の法務局等の標準処理期間を把握し，可能な限り早い段階として，ケース③の場合には当該土地の所有者又は共有者の所在が不明でかつ筆界に関する客観的資料がないことが判明した段階に管轄法務局等に相談を行う，ケース①又は②の場合は管轄法務局等の標準処理期間と地籍調査のE工程の期間などを考慮した期限を土地所有者に連絡して速やかな判断をすることが肝要と考えます。

(4)　申請費用

ア　手数料

　筆界特定の申請手数料は登記手数料令8条に規定され，そこに規定されている法務省令で定まる割合は筆界特定申請手数料規則1条2項に100分の5と定められています。

　これを上記4(1)のケースごとに解説すると次のとおりです。

ア　ケース①又は②の場合

対象土地　　1番（固定資産課税台帳価格：2,500万円）

　　〃　　　　2番（　　　　　〃　　　　　：1,500万円）

（2,500万円＋1,500万円）×1/2×5％＝100万円＝基礎額

（100万円÷10万円）×800円＝8,000円＝申請手数料

イ　ケース③でA・D・F・Iのいずれもが同意した場合

対象土地　　1番（固定資産課税台帳価格：2,500万円）

　　〃　　　　2番（　　　　　〃　　　　　：1,500万円）

　　〃　　　　3番（　　　　　〃　　　　　：2,000万円）

　　〃　　　12番（　　　　　〃　　　　　：2,000万円）

　　〃　　　22番（　　　　　〃　　　　　：2,000万円）

第8　現地調査等の実施（E7・GE7工程）

（対象土地価額1億円）×1/2×5％＝250万円＝基礎額

｛(100万円÷10万円)×800円｝　＋　｛(150万円÷20万円)×

800円｝　＝8,000円＋6,000円＝14,000円＝申請手数料

　なお，登記事項証明書，登記事項要約書，地図・地図に準ずる図面，地積測量図などの公用請求についての手数料を免除する規定である登記手数料令第18条は（令和4年政令第249号により第19条が第18条に繰上げ），上記証明書等の交付を職務として「請求」する手数料を規定するものであり，筆界特定の「申請」について規定するものではありませんので，地方公共団体は，筆界特定の申請手数料を納付しなければなりません（登記手数料令8条）。

　この手数料は不動産登記に関する規定であるとはいえ，この筆界特定の申請は，地籍調査の成果における筆界未定を減少させる方策の一つであり，前記 Q&A130 3のとおり，7次計画後半における国土調査の方向性の議論において「関係省庁と連携しつつ，地籍調査の工程に支障が生じないような工夫を含め，地方公共団体のニーズを踏まえた活用促進のための措置を講じるべきである」との報告がされており（あり方報告書11頁），地籍調査の制度府省においては，この「地方公共団体のニーズ」として，筆界特定の申請手数料が負担金対象とされている一筆地調査（E工程）の工程内の作業であるとの見解の下，負担金交付要綱等に示されることを期待しています。

イ　筆界案図面作成のための測量費用

　次に，筆界特定の申請書の添付情報を作成するための費用です。

355

第 6 章　一筆地調査

　「地籍調査を現に実施している地方公共団体による筆界特定の申請に係る不動産登記事務の取扱いについて」令和 2 年 9 月 25 日付け法務省民二第 746 号法務省民事局民事第二課長依命通知第 2 の 2（法令集 1139 頁）において，地籍調査で得られた情報等に基づき相当と考える筆界の位置及びその根拠を明らかにして申請するとされています。

　このことから，上記 4(2)ウの筆界特定申請書作成要領の記載例による「筆界案図面」を作成することになります（法令集 1133 頁）。

　この図面の作成費用である測量費用は一筆地測量（FⅡ-1 工程）の一部として負担金の対象であると考えますが，別途の作業が発生する可能性もありますので，将来に向けて全国の筆界特定の申請事例を集約・蓄積して調査地域の総筆数に対する筆界特定申請率を算出し，あらかじめ外注等の契約に盛り込むのが望ましく，地籍調査の制度府省がこの検討をすることを期待しつつ，実績が少ない現状においては別途の見積書による変更契約をせざるを得ないと思います。

　なお，地籍調査における筆界特定の申請について，法務局・地方法務局は原則として選定した測量実施者による測量を行わないので，同局から予納は求められないと思います（不登法 146 条 5 項）。

Q139

街区境界の調査について教えてください。

第 8　現地調査等の実施（E7・GE7 工程）

A　**1　街区境界調査における特例**

　　　街区境界調査は，国調法 21 条の 2 第 1 項においてその定義（調査の内容）が規定され，作成した成果について，地図及び簿冊の様式，閲覧，認証請求，管轄登記所への送付，インターネット等による公表が，それぞれ規定されています（国調法 21 条の 2 第 2 項〜10 項，国調法施行令 2 条 1 項 9 号・12 号，21 条）。

　　そして，具体的な現地調査等については，地籍調査において行う調査を行わない特例が設けられています（準則 36 条の 2。運用基準 17 条の 2）。

　　さらに，各種の通知として，街区図作成要領（法令集 1351 頁），街区簿作成要領（法令集 1354 頁），街区境界調査検査規程細則，街区境界調査 2 項委託検査規程細則，街区認証請求書類作成要領などがあります。

　　基本的な事項は，街区境界手引を参照願います。

2　街区境界調査において調査する境界

⑴　概括

　　街区境界調査は，住居表示法 2 条 1 号に規定する「街区符号」が付された符号の異なる地域ごとに，一の街区として街区内土地と街区外土地との境界を調査し，測量を行います。

　　街区符号は当該地域の面積や建物等（住居番号・住居表示法 2 条 1 号後段）の数などの事情を考慮して付けられると思いますが，街区境界調査において調査し測量する境界を概説すると，以下の【図 6-48】【図 6-49】のとおりとなると考えます。

第 6 章　Q94〜Q149

357

第6章　一筆地調査

【図6-48】街区符号による場合

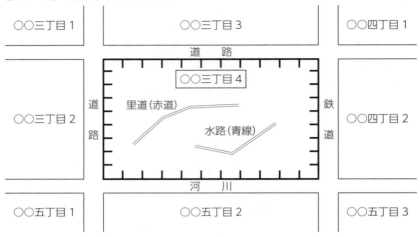

　街区符号が〇〇三丁目4番である場合には，この地域を区画する道路・鉄道・河川（街区外土地）とこれに隣接する街区内土地との境界のみを先行して，調査・測量します（上記【図6-48】の太線部分。いわゆる髭の方向は任意・街区図作成要領の表「街区境界の範囲」区分の「記号の表示方法又は図例」欄参照）。

　街区内土地で，かつ，街区外土地に隣接しない土地は，所有者が，官であるか（里道（赤道）・水路（青線）・公道など），民であるか（私道など）を問わず調査しません。

　しかしながら，街区境界調査の目的の一つにはライフラインの確保という「災害復旧」ですので，任意の街区番号を定め（街区図作成要領5），次の【図6-49】のとおり，街区内を縦断して一の街区を分断する道路の境界を表示するのが災害復旧の目的に沿うものと考えます。

第 8　現地調査等の実施（E7・GE7 工程）

【図 6-49】任意の街区番号による場合

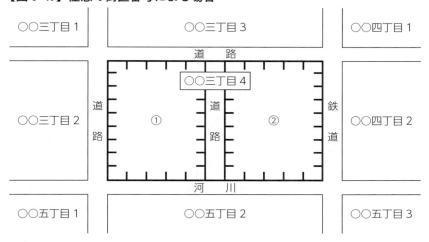

(2)　街区境界とは

　街区境界は，道路等の長狭物が関係しますが，建築基準法の規定から，いわゆるセットバック済みで分筆登記がされていない土地とそうではない土地とが混在している道路があり，どちらを街区境界として調査するのかの論点があります。

　そこで，次の【図 6-50】により解説します。

　ア　セットバック済みの土地

【図 6-50】セットバック済み（分筆未了）とそうでない土地の混在

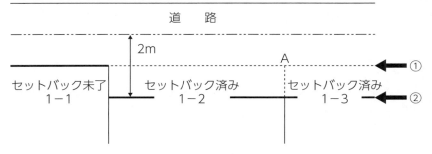

第6章　一筆地調査

　1-2及び1-3の土地は建築基準法第42条第2項の規定に基づき建物新築又は増築時に道路中心線から2mの線までセットバック済みであるが（分筆登記は未了。筆界は創設されていない。），1-1の土地はセットバックがされていない状況であり，同項の規定からすると1-1の土地の②のラインまでが道路としてのみなし境界線とされている状況です。

　この状況の場合における街区境界は，上記【図6-50】の①なのか②なのかという事例です。

　まず，住居表示法2条は市街地の住所を表示する方法として同条1号が道路等によって区画された地域を「街区」と定義しているところ，国調法21条の2第1項は，街区境界調査で調査・測量する境界を定義するために住居表示法2条1号を引用し，街区を構成する長狭物を指した上で，これとこれに接する街区内土地との境界を調査・測量することを規定したものです。

　そして，【図6-50】の場合に，国調法21条の2第1項でいう長狭物とはどのラインで，これに接する街区内土地とはどこなのかが論点です。

　街区境界調査は，街区境界上の全ての筆界点が調査対象とされていることから，長狭物と街区内土地との境界は筆界であることになります。

　そうすると，1-2及び1-3の土地は，道路と宅地とに分かれていますが，分筆登記がされていないので筆界は道路内の①のラインにあります。

　また，1-1の土地の筆界も①のラインにあります。

　したがって，【図6-50】の状況の場合には，①のラインが

360

街区境界であると考えます。

このことから，街区境界調査についても，【図6-50】のA点を復元する測量ができるとされています（令和6年6月28日付け国不籍第270号国土交通省大臣官房土地政策審議官通知による運用基準第15条の2第4項）。

そして，後続の地籍調査の際には，①のライン及びA点の座標値を基にして，1-2及び1-3の土地の分割調査をすることの効率化が図られることとなります。

なお，仮に，1-1の土地もセットバックしていたとしても，分筆登記がされていない限りは，②のラインには筆界がありませんので，①のラインを調査・測量することに変わりはないと考えます。

イ　街区境界の理論構成

街区境界調査は，地籍調査に先行して行うものであるから，街区境界調査で調査する街区境界と地籍調査で調査する筆界との考え方が異なっては，後続の地籍調査の効率的な調査となりませんので，双方とも「筆界」を調査することとされています。

この「筆界」とは，1つの土地を構成・区画するための公法上の境界ですから，街区境界調査においても，街区境界のラインのみを調査するのでは足りず，その筆ごとの街区境界上の境界（筆界）を調査することになります。

したがって，街区境界の構成は，次の【図6-51】のとおりとなります。

第6章　一筆地調査

【図6-51】街区境界の構成

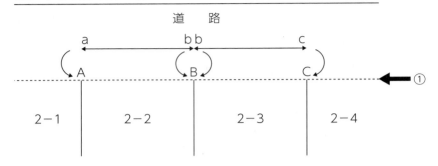

　上記【図6-51】の筆界点Bは，2-2と2-3と道路の土地との3筆境ですので，2-2の土地のa～bの筆界と2-3の土地のb～cの筆界とこれに接する道路の筆界ライン①とがBで合致する筆界点です。

　そして，筆界点Aや筆界点Cも，同様に3筆境を構成する3筆の筆界点が合致しなければなりません。

　したがって，次の【図6-52】の場合には，筆界点についてDさんとEさんの認識が合致しないため，筆界が構成されず，街区境界線上の筆界未定であるとの趣旨として「街区境界未定」となります（準則30条6項括弧書き）。

第8　現地調査等の実施（E7・GE7工程）

【図6-52】街区境界未定となる例

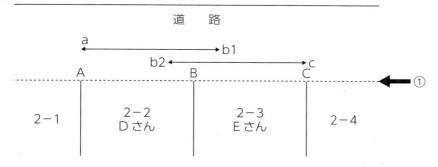

　この【図6-52】において，道路との境界（筆界）については，2-2の土地所有者Dさんからも，2-3の土地所有者Eさんからも，①のラインであるとの認識・確認が得られたとします。

　しかし，筆界点Bの3筆境について，Dさんはb1との認識であり，Eさんはb2との認識であり，認識の相違により街区境界上の筆界点の確認が得られないため（準則36条の2の規定による30条1項。街区票作成要領が準ずる票作成要領の項番1参照），街区境界未定の処理となります（街区図作成要領の表「街区境界未定がある場合」区分の「記号の表示方法又は図例」欄参照）。

3　7次計画後半における国土調査の方向性

　ところで，7次計画後半における国土調査の方向性の議論において「街区境界調査の位置付け……街区内における民有地同士の境界確認の取扱いなどについて整理……MMSを活用した更なる調査の効率化を行い……地籍調査以外の各種測量が実施される際に，街区境界調査の成果が広く活用されるよう，街区境界調査成果の一般公開や関係省庁と連携した成果の公開等の

第6章　一筆地調査

方策について検討を行うべきである」との報告がされています
（あり方報告書11頁）。これらのうち，特に，街区境界調査の実
施主体にとっては，制度府省において，前段の「街区境界調査
の位置付け……街区内における民有地同士の境界確認の取扱
い」，例えば，街区境界に接しない民有地間の筆界が明確にな
らないと街区境界上の民有地間の筆界も確認できないなどに係
る早期検討がされることを期待しています。

4　その他

以上のほか，街区境界調査のみでの完了の是非，街区境界未
定の処理などは，わかる！国調法 Q&A68 （262頁）等を参照願
います。

Q140

分割があったものとしての調査について教えてください。

A　　分割があったものとしての調査（以下「**分割調査**」とい
う。）は，国調法32条，準則24条及び32条に規定されて
います。

分割調査は，街区境界調査にあっては行いません（国調法21条
の2第1項参照。準則36条の2において準則24条及び32条の規定が適
用除外されている。）。

分割調査に関する留意点などは，わかる！国調法333頁以下を
参照願います。

地籍簿記載例を，わかる！国調法【図44・45】（338頁以下）の
場合について，地籍調査票記入例を基に，次の【図6-53】に示
します。

364

第 8　現地調査等の実施（E7・GE7 工程）

【図 6-53】地籍簿記載例（分割調査の場合）

地籍調査前の土地の表示					
字名	地番	地目	地積		所有者の住所及び氏名又は名称
			ha a	㎡	
海上	1191 -365	山林	1500		1191-365 良久井　堅太

地籍調査後の土地の表示						
字名	地番	地目	地積		所有者の住所及び氏名又は名称	原因及びその日付	地図番号
			ha a	㎡			
			1250			平成 30 年以下不詳地目変更 1191-365、1191-373 に分筆	C 1－5
	1191 -373	宅地	300	88		1191-365 から分筆	C 1－5

Q141

合併があったものとしての調査について教えてください。

A　合併があったものとしての調査（以下「**合併調査**」という。）は，国調法 32 条，準則 25 条及び 33 条に規定されています。

合併調査は，街区境界調査にあっては行いません（準則 36 条の 2 参照）。

合併調査に関する留意点などは，わかる！国調法 347 頁以下を参照願います。

地籍簿記載例を，わかる！国調法【図 51・52】（354 頁以下）の場合について，地籍調査票記入例を基に，次の【図 6-54】に示します。

第 6 章　Q 94 ～ Q 149

365

第 6 章　一筆地調査

【図 6-54】地籍簿記載例（合併調査の場合）

地籍調査前の土地の表示					
字名	地番	地目	地積		所有者の住所及び氏名又
			ha a	㎡	は名称
小山	26-3	原野	818		1191-365 良久井　堅太
〃	27	畑	300		地籍市明確二丁目 3 番 5 号 良久井　堅太

地籍調査後の土地の表示						
字名	地番	地目	地積		所有者の住所及	原因及びその日付	地図
			ha a	㎡	び氏名又は名称		番号
		畑	1330			平成 24 年 5 月 10 日地目変更 27 を合筆	D 3-2
						令和 2 年 4 月 1 日住所移転 26-3 に合筆	

Q142

一部合併があったものとしての調査について教えてください。

A　　一部合併があったものとしての調査（以下「**一部合併調査**」という。）は，準則 26 条及び 33 条に規定されています。

一部合併調査は，街区境界調査にあっては行いません（準則 36 条の 2 参照）。

一部合併調査に関する留意点などは，わかる！国調法 358 頁以下を参照願います。

366

第8 現地調査等の実施（E7・GE7 工程）

　地籍簿記載例を，わかる！国調法【図 55・56】（360 頁以下）の
場合について，地籍調査票記入例を基に，次に示します。

【図 6-55】地籍簿記載例（一部合併調査の場合）

<table>
<tr><td colspan="6" align="center">地籍調査前の土地の表示</td></tr>
<tr><td rowspan="2">字名</td><td rowspan="2">地番</td><td rowspan="2">地目</td><td colspan="2">地積</td><td rowspan="2">所有者の住所及び氏名又
は名称</td></tr>
<tr><td>ha a</td><td>㎡</td></tr>
<tr><td>小山</td><td>32</td><td>田</td><td>500</td><td></td><td>110
加藤　清</td></tr>
<tr><td>〃</td><td>33</td><td>畑</td><td>1300</td><td></td><td>同上</td></tr>
</table>

<table>
<tr><td colspan="8" align="center">地籍調査後の土地の表示</td></tr>
<tr><td rowspan="2">字名</td><td rowspan="2">地番</td><td rowspan="2">地目</td><td colspan="2">地積</td><td rowspan="2">所有者の住所及
び氏名又は名称</td><td rowspan="2">原因及びその日付</td><td rowspan="2">地図
番号</td></tr>
<tr><td>ha a</td><td>㎡</td></tr>
<tr><td></td><td></td><td></td><td>1000</td><td></td><td></td><td>33 の一部を合筆</td><td>E
4－3</td></tr>
<tr><td></td><td></td><td></td><td>900</td><td></td><td></td><td>平成 30 年以下不詳一部地
目変更
32 に一部合筆</td><td>E
4－3</td></tr>
</table>

Q143

代位登記の申請について教えてください。

A

1　代位登記の申請の必要性

　　地方公共団体又は土地改良区等が合併調査を行う場合に
おいて必要があるときは，登記を申請すべき者に代わり登記を
申請することができることとされています（国調法 32 条の 2 第 1
項）。

第 6 章　一筆地調査

　この合併調査には，準則 27 条において「前二条の調査」と規定していますので，一部合併調査（準則 26 条）も含まれます。

　合併調査又は一部合併調査は，所有者が同じであること（準則 25 条本文）などの合併要件を満たし，どちらか一方の土地のみに所有権の登記がない場合などの合併禁止事項（同条各号）に抵触しないことが必要ですが，この要件を代位登記の手続によってクリアできるときは，これを行うものです。

2　代位登記の申請の種類

　国調法 32 条の 2 には，登記の目的が 4 つ規定されていますが（①氏名・名称，住所の変更登記，②これらの更正登記，③所有権の保存登記，④相続による所有権移転登記），①及び②の登記については，「合併前の土地につき登記名義人の表示変更（更正）の登記を職権でなすことの可否について」昭和 38 年 5 月 10 日付け民事三発第 151 号法務省民事局第三課長依命通知（法令集 1241 頁）をもって代位登記の申請によることなく便宜地籍簿の「地籍調査後の土地の表示」欄の「原因及びその日付」に変更（更正）後の住所等を記載する取扱いで差し支えないとされ，また，簿作成要領の記載例 6-(7)においても同様の記載例が掲げられていますので，あえて，代位登記の申請をする必要はないです。

　そうすると，登記の目的が③又は④の場合に，代位登記の申請をすることになります。

3　代位登記の申請書の様式

　運用基準 13 条において，「国土調査法第 32 条の 2 の規定による代位登記の申請書の作成要領及び様式」昭和 32 年 12 月 28 日付け経企土第 126 号経済企画庁総合開発局長通達（法令集

第 8　現地調査等の実施（E7・GE7 工程）

1231 頁）が掲げられていますが，この通達は昭和 42 年に最終改正がされているものの，現行の法令に沿った様式ではありませんので，現行の法令に沿った様式による上記 2 ③「相続による所有権保存の登記」及び④「相続による所有権移転の登記」の嘱託書については，わかる！国調法 Q&A94 （364 頁以下）を参照願います。

　なお，代位登記の申請者が地方公共団体の場合は登記嘱託書・嘱託者であり，土地改良区等の場合は登記申請書・申請人となります（不登法 16 条 1 項，国調法登記政令 3 条 3 項）。

Q144

地番の調査について教えてください。

A　**1　仮地番の定め方**

　地番は，登記所が一筆の土地ごとに付さなければならないとされています（不登法 35 条）ので，登記官の権限により付されるものです。

　したがって，登記官以外の者が登記申請等で付すものは仮地番ですので，地籍調査においても定める地番は仮地番になります（準則 31 条・36 条）。この仮地番の定め方等については，運用基準 16 条に掲げる「仮地番の設定及び地番対照表の作成要領」昭和 32 年 10 月 24 日付け経企土第 179 号経済企画庁総合開発局長通達（以下「**179 号局長通達**」という。法令集 1206 頁）に基づき行います。地番は，地籍事項の一つですので，土地の位置が分かりやすいものとなるように定め（不登規則 98 条 2 項），他の土地の地番と重複しない番号をもって定めるとされていま

第 6 章
Q 94
〜
Q 149

369

第6章　一筆地調査

す（不登準則 67 条 1 項 1 号）。

　このことから，179 号局長通達においても，同様な仮地番の定め方が規定されています。

2　仮地番の定め方の具体例

　仮地番を定めることを規定している準則の各条項は，その状況について以下の(1)～(9)の場合を想定しています。各状況に対応した 179 号局長通達に沿って，解説及び図示すると以下のとおりです。

(1)　地番が明らかでない場合の仮地番（準則 31 条前段）

　準則 31 条前段に規定する「登記されている土地で，地番が明らかでないもの」とは，①登記簿はあるが地番が記載されていないため公図からその位置及び地番が明らかでない場合（179 号局長通達第 3 の 1 地番がない場合），②登記簿がなく公図に筆界のみが表示され地番の記載がない場合（白地。この事案が多いと思う。）であり，登記されていない土地について新たに土地の表題登記をすべき土地を発見した場合は，本条ではなく，準則 34 条を適用します（下記(5)，179 号局長通達第 3 の 1 新規登録の場合）。

【図 6-56】仮地番の設定例①
〈隣地に最終地番あり・枝番号なしの場合〉
（179 号局長通達第 3 の（以下図の説明につき略）1(1)）

1049	最終地番 1050	白地 仮地番 1051

　最終地番の次の本番号とします。仮地番とする 1051 番が

第 8 現地調査等の実施（E7・GE7 工程）

抹消，滅失又は合筆により登記簿が閉鎖された土地の地番の場合には，特別の事情がない限り再使用しませんので（不登準則 67 条 1 項 2 号），1052 番とします。

【図 6-57】仮地番の設定例②
〈隣地に最終地番なし・枝番号なしの場合〉（1(2)ア）

70	白地 仮地番 70-2	71-1		最終地番 80-5

左（西）から順に地番が配列されていることを考慮して 70 番 2 とします（分筆の場合と区別するため 70 番を 70 番 1 とし，白地を 70 番 2 とする仮地番の設定はしない。）。

【図 6-58】仮地番の設定例③
〈隣地に最終地番なし・枝番号ありの場合〉（1(2)イ）

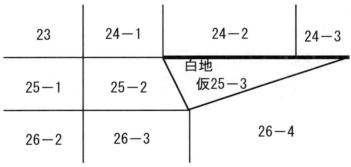

白地が 25 番 2 の土地の東側に位置している配列を考慮して 25 番 3 とします。仮地番とする 25 番 3 が抹消，滅失又は合筆により登記簿が閉鎖された土地の地番の場合には，特別の事情がない限り再使用しませんので（不登準則 67 条 1 項 2

第6章　一筆地調査

号），25番4とします。

　　地籍簿の記載については，簿作成要領の記載例9-(2)を参
照願います。

(2)　**地番の表示に誤りがある場合の仮地番**（準則31条後段）

　　準則31条後段に規定する「登記されている土地で，地番
に誤りあるもの」とは同一地番区域内で複数の土地に同一の
地番が付されている場合（A土地とB土地とも1050番，95番4
等の同じ地番が付されている：重複地番。不登準則67条1項1号）
であり，地番の支号（枝番）に数字以外が用いられている
（25番イ）又は支号の支号がある（95番4-8）場合（不登準則
67条1項9号）は本条ではなく準則36条1項1号又は2号を
適用します（下記(7)(8)，179号局長通達第3の5(1)ア・イ）。

　　これらの場合には，誤りと認められる土地を上記(1)に準じ
て仮地番を設定します（179号局長通達第3の2・5）。

(3)　**分割調査の場合の仮地番**（準則32条）

　　【図6-59】仮地番の設定例④

　　　　　〈分筆元地に枝番号なしの場合〉（3(1)）

分筆元地　35 **仮地番** **35-1**	**仮地番** **35-2**	**仮地番** **35-3**

　　35番は，仮地番に用いません（上記【図6-57】との対比。不
登準則67条1項4号本文）。地籍簿の記載については，簿作成
要領の記載例5-(1)を参照願います。

第8　現地調査等の実施（E7・GE7工程）

【図6-60】仮地番の設定例⑤
〈分筆元地に枝番号ありの場合〉（3(2)）

35-1	分筆元地 35-2 **仮地番** **35-2**	**仮地番** **35-6**	**仮地番** **35-7**	35-3	合筆地 35-4	被合筆地 ~~(35-5)~~

　　抹消，滅失又は合筆により登記簿が閉鎖された土地の地番（35番5）は，特別の事情がない限り再使用しませんので（不登準則67条1項2号），分筆元地以外の仮地番は最終の支号を追い順次支号を付します（35番6～。不登準則同項4号ただし書）。地籍簿の記載については，前記【図6-53】又は簿作成要領の記載例5-(3)を参照願います。なお，分筆元地の地番（35番2）は既に登記されている地番であっても仮地番とする趣旨は，登記官による分筆登記によって新たな筆界を創設されるものであるため，それまでは仮地番となります。

　　また，分筆元地の地番に数字以外が用いられている場合であっても，分割調査の前提として地番変更をするための仮地番を設定する必要はなく，直ちに分筆地としての仮地番を定めます（35番乙を35番2等に地番変更する必要はない。179号局長通達第3の3(3)参照）。地籍簿の記載については，簿作成要領の記載例5-(4)を参照願います。

(4)　合併調査又は一部合併調査の場合の仮地番（準則33条）

【図6-61】仮地番の設定例⑥
〈基本：合筆前の地番中の首位のものとする〉（4(1)）

合筆地　18 **仮地番** **18**	被合筆地 ~~19~~ **仮地番** **18**	被合筆地 ~~35~~ **仮地番** **18**

第6章
Q94～Q149

373

第6章　一筆地調査

　地番中の首位のものとは，前記【図6-54】のとおり26番3の枝番のある土地と27番の枝番のない土地の場合であっても本番号（親番。26番）の首位の土地の地番（26番3）を仮地番とします（不登準則67条1項6号）。

　地籍簿の記載については，前記【図6-54】【図6-55】又は簿作成要領の記載例6-(1)(3)(4)(5)を参照願います。

　なお，合筆地の地番（18番）は既に登記されている地番であっても仮地番とする趣旨は，上記(3)の分割調査と同様です。

　また，合筆地又は被合筆地の地番に数字以外が用いられている場合であっても，合併調査の前提として地番変更をするための仮地番を設定する必要がないことも上記(3)と同様です。地籍簿の記載については，簿作成要領の記載例6-(6)を参照願います。

【図6-62】仮地番の設定例⑦
〈同一本番号の枝番がある土地全部を合併調査する場合〉（4(2)）

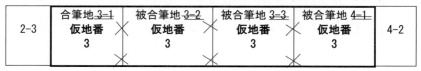

　本番号3番の全部の枝番地である3番1，3番2，3番3（3番4以下はなし）及び4番1を合併調査するときは首位の本番号の3番を仮地番とします（179号局長通達第3の5(1)ウ参照）。

　地籍簿の記載については，簿作成要領の記載例6-(2)を参照願います。

【図 6-63】仮地番の設定例⑧
〈特別な事情があるとき〉（4(3)）

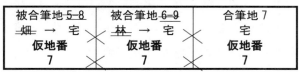

　179号局長通達第3の4(3)の説明は，5番8及び6番9は地目が宅地に変更された土地に対し，7番は従前から宅地であり所有者の住所地でもあることから，合併調査における仮地番の設定の基本である首位の地番である5番8を仮地番とすると所有者の住所にも影響することを考慮して，仮地番を7番とするとの趣旨です（不登準則67条1項7号）。

(5) **表題登記の場合の仮地番**（準則34条）

　広義では上記(1)の白地において登記簿を設けるための処理についても準則34条に規定する「新たに土地の表題登記をすべき土地を発見した場合の処理」を行いますが，ここでは公有水面を埋め立てた場合について，次の図に示します（179号局長通達第3の1新規登録の場合。なお，海面の隆起による島（国有地）についても表題登記をすべき土地であるが，一般的でないので省略する。）。

【図 6-64】仮地番の設定例⑨
〈隣地に最終地番あり・枝番号なしの場合〉（1(1)）

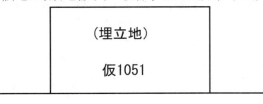

第6章　一筆地調査

（6）　地番区域の変更の場合の仮地番（準則 36 条 1 項前段）

　地番は，地番区域ごとに起番して，土地の位置が分かりやすいものとなるように定めるとされています（不登規則 98 条）。

　したがって，地番区域が変更されたときに，土地の位置が分かりにくくなり，また，他の土地の地番と重複するとき（不登準則 67 条 1 項 1 号）など地番の変更を必要とする場合には，これを行います（準則 36 条 1 項前段。179 号局長通達第 3 の 5 (2)）。

　地番区域の変更における地籍簿の記載は，簿作成要領の記載例 1 に例示されていますが，前記【図 2-9】花園町において，分筆の登記がされず，字界変更がされていない場合について以下に示します（道路の合併調査はしない。）。

【図 6-65】地籍簿記載例（地番区域の変更の場合）

〈花園町字蘭の地籍簿〉

地籍調査前の土地の表示				
字名	地番	地目	地積	所有者の住所及び氏名又は名称
			ha a　　㎡	
蘭	100	畑	5200	1187-1 花田　蘭子
菊	5-3	畑	1040	510 後藤　菊三

地籍調査後の土地の表示						
字名	地番	地目	地積	所有者の住所及び氏名又は名称	原因及びその日付	地図番号
			ha a　　㎡			
	100-1		3420		100-1、100-2、100-3 に分筆	F 5－6
蘭	100-4				字菊 5 から分筆 令和 6 年 11 月 8 日所在変更 100－4 と地番変更	F 5－6

376

第 8　現地調査等の実施（E7・GE7 工程）

〈花園町字菊の地籍簿〉

地籍調査前の土地の表示					
字名	地番	地目	地積		所有者の住所及び氏名又は名称
			ha a	㎡	
菊	5	畑	3500		510 後藤　菊三
蘭	100-2	畑	580		1187-1 花田　蘭子
蘭	100-3	畑	1200		同上

地籍調査後の土地の表示						
字名	地番	地目	地積		所有者の住所及び氏名又は名称	原因及びその日付	地図番号
			ha a	㎡			
	5-1		2000			5-1、5-2、5-3 に分筆	G6-2
	5-2	公衆用道路	460			令和 5 年 9 月 10 日一部地目変更 5 から分筆	G6-2
菊	5-4	公衆用道路				令和 5 年 9 月 10 日一部地目変更 字蘭 100 から分筆 令和 6 年 11 月 8 日所在変更 5－4 と地番変更	G6-2
〃	5-5					字蘭 100 から分筆 令和 6 年 11 月 8 日所在変更 5－5 と地番変更	G6-2

　前記第 2 章 Q&A26 において掲げた 158 号部長通達の記 1
は「地番区域の調整をしようとするときはなるべく一筆地調
査着手前に，地番区域の調整に伴う土地台帳（現在の登記簿の
表題部）の訂正（現在の職権登記）がなされるように考慮する
こと」とされていますが，上記【図6-65】は，前記【図
2-9】上左①図のとおり分筆登記がされていないため，一筆

第 6 章　一筆地調査

地調査着手前に字菊 5 番の一部及び字蘭 100 番の一部の土地について地番区域（字界）を変更し，登記簿の所在を変更する職権登記（不登準則 59 条）がされていない事例の場合です。

このため，158 号部長通達の記 2 に従い地番区域の変更（字界変更）の効力発生日を国調法 19 条 2 項の認証日とする議会の付帯決議をすることになります。

したがって，上記【図 6-65】の所在変更年月日は，上記認証日が令和 6 年 11 月 8 日であることを示しています。

そうすると，国調法 17 条 1 項の閲覧時における地籍簿案には，認証日が未定であるため所在変更年月日が記載できない理由を付記することになります。

このような事態を避けるためにも，一筆地調査の着手前に，所要な分筆登記の嘱託が所管部署からされていること，地番区域の変更の議会決議がされていることが肝要です。

⑺　**数字以外の符号で表示されている場合の仮地番**（準則 36 条 1 項後段・同項 1 号）

上記⑵において触れましたが，地番の支号（枝番）に数字以外が用いられている（25 番イ）場合には，準則 31 条後段に規定する「地番に誤りがあるもの」としてではなく，準則 36 条 1 項 1 号を適用し，地番を変更します（179 号局長通達第 3 の 5 ⑴ア）。

地籍簿の記載については，簿作成要領の記載例 2 を参照願います。

⑻　**枝番号に枝番が付されている場合の仮地番**（準則 36 条 1 項後段・同項 2 号）

この場合も上記⑺と同じく，地番に支号（枝番）の支号がある（95 番 4-8）場合（不登準則 67 条 1 項 9 号）には，準則 31 条

378

第 8　現地調査等の実施（E7・GE7 工程）

後段に規定する「地番に誤りがあるもの」としてではなく，準則 36 条 1 項 2 号を適用し，地番を変更します。変更後の仮地番の定め方は，179 号局長通達第 3 の 5(1)イを参照願います。

(9)　**地番が著しく入り乱れている場合の仮地番**（準則 36 条 1 項後段・同項 3 号）

地番は，土地の位置が分かりやすいものとなるように定めるとされています（不登規則 98 条 2 項）。これは，地番は，土地の位置を特定するための一要素であるからです。

したがって，地番からでは土地の位置が分からないほど著しく入り乱れているときに，地番を変更することが適当であると認める場合には，仮地番を定めます（準則 36 条 1 項後段・同項 3 号）。

変更後の仮地番の定め方は，179 号局長通達第 3 の 5(2)を参照願います。

3　地番対照表の作成（準則 36 条 2 項）

地番区域内の全部の土地について，①上記(6)地番区域の変更（A 地番区域の土地を全て B 地番区域に編入又は B 地番区域と合わせて C 地番区域を新設），②上記(7)数字以外での地番で表示，③上記(8)枝番に枝番が付されていることにより仮地番を定めたときは，地番対照表を作成します（179 号局長通達第 3 の 6，第 4）。

4　地番変更の留意点

以上の規定に基づき地番変更の処理に伴い土地の所有者の住所に変更を生じる場合の留意点が「地籍調査において地番変更の処理をした場合における土地所有者の住所変更等の取扱いについて」（昭和 53 年 4 月 13 日付け国土国第 152 号国土庁土地局長通達。以下「**152 号局長通達**」という。法令集 1213 頁）にあります（運用基準 17 条）。

379

第6章　一筆地調査

5　地番変更の地籍調査票

【図6-66】地籍調査票記入例（地番変更，立会者本人の場合）

地籍調査票（現地調査等用）

調査図番号	5	[A]

所有者等確認	確認日　[B]　[C]　令和6年11月22日	所有者等の住所及び氏名　住所　花園市字蘭234番甲　氏名　菊井　香蘭

	地籍調査前の土地の表示				地籍調査後の土地の表示	
所在・地番	字蘭234番甲				字蘭234—1	
地目・地積	地目	宅地	地積	300.58㎡	地目	
所有者	住所	234番甲 [D]			234—1	
	氏名又は名称	菊井　香蘭 [E]	[F]		[G]	
登記関係	所有権				その他の登記	
表示事項	有・無	抵　賃仮				

異動事項（同意・承認事項）		異動事項	
□	に分割	□　年　月　日不詳（一部）地目変更	
□	から分筆	□　年　月　日　　所在変更	
□	番を合併	□　年　月　日　　住所変更（訂正）	
□	番に合併	□　年　月　日　　氏名変更（訂正）	
□	番の一部を合併	□　年　月　日不詳新たに	
□ [H]	番に一部合併	表題登記をする土地	
✔　234-1	番に地番変更（訂正）	□　　　　を　　　　と訂正	
□　年　月　日不詳（一部）滅失		□　　　　番との筆界未定	
□不存在		□　現地確認不能	
所有者意見	上記のとおり分割・合併・一部合併・地番変更（訂正）・滅失・不存在について同意（承認）をする。　　[J]　令和6年11月22日　土地所有者氏名　　菊井　香蘭　（代理人）	□ [I]	

（摘要）

地番変更に伴い住所地番も変更することにつき、今回の認証予定地域内の土地に限り住所変更の処理をすることを説明した。　[K]

第 8　現地調査等の実施（E7・GE7 工程）

A：調査図番号等の数字を記載するにはアラビア数字を用います（票作成要領 1(2)）。

B：筆界の確認を行った所有者等に住所の記入及び署名又は記名押印を求め，確認日は，図面等調査を実施する場合に所有者等に記入の上，返送することを求める方法を除き，地籍調査の調査担当者が記入します（同要領 1(8)）。

C：大字以下について記載します（同要領 1(4)）。

D：土地の所在と同一の部分は省略し，異なる部分のみを記入すれば足ります。ただし，地番は必ず記入します（同要領 1(5)）。

E：所有権の登記（登記簿の甲区）がされていれば「有」に，なければ（登記簿の表題部のみ）「無」に，○を付します（同要領 1(7)前段）。

F：所有権以外の権利に関する登記の種類を略記することができます（同要領 1(7)後段）。

G：票作成要領には定められていませんが，「地籍調査後の土地の表示」欄が空欄であると，調査漏れや調査したことの記入漏れでないことが明確でないので，斜線や変更なしなどの記入をすることをお勧めします。

H：この記入例は，地番が数字以外の符号で表示されているため，準則 36 条 1 項 1 号の規定により仮地番を定めたものですので，準則 31 条に規定する「地番に誤りであるもの」ではありません。したがって，誤りを示す「訂正」ではなく，「変更」に○を付します。

I：この記入例は，地番変更の処理をしたことに伴い，152 号局長通達に基づき土地の所有者の住所変更をしたものです。この場合には，引っ越し等による住所変更ではありませんの

第 6 章　一筆地調査

で, 変更年月日の記入は不要です（152 号局長通達の「住所地番
変更」のみであることを参照）。

J : 地番変更について同意を得ることの明示及び同意があったこ
との年月日を地籍調査の調査担当者が記入し, 土地の所有者
に署名又は記名押印を求めます（同要領 1 ⑿）。

K : 票作成要領には記述されていませんが, 付記することをお勧
めします（同要領 1 ⒀⑨）。

Q145

地目の調査について教えてください。

A　1　地目の種類

　　地目は, その土地の主な用途により, 不登規則 99 条に
定める 23 種の区分されたものに当てはめます（準則 29 条）。

どのような利用状況が, 田であるか, 宅地であるかは, 運用
基準 15 条 1 項に規定され, 地目の調査の詳細は, 同条 3 項が
掲げる「地目調査要領」昭和 42 年 2 月 18 日付け経企土第 7 号
経済企画庁総合開発局長通達（以下「**7 号局長通達**」という。法令
集 1215 頁）に定められています。

地籍調査の成果の写しの送付を受ける管轄登記所（国調法 20
条 1 項。わかる！国調法 239 頁参照）における取扱規定も, 運用基
準 15 条 1 項に規定する内容は不登準則 68 条に, 上記局長通達
に規定する内容は同準則 69 条に, それぞれ定められています。

2　地目改記

地目の調査の結果, 土地の現況の主な利用目的と調査図素図
に記載した地目とが異なる場合には, 所要の事項を調査図素図

第8　現地調査等の実施（E7・GE7 工程）

に記録します（準則 29 条 2 項）。

　ところで，登記簿の記載事項をコンピュータ化して登記情報システムに入力する際に，正しい登記内容に書き改められていますが，「墳墓地」「林野」「神社敷地」など，上記不登規則 99 条に限定列挙されている 23 種の地目名称以外の地目名称が登記されていることがあります。このとき，例えば，地目の調査結果では「山林」との認定が相当であるときに，登記簿の地目が「林野」である場合，利用状況が変わったのではなく，地目の名称が違うことにすぎないので，「変更」ではありません。そうすると，準則 29 条 2 項に規定する「変更の年月日」を調査する必要がありません。むしろ，変更の年月日がありません。ただし，運用基準第 15 条第 2 項において登記簿上の地目が前項各号に掲げる地目の区分（23 種）と異なる場合は同項各号（23 種）のいずれかの地目に「変更」すると規定しているところ，簿作成要領などにこの場合の記載例がないため，変更年月日もないのに，地籍簿の原因欄に「地目変更」と記載するのかという疑問が生ずると思います。

　変更年月日がないにもかかわらず，地籍簿及び登記記録に「地目変更」と記載すると，地籍簿案の閲覧者などに対し変更年月日の記入漏れとの無用な混乱を生じさせることになります。そこで，簿作成要領には定めがありませんが，単に「地目改記」と記載すると明確になると考えます。こうすれば，変更年月日の記載がなくとも，その記載遺漏でないことが地籍簿のみから把握することができます。

3　農地から農地以外への地目変更

　地目の調査は，土地の利用状況という事実を調査するもので

第6章　Q94〜Q149

383

第6章　一筆地調査

す。

このため，前記 Q&A144 地番変更のように土地の所有者等の同意（準則 36 条 1 項）は，要件とされていません。

地目変更後の地目によって固定資産の税額が変更されることがあったとしても，その税額に相応する土地の利用をしているからです。

したがって，地籍調査の担当者は，現地の利用状況から 23 種の地目と照らし合わせて，調査図素図等の地目との異同を調査します。

ただし，関係法令により当該土地の形質・利用状況の変更（転用）を制限されている場合には，その法令を考慮した行政配意が必要と思います。

法令制限がある場合の取扱いとして，「地籍調査において登記簿上の地目が農地である土地に関する地目認定について」昭和 56 年 10 月 7 日付け国土国第 409 号国土庁土地局国土調査課長指示（以下「409 号課長指示」という。法令集 1219 頁）があります。

この 409 号課長指示に農業委員会へ照会とあり，具体的な照会事項や照会期間については，法務省内部において通達などが発せられていますので（登記簿上の地目が農地である土地について農地以外の地目への地目の変更の登記申請があった場合の取扱いについて（昭和 56 年 8 月 28 日付け法務省民三第 5402 号法務省民事局長通達。以下「5402 号局長通達」という。法令集 1220 頁）。登記簿上の地目が農地である土地について農地以外の地目への地目の変更の登記申請があった場合の取扱いについて（同日付け法務省民三第 5403 号法務省民事局第三課長依命通知。法令集 1222 頁）），参考として図示すると次の【図 6-67】のとおりです。なお，これら通達類が発出され

384

第 8　現地調査等の実施（E7・GE7 工程）

た背景事情等は，わかる！国調法 Q&A13 44 頁を参照願います。

【図 6-67】農業委員会への照会フロー

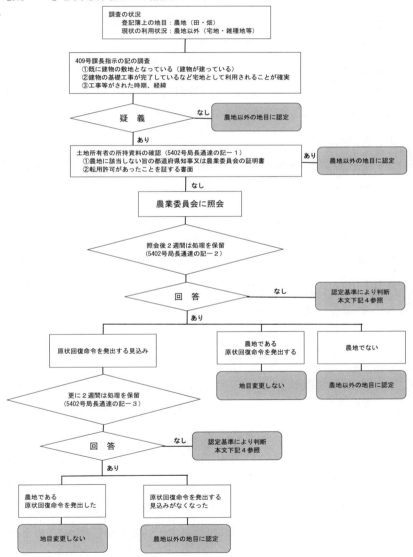

第6章　一筆地調査

4　中間地目における地目の認定

地目の調査においては，上記3の農地法のほか，都市計画法，砂防法，森林法等の関係法令による開発や転用などの制限がある土地，これらの制限はないが利用状況の変更が中間段階の土地等の地目（以下「**中間地目**」という。）の認定に留意する必要があります。

そこで，ここでは，宅地及び雑種地の認定に係る留意点を解説します。

(1)　**宅地について**

409号課長指示の記に，上記【図6-67】のとおり，①既に建物の敷地となっている場合等当該土地が現況において特定（宅地として）の利用目的に供されていること，②建物の基礎工事が完了しているなど近い将来宅地として利用されることが確実に見込まれることが，宅地であることの認定要件であり，併せて，③当該埋め立て工事等がされた時期，経緯について調査する，すなわち，一時的な工事であるか否かを調査することとされています。

そして，5402号局長通達の記二1に，宅地に造成するための工事が既に完了していることでは足りず，上記①又は②の要件が満たされていなければ宅地への地目変更があったものとは認定しないとされています。

また，上記の「近い将来宅地として利用されることが確実に見込まれること」の判断として，建築確認証の交付（建築基準法6条1項），都市計画区域等における開発行為の許可（都市計画法29条），市街化調整区域内のうちの開発許可を受けた開発区域以外の区域内における建築物の新築等の許可

386

第 8　現地調査等の実施（E7・GE7 工程）

（同法 43 条 1 項）がされていることも判断資料となるものと考えます。ただし，許可を得たからといって，実際に当該開発行為や建築物が建築されるかは，上記③の調査事項と同様に，許可の年月日や工事の準備状況により判断することになると考えます。

(2)　**雑種地**について

　5402 号局長通達の記二 2 に，農地から雑種地への地目変更について，将来再び耕作に供することがほとんど不可能であるときを除き，現状のままでは耕作するのに適さない状況では足りず，現に特定（雑種地として）の利用目的に供されていること，又は近い将来雑種地として利用されることが確実に見込まれるときでなければ，雑種地への地目変更があったものとは認定しないとされています。

　これは，農地から雑種地への地目変更に限らず，一時的な利用状況であるのか，恒久的に雑種地として利用されているかの判断基準を示しているものと思います。

　したがって，例えば，資材を野ざらし又は簡易な保管庫等に置いている状態が，一時的であるのかを調査し，雑種地が22 種の地目のいずれにも該当しない土地であるからといって（運用基準 15 条 1 項 23 号），安易に雑種地への地目変更をしないように留意すべきと考えます。

5　**建物の認定基準**

　宅地とは，建物の敷地及びその維持若しくは効用を果たすために必要な土地とされています（運用基準 15 条 1 項 3 号，不登準則 68 条 3 号）。

　したがって，土地の上に工作されているものが建物であると

第 6 章　Q 94 〜 Q 149

387

第 6 章　一筆地調査

きは宅地であり，上記 4 (1) ② の場合は近い将来建物が建造されることが確実であることとして，その建造物が「建物」であるときに宅地として認定する要素です。

そこで，不動産登記の実務における建物の認定基準を以下に解説します。

建物は，①屋根があり，②壁に囲まれ又はこれに類似するものがあり，③土地に定着した建造物で，④居宅や倉庫といった建物の用途（不登規則 113 条 1 項）として使用する状態にあるものでなければならないとされています（同規則 111 条）。

①屋根については，近年の建築技術から，開閉が可能な屋根や東京スカイツリーのような形状であっても，建造物の用途として認められるものは，不動産登記の実務において建物です。

②壁については，倉庫などの保管物の搬出入のために全てが固定壁でなくとも建物です。なお，ガスタンク，石油タンク又は給水タンクは不動産登記の実務において建物として取り扱われませんが（不登準則 77 条 2 号ア），これらの敷地は宅地です（7 号局長通達第 2 の 3 (7)，不登準則 69 条 10 号）。

これら①及び②の要件を「外気分断性」と呼ばれています。

③土地に定着した建造物については，「定着性」と呼ばれる要件です。

したがって，基礎に固定されていないなど，容易に運搬することができる建造物は建物として認められません（不登準則 77 条 2 号オ）。この場合には，当該土地について，全体の利用状況を調査し，主な用途により相当な地目を認定します。

④建物の用途として使用する状態にあるものとの「取引性」の要件は，荒廃状態の建造物を登記して公示する経済性の観点

第 8　現地調査等の実施（E7・GE7 工程）

からの要件ですので，地籍調査における地目の調査として「宅地」と認定するかの要件には直接影響しないと考えます。

Q146

表題登記をすべき土地の調査について教えてください。

A　**1　表題登記の仮地番**

　　　　新たに土地の表題登記をすべき土地を発見した場合の仮地番の定め方については，前記 Q&A144 2(5)を参照願います。

2　表題登記をすべき土地の処理

　表題登記をすべき土地とは（準則 34 条），①白地において登記簿を設ける土地，②人工的に公有水面を埋め立てた土地，③海面の自然隆起により新たに島が発生し陸上となった土地（国有地）です。

　なお，①白地の処理については前記 Q&A144 2(1)及びわかる！国調法 Q&A9 39 頁を参照され，③の海面隆起地については一般的でないので解説を省略します。

　そこで，②埋立地に係る簿作成要領の記載例 9-(1)における地籍調査票記入例を次の【図 6-68】に掲げます。地籍簿の記載については，簿作成要領の記載例 9-(1)(2)を参照願います。

　また，所有者の認定に係る留意事項は，わかる！国調法 40 頁を参照願います。

第6章　Q94〜Q149

389

第6章　一筆地調査

【図6-68】地籍調査票記入例（表題登記，業務執行取締役の場合）

地籍調査票（現地調査等用）

調査図番号	7	A

所有者等確認	確認日　　　　　　　　　B 令和6年12月12日	所有者等の住所及び氏名 住所　東京都千代田区霞が関3－1－1 氏名　総合開発株式会社 　　　経理部長　宋　閏男

	地籍調査前の土地の表示		地籍調査後の土地の表示 D
所在・地番			(東海郡千代田村)大字霞が関字小山17－4
地目・地積	地目	地積　　　　　㎡	地目　雑種地
所有者	住所	C	東京都千代田区霞が関三丁目1番1号
	氏名又は名称	E	総合開発株式会社　　　　　F
登記関係	所有権		そ　の　他　の　登　記
表示事項	有　・　無		

異動事項（同意・承認事項）	異動事項
□　　　　　　　　　　に分割	□　　年　　月　　日不詳（一部）地目変更
□　　　　　　　　から分筆	□　　年　　月　　日　　所在変更
□　　　　　　　　番を合併	□　　年　　月　　日　　住所変更（訂正）
□　　　　　　　　番に合併	□　　年　　月　　日　　氏名変更（訂正）
□　　　　　　番の一部を合併	☑平成28年4月1日不詳新たに
□　　　　　　番に一部合併	表題登記をする土地（**公有水面埋立**）
□　　　　　番と地番変更（訂正）	□　　　　　を　　　　　　と訂正
□　　年　　月　　日不詳（一部）滅失	□　　　　　　　　　番との筆界未定
□不存在	□　　現地確認不能
所有者意見　上記のとおり分割・合併・一部合併・地番変更（訂正）・滅失・不存在について同意（承認）をする。 　　　　　　　　年　　月　　日 　　　　　土地所有者氏名 　　　　　（代理人）	□　　年　　月　　日　　　　　G

H　　　I

（摘要）

　立会人の宋開男は、土地の所有者総合開発株式会社の取締役であることを同社の登記事項証明書で確認するとともに、立会人から業務執行取締役（会社法363条1項2号）であるとの証言を得た。

　所有者の調査は、公有水面埋立竣工認可の告示（公有水面埋立法22条2項）により確認した。

第 8　現地調査等の実施（E7・GE7 工程）

A：この記入例は，調査図素図に表示がある白地の場合ではなく，公有水面の埋め立てによる場合ですので調査図素図に表示がありません。しかし，表題登記をすべき土地の形状等を調査図素図に描示しますので（素図表示例第 10），その調査図番号をアラビア数字により記載します（票作成要領 1(2)）。

B：筆界の確認を行った所有者等に住所の記入及び署名又は記名押印を求め，確認日は，図面等調査を実施する場合に所有者等に記入の上，返送することを求める方法を除き，地籍調査の調査担当者が記入します（同要領 1(8)）。この記入例は，所有者であると認定した会社の住所及び名称等は記名（ゴム印）ですが，筆界確認者の氏名は署名ですので会社印の押印は不要と考えます。

C：票作成要領には定められていませんが，表題登記をすべき土地の地籍調査票であることが一見して分かるように，「地籍調査前の土地の表示」欄を斜線などの記入をすることをお勧めします。

D：「所在・地番」欄には大字以下について記載することとされていますが（同要領 1(4)），簿作成要領の記載例の表紙が「東海郡千代田村大字霞が関」とあり，同記載例 9-(1)の所有者の住所が「東京都千代田区霞が関」とあるため，解説の説明上，便宜「東海郡」から表示しています。

E：所有者の住民票等により住所を確認の上記載するとされていますので（同要領 1(10)），総合開発株式会社の登記事項証明書により記入します。

F：票作成要領には定められていませんが，上記総合開発株式会社の登記事項証明書により所有者の名称も確認することがで

第 6 章　Q 94〜Q 149

391

きます（名称が総合開発株式会社（後株）であり，株式会社総合開発（前株）でないことなど）。

G：票作成要領には定められていませんが，地籍調査票の「摘要」欄を見ることなく，地籍簿の「原因及びその日付」欄に記載できるようにするため，日付のほか原因をも記入することをお勧めします。

H：代理人から筆界の確認を得た場合以外の記載について票作成要領には定められていませんが，筆界の調査（立会人）の確認を得た宋開男が適格者であることの確認根拠を付記することをお勧めします。会社の登記事項証明書により宋開男が取締役であることは確認できますが，当該会社の業務を執行する取締役であるかは定款又は取締役会議事録を確認しないと分かりません。ただし，現地調査の通知を持参し，業務執行取締役であるとの証言を得ているので，会社の業務権限については，当該会社及び立会人の職責に委ねても差し支えないと考えます。

I：新たに表題登記をすべき土地として調査した場合は，当該土地の所有者の認定根拠を付記します（同要領1⒀①）。

3 埋立地に関する先例・裁判例

公有水面埋立法による竣工認可があった埋立地は，地方自治法7条の2第3項の規定に基づく総務大臣の告示及び同法260条2項による市町村長の告示がなければ，所在が確定せず，登記を受理する管轄登記所が定まらないので，登記をすることができないとされています（公有水面埋立地の登録登記事務について（昭和30年5月17日付け民事甲第930号法務省民事局長回答）。日本加除出版 LegalGarden サービス）。

第 8　現地調査等の実施（E7・GE7 工程）

また，河床が水路の変更によって河川流域としての特質を
失った場合であっても，河川の所管行政庁において河川法に定
める河川区域変更の処分がされない限り，私権の目的となるこ
とはできず，時効により所有権を取得することができないと判
示されています（東京高判昭和 31 年 2 月 13 日。下民 7 巻 2 号 318 頁）。

Q147

滅失等の土地の調査について教えてください。

A ### 1　海没等により滅失した土地

(1)　海没等の事実認定基準

　登記されている陸上（土地）が，海，河川又は湖の公有水面
に全部が没したときは，滅失の調査をします（準則 35 条 1 項）。
なお，土地の一部が没したときは，地籍調査においては一部海
没との処理をしますが（簿作成要領の記載例 8-(1)参照），不動産登
記の実務においては登記簿を閉鎖する滅失の登記（不登法 42
条。不登規則 109 条）ではないので地積変更の登記をします（不
登法 37 条 1 項，不登準則 73 条）。

　そこで，海没等の認定基準，換言すると，どこまでが陸上
（土地）で，どこまでが海等であるかについて，以下に解説し
ます。

ア　先例・裁判例

　陸地と公有水面との境界は，潮の干満の差のある水面に
あっては春分秋分における満潮位を，その他の水流水面に
あっては高水位を標準として定めるとされています（海面に
隣接する土地の境界線について（昭和 31 年 11 月 10 日付け民事甲第

第 6 章　Q 94〜Q 149

393

第6章　一筆地調査

2612 号法務省民事局長事務代理回答）。法令集 1243 頁）。

　また，同趣旨として，最三小判昭和 61 年 12 月 16 日（民集 40 巻 7 号 1236 頁）は，「海は，社会通念上，海水の表面が最高高潮面に達した時の水際線をもって陸地から区別されている」と判示しています。

イ　陸地（土地）と海等（公有水面）との境界

　上記アから，公有水面との筆界は，海等の最高水面となります。

(2)　筆界が海等の最高水面である論拠

　陸地は，土地として登記の対象となり，人が所有権や占有権に基づき支配することができる状況が常になければなりません。

　すなわち，常に陸地として使用できる部分を海等と区画するためには，海等からこれ以上に水が押し寄せてこない限界水位までを陸地として，この安定した陸地を登記の対象としています。登記名義人からしても，干潮時には陸地として使用できるが，満潮時には水に覆われて陸地として使用できない範囲まで登記の対象となる土地であるとの意識はないと思います。

　このことから，干満の差がある海については，上記(1)アの判例は「最高高潮面」とし，登記実務では上記(1)アの回答が「満潮位」とし，その条件時期を気象学的な要素を考慮して「春分秋分」としています。干満の差がない公有水面については，同回答は「高水位」としています。

　他方，現況は漁船の船溜場で満潮時は海として認められるが境石（崖）が確認される場合に現在海として認められる部分は滅失として取り扱うかの照会に対し，満潮時には海水が浸入し一時的に海面の状態となっても平常の状態においては筆界も確

394

認され，舟つぎ場，網干し場等として使用することができるものは一筆地（雑種地）として調査し，滅失の取扱いはしないとした，上記(1)アの回答や判例と異なる見解の回答があります（一筆地調査の処理方法について（昭和36年3月14日付け経済企画庁総合開発局国土調査課長回答の記1）。法令集1247頁）。これは，船溜場の使用状況や境石の設置経緯が判然としませんが，おそらく，照会による海水が滞留する区域に漁船を停泊させる船溜場に着目したのではなく，境石が現存し，その境石から陸地側をあたかも陸地のように漁船を引き上げ（舟つぎ場），漁網を干す場所として利用している慣習を考慮した個別事案に対する回答であると思います。

(3)　海没等の事実認定方法

ア　筆界の調査の基本

　　筆界は，登記簿（地籍調査票），登記所地図（調査図素図）等の書面資料の内容，地形等の状況，慣習その他の筆界に関する情報を総合的に考慮し，土地の所有者等の確認を得て調査することは（準則30条1項），海等の公有水面に接する土地であろうと，これらの公有水面に接しない内陸地であろうと，変わりはありません。

　　ただし，公有水面に接する土地は，公有水面に没する可能性があるため，公有水面に没した土地があるかの調査が必要となります。

　　なお，土地が海面下に没した経緯が天災等によるものであり（人為的工事によるものでない），かつ，その状態が一時的なものである場合には（原状回復（復旧）が可能な状態），私人の所有権（登記の対象である土地）は消滅しないとされていること

に留意します（海面下の土地の所有権について（昭和36年11月9日付け民事甲第2801号法務省民事局長回答）の記1。法令集1246頁）。

イ　海岸線の筆界の調査

上記(1)アの回答や判例及び(3)アの回答に沿って，公有水面と陸地との筆界について，次の断面図により解説します。

【図6-69】海岸線の筆界

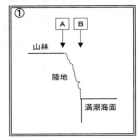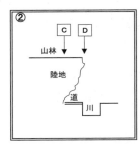

上記【図6-69】の左①図は，海と陸地との境界は，海の満潮海面であるB点であり，A点〜B点は崖ではあるが公有水面に没していない土地であるから，B点が筆界となります。

中②図は，道及びその上部の山林も公有水面である川に没していないので，D点が筆界となります（前田幸保「地籍調査〈一筆地調査関係〉事例問答集」（みづほ書房，2011年）147頁参照）。なお，この図において，道の部分につき買収及び地目変更の登記がされていない場合には，当該道の管理機関に対して分筆及び地目変更の登記嘱託の協力を依頼することになります（運用基準12条1項）。

右③図は，E点〜F点の崖の下部が天災等により海没した場合には，上記(3)アの回答のとおり，私人の所有権（登記の対象である土地）は消滅しないとされていることから，海上の最高高潮位はE点ですが，その上部であるE点〜F点の山

第 8　現地調査等の実施（E7・GE7 工程）

林は海に没していないので，F 点が海との筆界となります
（前田幸保「地籍調査〈一筆地調査関係〉事例問答集」（みづほ書房，
2011 年）148 頁，中村隆，中込敏久監修，荒堀稔穂編集代表「新版 Q
＆ A 表示に関する登記の実務［第 1 巻］」（日本加除出版，2007 年）
36 頁参照）。なお，自然災害により海面下に没した土地の私
人の所有権は消滅しないとする回答は不動産登記に係る回答
ですので，復旧工事に係る公有水面埋立法所定の埋立申請を
必要とするかは当該許認可庁の判断によるものと思います。

ウ　海岸線が崖地の場合の調査方法

　海岸線が砂浜等の急峻な地形でないときは，地上法による
地籍測量（準則 42 条）を行うのが一般的であると思います。

　他方，当該区域が例えば精度区分甲 3 適用区域の場合，上
記【図 6-69】のような崖地で急峻な地形であるときは，地
上法による地籍測量を行うのは危険が伴うことから，地籍調
査の実施自体が困難な場合が多いと思います。

　さらに，航測法による地籍測量は，精度区分乙 1，乙 2 又
は乙 3 の適用区域において行うことができるとして（準則 37
条 3 項），「原則として」との用語がなく，例外（甲 3 区域への
適用）が認められないような規定です。

　また，航測法による地籍測量の実施が困難な場合は地上法
による地籍測量との併用法（準則 37 条 1 項 3 号）を行うこと
ができるとの規定はありますが（運用基準 44 条の 2），地上法
による地籍測量の実施が困難な場合に併用法を行うことがで
きるとの規定が見当たりません。

　しかし，航測法による地籍測量の適用区域が精度区分乙 1
まで拡大される前の事例ですが，乙 1 区域において，準則に

第 6 章　Q94〜Q149

397

第6章　一筆地調査

定めのない方法による地籍調査の実施として8条申請の承認を得て，併用法による地籍測量を実施した事例があります（航測法手引46頁）。

エ　一部滅失か全部滅失かの調査

土地が公有水面に海没等しているか，海没等をしているとして，その部分が当該土地の全部であるか一部であるかを調査する必要があります（一部海没の場合は簿作成要領の記載例8-(1)，全部海没の場合は同(2)参照）。

この調査においては，海没等をしていると思われる土地の全体を把握しないと海没等の事実が判明しませんので，公有水面側の高水位の位置の調査と陸地側の隣接地との筆界調査のほか，当該隣接地も含めて海没等（一部滅失）していないかの調査が必要となります。

これらについて，次の【図6-70】で解説します。

【図6-70】海没状況の調査

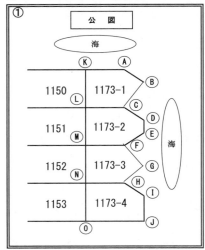
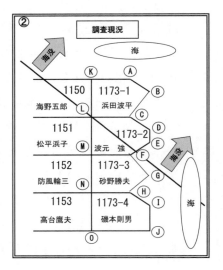

第 8　現地調査等の実施（E7・GE7 工程）

(ｱ)　海没等の事実調査

　　【図 6-70】左①図に表示されている土地と海との筆界 A～J について，海に没しているかを調査します。このとき，当該公図の精度を考慮する必要がありますので，周辺地の公図と現況との乖離度合いを参考とします。また，登記簿の地積や現地精通者の証言も参考とします。ただし，公図の精度や登記簿の地積が正確でなく，海没していないのに現況の状況が公図等より狭いこともあり得ますので，周辺地の崩落の有無や現地精通者の証言が重要です。これらは下記(ｲ)の調査においても同じです。

(ｲ)　一部滅失か全部滅失かの調査

　　上記(ｱ)の調査により海に接している 1150，1173－1～1173－4 の土地について海没している可能性がある場合には，海没部分が一部なのか，全部なのかを調査するため，これらの土地の範囲，すなわち隣接地との筆界 K～O を調査します。

　　この調査の参考資料は，上記(ｱ)と同じです。

　　例えば，筆界 K～L が海との境となっているときは，1173－1 の土地は全部滅失であり，1150 の土地も一部滅失の可能性もあるので，この有無も調査します。

(ｳ)　調査結果の担当者メモ

　　地籍調査の担当者メモは，次のとおりです。

　　春分における満潮位により陸地と海との境界を調査した結果，右②図のとおり，1173－1 の土地は全部が，1150 及び 1173－2 の土地は一部が，それぞれ海に没しているため，1173－1 の土地所有者（浜田波平）から滅失の承認を得

399

た（準則35条1項前段）。

1150及び1173-2の土地所有者には海との筆界について確認を求めたところ（準則30条1項），1150の土地所有者（海野五郎）から確認を得られたが，1173-2の土地所有者（波元強）からはF点の位置について調査結果と合致しないとして確認を得られなかった。

また，4筆境の筆界点Nについて，土地の所有者から確認を得られなかった。

以上の調査結果を地籍図及び地籍簿に示すと，以下のとおりです。

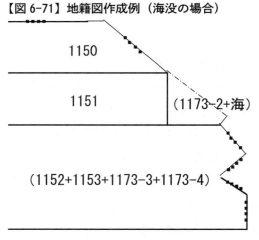

【図6-71】地籍図作成例（海没の場合）

上記【図6-71】の「1173-2＋海」の表記は，海は長狭物とされていませんが（準則28条1項参照），海との筆界未定の場合の表記が図作成要領にありませんので，同要領第6(3)長狭物との間の筆界が未定である場合を参考にしたものです。

第 8　現地調査等の実施（E7・GE7 工程）

【図 6-72】地籍簿記載例（海没の場合）

地籍調査前の土地の表示					
字名	地番	地目	地積		所有者の住所及び氏名又は名称
			ha a	㎡	
海	1150	山林	1200		560 海野　五郎
〃	1152	山林	1100		333 防風　輪三
〃	1173-1	山林	900		730 浜田　波平
〃	1173-2	山林	1000		888 波元　強

地籍調査後の土地の表示							
字名	地番	地目	地積		所有者の住所及び氏名又は名称	原因及びその日付	地図番号
			ha a	㎡			
			800			年月日不詳 一部海没	H 7-3
						1153 、 1173-3 、 1173-4 との筆界未定	H 7-3
						年月日不詳 海没	
〃						海との筆界未定（注）	H 7-3

（注）準則 35 条 3 項は，滅失があったものとして調査すること（同条 1 項）など，すなわち，登記簿が閉鎖されること（不登規則 109 条）について（土地の）所有者が承認しない場合に「現地確認不能」とする規定であり，1173-2 の土地のように一部海没の場合（地積変更の登記（不登法 37 条 1 項，不登準則 73 条））は，海没していない土地を現地で確認できるので，「現地確認不能」とする準則 35 条 3 項は適用されないと思います。

　　とはいえ，海との筆界未定とする規定も見当たらない上，海と私有地との間に私有地以外の海浜地（砂浜）がある地形ではないので，上記【図 6-71】の地籍図の表記と整合を図り，「海との筆界未定」と記載する方法があると考えます。

2　誤って登記されている土地

⑴　誤って登記されている土地とは

第6章　一筆地調査

　誤って登記されている土地，すなわち，準則35条4項にいう「登記の錯誤」による土地について，不存在の調査をし，その所有者に承認を求めます（準則35条2項）。

　誤って登記されている土地とは，①登記されている100番の土地が存在しない（不存在），②一筆の土地に複数の登記簿がある（重複登記：一筆の土地に対し，100番という同一地番の登記簿が2つ以上ある又は異なる地番（100番と101番）の登記簿があること。なお，コンピュータ化作業による登記情報と地図情報の整合が図られ，重複登記は相当程度解消されている。）ことを指しています。

⑵　誤って登記されている土地の調査形態

　これらの誤って登記されている土地かを調査する際の形態は，次のとおりです。

【図6-73】誤って登記されている土地の調査形態

パターン	公　図	登記簿
A	あり	あり
B	あり	なし
C	なし	あり
D	なし	なし

　パターンDの公図及び登記簿ともに登記がされていない場合は，誤って登記されているという範疇ではなく，仮に，このような場合で，土地が発見されたときは，前記 Q&A146 表題登記の調査をするので，ここでは，以下A～Cについて解説します。

⑶　誤って登記されていることの原因調査

　ア　パターンAの場合（公図あり，登記簿あり）

402

第 8 　現地調査等の実施（E7・GE7 工程）

　前記 Q&A135 ５においても解説しましたが，公図に地番が表示され，その地番の登記簿が記録されているが，現地に見当たらないとして不存在とする処理は，著者の経験上，あり得ません。

　次の図のような場合がありますので，パターン A の場合には，多くの資料を収集し，慎重な調査を行います。

【図 6-74】公図及び登記簿があるが現地に見当たらないケース

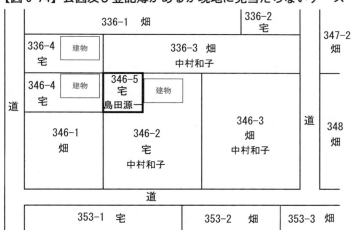

(ア)　調査担当者のメモ

　346－5 の土地を 346－2 の土地と一体として使用している 346－2 の所有者である中村和子は，346－5 の土地は知らないと主張した。

　現地精通者によると，この周辺の畑は農地解放され，そのとき畑の中に茅葺き屋根の居宅があったが焼失したとの証言であった。

　そこで，閉鎖登記簿を調査したところ，336－3，346－

第6章 一筆地調査

2，346－3の各土地は昭和25年12月2日自作農創設特別措置法16条の規定により，346－5の土地は宅地として同日付け同法29条の規定により，計4筆が「島田源一」に売り渡され，その後，346－2の土地は昭和32年9月18日宅地に地目変換されていた。

このことを中村和子に伝えたところ，島田源一は祖父であり，346－2の宅地は父である島田一郎から相続したが，父の時期から宅地として一体として使用していたので，346－5の土地の存在は知らなかったと主張した。

以上の結果，346－5の土地は，自作農創設特別措置法により売り渡された経緯があることから，存在していることは確実であり，346－2の前土地所有者であった島田一郎が同土地と一体として使用しているため被相続人である島田源一の相続登記を遺漏し，さらに，これを相続した中村和子も346－5の存在を知らず相続登記をしていないことが判明した。

そこで，346－5の土地の筆界確認を所有権の登記名義人の島田源一の相続人である中村和子に求め，確認を得た。

(イ)　不存在の処理における留意点

調査の結果，登記簿の土地が不存在である場合に（下記ウのパターンCを含む。），その土地に抵当権の設定登記のほか所有権以外の登記がされているときは，次の点に留意すべきと考えます。

なぜなら，滅失の処理は土地が滅失したとの事実を確認するものであるが（準則35条1項），不存在の処理（同条2項）は，土地がないことの確認ではあっても，不存在の認

第 8　現地調査等の実施（E7・GE7 工程）

定という滅失の事実確認とは異なる調査です。

　したがって，例えば，不存在の処理をする土地に抵当権の設定登記がされている場合，準則 35 条 2 項が同条 1 項と同じく調査結果の承認を得る者を土地の所有者等（準則 20 条 1 項括弧書き，30 条 1 項〜4 項）ではなく，単に当該土地の所有者として利害関係人を承認対象としていないとして，当該抵当権者に何らの連絡をしないというのは妥当な処理でないと考えます（この点は，休眠抵当権であっても登記されている限りは同じである（わかる！国調法 312 頁参照）。）。

イ　パターン B の場合（公図あり，登記簿なし）

　前述のとおり，コンピュータ化作業による登記情報と地図情報の整合が図られたことから，公図の一方のみに土地の表示がされ，その土地の登記簿がない（逆に公図になく登記簿がある下記ウのパターン C を含む。）事象は，相当程度解消されていると思いますが，地籍調査の実施主体等から照会を受けることがありますので，以下解説します。

　パターン B の場合には，登記簿がないので登記名義人が誰であるか分かりませんが，公図により当該土地と隣接地の位置が分かるので，隣接地の所有者及び現地精通者から当該土地を含む周辺地の経緯を聞き取ります。

　また，白地と異なり，公図に地番が表示されているので，この地番に対応する閉鎖登記簿，旧土地台帳の有無及び旧公図，和紙公図の位置等の調査を行います。

　具体的には，次の調査を行います。

　①合筆をしたが，その際に公図に合筆の処理をしなかったために，公図のみに当該地番が残っている，②土地台帳と登

第
6
章

Q
94
〜
Q
149

405

第6章　一筆地調査

記簿の一元化作業（昭和30年代後半～昭和40年代中盤）の際に登記簿の作成漏れ，③登記情報へのコンピュータ作業の際にコンピュータ化に適合しない登記簿（改正不適合物件。事故簿とも呼ばれている。）とされ登記情報に記録（コンピュータ化）されないため登記事項要約書には当該登記の記録が反映されない（地籍調査の実施主体に対する登記官の助言等について（令和4年3月23日付け国不籍第692号国土交通省不動産・建設経済局地籍整備課長通知）以下「**692号課長通知**」という。記(3)）など，パターンBの原因を調査します。

パターンBにおける著者の経験を以下に示します。

【図6-75】公図にあるが登記簿が見当たらないケース

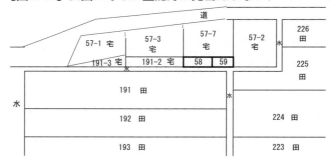

(ｱ)　調査担当者のメモ

　　58番の土地は，公図に表示がされているが，管轄登記所から収集した登記事項要約書に記載されていない。

　　隣接地所有者に聞くも，分からないとのことであった。

　　また，現地精通者は，水路の向かい側（191番等）は昭和50年代前半に土地改良が行われ，57-1の土地周辺はその当時から建物が建っていたが，それ以外のことは分からな

第 8 　現地調査等の実施（E7・GE7 工程）

いと証言した。

　そこで，58 番の土地について，コンピュータ化される
前の登記簿及び旧公図の有無，土地台帳を調査した。

　その結果，旧公図にも 58 番及び 59 番の土地が表示され
ているところ，コンピュータ化される前の登記簿に昭和
55 年に 59 番の土地を 58 番に合筆する登記がされていた。

　以上のことから，合筆時に登記簿は適正に処理された
が，当時の公図に合筆の処理をすることが漏れていたもの
である。

(イ)　不存在の処理における留意点（公図訂正が不要になったことと
登記官との連携）

　調査の結果，公図の土地が不存在である場合，パターン
B は，通常の場合，閉鎖登記簿もないので不存在の処理の
承認を得る者が誰であるか分からず，地籍簿に不存在の表
記をするのではなく，地籍図に公図に表示された筆界の形
状及び地番を記載しない処理をします。

　このような場合，従前はあらかじめ公図訂正の申出（不
登規則 16 条 1 項後段）を行うことの取扱いでしたが，692 号
課長通知及び「地籍調査の実施主体に対する登記官の助言
等について」令和 4 年 3 月 23 日付け法務省民二第 453 号
法務局民事局民事第二課長通知（公刊物未登載）記 6 により
公図訂正は不要となりました。

　しかしながら，公図訂正が不要とされたとはいえ，登記
所資料の一つである公図と地籍図で土地の形状等が異なる
場合にはその理由を調査図素図等に記載するほか（692 号
課長通知(6)），何らかの方法により管轄登記所の登記官に連

第 6 章　Q 94〜Q 149

第6章　一筆地調査

絡する必要があると考えます。

　これは，公図に表示された形状を地籍図に表示しないパターンBに限らず，例えば，五角形である公図の形状を四角形に訂正する場合であっても同様であると考えます。

ウ　パターンCの場合（公図なし，登記簿あり）

　パターンCの場合には，パターンBとは逆に，公図がないので土地の位置や隣接地が分かりませんが，登記簿により当該土地の登記名義人が分かるので，調査地域内の所有者又は相続人の有無を調査し，所在が分かれば，その者から聞き取りをします。

　また，当該地番について，固定資産課税台帳附属図面，旧公図，和紙公図の調査を行います。

　次の事例もコンピュータ化作業による登記情報と地図情報の整合が図られる以前の著者の経験ですが，参考までに紹介します。

〈調査担当者のメモ〉地籍調査票記入例

　閉鎖された旧公図に調査対象の地番1200−2が表示されていた。その隣接地の登記簿には「平成元年7月19日土地改良法による換地処分」との記録があり，その換地計画書等を調査した結果，1200−2の土地は1198−3の土地と共に2300番に換地されていたことを換地前1198−3の登記名義人の相続人に通知し，不存在の処理を行うことの了承を得た。

第 8　現地調査等の実施（E7・GE7 工程）

【図 6-76】地籍調査票記入例（不存在の処理，相続人の場合）

地籍調査票（現地調査等用）

調査図番号			A	

所有者等確認	確認日　　　　　　　　B　　C	所有者等の住所及び氏名
	令和7年1月30日	住所　泉樹市字桃1192-8
		氏名　桃山　美津夫

	地籍調査前の土地の表示				地籍調査後の土地の表示	
所在・地番	字桃1200-2					
地目・地積	地目	田	地積	150 ㎡	地目	

所有者	住所	888　　　　　D	
	氏名又は名称	桃山　太郎　　E	
	登記関係表示事項	所有権　　有・無　　E	その他の登記　　　　F

異動事項（同意・承認事項）	異動事項
□　　　　　　　　　　　　　に分割	□　　年　　月　　日不詳（一部）地目変更
□　　　　　　　　　　　　から分筆	□　　年　　月　　日　　所在変更
□　　　　　　　　　　番を合併	□　　年　　月　　日　　住所変更（訂正）
□　　　　　　　　　　番に合併	□　　年　　月　　日　　氏名変更（訂正）
□　　　　　　　　番の一部を合併	□　　年　　月　　日不詳新たに
□　　　　　　　　番に一部合併	表題登記をする土地
□　　　　　　番と地番変更（訂正）	を　　　　　と訂正
□　　年　　月　　日不詳（一部）滅失	□　　　　　　番との筆界未定
☑不存在	□　現地確認不能

所有者意見	上記のとおり分割・合併・一部合併・地番変更（訂正）・滅失・不存在について同意（承認）をする。　　　　　　　　G	□
	令和7年1月30日	
	土地所有者氏名　相続人	
	（代理人）　　桃山　美津夫	

（摘要）

1200-2の土地は平成元年7月19日土地改良法による換地処分により1198-3の土地と共に2300番に換地され、換地の登記は1198-3の登記簿が利用され1200-2の登記簿は閉鎖されるものであった。

登記名義人桃山太郎の法定相続人は3名であり（別添戸籍全部事項証明書参照）、桃山美津夫を相続人代表者とする選任書が別添のとおり提出された。

第6章　Q94〜Q149

409

第 6 章 一筆地調査

A：公図に当該土地が表示されていないので，調査図番号を記載できません。なお，票作成要領には定められていませんが，記載漏れでないことを明確にするため，斜線を記入することをお勧めします。

B：ここは筆界の確認に係る署名等を求める欄であり（票作成要領1⑻），不存在の処理について承認については「所有者意見」欄とされているので（同要領1⑿），「所有者等確認」欄に署名等を求める必要がないと思いますが，「所有者意見」欄には住所を記入する部分がないため，念のため，「所有者等確認」欄に署名等を求めることをお勧めします。

C：大字以下について記載します（同要領1⑷）。

D：土地の所在と同一の部分は省略し，異なる部分のみを記入すれば足ります。ただし，地番は必ず記入します（同要領1⑸）。

E：所有権の登記（登記簿の甲区）がされていれば「有」に，なければ（登記簿の表題部のみ）「無」に，○を付します（同要領1⑺前段）。

F：票作成要領には定められていませんが，記載漏れでないことを明確にするため，斜線を記入することをお勧めします。

　なお，「地籍調査後の土地の表示」欄は，「異動事項」欄により不存在であることが分かるので，斜線の記入をしなくても差し支えないと考えます。

G：不存在について承認を得ることの明示及び承認があったことの年月日を地籍調査の調査担当者が記入し，土地の所有者の相続人に署名又は記名押印を求めます（同要領1⑿）。

　なお，票作成要領には定められていませんが，「相続人」「代理人」等の地位の記載を求めることをお勧めします。

410

第8　現地調査等の実施（E7・GE7 工程）

H：誤って登記されている土地について不存在として調査するものであることの根拠を付記することをお勧めします（同要領1⒀⑨）。

I：土地所有者が死亡している場合に「所有者意見」欄に承認及び署名等を求める者の適格性を確認した方法を付記することをお勧めします（同要領1⒀③⑨参照）。

3　滅失又は不存在の調査について所有者が承認しない場合

⑴　所有者が承認しない場合の処理

　　滅失又は不存在の調査について所有者が承認しない場合には，現地確認不能の処理をします（準則35条3項）。

⑵　滅失等調査の承認を求める対象者

　　現地調査等の通知は利害関係人を含む土地の所有者等に対し行い（準則20条），筆界の調査はこれらの者からの確認を必要としているところ（準則30条1項），滅失又は不存在の調査について承認を求める者は所有者のみであり，利害関係人を規定していません（準則35条1項・2項参照）。

　　筆界の調査も公法上の境界の位置を事実確認することであり，滅失等の調査も滅失又は存在しない事実承認であり，双方に大きな違いはないとは思いますが，土地が滅失したときは表題部所有者又は所有権の登記名義人は登記を申請しなければならないとの規定（不登法42条）に通じているものと思います。とはいえ，利害関係人が存在するときは，慎重な調査に留意すべきと考えます。

4　海没等又は錯誤以外の事由で登記されているが現地で確認できない場合

　　準則35条4項に規定する「海没等による滅失又は登記の錯

第6章　Q94〜Q149

411

第6章　一筆地調査

誤以外の事由」について，國見ほか準則解説 194 頁は「いわゆる二重登記」であるとし，前田幸保「地籍調査〈一筆地調査関係〉事例問答集」（みづほ書房，1999 年）181 頁も「土地が存在するが，同一土地について 2 つ以上の登記用紙が設けられている場合……二重登記がその典型的な例」であるとしています。

　この二重登記とは，重複登記とも呼ばれますが，一筆の土地に複数の登記簿がある場合のことであり，例えば，一筆の土地に対し，① 100 番という同一地番の A と B の登記簿が 2 つ以上ある場合，②異なる地番として 100 番の C 登記簿と 101 番の D 登記簿があることです。すなわち，二重登記とは，1 つの土地について，誤って 2 つ以上の登記簿があるという，準則 35 条 2 項に規定する「誤って登記されている土地」のことであって，この「誤って登記」の換言である同条 4 項に規定する「登記の錯誤」であるから，同項の「登記の錯誤以外」の具体として二重登記が該当するとは考え難いです。

　そうすると，準則 35 条 2 項に規定する登記簿の土地が存在しないにもかかわらず登記簿があるという登記の錯誤とは状況が異なるものの，上記①の場合には A と B のどちらかの登記簿が，また，上記②の場合には当該土地の地番と異なる登記簿が，登記の錯誤によって設けられている状況にあることを指しており，二重登記が登記の錯誤でないとするのは無理がある上，そもそも準則 35 条 4 項後段の「現地について確認できない」土地について二重登記であるか否かを判断することは不可能であると思います（上記①の場合であっても，異なる土地について同一地番の登記簿が存在することもあり，これらの土地が現地確認不能であるときに当該土地の登記が二重登記であることも判断できないと

412

第 8　現地調査等の実施（E7・GE7 工程）

思う。）。

　したがって，本書の著者は，準則 35 条 4 項に規定する「海没等による滅失又は登記の錯誤以外の事由」とは「二重登記」をいうのではなく，後記 Q&A148 において解説する「長狭物」の処理（運用基準 14 条 3 項）を含んでいるものと思います。

　そして，二重登記を発見した場合には，準則 35 条 2 項を適用し（上記 2 ⑴参照），所要の手続を行います。

Q148

長狭物の調査について教えてください。

A　**1　長狭物とは**

　　　長狭物とは，①道路，②運河，③用悪水路，④堤防，⑤みぞ，⑥導水管，⑦送水管，⑧排水管，⑨鉄道線路，⑩軌道又は⑪河川等の施設の敷地を指しています（準則 28 条 1 項）。これら①〜⑩の施設の地目は，①公衆用道路，②運河用地，③及び⑧用悪水路，④堤，⑤井溝，⑥及び⑦水道用地，⑨及び⑩鉄道用地とされ（運用基準 15 条 1 項），⑪は公有水面ですので「川」が名称です。なお，条文中の河川等の「等」とは，準則及び運用基準等の通知類で例示がされていませんが，「長狭物」との用語から，これら以外の「長く」「幅の狭い」施設の敷地であると思います。

2　長狭物相互が交差する部分の判定

　長狭物が相互に交差する場合の交差部分については，以下の図の例により判定します（準則 28 条 1 項各号）。

　なお，鉄道用地について，地籍図には，⑧鉄道線路は「鉄」

第
6
章

Q
94
〜
Q
149

413

と、⑨軌道は「軌」と区分して表示することとされていますが（図作成要領第9）、鉄道線路と軌道とが交差する場合の判定について、準則28条に定めがありませんが、同条28条1項3号を準用して、跨軌道橋であるか又は平面交差であるかによって判定するものと思います。

さらに、水道用地が水道線路である場合（運用基準15条1項13号後段）、その形状が長狭物となると思いますが、この場合の地籍図への略称表示について図作成要領に定めがありませんので、「水道用地」とフルネームで表示することになります。

おって、運用基準別表第3下段3において、交差する部分は登記所地図に従って表示するとされていることから、交差の状況や地目に変更がなければ、公図の表示に従って地籍図を作成します。

また、準則28条1項ただし書の「法令又は慣習」について、準則及び運用基準等の通知で例示がされていませんが、交差する当該施設が公有水面又は土地であるか、構造物の敷地であるかについて定める法令として、民法、公有水面埋立法、不登法等の関係法令を指しているものと思います。

【図6-77】長狭物の交差部分の判定図

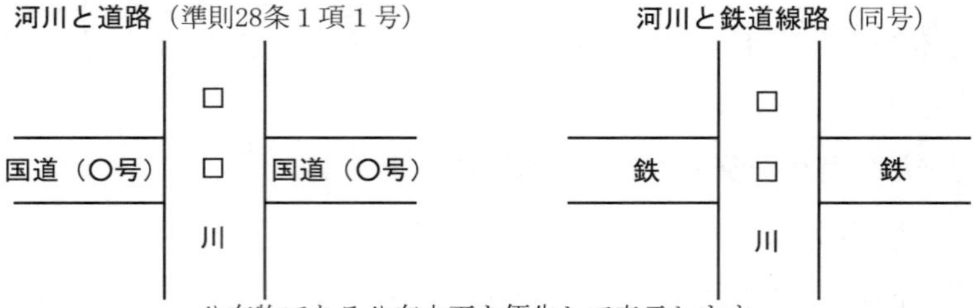

河川と道路（準則28条1項1号）　　　　河川と鉄道線路（同号）

公有物である公有水面を優先して表示します。

第 8　現地調査等の実施（E7・GE7 工程）

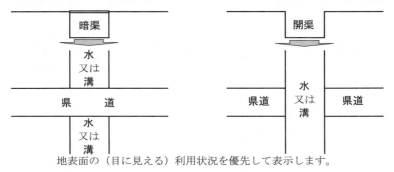

地表面の（目に見える）利用状況を優先して表示します。

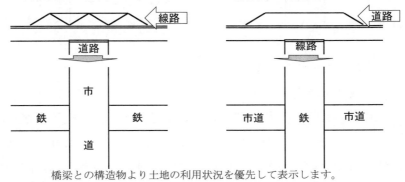

橋梁との構造物より土地の利用状況を優先して表示します。

道路より鉄道が長狭物の特質があることから、地籍図で分断させることは好ましくないためです。

排水管の敷地は用悪水路と考えるが、同項2号に規定しているので、これも水道用地との見解と思います。

第6章　Q94〜Q149

415

第6章　一筆地調査

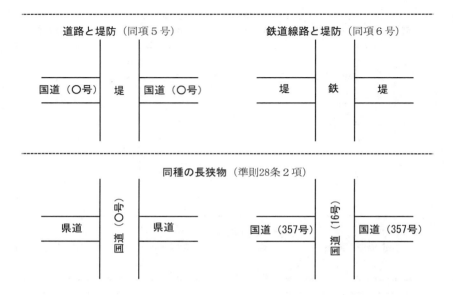

3　長狭物の調査の留意点

(1)　調査の基本方針

　　長狭物のうち，特に道路については，新設，拡幅工事が行われて，一筆の土地の一部が長狭物の敷地となっており，これに伴う登記手続がされてない場合には，地目変更及び分割調査を行います（運用基準14条1項，運用基準別表第3上段）。

　　この調査をする際の資料として，工事の計画書又は実測図等により筆界未定が生じないように努めるものとされています（同条2項本文）。

(2)　筆界未定の処理

　　上記(1)を調査の基本方針としつつ，分割調査を行う前提である従前の筆界，すなわち分割前の長狭物内の筆界を確認することができない場合には，上記(1)の調査をすることなく，筆界未

第8　現地調査等の実施（E7・GE7工程）

定として処理するものとされています（運用基準14条2項ただし
書，運用基準別表第3中段）。

(3)　**現地確認不能の処理**

　　さらに，①一筆の土地の全部が長狭物の敷地となっている場
合，②長狭物の敷地が未登記（赤線，青線）の場合，両側の境
を調査にとどめ，筆界の調査を省略することができるとされ，
現地確認不能とします（運用基準14条3項，別表第3下段）。

(4)　**筆界未定又は現地確認不能の処理による影響**

　　長狭物は，上記1のとおり，「長く」「幅の狭い」という形状
によるものであり，その所有者が官であるか民であるかを問い
ません。

　　そして，運用基準14条は，長狭物を構成する土地が一筆で
ないことが多いことから，調査の迅速性，経済性を考慮して，
上記(2)(3)のとおり，筆界の調査を省略することができる規定を
設けています。

　　しかし，筆界未定又は現地確認不能の処理による影響度は，
官有地より民有地が大きいので，上記(1)の基本方針に従って筆
界の調査をすべきと考えます。

　　復元測量の適用限定要件が撤廃され，地籍調査においても復
元測量ができることとされたので（令和6年6月28日付け国不籍
第270号国土交通省大臣官房土地政策審議官通知による運用基準15条
の2第4項），可能な限り，この規定を適用すべきと考えます。

　　なお，測量経費が従前より増加するので，調査前筆数に対す
る標準的な復元測量筆数割合を地籍調査の制度府省において示
されることを望みます。

　　現地確認不能の処理の影響について，次の図で解説します。

第6章　Q94〜Q149

417

第6章　一筆地調査

【図6-78】長狭物（道路）の形態例

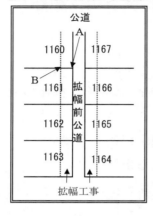

ア　公道の場合

上記【図6-78】左の公道は，運用基準14条1項の「既登記の一筆の土地の一部が長狭物の敷地となっており，これに伴う登記手続がなされていない場合」です。

この場合，拡幅工事の計画書又は実測図等により拡幅前の公道の筆界を確認することになりますが，例えば，A点が確認できないときは運用基準14条2項ただし書により1160番及び1161番の土地の分割調査ができないとして1160番の地籍簿には「道路との筆界未定」と記載し（運用基準別表第3中段），地籍図には「(1160＋1161＋道)」と表示するとされています（図作成要領第6(3)）。

公道の所有・管理者にとっては，1160番等の一部を道路敷地として買収済みで道路として供用を開始しているため，筆界未定の処理であっても影響は大きくありません。

また，1160番等の土地が道路敷地とそれ以外の土地に分筆登記がされ，一方の一筆の土地の全部が長狭物の敷地と

第 8　現地調査等の実施（E7・GE7 工程）

なっているとして現地確認不能の処理（運用基準 14 条 3 項，運用基準別表第 3 下段）がされたとしても，公道の所有者・管理者にとっての影響は大きくありません。

　他方，1160 番等の民地側所有者にとって当該土地が筆界未定となった場合，所有権移転の登記は可能であるとしても，筆界未定地を購入する者は少なく，影響が大きいと思います。

　そこで，A 点が確認できないときに，B 点を確認することができるのかという論点はありますが，B 点に既存の境界標があるなどの場合には，運用基準 14 条 2 項ただし書の筆界未定の処理規定があるとはいえ，同条 1 項及び 2 項本文の規定に基づき，A 点の位置を復元測量（運用基準 15 条の 2 第 4 項）により見いだし，1160 番等の土地の地目変更及び分割調査の調査をすべきと考えます。

　なお，この場合，運用基準 14 条 2 項本文に基づき拡幅工事の計画書又は実測図等を運用基準 15 条の 2 第 4 項に定める「その他の筆界に関する情報」として A 点等を確認し復元測量をします。

イ　私道①の場合

　【図 6-78】真ん中の私道①は，70 番の土地を分譲する際に，70－1 の道路敷地を隣接する分譲地所有者の共有地とする私道の場合です。

　この場合には，一筆の土地の一部が長狭物の敷地となっている場合について規定する運用基準 14 条 2 項ただし書の適用範囲外である上，共有私道と分譲宅地との既存筆界の調査は，A さん〜H さんの確認を得て，又はこれらのうちに所

419

第 6 章　一筆地調査

在不明者や無反応所有者等がいたとしても，他の所在判明者
の確認を得て，筆界未定になることはないと思います（準則
30 条 3 項・4 項）。

ウ　私道②の場合

　　上記【図 6-78】右の私道②は，上記イとは異なり，私道
敷地を宅地の各所有者がそれぞれ所有している場合です。

　　この場合，Ｃのラインは私道敷地内にあるため確認ができ
ないので，既登記の一筆の土地の全部が長狭物の敷地となっ
ているとして，これらの土地の筆界の調査は省略できる規定
（運用基準 14 条 3 項）を適用することは避けるべきと考えます。

　　仮に，この規定を適用し，私道敷地の 8 筆を現地確認不能
の処理をすると，上記アの 1160 番等の民地側所有者と同様
に影響が大きいので，復元測量を行い，Ｃのラインの各筆界
点を見いだすことに努めるべきと考えます。

Q149

私有地以外の土地の調査について教えてください。

A

1　私有地以外の土地の管理機関との事前協議

　　公共物の工事及び管理を所管する国の機関との連絡調整
については，前記第 2 章 Q&A11 において農林水産省や財務省
に対する地籍調査の推進に係る協力要請として 2 つの通達（運
用基準 7 条 1 項参照）があることを記述しました。

　　そして，運用基準 12 条 1 項においては，私有地以外の土地
の境界を当該土地の管理機関と事前に十分協議の上で確認する
とともに，境界の明確化又は取得した土地の登記や用途廃止の

第 8　現地調査等の実施（E7・GE7 工程）

処分など必要な措置を講じるよう協力依頼をするものとされています。

2　国有林野の取扱い

　地籍調査の対象地域は，全国土から国有林野，公有水面等を除いた地域とされています（国土調査事業十箇年計画（令和2年5月26日閣議決定）脚注2。わかる！国調法12頁）。

　したがって，地籍調査が国有林野との関連においても円滑に実施されるよう配慮するため，「国土調査法による地籍調査における国有林野の取扱要領」昭和33年8月26日付け経企土第96号経済企画庁総合開発局長・林野庁長官通達（運用基準12条2項。法令集1249頁）があり，この趣旨や運用について「国土調査法による地籍調査における国有林野の取扱要領の運用について」同日付け経済企画庁総合開発局国土調査課長・林野庁林務部林政課長・同庁指導部計画課長指示（法令集1251頁）があります。

　これらの先例には，①国有林野については民有地との境界調査のみにとどめること，②都道府県知事は国調法6条の3第1項に基づく都道府県計画において国有林野に関係するものがあるときは管轄営林局長に通知し，同条2項の事業計画は4月末までに同営林局長に通知すること（わかる！国調法98頁参照），③地籍調査の実施主体は現地調査の2か月前までに営林局と協議すること，④国有林野内の林道は国有林と合わせて一筆地とし地目を山林とすることなどが定められています。

3　森林施策と地籍調査との連携

　本問は，私有地以外の土地（官有地）の調査（運用基準12条）についての解説であり，以下の通知は私有森林を対象とした施

421

第6章　一筆地調査

策であるところ，国有林野に係る上記2の取扱いと同様に森林
に係る施策ですので，森林境界明確化活動との連携について，
ここに記述します。

　森林整備地域活動支援対策交付金等による森林境界明確化活
動の都道府県や市町村の林務担当部局と地籍調査担当部局とが
連携を図り，森林所有者の不在村化や高齢化に対処するために
調査を早期に完了することなどを趣旨として，双方が取得した
情報の共有化等について発出されたものとして，「森林境界明
確化活動と地籍調査との連携について」平成 25 年 3 月 26 日付
け林整計第 293 号林野庁森林整備部計画課長・国土籍第 705 号
国土交通省不動産・建設産業局地籍整備課長通知（法令集 1068
頁），「森林境界明確化活動と地籍調査との連携に係る留意事項
について」令和 3 年 1 月 15 日付け国不籍第 368 号国土交通省
不動産・建設経済局地籍整備課長通知（法令集 1074 頁），「リ
モートセンシングデータを活用した森林調査等と地籍調査との
連携の推進について」令和 2 年 10 月 30 日付け 2 林整森第 156
号林野庁森林整備部森林利用課長・国不籍第 246 号国土交通省
不動産・建設経済局地籍整備課長通知（法令集 1066 頁）があり
ます。

4　保安林の取扱い

　保安林における地籍調査の取扱いについては，「国土調査法
に基づく地籍調査に係る保安林の取扱いについて」昭和 57 年
2 月 19 日付け国土国第 32 号国土庁土地局国土調査課長指示
（法令集 1255 頁）があります。

　この先例には，都道府県知事は国調法 6 条の 3 第 5 項に基づ
き事業計画を公表した場合には（わかる！国調法 98 頁参照），都

第8　現地調査等の実施（E7・GE7 工程）

道府県の保安林担当部局に調査地域等（国調法施行令 8 条）を適宜の方法により通知するよう努めることなどが定められています。

5　財務省所管普通財産の取扱い

財務省所管普通財産における地籍調査の取扱いについては（運用基準 12 条 3 項），「地籍調査に係る財務省所管普通財産の取扱いについて」昭和 57 年 6 月 10 日付け国土国第 271 号国土庁土地局長通達（法令集 1256 頁）があり，具体的な指示として「地籍調査に係る財務省所管普通財産の取扱いについて」同日付け国土国第 272 号国土庁土地局国土調査課長指示（法令集 1263 頁）があります。

これらの先例には，財務省所管普通財産に係る一筆地調査は，①原則，調査図素図や地籍調査票等の資料（準則 15 条）に基づき行うが，財務局等から普通財産に係る一覧表及び実測図等が送付されたときは，これを参考資料として調査することとしつつ，これよりも更に信頼度の高い図簿等を参考資料とすることを妨げるものではないこと，②所有権に関する官公署の証明書や所有権を主張する占有者がいない「脱落地」は，原則として財務省所管普通財産として取り扱って差し支えないことなどが定められています。

6　国有畦畔の取扱い

国有畦畔の取扱いについては（運用基準 12 条 4 項），「いわゆる二線引畦畔の時効取得確認申請手続への地籍図原図等の活用等について」昭和 54 年 12 月 5 日付け国土国第 436 号国土庁土地局長通達（法令集 1265 頁）があり，この運用の留意事項について「いわゆる二線引畦畔の時効取得確認申請手続への地籍図

第 6 章　一筆地調査

原図等の活用等について」同日付け国土国第 437 号国土庁土地局国土調査課長指示（法令集 1282 頁）があります。

　これらの先例には，①時効取得確認申請を希望する者がある場合に財務局から依頼があったときは地籍図原図及び地籍簿案の写しを送付すること，②時効取得確認申請の結果を待って地籍簿案の所有者欄を記載すること，③時効取得確認申請がされていないなどの場合に，占有者が所有権を主張しないときは国有として取り扱って差し支えないこと，占有者が所有権を主張するときは確定判決又は国の機関の所有権証明書により立証できる場合に限り占有者を所有者と認定して差し支えないこと，④時効取得確認申請手続が終了するまでの国調法 17 条 1 項の閲覧の方法などが定められています。

第1 作業の準備（FⅠ1・GFⅠ1工程）

第7章
細部図根測量

第1 作業の準備（FⅠ1・GFⅠ1工程）

Q150

細部図根測量の方法を教えてください。

A 　細部図根測量は，一筆地測量を行う上で地籍図根多角点等では基礎となる点が不足する場合に，新たに細部図根点を設置するために行う測量です。

一筆地測量において地形や建物等の視通条件によって地籍図根多角点等から直接に筆界点の測量ができない場合に，筆界点の測量をするための与点として設置するのが細部図根点です。

1 多角測量法による細部図根測量

細部図根測量は，多角測量法によることを原則としています（準則59条本文）。これは，細部図根測量により決定された細部図根点（準則60条1項）は一筆地測量の基礎となる点であることから，測量の誤差が検出でき，その精度評価が可能な測量方法である多角測量法を原則としています。

この多角測量法により決定された点を「細部多角点」といいます（同条2項前段）。

そして，細部図根測量は，GNSS法又はTS法により行うも

425

第7章　細部図根測量

のとされています（運用基準32条）。

2　放射法による細部図根測量

　見通し障害等によりやむを得ない場合には，放射法によることができるとされています（準則59条ただし書）。放射法とは，多角測量法のように与点から他の与点に結合しないことから，測量の誤差や使用した与点に介在する異常の有無などの検出ができず，精度確認ができない測量方法です。このため，住宅街内等で通り抜けできない袋地や樹木等の障害物があるなど，やむを得ない場合に限定している測量の方法です。

　この放射法により決定された点を「細部放射点」といいます（準則60条2項後段）。

第2　選点及び標識の設置（FⅠ2・GFⅠ2工程）

Q151

細部図根点の選点及び標識の設置について教えてください。

A　細部図根点は，後続の測量を行うのに便利であり，かつ，標識の保存が確実である位置に選定します（準則61条）。

　細部図根点には，標識を設置します（準則62条本文）。ただし，自然物又は既設の工作物を利用することが許されています（同条ただし書）。

　細部図根点等の密度の標準は，運用基準別表第15に定められています（運用基準33条1項）。

426

第2　選点及び標識の設置（FⅠ2・GFⅠ2工程）

　細部図根点の選定の結果は，細部図根点選点図（下記【図7-1】）に取りまとめます（同条2項本文）。なお，地籍図根多角点選点図を兼用して取りまとめることが許されています（同条なお書）。

【図7-1】細部図根点選点図

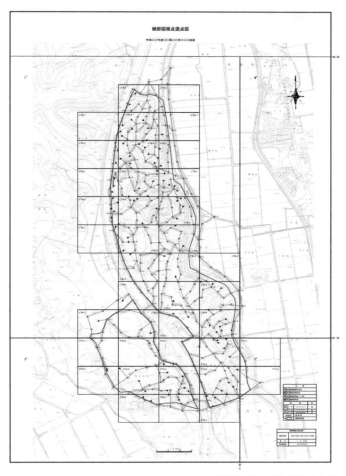

提供：第一測工株式会社

第 7 章　細部図根測量

第 3　観測・測定，計算，点検測量及び取りまとめ（F Ｉ 3〜6・GF Ｉ 3〜6 工程）

Q152

細部図根測量における多角路線の選定について教えてください。

A　多角測量法による細部図根測量における多角路線（以下第 7 章において「**多角路線**」という。）の選定に当たっては，地籍図根点等又は細部多角点（以下「**細部多角点等**」という。）を結合する多角網又は単路線を形成するように努めなければならないとされています（準則 63 条 1 項本文。下記【図 7-2】）。すなわち，細部図根測量において使用できる与点は地籍図根点等又は細部多角点とし，原則として，これらの与点を結合する多角網又は単路線を形成するよう努めなければならないことを規定しています。

ただし，見通し障害等により真にやむを得ない場合には，閉合路線を形成することができるとされています（同条ただし書。下記【図 7-3】）。具体的には，宅地部の袋地や山林部の崖地等において，出発点と異なった細部多角点等に結合することができない場合など真にやむを得ない場合には，下図のとおり，出発点と閉合点を同一与点とする閉合路線によることができるとする規定です。

428

第3　観測・測定，計算，点検測量及び取りまとめ（ＦＩ３～６・ＧＦＩ３～６工程）

【図 7-2】多角測量法による細部図根測量

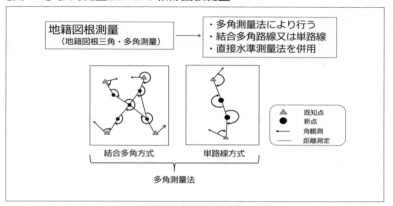

出典：国土交通省地籍整備室令和６年度研修会資料

【図 7-3】閉合路線による細部図根測量

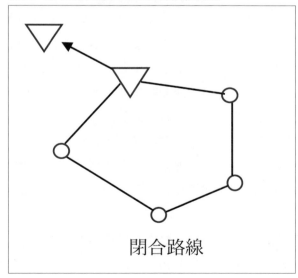

第7章　細部図根測量

Q153

**　多角路線の与点となる細部図根点等の精度区分や与点の数について教えてください。**

A　**1　細部図根点等の精度区分**

　　　多角路線の与点となる細部多角点等は，その路線の地籍測量の精度区分以上の精度区分に属するものでなければなりません（準則63条2項）。

　地籍測量においては，作業効率化及び経済性を考慮して，調査地域の精度区分ごとにその観測及び測定の方法を準則及び運用基準に定めています。

　例えば，本問の細部図根測量のTS法による角の観測において，精度区分甲2と甲3にあっては，水平角について，①対回数を，甲2が2に対し，甲3が1とし，②観測差及び倍角差について，甲2にあっては観測差を40秒以内とし倍角差を60秒以内と制限値を定めているのに対し，甲3にあっては双方の制限値を定めていません（運用基準別表第16(1)）。

　このため，甲3として測量した細部多角点の座標値は，甲2として測量した細部図根点より測量の精度が低いことになります。

　新点の座標値精度は，与点の座標値精度によって影響されますので，甲2における細部図根測量の与点として，これより測量の精度が低い甲3の細部多角点を使用すると，甲2としての測量の精度が確保できません。

　したがって，多角路線の与点とする地籍図根点等及び細部多

第3 観測・測定，計算，点検測量及び取りまとめ（F｜3〜6・GF｜3〜6工程）

角点は，上記のとおり，その路線についての地籍測量の精度区分以上の精度区分に属するものでなければならないと規定しています。

2 与点の数

多角網に必要な与点の数は3点以上とし，単路線に必要な与点の数は2点とします（運用基準34条2項）。

Q154

多角路線の次数や路線の長さについて教えてください。

A　**1　多角路線の次数**

細部図根測量における多角路線の次数は，地籍図根点等を基礎として2次までとします（準則63条3項）。これは次数を重ねる（2次→3次→4次……）と，与点の誤差が新点に累積するため，多角路線の次数を制限したものです。

細部多角点を与点とした場合の多角路線の次数は，与点の最大次数に1次を加えます（運用基準34条1項本文）。

ただし，細部多角点を与点とした多角路線について，当該多角路線における与点のうち1/2以上が地籍図根点等であって，かつ，厳密網平均計算を行った場合には，与点とした細部多角点の最大次数をもって当該多角路線の次数とすることができます（同項ただし書）。

2 多角路線の長さ

多角測量法による細部図根測量の多角路線の長さは，1.0 km以下を標準とします（同条4項本文）。

ただし，閉合路線を形成する路線の長さは，200 m以下を標

431

第 7 章　細部図根測量

準とします（同項ただし書）。この規定も上記 1 に記述した運用
基準 34 条 1 項ただし書の規定と同様に，測量の精度を確保す
るためのものです。

Q155

地籍図根多角測量を省略した場合の多角路線について教え
てください。

A　**1　TS 法による 1 次の多角網の外周路線に属する新点**

地籍図根多角測量を省略した場合，TS 法による 1 次の
多角網の外周路線に属する新点は外周路線に属する隣接与点を
結ぶ直線から外側 50° 以下の地域内に選定することを標準と
し，路線の中の夾角は 60° 以上を標準とします（運用基準 34 条 3
項本文前記【図 5-2】参照）。

ただし，GNSS 法による場合は，この規定は適用されません
（同項ただし書）。

2　新点間の距離

地籍図根多角測量を省略した場合，1 次の多角網の同一の多
角路線に属する新点間の距離は，なるべく等しく，かつ，20 m
以下はなるべく避け，著しい見通し障害等によりやむを得ない
場合にあっても 10 m 以上とするよう努めます（同条 5 項）。

仮に，地形等の状況により 10 m 未満となる場合は，その状
況写真及び理由を記載し，監督員との協議結果による協議書を
作成することをお勧めします。

3　留意事項

地籍図根多角測量を省略する場合，以下の点に注意する必要

432

第 3　観測・測定，計算，点検測量及び取りまとめ（F I 3 ～ 6・GF I 3 ～ 6 工程）

があります。

(1)　標識

　　地籍図根多角測量を省略する場合，交点に設置する細部多角点には，地籍図根多角点に準じた標識を設置する必要があります（運用基準別表第 2 (2)備考）。

(2)　電子基準点

　　作業計画区域内及び周辺の電子基準点に整合の取れた細部図根点等を与点として細部図根点が設置できる場合には，D 工程を省略することができます（運用基準別表第 1 (2)備考 7）。

Q156

厳密網平均計算について教えてください。

A

1　厳密網平均計算の規定

　　細部多角点の座標値及び標高は，TS 法による場合には厳密網平均計算により求めることを標準とし，GNSS 法による場合にはジオイド・モデルを使用する三次元網平均計算により求めるものとされています（運用基準 34 条 9 項前段）。

　　この場合における厳密網平均計算又は三次元網平均計算に用いる重量は，運用基準別表第 18 に定められています（同項後段）。

　　ただし，地籍図根多角測量を省略した場合（前記 Q&A155）における 1 次の細部多角点を除き，標高を求めることを要しません（同項ただし書）。

433

第7章　細部図根測量

　　また，やむを得ない事情により簡易網平均計算による場合
（後記 Q&A160 ）は，方向角の閉合差は測点数，座標値及び標高
の閉合差は路線長に比例して配分するとされています（同項ま
た書）。

2　厳密網平均計算の意義等

　　地籍測量における厳密網平均計算は，観測データに基づい
て，測量点の位置を最も精度高く求めるための統計的な方法で
す。

(1)　厳密網平均計算とは

　　従来の簡易な網平均計算と異なり，観測値の精度や観測間
の独立性を考慮した最小二乗法を用いて計算を行います。

(2)　計算の流れ

ア　観測データの準備

　　観測点の位置，観測値（距離，水平角，高低角など），観測
精度などを準備します。

イ　観測方程式の作成

　　各観測値に対応する観測方程式を作成します。

ウ　最小二乗法による計算

　　全ての観測方程式の誤差の二乗和を最小にする解を，行
列計算を用いて求めます。

エ　結果の導出

　　求めた解に基づいて，各測量点の座標や高さを導き出し
ます。

3　厳密網平均計算のメリット

　　観測精度や観測間の独立性を考慮することで，より高い精度
で測量点の位置を求めることができます。

第3　観測・測定，計算，点検測量及び取りまとめ（F I 3〜6・GF I 3〜6工程）

　また，統計的な方法に基づいているため，信頼性の高い結果を得ることができます。

　さらに，観測点の数や観測の種類が複雑な網にも対応することができます。

4　厳密網平均計算の留意事項

　簡易な網平均計算に比べて，計算に時間がかかる場合があります。

　また，計算には，統計学や行列計算などの専門知識が必要となります。

　そして，厳密網平均計算を行うための専用のソフトウェアが必要となります。

5　厳密網平均計算の活用例

　上記3のメリットにより，高精度な地籍図を作成することができます。

　これは，隣接する土地の境界を確定する際に，厳密網平均計算を用いることによって，より正確な境界線を地図に表すことができることからです。

　また，地盤沈下や地震などの影響で地表面が変形した場合，厳密網平均計算を用いることで，変形の程度を推定することができます。

第 7 章　細部図根測量

Q157

　細部多角点選点図及び細部多角点平均図について教えてく
ださい。

A　　多角路線の選定については前記 Q&A152 を，多角路線
　　　　の与点となる細部多角点等の精度区分等については前記
Q&A153 を，多角路線の次数等については前記 Q&A154 を，地
籍図根多角測量を省略した場合については前記 Q&A155 を，多
角測量法による細部図根測量における観測及び測定の方法等につ
いては後記 Q&A162 を，それぞれ参照願います。

　細部多角点及び多角測量法による細部図根測量における多角路
線の選定結果は，細部多角点選点図及び細部多角点平均図に取り
まとめます（準則 63 条の 2）。

　細部多角点選点図及び細部多角点平均図の縮尺は，1/10,000,
1/5,000, 1/2,500 又は 1/1,000 とします（運用基準 34 条の 2。）

436

第3 観測・測定,計算,点検測量及び取りまとめ（FⅠ3～6・GFⅠ3～6工程）

【図 7-4】細部多角点平均図

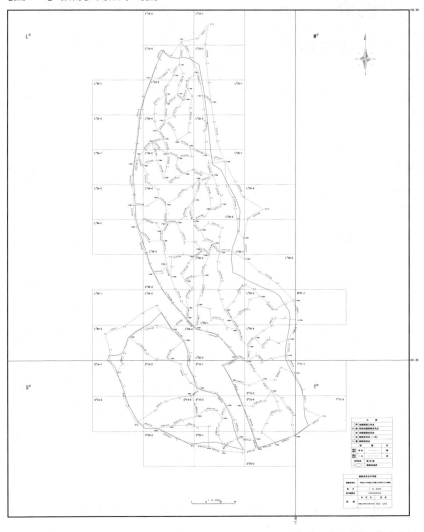

出典：第一測工株式会社

第 7 章　細部図根測量

Q158

放射法による細部図根測量について教えてください。

A　放射法による細部図根測量は，細部多角点等を与点として行います（準則 64 条 1 項本文）。

　この与点は，1 次の細部多角点等を原則としますが（運用基準 35 条 1 項本文），地籍図根多角測量を省略した場合は，2 次の細部多角点等を与点とすることができます（同項ただし書）。

　なお，見通し障害等により真にやむを得ない場合には，節点 1 点による開放路線を形成することができます（準則 64 条 1 項ただし書）。

　この開放路線は，与点となる細部多角点等 1 点につき，節点 1 点の 2 路線まで形成することができます。この場合において，当該 2 路線の節点を同一とすることができ，その片方の路線については，当該節点を与点とする節点のない開放路線があるものとして，細部図根測量を実施することができます（運用基準 35 条 2 項）。

　開放路線で設置した節点は，細部放射点とすることができます（同条 3 項）。放射法による細部図根測量は，地籍図根測量又は多角測量法による細部図根測量に引き続き行う場合を除き，あらかじめ与点の点検測量を行います（準則 64 条 2 項）。

　放射法による細部図根測量における観測及び測定の方法は，運用基準別表第 20 に定められています（運用基準 35 条 4 項）。

　簡易網平均計算（定型網を除く。）により求められた路線に属する細部多角点等を与点とする場合は，与点と同一の平均計算により求められた細部多角点等を基準方向とします（同条 5 項）。

438

第3 観測・測定，計算，点検測量及び取りまとめ（F I 3～6・GF I 3～6工程）

【図7-5】細部図根測量の手法

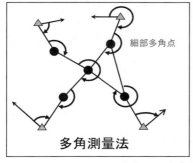
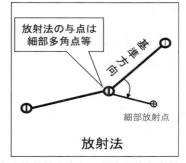

出典：国土交通省地籍整備室令和6年度研修会資料

【図7-6】放射法の注意点

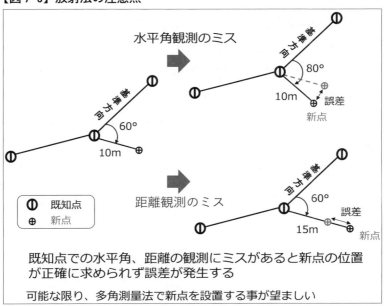

出典：国土交通省地籍整備室令和6年度研修会資料

第 7 章　細部図根測量

Q159

**　放射法による細部図根測量における与点から細部放射点の
距離や次数の制限について教えてください。**

A　　　地籍測量における放射法による細部図根測量における与
　　　　点から細部放射点の距離や次数の制限は，以下のとおりで
す。

1　距離について

　放射法による細部図根測量において水平角の観測を行う場合
は，与点と同一の多角網に属する細部多角点等を基準方向と
し，与点から細部放射点までの距離は，与点から基準方向とし
た細部多角点等までの距離より短くします（準則 64 条 3 項）。

　与点から細部放射点までの距離は，100 m 以下を標準とする
とされています。（運用基準 35 条 6 項）これは，観測の距離を短
くすることにより，測量の精度を確保するためです。

2　次数について

　細部放射点の次数は，細部多角点等を基礎として 2 次までと
します（準則 64 条 4 項）。

440

第3　観測・測定，計算，点検測量及び取りまとめ（Ｆ I 3～6・GF I 3～6工程）

【図7-7】放射法（開放路線）

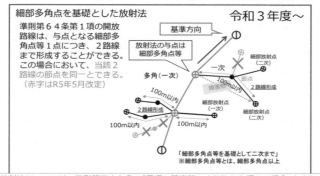

出典：国土交通省地籍整備室令和6年度研修会資料

Q160

簡易網平均計算について教えてください。

A　多角測量法においては，方向角と距離を順次，観測及び測定するので，1路線（与点から交点，交点から交点間，単路線の場合は与点から与点）における測点数が多く，路線の距離が長くなるに応じて誤差が累積します。

このため，地籍測量においても，多角路線の測点数，距離を制限しています。

多角網のうち，下記【図7-8】のとおりの図形を定型多角網といいます。

細部図根測量の簡易網平均計算は，観測データに基づいて，測量点の位置を精度良く求めるための統計的な方法です。

簡易網平均計算は，観測誤差を一定と仮定し，比較的シンプル

第7章　細部図根測量

な計算式を用いるため，手計算や簡易な計算ソフトで実行することができます。

1　簡易網平均計算のメリット

簡易網平均計算には，以下のメリットがあります。

① 計算が簡単で，専門知識や高度な計算機がなくても実行できる。

② 計算時間が短いため，迅速に成果を得ることができる。

③ 必要な機材が少なく，現場での作業に適している。

2　簡易網平均計算の留意事項

簡易網平均計算を行う際には，以下の点に注意する必要があります。

① 精度の良い与点が多く使用されていること。

② 与点が均等に配置されていること。

③ 交点が多く，多角路線の結びつきが強いこと。

④ 多角路線が短く，直線になっていること。

⑤ 測点間の距離が均等になっていること。

3　定型多角網

多角測量法の平均計算を簡易網平均計算で行う場合は，計算の便宜及び必要な精度を確保するため，多角網を，X，Y，H，A型の定型多角網とし（下記【図7-8】），グループ化，ランク付けを行います。

442

第3 観測・測定,計算,点検測量及び取りまとめ（FⅠ3～6・GFⅠ3～6工程）

【図7-8】定型多角網

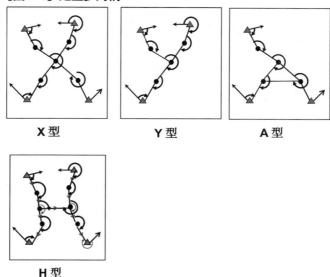

Q161

TS法，GNSS法の点検について教えてください。

A あらかじめ行う与点の点検測量は，TS法による場合は同一の多角路線に属する他の細部図根点等までの距離の測定又は基準方向と同一の多角路線に属する他の細部図根点等との夾角の観測を，GNSS法による場合は基線ベクトルの観測を行い，当該点の移動等の点検を行います（運用基準35条7項）。

上記の点検に当たっては，運用基準別表第16に定める観測及び測定の方法によるものとし，点検の較差の標準は同別表第21に定められています（同条8項）。

放射法による細部図根測量における計算の単位及び計算値の制

第7章　細部図根測量

限は，運用基準別表第22に定められています（同条9項）。

　以上の観測，測定及び計算結果が運用基準別表第20から同別表第22までに定める制限を超えた場合は，再測をしなければなりません。なお，再測は，観測中の諸条件を吟味し，許容範囲を超えた原因を考慮して行います（同条10項）。

　一筆地測量と併行して設置した細部放射点については，一筆地測量の計算を実施するまでに点検測量を行います（同条11項）。

　細部放射点については，全数において，与点とした細部多角点等からの同一方法の観測により点検測量を行い，その座標値の較差の制限は運用基準別表第23に定められています（同条12項）。

　点検測量の較差規定は，開放路線により求めた節点について準用されています（同条13項）。

【図7-9】TS法による細部放射点の点検方法

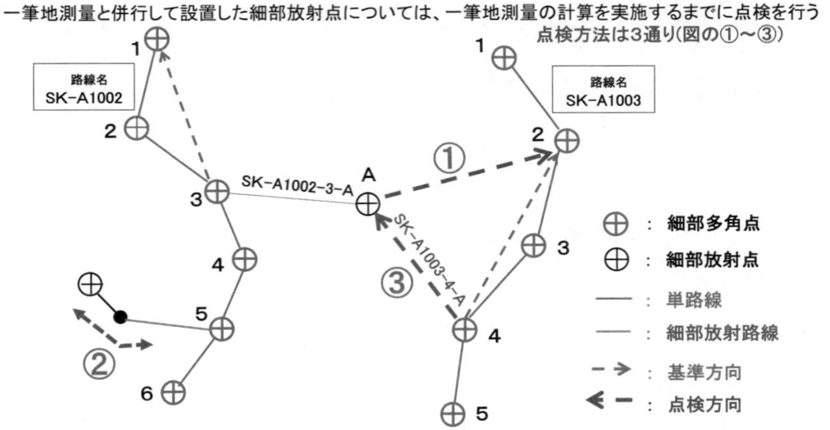

一筆地測量と併行して設置した細部放射点については、一筆地測量の計算を実施するまでに点検を行う
点検方法は3通り（図の①〜③）

提供：合同会社リモートセンシング研究所

444

第3　観測・測定，計算，点検測量及び取りまとめ（ＦⅠ3～6・GFⅠ3～6工程）

【図7-10】GNSS法の場合の点検数量

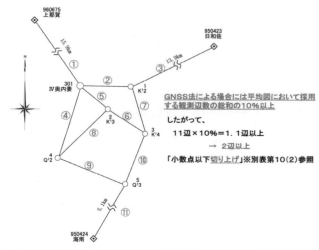

出典：国土交通省地籍整備課令和2年度研修会資料

Q162

細部図根測量における観測及び測定について教えてください。

A　細部図根測量における観測及び測定は，細部図根測量により設置された細部図根点を基礎として行う一筆地測量（後記第8章）及び地積測定（後記第10章）において，国調法施行令別表第4に定める限度以上の誤差が生じないように行います（準則67条1項）。

このため，多角測量法による細部図根測量における同一の多角路線に属する新点の数は，50点以下が標準とされています（運用基準34条6項）。

445

第 7 章　細部図根測量

　多角測量法による細部図根測量における観測及び測定の方法
は，運用基準別表第 16 に定められています（同条 7 項）。

　また，多角測量法による細部図根測量における計算の単位及び
計算値の制限は，運用基準別表第 17 に定められています（同条 8
項）。

　地籍測量の精度区分が国調法施行令別表第 4 に定める乙 2，乙
3 の区域においては，標高の計算を省略することができるとされ
ています（同条 10 項）。

　観測，測定及び計算において，上記別表第 16 と別表第 17 に定
められた制限を超えた場合は，観測中の諸条件を吟味し，許容範
囲を超えた原因を考慮して再測（再度，観測又は測定を行うこと。）
をしなければなりません（同条 11 項）。

　そして，多角測量法による細部図根測量を行った場合は，運用
基準別表第 19 に定めるところにより点検測量を行わなければな
りません（同条 12 項）。この点検測量は，新設した細部図根点数
の 2％以上を行います（同条 13 項）。

　なお，一筆地測量と併行して設置した細部多角点については，
一筆地測量の計算を実施するまでの間に，上記の点検測量を行う
ものとされています（同条 14 項）。

Q163

**　細部図根点配置図及び細部図根点成果簿について教えてく
ださい。**

A　　細部図根測量の結果は，図郭の区域ごとに（単位区域ご
　　と。運用基準 36 条の 2 第 2 項），細部図根点配置図及び細部

446

第3 観測・測定，計算，点検測量及び取りまとめ（F I 3〜6・GF I 3〜6工程）

図根点成果簿に取りまとめます（準則67条2項）。

　この細部図根点配置図は，地籍図根多角点網図において取りまとめることができるとされています（同条3項）。このため，細部図根点配置図は，細部図根点網図のことをいうとされています（運用基準36条の2第1項）。

　ただし，細部図根点等の配置が過密な場合等で，路線の判別が困難な場合には，地籍図根多角点網図と分けて作成することができます（同条3項）。

　細部図根点配置図の縮尺は，1/10,000，1/5,000，1/2,500又は1/1,000とします（運用基準36条）。

【図7-11】 細部図根点成果簿の作成例

PAGE 1

細部図根点成果簿　（世界測地系　測地成果2011）

座標系	IX	精度区分	甲3		次数	細部1次
点名	標識区分	X座標 (m)	Y座標 (m)	標高 (m)	楕円体高 (m)
T³T³-F1121-1		90380.438	8338.052	202.947	245.612
T³T³-F1122-1		90399.111	8395.246	202.956	245.620
T³T³-F1125-1		90439.561	8523.556	204.951	247.613
T³T³-F1126-1		90460.704	8595.994	206.657	249.318
T³T³-F1127-1		90464.287	8669.121	208.852	251.511
T³T³-F1128-1		90353.965	8382.264	202.546	245.210
T³T³-F1171-1		90153.466	8515.147	202.051	244.709
T³T³-F1172-1		90147.918	8549.763	201.734	244.391
T³T³-F1173-1		90183.689	8572.567	200.920	243.577
T³T³-F1176-1		90204.637	8676.711	202.769	245.424
T³T³-F1187-1		90163.092	8670.533	202.540	245.194
T³T³-F1188-1		90128.965	8677.140	202.112	244.766
T³T³-F1189-1		90066.077	8465.882	199.549	242.206

放射法成果簿

PAGE 2

細部図根点成果簿　（世界測地系　測地成果2011）

座標系　IX	精度区分　甲3	放射法	
点　名	X 座標 (m)	Y 座標 (m)
C³交145A	89922.166	8168.589
T³-F節1	90010.963	8083.288

提供：第一測工株式会社

447

第 7 章　細部図根測量

【図 7-12】細部図根多角点網図において取りまとめた細部図根点配置図

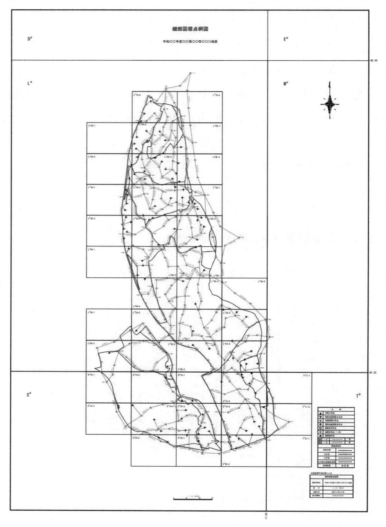

提供：第一測工株式会社

448

第1 作業の準備（FⅡ-11・GFⅡ-11 工程）

第**8**章
一筆地測量

第1 作業の準備（FⅡ-11・GFⅡ-11 工程）

Q164

一筆地測量の基礎とする点について教えてください。

A 　一筆地測量は，単点観測法によるものを除き，地籍図根
点等及び細部図根点（以下「**細部図根点等**」という。）を基礎
として行います（準則 68 条）。

単点観測法は，与点での観測を行わず新点のみの観測によって
新点の座標を得ることができる方法です。したがって，条文は，
上記のとおり，「単点観測法によるものを除き」としています。

第8章　Q164〜Q174

449

第 8 章　一筆地測量

【図 8-1】一筆地測量の基礎とする点

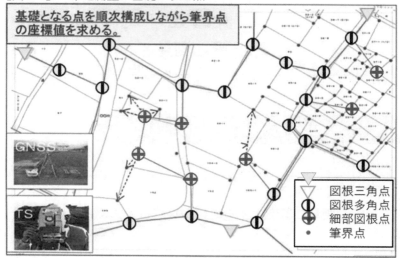

出典：国土交通省地籍整備室令和 6 年度研修会資料

Q165

一筆地測量の方法について教えてください。

A　一筆地測量は，①放射法，②多角測量法，③交点計算法，④単点観測法により行います（準則 70 条。下記【図 8-2】）。

　これらのうち，上記①の放射法とは，細部図根点等を与点として筆界点の角度と距離を観測する方法です。

　上記②の多角測量法は，一筆地測量における与点を結合する多角網又は単路線を形成します。

　また，上記③の交点計算法とは，新点（筆界点）に測量機器を設置できないような状況において，2 か所の与点の座標値及び測量機器を設置できる仮の座標値から計算によって新点の座標を求める方法をいいます（後記【図 8-3】参照）。

第1 作業の準備（FⅡ-11・GFⅡ-11工程）

　最後の上記④の単点観測法には，GNSS法による単点観測法と
DGPS法による単点観測法があります。

　そして，上記①又は②による一筆地測量は，GNSS法又はTS
法により行います（運用基準37条1項本文）。ただし，地籍測量の
精度区分が国調法施行令別表第4に定める乙2又は乙3の区域の
一筆地測量においては，デジタル方位距離計を用いる方法（以下
「**デジタル方位距離計法**」という。）により行うことができます（同項
ただし書）。

　また，上記④による一筆地測量は，ネットワーク型RTK法に
より行います（同条2項本文。前記第5章 Q&A86 ，後記 Q&A170 参
照）。ただし，上記①又は②による一筆地測量と同様に，精度区
分が乙2又は乙3の区域においては，DGPS法により行うことが
できます（同項ただし書。前記第5章 Q&A86 ，後記 Q&A172 参照）。

　なお，筆界の位置を現地に復元し（運用基準15条の2第4項），
その方法が一筆地測量の方法と同等の場合は，その結果を一筆地
測量の方法によるものとすることができます（運用基準37条3項）。

第8章　Q164〜Q174

451

第 8 章　一筆地測量

【図 8-2】一筆地測量の方法

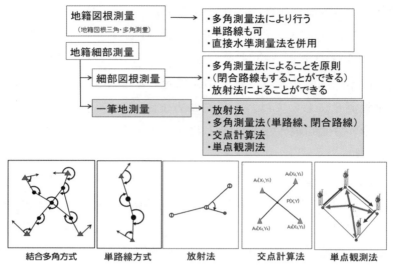

出典：国土交通省地籍整備室令和 6 年度研修会資料

Q166

放射法による一筆地測量の方法について教えてください。

A　1　使用する与点

　放射法による一筆地測量は，細部図根点等を与点として行います（準則 70 条の 2 第 1 項）。したがって，他の筆界点を与点として使用することはできません。

　簡易網平均計算（定型網を除く）により求められた路線に属する細部図根点等を与点とする場合は，与点と同一の平均計算により求められた細部図根点等を基準方向とします（運用基準 38 条 1 項）。

2　あらかじめ行う点検測量

第1 作業の準備（FⅡ-11・GFⅡ-11 工程）

放射法による一筆地測量における与点から筆界点までの距離は，100 m 以下を標準とします（同条2項）。

放射法による一筆地測量は，地籍図根測量又は細部図根測量に引き続き行う場合を除き，あらかじめ与点の点検測量を行うものとされています（準則70条の2第2項）。この点検測量は，TS法による場合は同一の多角路線に属する他の細部図根点等までの距離の測定又は基準方向と同一の多角路線に属する他の細部図根点等との夾角の観測を，GNSS法による場合は基線ベクトルの観測を行い，当該点の移動，番号の誤り等の点検を行います（運用基準38条3項）。

この点検に当たっては，運用基準別表第24に定める観測及び測定の方法によるものとし，点検の較差の標準は同別表第25に定められています（同条4項）。

3 観測及び測定の方法

放射法等による一筆地測量における観測及び測定の方法は，運用基準別表第24に定められています（同条5項）。

放射法による一筆地測量において水平角の観測を行う場合は，与点と同一の多角網に属する細部図根点等を基準方向とし，与点から筆界点までの距離は，与点から基準方向とした細部図根点等までの距離より短くします（準則70条の2第3項）。

4 計算の単位及び計算値の制限

放射法等による一筆地測量における計算の単位及び計算値の制限は，運用基準別表第26に定められています（運用基準38条6項）。

上記3の観測，測定及び計算結果が同別表第24から同別表第26までに定める制限を超えた場合は，再測をしなければな

453

第8章　一筆地測量

りません。なお，再測は，観測中の諸条件を吟味し，許容範囲を超えた原因を考慮して行います（同条7項）。

Q167

多角測量法による一筆地測量の方法について教えてください。

A　**1　多角路線の選定**

　　多角測量法による一筆地測量における多角路線の選定に当たっては，細部図根点等を結合する多角網又は単路線を形成するよう努めなければなりません（準則70条の3第1項本文）。

　ただし，見通し障害等により真にやむを得ない場合には，閉合路線を形成することができます（同項ただし書）。

2　多角路線の長さ

　多角測量法による一筆地測量の多角路線の長さは，地籍測量の精度区分が国調法施行令別表第4に定める区域ごとに，次のとおり定められています（運用基準39条1項）

① 甲1又は甲2の区域にあっては300m以下

② 甲3又は乙1の区域にあっては400m以下

③ 乙2又は乙3の区域にあっては500m以下

④ デジタル方位距離計法による場合は，多角路線の長さは300m以下とし，その測点間の距離は5m以上25m以下，測点の数は20点以下

3　観測及び測定の方法

　多角測量法による一筆地測量における観測及び測定の方法は，運用基準別表第27に定められています（同条2項）。

454

第1　作業の準備（FⅡ-11・GFⅡ-11 工程）

4　計算の単位及び計算値の制限

　　多角測量法による一筆地測量における計算の単位及び計算値の制限は，運用基準別表第 28 に定められています（同条 3 項）。

　　多角測量法による筆界点の座標値は，細部多角点の座標値について規定する運用基準 34 条 9 項（前記第 7 章 Q&A156 参照）の規定を準用して求めます（同条 4 項）。

　　観測，測定及び計算結果が運用基準別表第 27 及び同別表第 28 に定める制限を超えた場合は，再測をしなければなりません。なお，再測は，観測中の諸条件を吟味し，許容範囲を超えた原因を考慮して行います（同条 5 項）。

Q168

交点計算法による一筆地測量の方法について教えてください。

A　　**1　交点計算法による一筆地測量とは**

　　　　交点計算法による一筆地測量とは，筆界点を直接観測できない場合（前記 Q&A165 ③参照）や筆界点を現地に打てない場合，仮設の表示杭を筆界点の近傍に設置するよう努めて（準則 70 条の 4 第 2 項），観測する手法です（下記【図 8-3】参照）。

　　この仮設の表示杭の測量は，交点計算法以外によるもので行います（同条 1 項）。

455

第8章　一筆地測量

【図8-3】交点計算法（2直線4点座標）

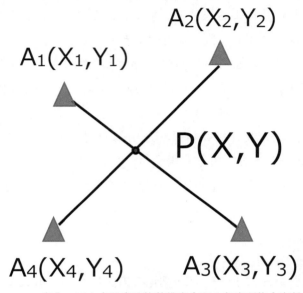

出典：国土交通省地籍整備室令和6年度研修会資料

2　計算の単位，観測等の制限

　交点計算法による一筆地測量における計算の単位は，運用基準別表第28に定められています（運用基準40条1項）。

　観測，測定及び計算結果が同別表第28に定める制限を超えた場合は，再測をしなければなりません。なお，再測は，観測中の諸条件を吟味し，許容範囲を超えた原因を考慮して行います（同条2項）。

第1　作業の準備（FⅡ-11・GFⅡ-11 工程）

Q169

**単点観測法による一筆地測量の方法について教えてくださ
い。**

A　　単点観測法による一筆地測量において，観測に使用する
測位衛星の数は 5 以上とし，受信高度角は 15° 以上としま
す（準則 70 条の 5 第 1 項）。

単点観測法により観測された筆界点の座標値は，周辺の細部図
根点等との整合性の確保を図るよう努めなければなりません（同
条 2 項）。

そして，単点観測法における観測及び測定の方法は，運用基準
別表第 29 に定められています（運用基準 41 条 1 項）。

単点観測法による一筆地測量における計算の単位及び計算値の
制限は，運用基準別表第 30 に定められています（同条 2 項）。

単点観測法により得られた筆界点と周辺の細部図根点等との整
合性を確保するための細部図根点等の数は 3 点以上を標準とし，
努めて当該地区の周辺を囲むように選点するものとされていま
す。なお，整合性を確保するための細部図根点等の密度は，地籍
測量の精度区分が国調法施行令別表第 4 に定める甲 1，甲 2，甲
3 又は乙 1 の区域にあっては 1 ㎢当たり 9 点を，乙 2 又は乙 3 の
区域にあっては 1 ㎢当たり 4 点を標準とします（同条 3 項）。

なお，ネットワーク型 RTK 法による整合性の確保については
後記 Q&A170 において，DGPS 法による観測については後記
Q&A172 において，それぞれ解説します。

第8章　Q164〜Q174

457

第 8 章　一筆地測量

【図 8-4】単点観測法による一筆地測量

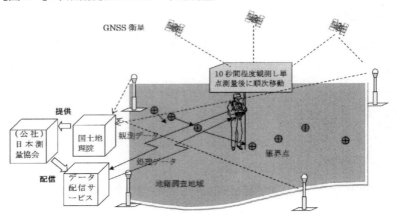

出典：ネットワーク型 RTK 法による単点観測法マニュアル（改訂版）Ver.2.1
（国土交通省地籍整備課）

【図 8-5】単点観測法の観測時間

出典：ネットワーク型 RTK 法による単点観測法マニュアル（改訂版）
Ver.2.1（国土交通省地籍整備課）

第1　作業の準備（FⅡ-11・GFⅡ-11 工程）

Q170

ネットワーク型 RTK 法について教えてください。

A　ネットワーク型 RTK 法（運用基準 37 条 2 項。前記第 5 章 **Q&A86**，前記 **Q&A165** 参照）とは，RTK 法（リアルタイムキネマティック法）のうち，国土地理院の電子基準点におけるリアルタイムなデータを利用した単点観測法の測量手法です。

　単点観測法を一筆地測量で採用することで，地籍図根三角測量や地籍図根多角測量，細部図根測量の工程を省略することができるため，これらの工程に要していた作業負担や時間（選点調査，移動時間，伐採費用等）を大幅に軽減することができます。また，測量作業のみならず，市町村職員等の工程管理も省略されるため，測量業者のほか，市町村や都道府県等の監督員及び検査者の負担軽減にもつながります。

　単点観測法による地籍測量を実施するに当たっての注意点は，以下のとおりです。

① 上空視界を十分に確保できない場所では，単点観測法により測量することができないため，筆界点における上空視界の状況を事前に確認し，単点観測法の可否を見極める必要があります。

② 調査地域内において TS 法と単点観測法とを行う場合には，これらの実施割合に応じた積算及び工程管理が必要となります。

③ 周辺の細部図根点等との整合を確保する必要があるため，周囲に細部図根点等が存在しない場合には，整合を確認するた

第8章　Q164〜Q174

459

第 8 章　一筆地測量

めの細部図根点等を新たに設置する必要があります。

④　上記③の整合性の確保のための座標値と成果値の比較（運用
基準 41 条 4 項）として，この座標値は 2 セットの観測から求
めた平均値とし（運用基準別表第 30（1）2）備考 1），計算値の
制限は「X 座標，Y 座標のセット間格差」が 20 mm 以下とさ
れています（同別表第 30（1）2））。

　ネットワーク型 RTK 法は，上記のとおり単点観測法の一つで
すので，この測量手法による一筆地測量における観測及び測定の
方法（運用基準 41 条 1 項，運用基準別表第 29），計算の単位及び計算
値の制限（同条 2 項，同別表第 30），この測量手法により得られた
筆界点と周辺の細部図根点等の数及び密度（同条 3 項）は，前記
Q&A169 のとおりです。

　ネットワーク型 RTK 法による整合性の確保は，ネットワーク
型 RTK 法により得られた細部図根点等の座標値と細部図根点等
の成果値の比較により行います（同条 4 項）。これにより比較した
座標値の較差が，運用基準別表第 30 に定める制限を超過した場
合は，平面直角座標系上において上記で比較した細部図根点等を
与点として座標補正を行い水平位置の整合処理を行います。な
お，座標補正の変換手法は，ヘルマート変換を標準とするとされ
ています（同条 5 項）。この場合における座標補正の点検は，座標
補正後の筆界点の座標値と与点とした細部図根点等以外の既設点
の成果値による計算距離と，筆界点から与点とした細部図根点等
以外の既設点までの距離を単点観測法等の方法により求めた実測
距離との比較により行います。なお，点検数は 1 点以上とします
（同条 6 項）。

　これにより比較した距離の較差が運用基準別表第 30 に定める

第1 作業の準備（FⅡ-11・GFⅡ-11 工程）

制限を超過した場合は，水平位置の整合処理に用いた与点を変更し，再度，上記のネットワーク型RTK法により得られた細部図根点等の座標値と細部図根点等の成果値の比較を行います（同条7項）。

【図8-6】ネットワーク型RTK法による単点観測法

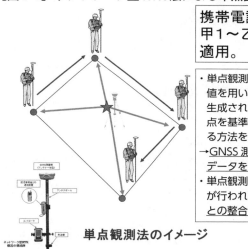

携帯電話の通信が可能な甲1〜乙3の一筆地測量に適用。

・単点観測法とは、近傍の与点の成果値を用いずに。電子基準点に基づき生成された仮想基準点又は電子基準点を基準として、新点の座標を求める方法をいう。
→GNSS測量機の単独測位値に補正データを加味して精度を上げている
・単点観測法では、与点での取付観測が行われないことから周辺の既設点との整合に留意する必要がある。

単点観測法のイメージ

出典：国土交通省地籍整備室令和6年度研修会資料

第 8 章　一筆地測量

Q171

ヘルマート変換について教えてください。

A　　　地籍測量における座標補正の変換手法は，ヘルマート変
　　　換を標準とするとされています（運用基準 41 条 5 項）。

　このヘルマート変換は，座標変換に多く用いられる手法の一つ
で，7 つのパラメータを用いて，回転，縮尺，平行移動を一括し
て行うことができるものです。

　具体的には，以下の式で表されます。

X2 ＝ m11 ＊ X1 ＋ m12 ＊ Y1 ＋ m13

Y2 ＝ m21 ＊ X1 ＋ m22 ＊ Y1 ＋ m23

　この算式中，X1 及び Y1 は変換前の座標を，X2 及び Y2 は変
換後の座標を，それぞれ指し，m11，m12，m13，m21，m22，
m23 はヘルマート変換のパラメータを指します。

　精度の高い 7 つのパラメータを用いることで，高精度な座標変
換を行うことができます。

　他の座標変換手法に比べて，計算が比較的簡単です。

　ヘルマート変換が標準とされる理由は，以下の 3 つが挙げられ
ます。

① 汎用性が高い。すなわち，回転，縮尺，平行移動という座標
　　変換で最も基本的な操作を網羅しているため，様々な状況で
　　利用することができます。

② 精度が高い。すなわち，7 つのパラメータを用いることで，
　　高精度な変換を行うことができます。

462

第1　作業の準備（FⅡ-11・GFⅡ-11工程）

③　計算が他の変換手法に比べて比較的簡単です。

Q172

DGPS法について教えてください。

A　DGPS法（運用基準37条2項。前記第5章 Q&A86，前記 Q&A165 参照）による観測は，通常，DGPSレシーバーとアンテナで構成されるDGPSシステムを使用して実行されます。DGPSレシーバーは，人工衛星からの信号を処理し，位置情報を計算します。アンテナは，人工衛星からの信号を受信するために使用されます。

DGPS法による観測を実行するには，DGPSシステムを基準点の近くに設置する必要があります。基準点は，位置と標高が既知の点です。DGPSシステムは，基準点からの距離と人工衛星からの信号を使用して，観測点の位置を計算します。

DGPS法による観測は，細部図根点等の観測を行いDGPS補正情報の質を確認した後に，筆界点の観測を行うものとされています（運用基準41条8項）。

この観測回数及びデータ取得間隔は，運用基準別表第29に定められています。

この観測により得られた細部図根点等の座標値と細部図根点等の成果値との格差が運用基準別表第30に定める制限を超過した場合には，観測条件を変更し，再度，観測を行います（同条9項）。

第8章　Q164〜Q174

463

第 8 章　一筆地測量

第 2　観測・測定，計算点及び筆界点の点検（FⅡ-12・13，GFⅡ-12・13 工程）

Q173

一筆地測量における筆界点の次数について教えてください。

A　単点観測法を除き，一筆地測量における筆界点の次数
は，細部図根点を基礎として，多角測量法にあっては 2 次
まで，その他の方法（放射法又は交点計算法）にあっては 1 次まで
とします（準則 71 条前段）。

なお，上記において規定から除かれた単点観測法は，階層的な
方法ではなく，GNSS 観測の観測データに補正情報を加えて筆界
点の座標値を求める方法であり，周辺の与点を使用しませんの
で，一筆地測量の次数制限を規定する条文において，除くとして
います。

次数の精度については，1 次，2 次と次数が高くなるにつれ，
与点自体に有する誤差や測量の際に生じる誤差が累積していきま
す。このため，累積誤差が筆界点に与える影響を考慮し，地籍図
根三角点等を基礎として求めた筆界点の通算次数は，6 次までと
しています（同条後段）。

464

第2 観測・測定,計算点及び筆界点の点検（FⅡ-12・13, GFⅡ-12・13工程）

【図8-7】通算次数の考え方

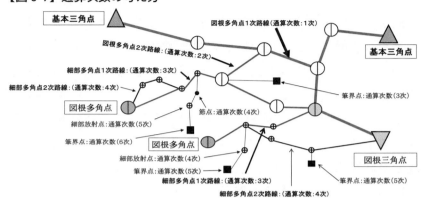

Q174

筆界点の位置の点検について教えてください。

A　地籍測量の目的は,筆界点の位置（座標値）を求め,正確な地籍図を作成し,正確な土地の面積を算出することです。

筆界点の座標が現地の位置と異なっていれば正確な地籍図は作成できません。

また,誤った面積を算出することになり,土地所有者等に多大な不利益を被らせてしまうことになります。

したがって,筆界点の位置が現地の位置を正しく表示しているかどうかを点検するものとされています（準則72条）。

その点検方法は,以下のとおり,運用基準に定められています。

筆界点の位置の点検方法は,多角点測量法以外の方法で求めた単位区域の総筆界点から2％以上を抽出して（運用基準42条1項前段）,再度一筆地測量を行い,点検することとしています。再度

第8章　一筆地測量

行う一筆地測量においては，与点を変更して行うなど当初の一筆地測量と条件を変えた方が点検の精度を上げることができます。

また，放射法による場合は他の細部図根点等からの同一の方法の観測により，単点観測法の場合は同一の方法により，点検を行うとされています（同項後段）。

この点検では，当初の座標値と点検測量による座標値の較差が，放射法による場合は運用基準別表第26，交点計算法による場合は同別表第28，単点観測法による場合は同別表第30に示す制限値以内にあるかどうか確認します（運用基準40条2項参照，42条2項）。

確認の結果，制限内にある場合には最初に求めた位置（座標値）を採用し，制限を超過した場合は再度点検を行うなどして正しい座標値を求めます。

なお，制限値を超過した筆界点が多くある場合は，抽出数を追加するなどの対応も必要です。

多角測量法による一筆地測量の場合は，測量の際にその誤差を検出した誤差の補正も行われていることから，この測量の方法による筆界点については，点検の対象から除かれています（運用基準42条括弧書き）。

地籍図原図の作成（FⅡ-22・23，GFⅡ-22・23工程）

第9章
地籍図原図の作成

地籍図原図の作成（FⅡ-22・23，GFⅡ-22・23工程）

Q175

地籍図原図の作成について教えてください。

A 　地籍図原図（航測法において地籍図原図を作成する場合を含む。以下同じ。準則84条）は，仮作図を行い図形その他の事項に誤りがないことを確かめた後，国調法施行規則2条1号に基づいて必要な事項を表示して作成します（準則74条1項）。

　この作業を終えたときは，筆界点番号図，筆界点成果簿及び地籍図一覧図（街区境界調査にあっては街区境界調査図一覧図）を作成します（同条2項）。

　地籍図原図（街区境界調査にあっては街区境界調査図原図。以下同じ。）の作成に当たっては，地籍整備課長が別に定める要領によるものとされています（運用基準43条）。

　この要領とは，地籍図については図作成要領を，街区境界調査図については街区図作成要領を指しています。

第9章　Q175〜Q176

467

第 9 章　地籍図原図の作成

【図 9-1】地籍図原図

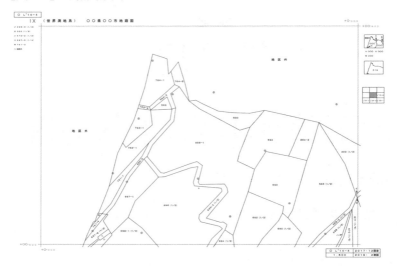

提供：第一測工株式会社

Q176

地籍明細図の作成について教えてください。

A　地籍図原図の一部について当該部分に属する一筆地の状況が，当該地籍図原図の縮尺では所要の精度をもって表示されることが困難である場合には，当該部分について所要の精度を表示するに足りる縮尺の地籍明細図（街区境界調査にあっては街区境界調査明細図。以下同じ。）を別に作成することができます（準則 75 条，84 条）。

　地籍図の縮尺区分は，単位区域ごとの各筆の面積の中央値に従って定めますので（運用基準 5 条 2 項。前記第 2 章 Q&A30

地籍図原図の作成（FⅡ-22・23，GFⅡ-22・23工程）

Q&A31【図2-10】参照），極端に不整形な筆や面積の小さい筆が含まれていると中央値による縮尺区分では必要な精度で表示することが困難な場合があります。

　そこで，所定の精度を表示することが困難な部分については，地籍図原図の縮尺より大きな図となる縮尺で作成し，この図面を「地籍明細図」といいます。

　地籍明細図の縮尺は，1/2,500，1/1,000，1/500，1/250，1/100又は1/50とします（運用基準44条1項）。

　地籍明細図には，地籍図原図に表示すべき事項のほか，次の各号に掲げる事項を表示します（同条2項）。

　①　地籍明細図の図郭線及びその座標値（同項1号）
　②　地籍明細図の図郭番号（同項2号）
　③　地籍明細図の精度及び縮尺の区分（同項3号）

【図9-2】地籍明細図

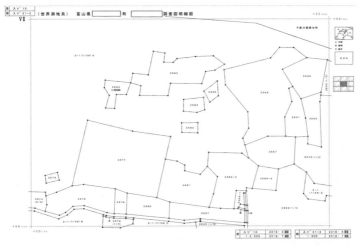

提供：アジア航測株式会社

第9章　地籍図原図の作成

　上記【図9-1】の地籍図原図及び地籍簿案（後記第11章 Q&A181 ）又は街区境界調査図原図及び街区境界調査簿案について，国調法17条又は21条の2第3項及び4項の手続が終了したときは，地籍調査又は街区境界調査の成果となります（準則89条1項，89条の2第1項）。

　その後の地籍図又は街区境界調査図の保管等については，後記第11章 Q&A183 を参照願います。

地積測定，計算及び点検（G2・GG2 工程）

第 10 章
地積測定

地積測定，計算及び点検（G2・GG2 工程）

Q177

地積測定の方法について教えてください。

A 　地積測定とは，一筆ごとの土地について水平面に投影した地積（面積）を求める作業をいいます。

地積測定は，現地座標法により行います（準則85条）。

地積測定によって得られた各筆界点の位置は，平面直角座標値により求められますので，各筆界点を結んだ境界線の位置は平面直角座標面の水平面に投影した広さとして表されます。

この水平面に投影した面積は，投影による誤差を伴うこととなりますが，採用されている座標系の範囲内においては，誤差の許容範囲内であり，十分な正確さが確保されています。

地積測定における作業の記録及び成果は，次のとおり，運用基準別表第5に定められ（運用基準56条1項），地積は運用基準別記計算式により求めます（同条2項）。

4. 地積測定	①地積測定観測計算諸簿 ②地積測定成果簿〔準則第 87 条〕 ③筆界点座標値等の電磁的記録 ④精度管理表

471

第 10 章　地積測定

　なお，筆界未定地の地積測定は，関係土地を一括して行うとされています（運用基準 57 条）。

【図 10-1】地積測定観測計算諸簿（外周面積計算書）

外周面積計算書　世界測地系（測地成果2011） 全体					
整理番号	■■■■■■■				
地区名	■■■■■■■■■■■■■■■■				
点名	X座標	Y座標	点名	X座標	Y座標
(R02) S1	-61,550.318	-37,130.891	(R03) FJ401A	-61,694.761	-36,518.036
(R03) (Z) 4.352	-61,592.447	-37,130.043	(R03) FJ400A	-61,703.006	-36,497.135
(R03) (Z) 4.353	-61,642.461	-37,096.123	(R03) FJ417A	-61,712.988	-36,475.402
(R03) (Z) 4.354	-61,643.112	-37,098.361	(R03) FJ399A	-61,726.690	-36,455.592
(R03) (Z) 4.364	-61,674.721	-37,102.353	(R03) FJ398A	-61,733.757	-36,444.029
(R03) (Z) 4.363	-61,679.536	-37,084.822	(R03) FJ397A	-61,733.898	-36,430.050
(R03) (Z) 4.371	-61,687.289	-37,057.689	(R03) FJ396A	-61,725.887	-36,396.781
(R03) (Z) 4.370	-61,711.243	-37,005.554	(R03) FJ395A	-61,727.213	-36,390.558
(R03) (Z) 4.369	-61,707.485	-36,986.297	(R03) FJ418A	-61,742.942	-36,375.599
(R03) (Z) 4.368	-61,704.198	-36,975.651	2.277K	-61,748.999	-36,369.222
(R03) (Z) 4.375	-61,688.290	-36,982.794	(R03) FJ419A	-61,753.909	-36,364.052
(R03) (Z) 4.373	-61,681.228	-36,984.389	(R03) FJ420A	-61,760.649	-36,356.609
2.205K	-61,666.817	-36,983.299	(R03) FJ421A	-61,766.749	-36,351.537
(R03) (Z) 4.372	-61,654.122	-36,982.339	(R03) FJ422A	-61,775.077	-36,348.715
(R03) (Z) 4.385	-61,654.890	-36,966.786	(R03) FJ423A	-61,785.532	-36,343.933

提供：西谷技術コンサルタント株式会社

地積測定，計算及び点検（G2・GG2 工程）

【図 10-2】 地積測定観測計算諸簿（地積測定観測計算書）

地積測定観測計算書　　　世界測地系（測地成果2011）

地区名	■■■■■■■■■■		市町村コード	■■■■
大字	■■■■■■■■	字	■■■■■■	

地　　番	実測地積	精度区分	地図番号		
	現場点名	X座標	Y座標	辺長	方向角
992	705.7811475㎡	Z 2	C^2 22-1, C^2 22-3		
	FM458A	-61,627.878	-36,343.954	13.149	183 48 25
	FM457A	-61,640.998	-36,344.827	9.452	153 44 48
	FM456A	-61,649.475	-36,340.646	5.426	93 07 38
	FM179Z	-61,649.771	-36,335.228	7.017	153 18 26
	FM181Z	-61,656.040	-36,332.076	9.021	134 39 31
	FM183Z	-61,662.381	-36,325.659	5.371	156 57 45
	FM185Z	-61,667.324	-36,323.557	2.758	240 19 47
	FM187Z	-61,668.689	-36,325.953	3.063	280 32 09
	FM455A	-61,668.129	-36,328.964	19.075	316 33 33
	FM454A	-61,654.279	-36,342.080	6.964	346 12 33
	FM453A	-61,647.516	-36,343.740	7.703	301 44 54
	FM452A	-61,643.463	-36,350.290	2.991	266 38 45
	FM451A	-61,643.638	-36,353.276	7.217	342 43 03
	FM450A	-61,636.747	-36,355.420	2.352	298 11 19
	FM449A	-61,635.636	-36,357.493	6.629	194 46 42

提供：西谷技術コンサルタント株式会社

第 10 章　地積測定

【図 10-3】 地積測定成果簿

地　番	実測地積(㎡)	登記地目	地図番号	精度
992	705.78	山林	C^2 22-1(1/2), C^2 22-3(2/2)	乙2
993	157.61	山林	C^2 22-1(1/2), C^2 22-3(2/2)	
994	681.66	山林	C^2 22-3	
995	321.40	山林	C^2 22-3	
996	1,764.98	山林	C^2 21-4(1/2), C^2 22-3(2/2)	
997	933.13	山林	C^2 22-3	
998	80.52	原野	C^2 22-3(1/2), C^2 32-1(2/2)	
999	500.26	原野	C^2 32-1	
1000	44.46	原野	C^2 32-1	
1001	1,420.92	原野	C^2 32-1	
1002	821.90	山林	C^2 32-1	
1003	1,439.11	原野	C^2 32-1(1/2), C^2 32-3(2/2)	
1004	618.14	原野	C^2 31-4(1/2), C^2 32-3(2/2)	
1007	2,015.57	原野	C^2 32-1	
1008	239.84	山林	C^2 32-1	
1009-1	707.05	原野	C^2 32-1(1/2), C^2 32-2(2/2)	
1009-2	561.29	堤	C^2 32-1(1/2), C^2 32-2(2/2)	
		小　計	筆数：　17　面積：　　13,013.62㎡	

地積測定成果簿

世界測地系（測地成果2011）
※面積（1平方メートルの百分の1未満の端数を切り捨て）

整理番号

地区名　■■■■■■■■■■■■■■■■　市町村コード　■■■■

大字　■■■■■■■■■　字　■■■■■■■■

　地積測定成果簿の末尾欄外に，「作成年月日」の日付，「作成者」「点検者」の氏名を記載します。

提供：西谷技術コンサルタント株式会社

474

地積測定，計算及び点検（G2・GG2 工程）

【図 10-4】地積測定精度管理表

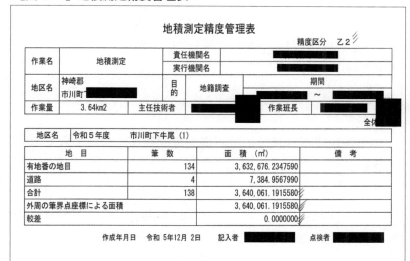

提供：兵庫県神崎郡市川町役場

Q178

地積測定の点検について教えてください。

A 　地積測定を行った場合には，原則として単位区域ごとに，単位区域を構成する各筆（街区境界調査にあつては各街区及び長狭物その他街区外の土地の各筆）の面積の合計と当該単位区域の面積が等しくなるかどうかを点検します（準則 86 条）。

475

第 10 章　地積測定

　一般的に，現地座標法による地積測定では，コンピュータを利用して行われますので計算に誤りがありませんが，測定漏れの筆，結線誤り，入力データに間違いがないかどうかについて点検が必要です。

Q179

　地積測定成果簿又は街区面積測定成果簿について教えてください。

A　地積測定の結果は，地積測定成果簿（街区境界調査にあっては街区面積成果簿）に取りまとめます（準則 87 条 1 項）。地積測定成果簿の作成例は，前記【図 10-3】を参照願います。

　この地積測定成果簿には，各筆の実測面積を記載するほか，地積測定精度管理表（前記【図 10-4】）に表示する有地番の地目・長狭物・筆界未定ごとの筆数及び面積を集計するための基データとなります。

　地積測定成果簿における地積（街区境界調査にあっては街区面積）は，㎡を単位とし，1 ㎡の 1,000 分の 1 未満の端数は切り捨てます（同条 2 項）。すなわち，小数点第 4 位の数値は切り捨てるので，例えば，23.4125 ㎡の場合には，地積測定成果簿に表示する地積は 23.412 ㎡となります。

第 1　地籍調査票・街区境界調査票の整理（H1・GH1 工程）

第 11 章
地籍図・地籍簿又は街区境界調査図・街区境界調査簿の作成

第 1　地籍調査票・街区境界調査票の整理（H1・GH1 工程）

Q180

地籍調査票の整理又は街区境界調査票の整理について教えてください。

A　1　各種記録の保管

　　　地籍調査を行う者は，地籍調査又は街区境界調査に関する各種記録を保管しなければなりません（準則 6 条）。なお，保管した各種記録の保存期間については，都道府県が処理することとされている国土調査の事務（国調法 19 条 2 項等）以外の事務は，自治事務とされていることから（わかる！国調法 383 頁参照），地籍調査の関係法令には規定されていませんので，それぞれの地籍調査を実施する市町村等の文書保存規程等の定めによります。

　　各種記録を保管する趣旨は，地籍調査の成果である地籍図及び地籍簿（国調法 19 条 1 項），街区境界調査成果である街区境界調査図及び街区境界調査簿（同法 21 条の 2 第 5 項）を作成する過程における資料が，これらの成果の作成根拠となり，成果作成

477

第 11 章　地籍図・地籍簿又は街区境界調査図・街区境界調査簿の作成

の過程を再確認する際に重要な資料となるものであるからです。

　このため，準則 6 条が各種記録として例示する地籍調査票にあってはその記載に誤り及び遺漏がないかについて，調査図等と照合して点検するものとされ，街区境界調査票についても同様な点検をするものとされています（各検査規程細則 7 (9)①）。

2　表紙の作成

　単位区域の全ての土地について，①地籍調査においては地籍調査票を，②街区境界調査においては街区境界調査票を，作成したときは，事後の調査記録の保管に支障のないように次の記入例に示す様式による表紙を付し，地籍調査票綴又は街区境界調査票綴とします（票作成要領 2 (1)，街区票作成要領 2 ）。

【図 11-1】地籍調査票記入例（表紙）

```
                  郡        町
                        大字      字      （街区番号）
        松 竹 (市)      村   松一丁目        （  7  ）
        ─────────────────────────────────
              地籍調査（街区境界調査）票綴
        ─────────────────────────────────
                3  冊 の 内  第  3  号
        ─────────────────────────────────
            1500番の1     から  2000番の36    まで
        ─────────────────────────────────
```

作成	実行機関名		A 直営 又は竹田測量	実行主体名	G 松竹市又は松竹森林組合	
	作成年月日		B 令和6年 5月21日			
	点 検	①	C 令和6年 6月18日 桃山 栗雄	検 査	①	H 令和7年12月12日 松藤 杉男
		②	D 令和6年 6月24日 桃山 栗雄		②	I 令和7年12月18日 梨田 梅吉
調査	実行機関名		A 直営 又は竹田測量		③	J 令和7年12月24日 桧辺 桐子
	現地調査等の期間		E 令和6年7月1日から 令和6年9月9日まで	認証 年月日 番号	K	令和8年1月8日
	点 検		F 令和6年10月11日 桃山 栗雄			第88号

（注）（　　）は、街区境界調査票の様式における表記です。

478

第1　地籍調査票・街区境界調査票の整理（H1・GH1工程）

【地籍調査票・街区境界調査票の記入例の留意事項】

A：直営（検査規程2条1(7)）の場合は「直営」と，外注（同条1(8)）の場合は「受注法人名」を，委託（同条2(1)）の場合は「受託法人名」を，記入します（票作成要領2(2)3段落目）。

B：票作成要領には記述がありませんが，その2(1)に「地籍調査票の作成を終えたとき」とあり，様式の体裁から考えると地籍調査票の表紙に記入する最初の年月日と思いますので，準則20条1項の「……作成を終了したとき」，すなわち地籍調査前の土地の表示又は街区境界調査前の土地の表示に記入が終了した年月日を記入するものと思います。

C：工程管理として，登記簿と地籍調査票との照合点検を行った年月日及び工程管理者の氏名を記入します（票作成要領2(2)1段落目前段）。この票作成要領2(2)の記述は，各検査規程細則との表現とは異なりますが，E4又はGE4工程を指していると思いますので，この工程の照合点検を行った年月日になります（下記Dも同じ。）。

D：工程管理として，地籍調査票と調査図素図との照合点検を行った年月日及び工程管理者の氏名を記入します（票作成要領2(2)1段落目後段）。

E：現地調査及び図面等調査の開始から終了までの期間を記入します（同要領2(2)2段落目前段）。一筆地調査工程検査成績表の調査期間は月までの記載ですが，この現地調査等の期間と同じ期間となります。

また，地籍簿の表紙の調査期間の期間とも同じであり，管轄登記所の登記官は，この地籍簿の表紙に記載された期間をもって，地籍簿の写しに基づいて職権登記をすべきであるか

479

第 11 章　地籍図・地籍簿又は街区境界調査図・街区境界調査簿の作成

を判断しますので（国調法登記政令 1 条 1 項），正確に記入します。重要なのは期間の最終日です。例えば，一筆地調査の時点（令和 6 年 7 月 8 日）では A 所有者の住所を 10 番地から 35 番地に住所移転する調査を行ったところ，令和 7 年 3 月 7 日に A から B に所有権移転の登記がされていた場合に，登記官は，この登記は地籍簿の写しの調査期間の最終日である令和 6 年 9 月 9 日の後に登記されたものと認識し，地籍簿の写しの記載に基づく職権登記を行いません（国調法登記政令 1 条 1 項ただし書）。この令和 6 年 9 月 9 日の日付を閲覧最終日（国調法 17 条 1 項）である令和 7 年 11 月 5 日や認証日（同法 19 条 2 項）である令和 8 年 1 月 8 日とすると，A から B への所有権移転登記が地籍調査の実施前にされたこととなり，登記官から地籍調査の実施主体に対し疑義照会がされることとなります。仮に A の住所が 35 番地でなく 45 番地であることが閲覧時に発見し訂正した場合であっても，一筆地調査の最終日（令和 6 年 9 月 9 日）と A から B への所有権移転登記（令和 7 年 3 月 7 日。A の住所移転登記も同時申請）との先後関係に影響することはありません。

F：工程管理として，調査図と地籍調査票との照合点検を行った年月日及び工程管理者の氏名を記入します（票作成要領 2(2) 2 段落目前段）。この票作成要領 2(2) の記述は，各検査規程細則との表現とは異なりますが，E8 又は GE8 工程を指していると思いますので，この工程の照合点検を行った年月日になります（以下 H～J も同じ。）。

G：様式の文字どおり，地籍調査を行った実施主体の名称を記載します。

第 1　地籍調査票・街区境界調査票の整理（H1・GH1 工程）

H：直営又は外注の場合には，実施者検査として調査図と地籍調査票との照合点検を行った年月日及び検査者の氏名を記入します（票作成要領 2 (2) 2 段落目後段）。

　　　委託の場合には，票作成要領に記述がありませんが，受託法人検査として調査図と地籍調査票との照合点検を行った年月日及び検査者の氏名を記入します（E9 又は GE9 工程）。

I：直営又は外注の場合には，認証者検査として調査図と地籍調査票との照合点検を行った年月日及び検査者の氏名を記入します（票作成要領 2 (2) 2 段落目後段）。

　　　委託の場合には，票作成要領に記述がありませんが，委託者検査として調査図と地籍調査票との照合点検を行った年月日及び検査者の氏名を記入します（E10 又は GE10 工程）。

J：委託の場合において，票作成要領に記述がありませんが，認証者検査として調査図と地籍調査票との照合点検を行った年月日及び検査者の氏名を記入します（E11 又は GE11 工程）。

　　　なお，直営又は外注の場合には，この欄に記入する事項はありませんので，記入漏れではないことを明確にするため斜線を引くことをお勧めします。

K：認証（国調法 19 条 2 項）された年月日及び認証書（事務取扱要領別記様式第 9。わかる！国調法 227 頁）の文書番号を記入します。

3　地籍調査票の記入例

　　上記 2 の表紙のほか，以下の調査に係る地籍調査票記入例は，次の該当箇所を参照願います。

①　住所変更及び氏名更正の場合：前記【図 6-24】

②　地番変更の場合：前記【図 6-66】

481

第 11 章　地籍図・地籍簿又は街区境界調査図・街区境界調査簿の作成

③　表題登記の場合：前記【図 6-68】

④　不存在の場合：前記【図 6-76】

⑤　分割の場合：わかる！国調法 338 頁以下

⑥　合併の場合：わかる！国調法 354 頁以下

⑦　一部合併の場合：わかる！国調法 360 頁以下

第 2　地籍簿案・街区境界調査簿案の作成（H3・GH3 工程）

Q181

　地籍簿案又は街区境界調査簿案の作成について教えてください。

A　**1　地籍簿案の作成**

　　地籍簿案は，簿作成要領に基づいて作成します（運用基準 58 条）。

　以下の調査に係る地籍簿記載例は，次の該当箇所を参照願います。

①　住所変更及び氏名更正の場合：前記【図 6-25】

②　分割の場合：前記【図 6-53】

③　合併の場合：前記【図 6-54】

④　一部合併の場合：前記【図 6-55】

⑤　地番区域変更の場合：前記【図 6-65】

⑥　海没及び一部海没の場合：前記【図 6-72】

2　地積の表示

　地籍簿案における地積は，次のとおりに従って表示します

482

（準則88条3項）。

① 宅地及び鉱泉地

　　123.345㎡の場合：1㎡の100分の1未満の端数切捨て

　　　　　　　　　　　　＝123.34㎡

② 上記以外

　　123.345㎡の場合：1㎡未満の端数切捨て

　　　　　　　　　　　　＝123㎡

　　9.678㎡の場合：1㎡の100分の1未満の端数切捨て

　　　　　　　　　　　　＝9.67㎡

3　表紙の作成

【図11-2】地籍簿記載例（表紙）

松竹市松一丁目

地　　籍　　簿

3冊の内　　　　　　第3号

1500番の1から　　2000番の36まで

調　　査期　　間	A 令和6年7月1日から令和6年9月9日まで
認証年月日認証番号	令和8年1月8日第88号
実　　施機　　関	松　竹　市

A：地籍調査票表紙の「現地調査等の期間」を記載します（前記【図11-1】の留意事項E参照）。

4　街区境界調査簿案の作成

　　街区境界調査簿案は，街区簿作成要領に基づいて作成します（運用基準58条の2）。

　　街区境界調査簿案の「街区面積」欄は，一の街ごとの面積を

第 11 章　地籍図・地籍簿又は街区境界調査図・街区境界調査簿の作成

記載します。

　ただし，街区境界未定がある場合の街区境界調査簿案の「街区面積」欄には，「街区境界未定」と記載します（街区簿作成要領 4 ただし書，街区境界手引 24 頁）。

第 3　閲覧（H5・GH5 工程）及び誤り等申出（H6・GH6 工程）

Q182

閲覧について教えてください。

A　国調法 17 条又は 21 条の 2 の規定に基づく閲覧の手続に関する留意点及び誤り等申出に関する対応等については，わかる！国調法 173 頁以下を参照願います。

　なお，閲覧の公告以外に閲覧の通知をする規定は見当たりませんが，無反応所有者等に対しても閲覧の通知をすべきと考えます。

第 4　地籍図及び地籍簿又は街区境界調査図及び街区境界調査簿の保管等

Q183

地籍図及び地籍簿又は街区境界調査図及び街区境界調査簿の保管及び補正について教えてください。

第4　地籍図及び地籍簿又は街区境界調査図及び街区境界調査簿の保管等

A **1　成果となる時点**

　　地籍図原図及び地籍簿案について，国調法17条の規定による手続が終了したときは，地籍調査の成果として，地籍図及び地籍簿となります（準則89条1項）。

　　また，街区境界調査図原図及び街区境界調査簿案について，国調法21条の2第3項及び4項の規定おいて読み替えて準用する同法17条の規定による手続が終了したときは，街区境界調査の成果として，街区境界調査図及び街区境界調査簿となります（準則89条の2第1項）。

2　成果の保管

　　地籍図及び地籍簿又は街区境界調査図及び街区境界調査簿は，そのままで保管しなければなりません（準則89条2項本文，89条の2第2項本文）。

　　これは，国調法17条の規定による閲覧の手続を終えたときの成果の記載状況を保全し，その後の手続（認証，管轄登記所への成果の写しの送付等）後の誤り等申出等への対応を検討する際に，重要な資料となるからです。

　　なお，準則89条2項及び89条の2第2項は，成果の保管者と下記3の成果の写し等の補正者とが同一人のような規定です。

　　しかし，市町村等が行った地籍調査の場合，その成果は都道府県知事に送付され（国調法18条），市町村等は成果の写しを保管する規定（同法21条2項）ですので，準則89条2項と国調法の規定及び運用が異なっています。

　　この国調法の規定と運用上の事務の流れの相違については，わかる！国調法250頁を参照願います。

第11章　地籍図・地籍簿又は街区境界調査図・街区境界調査簿の作成

3　成果の写し等の補正

　　成果については，上記2のとおり，そのままで保管しなけれ
ばなりませんが，その後，管轄登記所から登記事項の異動がさ
れた旨の通知があり，成果の記載事項に異動等（誤りによる修正
を含む。）があった際には，直近の地籍に補正（変更・更正）し，
地籍を明確に維持する必要があります。

　　この異動等については，成果の写し又は電磁的記録（コン
ピュータによる電子データ）を用いて継続的に補正することがで
きるとされています（準則89条2項ただし書）。

　　なお，街区境界調査の成果の補正等については，地籍調査の
成果が作成されるまでの間，継続的に補正するよう努めるとさ
れています（89条の2第2項ただし書）。

　　写しの作成（複製）方法については，準則90条及び運用基準
60条に規定されています。

　　補正に関する事項については，「地籍図及び地籍簿の補正要
領」平成14年3月14日付け国土国第596号国土交通省土地・
水資源局国土調査課長通知（法令集1464頁）に定められていま
すが（運用基準59条2項），街区境界調査図及び街区境界調査簿
についての地籍整備課長の定め（運用基準59条の2第2項）は見
当たりません。

4　地籍集成図の作成

　　地籍集成図は，必要に応じ（運用基準59条3項），隣接する複
数の地籍図及び19条5項指定地図の写しを集成編纂して作成
します（地籍集成図の作成要領（平成14年3月14日付け国土国第597
号国土交通省土地・水資源局国土調査課長通知。法令集1469頁））。

　　なお，後記第5において解説する認証申請関係書類である

486

第5　認証申請関係書類の整理（H8・GH8，2項委託 H10・GH10 工程）

「地籍図一覧図」及び「街区境界調査図一覧図」（準則 74 条 2 項，航測法につき 84 条）と上記「地籍集成図」（街区境界調査図の集成図についての規定は見当たらない。）が同一目的で，同一様式のものであるかについては定かでありませんが，仮に同一様式のものであるとすると，作成が必須であるとされている一覧図を作成すれば，必要に応じとされている集成図についても作成をしていることになると考えます。

第 5　認証申請関係書類の整理（H8・GH8，2 項委託 H10・GH10 工程）

Q184

認証申請関係書類を作成する際の留意事項について教えてください。

A　認証請求及び認証承認申請について，地籍調査における添付書類は地籍測量の方式別に（準則 37 条 1 項）認証請求書類作成要領に，街区境界調査における添付書類は街区認証請求書類作成要領に，それぞれ定められています。

これら添付書類の記載要領は，上記作成要領のほか，検査成績表については各検査規程細則に定められています。

ここでは，地上法による地籍調査（2 項委託を除く。）における添付書類のうち，E 工程及び H 工程の書類において誤った記載が多い事項を掲げ，過誤防止策としてチェックポイントを示します。

第11章 Q180〜Q185

487

第 11 章　地籍図・地籍簿又は街区境界調査図・街区境界調査簿の作成

1　地籍調査工程検査成績表

【図 11-3】検査成績表（E 工程）

４．別葉E　一筆地調査工程検査成績表（兼成績証明書）

都道府県名	市郡区名	町村（区）名	単位区域名	調査期間
				年　月〜　月

実施機関		機関名	代表者名	工程管理者名又は主任技術者名	左の者の所属
責任機関					
実行機関					

検査終了証明	検査の種別		検査者の所属	検査者名	合否	検査年月日
	認証者検査				**A**	年　月　日
	実施者検査					年　月　日

	工程小分類別		工程管理者名又は検査者名	合否	点検又は検査対象	抽出数等	記　事
管理及び検査の概要	作業の準備	E 1			業務計画書等	全数	
	作業進行予定表の作成	E 2			予定表	全数	
	単位区域界の調査	E 3			区域界	全数	（登記所地図等）
	調査図素図等の作成	E 4			枚	全数	（一覧図）
					筆	筆	（素図・票）
	現地調査等の通知	E 5	**C**	**B**	人	全数	（所在不明者等）
	市町村の境界の調査	E 6			境界	全数	（調査図素図）
	現地調査等	E 7			筆	全数	（30条3項）
					筆	全数	（30条4項）
					筆	全数	（30条5項）
					筆	全数	（31条）
					筆	全数	（34条）
					筆	全数	（35条）
	取りまとめ	E 8			筆	筆	（調査図・票）
					筆	筆	（地番対照表）
					筆	筆	（地目変更）
	実施者検査	E 9			筆	筆	（調査図・票）
					筆	筆	（地目変更）
					成果品	全数	（調査図・票等）
					枚	全数	（署名等）
					工程管理記録	全数	
	認証者検査	E 10			筆	筆	（調査図・票）
					筆	筆	（地目変更）
					成果品	全数	（調査図・票等）
					枚	全数	（署名等）
					工程管理記録	全数	
					検査記録	全数	

成果件数	登記所地図等		枚	地籍調査票	冊	**D**	枚
	調査図		枚	調査前筆数	**E**		筆
	調査図一覧図		枚	調査後筆数			筆
	地番対照表	冊	枚	計画面積			k㎡

備考	

488

第 5　認証申請関係書類の整理（H8・GH8，2 項委託 H10・GH10 工程）

【検査成績表（E 工程）の留意事項】

A：実施者検査（E9）を行った後に認証者検査（E10）を行うところ，検査年月日欄の記載において認証者検査が実施者検査より前に行われた日付となっているものがある（例：認証者検査：令和 7 年 12 月 18 日，実施者検査：令和 8 年 1 月 8 日）。

　　検査成績表別様 E の様式において，下段の実施者検査の検査年月日を先に記載し，その後の日付を上段の認証者検査の検査年月日を記載し，下段の日付が先の日付であるかをチェックします。

B：所在不明者の人数が別様 E の検査成績表作成後から認証請求までに変わったときは（所在不明者の所在が明らかとなった場合等。前記第 6 章 Q&A114 に記述した 435 号課長通知第 6 参照），「所在不明所有者等調書」（認証請求書類作成要領様式第 4 号）の所在不明所有者等の総数との整合性から，別様 E の備考欄に人数の変更経緯を記載するところ，記載されていないものがある。

　　別様 E の E5 の点検又は検査対象である所在不明者の人数と，所在不明所有者等調書の所在不明所有者等の総数とが一致しているかをチェックし，異なる人数の場合には，所在不明者の人数が変動した経緯を，別様 E の備考欄に記載します。

C：今回の認証請求区域が市町村の境界に接していないにもかかわらず，記載がされているものがある。

　　前回の検査成績表を利用する場合には，今回における検査対象外の項目の消し忘れに注意します。

D：地籍調査票の枚数と，調査前筆数又は調査後筆数に相応する

489

第 11 章　地籍図・地籍簿又は街区境界調査図・街区境界調査簿の作成

枚数とが整合していないものがある。

　分割調査や表題登記の調査をすると地籍調査票を新たに作成し，調査後筆数も増加します。合併調査，滅失や不存在の調査をすると調査後筆数は減少しますが，被合筆地（わかる！国調法【図52】356頁参照）の地籍調査票も地籍調査票綴に編綴するので地籍調査票の枚数に変わりはありません。したがって，地籍調査票の枚数が，調査前筆数と調査後筆数のいずれか多い筆数より多い枚数にならなければなりません。

E：調査前筆数及び調査後筆数と，「地目別筆数面積変動表」（認証請求書類作成要領様式第 1 号）の地籍調査前及び地籍調査後の「合計」欄の筆数とが一致していないものがある。

　各調書と整合がとれているかをチェックします。

第5　認証申請関係書類の整理（H8・GH8，2項委託 H10・GH10 工程）

【図 11-4】検査成績表（H 工程）

9．別葉H　地籍図及び地籍簿の作成工程検査成績表（兼成績証明書）

都道府県名	市郡区名	町村（区）名		単位区域名		調査期間		
						年　月～　月		

実施機関		機関名	代表者名	工程管理者名又は主任技術者名	左の者の所属
責任機関					
実行機関					

検査終了証明	検査の種別	検査者の所属	検査者名	合否	検査年月日
	認証者検査				年　月　日
	実施者検査（Ⅱ4）				年　月　日
	実施者検査（Ⅱ9）				A 年　月　日

管理及び検査の概要	工程小分類別		工程管理者名又は検査者名	合否	点検又は検査対象	抽出数等	記事
	地籍調査票の整理	H1			筆	筆	（地籍調査票）
	地籍図原図の整理	H2			筆	筆	（地籍図原図）
	地籍簿案の作成	H3			筆	筆	（地籍簿案）
	実施者検査	H4			筆	筆	（原図・簿案）
					成果品	全数	（原図・簿案）
	閲覧	H5			―	―	
	誤り等申出	H6	B		C 筆	全数	（誤り等申出）
	数値情報化	H7			―	―	数値情報化検査成績表
	認証申請関係書類の整理	H8			筆	全数	（不存在地等）
	実施者検査	H9			C 筆	全数	（誤り等申出）
					認証書類	全数	
					工程管理記録	全数	
	認証者検査	H10			C 筆	全数	（誤り等申出）
					筆	筆	（地籍図・簿）
					成果品	全数	（地籍図・簿）
					工程管理記録	全数	
					検査記録	全数	

成果件数	地籍簿（案）		冊	枚	地籍図（原図）数			
					精度区分	縮尺区分	図郭数	
	調査前筆数			筆				面
	調査後筆数			筆				面
	調査前面積			km²				面
	調査後面積	D		km²	計 E			面
	法17条の公告日		年　月　日		閲覧期間	年　月　日～　月　日		

備考	

第11章　Q180～Q185

491

第 11 章　地籍図・地籍簿又は街区境界調査図・街区境界調査簿の作成

【検査成績表（H 工程）の留意事項】

A：実施者検査（H9）は，閲覧後（誤り等申出に係る処理を含む。）に行うものであるところ（地上法検査規程細則 7(9)⑧），下記 E に記載された閲覧期間中に行われた年月日となっているものがある。

　　「閲覧期間」欄の閲覧最終日より後の日付で，誤り等申出に係る処理に要する相応な期間経過後の実施者検査年月日であるかをチェックします。

　　仮に，誤り等申出がなく，閲覧最終日に実施者検査（H 9）を行った場合には，認証承認及び認証の審査の際における説明として，実施者検査日と閲覧最終日とが同一日付である理由は誤り等申出がなかったことによる旨を備考欄に記載します。

B：数値情報化（H7）を行っている場合には，数値情報化検査成績表（地籍調査成果の数値情報化実施要領（平成 14 年 3 月 14 日付け国土国第 594 号国土交通省土地・水資源局国土調査課長通知の表－8。法令集 1387 頁）を添付するが，添付されていないものがある。

　　添付する書類の添付漏れがないかをチェックします。

C：別様 H の誤り等申出（H6），実施者検査（H9）及び認証者検査（H10）の誤り等申出の筆数と，「誤り等申出件数・筆数」（認証請求書類作成要領様式第 1 号）の「合計」欄の筆数とが一致していないものがある。

　　各調書と整合がとれているかをチェックします。

D：国調法 17 条 1 項は「公告の日から……一般の閲覧に供しなければならない」と規定しているので，公告年月日と下記 E

第 5　認証申請関係書類の整理（H8・GH8，2 項委託 H10・GH10 工程）

に記載された閲覧開始年月日は，同日になります（わかる！
国調法 180 頁参照）。

E：閲覧開始年月日は，上記 D のとおり，公告年月日と同日に
なります。

　そして，国調法 17 条 1 項は閲覧に供する期間を「20 日
間」として「日」によって期間を定めていますので，期間の
初日を算入しません（民法 140 条）。

　したがって，E 欄の閲覧期間は，初日を除いて 20 日間以
上でなければなりません。例えば，公告日が令和 7 年 1 月
20 日（月）の場合，閲覧初日は同日であり，この日を除いた
翌日から 20 日目は同年 2 月 9 日（日）であるので，その翌
開庁日である 10 日（月）が閲覧最終日となります（民法 142
条）。

　なお，民法 140 条ただし書が「その期間が午前零時から始
まるときは」初日を算入する規定ですが，電子公告により公
告を午前零時に行ったとしても閲覧をその午前零時から開始
しなければ，同条ただし書は適用されず，また，社会通念
上，役所が午前零時から開庁しているとの認識はないので，
20 日間一般の閲覧に供するという手続保障から閲覧初日は
期間に算入できないと考えます。

第
11
章

Q
180
～
Q
185

493

第 11 章　地籍図・地籍簿又は街区境界調査図・街区境界調査簿の作成

【図 11-5】検査成績表（総括表）

（別表 2）検査成績表様式－A 4 とする

1．地籍調査工程検査成績総括表（兼成績証明書）－地上法の場合

都道府県名	市郡区名	町村（区）名	単位区域名	調査年度
				～　　年度

実施機関		作業別機関		機関名	代表者名	工程管理者名又は主任技術者名	左の者の所属
		責任機関				A	
	実行機関	地籍図根三角測量					
		地籍図根多角測量					
		一筆地調査					
		細部図根測量					
		一筆地測量					
		地籍図原図の作成					
		地積測定					
		地籍図及び地籍簿の作成					

検査終了証明	工程分類別		認証者検査者名	実施者検査者名	記事
	地籍図根三角測量	C		A	別葉Cによる
	地籍図根多角測量	D			別葉Dによる
	一筆地調査	E			別葉Eによる
	細部図根測量	F I			別葉F Iによる
	一筆地測量	F Ⅱ　1			別葉F Ⅱ　1による
	地籍図原図の作成	F Ⅱ－2			別葉F Ⅱ－2による
	地積測定	G			別葉Gによる
	地籍図及び地籍簿の作成	H			別葉Hによる

成果件数	地籍図根三角測量	新点数		点		地籍図（原図）数		
		成果簿	冊	枚	精度区分	縮尺区分	図郭数	
	地籍図根多角測量	新点数		点		1/250		面
		成果簿	冊	枚		1/500		面
	細部図根測量	新点数		点	B	1/1,000	B	面
		成果簿	冊	枚		1/2,500		面
	一筆地測量	成果簿	冊	枚		1/5,000		面
	地積測定	成果簿	冊	枚	計			面
	地籍調査票		冊	枚	総筆数		B	筆
	地籍簿		冊	枚	総面積			k ㎡
	調査図			枚	地籍調査の着手年度			年度
	全体計画面積		C	k ㎡				
	前回までの認証済面積		B	k ㎡	地区コード			

備考	D

494

第5　認証申請関係書類の整理（H8・GH8，2項委託 H10・GH10 工程）

【検査成績表（総括表）の留意事項】

A：①責任機関の代表者（市町村長等），工程管理者又は主任技術者について，調査期間の途中で変更が生じた場合には，責任機関の該当欄に，②実行機関の代表者，工程管理者又は主任技術者について，当該工程の調査期間の途中で変更が生じた場合には，実行機関の当該工程の該当欄に，③認証者検査者について，当該工程の調査期間の途中で変更が生じた場合には，認証者検査者名の該当工程欄に，二段書きで記載するか，備考欄に変更の経緯等を記載することとされているが（記載要領(4)参照），記載されていない又は各別葉（C〜H）では2名が記載されているにもかかわらず総括表には1名のみが記載されているものがある。

　なお，上記記載要領(4)には，実施者検査者が，調査期間の途中で変更が生じた場合の記述がありませんが，この場合も上記と同様に記載するものと思います。

　検査成績表の各別葉の代表者名，工程管理者名又は主任技術者名と総括表の該当欄又は備考欄とが一致しているかチェックします。

B：検査成績表の総括表の精度区分，縮尺区分，地籍図数，総筆数，総面積，前回までの認証済面積を，認証請求区域概況説明調書（認証請求書類作成要領様式第6号）の精度，縮尺，地籍図数，面積，認証済面積に移記するが（同様式の記載要領9），一致していないものがある。

　まず，検査成績表の各別葉間の整合をチェックし，検査成績表の総括表の数値を誤りなく認証請求区域概況説明調書に転記します。

第 11 章　地籍図・地籍簿又は街区境界調査図・街区境界調査簿の作成

　　また，検査成績表の総面積，全体計画面積及び前回までの
認証済面積と認証請求区域概況説明調書に記載する面積は，
小数点以下第 2 位まで（小数点第 3 位切り捨て）です（総括表の
記載要領(9)後段及び概況説明調書の記載要領 10）。

　　なお，街区境界調査における認証請求区域概況説明調書
（街区認証請求書類作成要領様式第 5 号）の「街区面積」欄は検
査成績総括表から移記（街区境界未定のある街区及び長狭物を含
めた面積を記載）し，その旨を同説明調書の「摘要」欄に記載
します（街区境界手引 25 頁）。

C：今回の調査により市町村等の全体計画面積が完了する場合に
　　は，備考欄に，「全域完了」と記載します（記載要領(12)）。

D：①地籍測量の工程（C，D，F I 工程）の作業の全部又は一部
　　を省略して実施している場合には，備考欄にその旨記載して
　　いるかを（記載要領(14)），②F II − 2 工程と G 工程を併せて実
　　施した場合には，備考欄にその旨記載しているかを（記載要
　　領(15)），チェックします。

第5 認証申請関係書類の整理（H8・GH8，2項委託 H10・GH10 工程）

【図 11-6】地目別筆数面積変動表

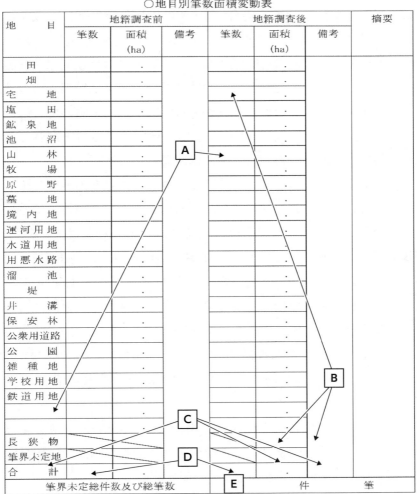

第 11 章　地籍図・地籍簿又は街区境界調査図・街区境界調査簿の作成

【地目別筆数面積変動表の留意事項】

A：地籍調査前の地目区分については，登記簿に記載された地目によるとされ，その地目が不登規則 99 条に定める区分に該当しない地目である場合は，「鉄道用地」欄の下に記載するとされているので（記載要領 1 (1) 2 段落目），例えば，「林野」との地目が登記簿に記載されている場合には，鉄道用地欄の下に「林野」と記載し，その筆数及び面積を地籍調査前の欄に記載します。なお，面積が 0.01ha（100㎡）未満の場合は，「備考」欄に小数点以下第 3 位切り捨て前の面積を記載し，「合計」欄には計上しません（記載要領 1 (2) 前段，(3)）。

　地籍調査後の欄には，林野との地目の表記を山林に改記した場合は「山林」欄に筆数及び面積を計上し，宅地等に地目変更した場合は当該宅地等の欄に筆数及び面積を計上します。

B：例えば，長狭物と宅地との筆界未定の場合には（運用基準 14 条 2 項ただし書），現況の長狭物との境界により面積計算をし，長狭物の面積は長狭物欄に，宅地の筆数は宅地欄に面積は筆界未定地欄に計上します（記載要領 1 (7)）。

　また，長狭物の内訳（道路，運河，鉄道線路，河川等の施設の敷地。準則 28 条）別の面積を備考欄にそれぞれ記載します（記載要領 1 (5) なお書）。

C：白地として地籍図を作成した場合には，「筆界未定地」欄の下に「白地」欄を設けて，面積を地籍調査後欄に，個数を備考欄に，それぞれ記載します（記載要領 1 (8)）。

D：合計欄の地籍調査前及び地籍調査後の筆数を，検査成績表（E 工程）の調査前筆数及び調査後筆数に転記します（前記検査成績表（E 工程）の留意事項 E 参照）。

498

第 5　認証申請関係書類の整理（H8・GH8，2 項委託 H10・GH10 工程）

E：認証の請求及び承認申請を行う区域内に筆界未定として調査
　　したものがある場合は，筆界未定とした筆の集まりを一つの
　　単位としたときの総件数及び総筆数を「筆界未定総件数及び
　　総筆数」欄に記載します。なお，件数が多い場合には（何件
　　以上又は地籍調査後筆数に対する筆界未定筆数の割合以上について，
　　件数が多い場合に該当するかは定められていない。），主な理由を適
　　宜の箇所又は別紙に記載します（記載要領 1 (6)(10)）。

第 11 章　地籍図・地籍簿又は街区境界調査図・街区境界調査簿の作成

【図 11-7】誤り等申出件数・筆数表

地　区　名	県　　郡　　町
単位区域名	

○誤り等申出件数・筆数

申　出　事　項	申出件数・筆数	処　理　概　要 訂　正	不　訂　正	筆界未定	摘　　要
所　　　　　在	件　　筆	件　　筆	件　　筆		
地　　　　　番	件　　筆	件　　筆	件　　筆		
地　　　　　目	件　　筆	件　　筆	件　　筆		
筆　　　　　界	件　　筆	件　　筆	件　　筆	件　　筆	
地　　　　　積	件　　筆	件　　筆	件　　筆		
住　所　・　所　在	件　　筆	件　　筆	件　　筆		
氏　名　・　名　称	件　　筆	件　　筆	件　　筆		
そ　　の　　他	件　　筆	件　　筆	件　　筆		
合　　　　　計	件　　筆	件　　筆	件　　筆		

A

B

C

第 5　認証申請関係書類の整理（H8・GH8，2 項委託 H10・GH10 工程）

【誤り等申出件数・筆数の留意事項】

A：「申出件数・筆数」欄には閲覧者からの申出件数及び筆数を記載し，1 件で複数の申出があった場合には申出事項毎に振り分けて記載します（記載要領 2 (2)）。この「1 件で複数の申出」とは，一人の閲覧者が誤り等申出書（事務取扱要領別記様式第 2）の「誤り等があると認める事項」欄に複数の事項を記載して申出があった場合を指しており，例えば，1 筆の土地について地番と住所の誤り申出がされたときは，地番欄に「1 件，1 筆」と，住所・所在欄に「1 件，1 筆」と記載し，合計欄には「2 件，2 筆」と計上します。

B：「処理概要」欄には，申出件数及び筆数に対応した訂正又は不訂正の件数及び筆数を記載します（記載要領 2 (3)前段）。例えば，所在についての誤り等申出が 3 件 5 筆であった場合に，そのうち，1 件 2 筆を申出の事実があると認め，2 件 3 筆を申出の事実がないとしたときは，申出件数・筆数欄に「3 件，5 筆」と，訂正欄に「1 件，2 筆」と，不訂正欄に「2 件，3 筆」と記載します。

　　すなわち，申出件数 3 件＝訂正件数 1 件＋不訂正件数 2 件，申出筆数 5 筆＝訂正筆数 2 筆＋不訂正筆数 3 筆として，申出件数・筆数欄の件数及び筆数の内訳数が，処理概要欄に記載され，数値に誤りがないかをチェックします。

C：筆界に関する誤り等申出により「筆界未定」とした場合には，その件数及び筆数を「訂正」欄の内数として「筆界未定」欄に記載します（記載要領 2 (3)なお書）。具体的には，1 番と 2 番の土地の筆界が表示された地籍図原図の位置に誤りがあると申出がされ，その申出の筆界について当該（1 番及び 2

501

第11章　地籍図・地籍簿又は街区境界調査図・街区境界調査簿の作成

番）土地の所有者の確認が得られず，地籍調査の成果案を筆界未定に訂正したときは，申出件数・筆数欄に「1件，2筆」と，訂正欄に「1件，2筆」と，筆界未定欄に「1件，2筆」と記載します。

　なお，筆界未定の処理について，筆界を確認したとして誤り等申出がされて，地籍調査の成果案を訂正した場合は，筆界未定の処理をしていないので，申出件数・筆数欄に「1件，2筆」と，訂正欄に「1件，2筆」と記載するのみで，筆界未定欄には何ら記載しません。

【図11-8】不存在地等調書

(様式第2号)

不存在地等調書

調　査　地　域				
1．不存在地　B				筆
2．現地確認不能地（長狭物敷地内）				筆
3．現地確認不能地（長狭物敷地外）				筆
4．滅失地　B				筆
5．新たに土地の表示を登記すべき土地　B				筆
6．地番変更（地番変更により所有者の住　所変更を伴う場合）		A		筆
7．国土調査法第32条の2の代位登記			件	筆
備　　　　考	B			

502

第5　認証申請関係書類の整理（H8・GH8，2項委託 H10・GH10 工程）

【不存在地等調書の留意事項】

A：地番変更の処理を行ったことに伴い，土地の所有者の住所変更の処理も行った場合に記載しますので（記載要領7），地番変更の処理のみの場合には記載しません。

B：不存在地，滅失地，表題登記の土地があった場合には，その原因（重複登記，海没，公有水面埋立等）及び経緯（表題登記については所有権を確認した資料名等）を備考欄に記載します（記載要領9，10）。

【図11-9】所在不明所有者等調書

（様式第4号）

所在不明所有者等調書

都道府県
〇〇市町村
土地改良区

1．調査地域
2．調査期間
3．所在不明所有者等の総数
4．所在不明所有者等に係る土地の総筆数（調査前の総筆数に対する割合%）
5．所在不明所有者等一覧表 〔（注）所有者とその他の利害関係人と別の表にまとめる。〕

氏　　　名 名　　　称	登記簿上の住所	関係する土地の 所在及び地番	所在不明の理由 **A**	準則第30条 第4項の適用	準則第30条 第5項の適用
1					
2					
3					
4					
5					

【所在不明所有者等調書の留意事項】

A：「所在不明の理由」欄には，その者の現住所の調査のため行った方法を記載します（記載要領3）。この調査のために行った方法とは，前記第6章 Q&A114 に記述した435号課長通知第1の2（法令集1293頁）に掲げられた現地調査等の

503

第 11 章　地籍図・地籍簿又は街区境界調査図・街区境界調査簿の作成

通知先の調査として行ったことを指しています。

　なお，所有者不明土地であるとの認定基準についてはわかる！国調法 302 頁を，所在不明所有者等調書の記載対象並びに準則 30 条 3 項及び 4 項の適用範囲については同書 216 頁を，それぞれ参照願います。

第5 認証申請関係書類の整理（H8・GH8，2項委託 H10・GH10 工程）

【図 11-10】不協力地調書

(様式第3号)

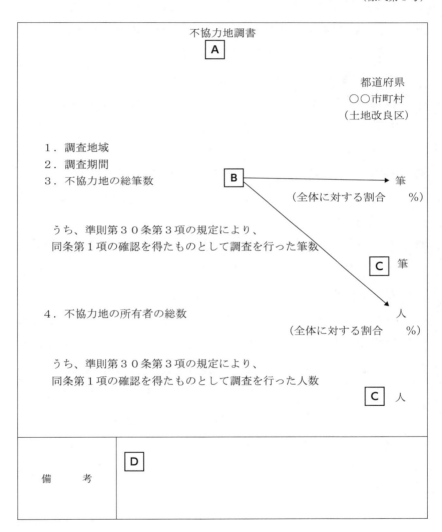

【不協力地調書の留意事項】

A：不協力とは，上記【図 11-9】所在不明所有者等とは異な

第 11 章　地籍図・地籍簿又は街区境界調査図・街区境界調査簿の作成

り，土地の所有者等の所在が明らかであるが，地籍調査の筆
界確認に協力されない（不協力な）場合を指しています。

B：上記 A の協力されない土地（以下「**不協力地**」という。）の総
筆数及び当該調査地域の登記記録（登記簿）上の総筆数に対
する不協力地の総筆数の割合を記載します。また，不協力地
の総所有者数及び当該調査地域の登記記録（登記簿）上の総
所有者数に対する不協力地の総所有者数の割合を記載します
（記載要領 3 前段参照）。

C：準則 30 条 3 項の規定により同条 1 項の確認を得たものとみ
なして調査を行った場合，その筆数及び人数を記載します
（記載要領 3 また書）。

D：不協力地ごとに筆界確認又は筆界未定の別及びその筆数並び
に筆界確認の処理をしたものについてはどのような方法によ
り筆界を確認したか等を簡潔に記載します（記載要領 4）。

　　準則 30 条 1 項の規定に基づく土地の所有者等の確認を直
接得ずに調査することができるのは，①無反応所有者等に対
し確認を得たものとみなして調査したものの（準則 30 条 3 項）
ほか，②所在が明らかであるか不明であるかを問わず筆界確
定訴訟の確定判決又は筆界特定がされているとき（準則 30 条
の 2），③地方公共団体による筆界特定の申請（不登法 131 条 2
項）を行った場合についても，この調書に記載すると詳細な
調書になると考えます。

　なお，調査地域に隣接する調査地域外の土地が不協力地の場合
に，これをこの調書に記載すべきかについては，わかる！国調法
215 頁を参照願います。

第5　認証申請関係書類の整理（H8・GH8，2項委託 H10・GH10 工程）

【図11-11】協議実施結果報告書

（様式第5号）

協 議 実 施 結 果 報 告 書

都道府県
○○市町村
（土地改良区）

1．調査地域

2．協議日時及び場所

3．協議相手

4．結果及びその理由

　　　　　　適　　　　・　　　　否
（理由）

5．協議を行った土地の表示
（1）所在・地番

（2）地目・地積

（3）所有者の住所・氏名又は名称

6．添付資料

備　　　　　考	※現地復元性を有しない資料を基として協議を行った場合は、当該資料の名称だけでなく、準則第３０条第５項を適用して調査を行った理由を備考欄に詳細に記載しなければならない。

第11章 地籍図・地籍簿又は街区境界調査図・街区境界調査簿の作成

【図11-12】協議実施結果報告書の作成例

協議実施結果報告書

○○県松竹市

1．調査地域

　　○○県松竹市松一丁目

2．協議日時及び場所

　　令和6年12月20日（金）午後1時30分～同3時30分

　　△△法務局□□支局相談コーナー

3．協議相手

　　△△法務局□□支局　表示登記専門官　○○○○

4．結果及びその理由

　　　　・　　否

　（理由）

　　備考欄のとおりの理由に基づき、協議した。

5．協議を行った土地の表示

　（1）　所在・地番

　　　　松竹市松一丁目345番6

　（2）　地目・地積

　　　　宅地・123.45㎡

　（3）　所有者の住所・氏名又は名称

　　　　東京都中央区築地二丁目22番2号　　松井竹男

6．添付資料

　①筆界案

　②本件土地及び周辺土地の公図

　③本件土地の登記事項証明書

　④松井竹男及び利害関係人に対する現地調査の通知書及び相続人らに対する再通知書

　⑤松井竹男の死亡を示す戸籍並びに配偶者及び子の戸籍並びにこれら相続人の住民票

第 5　認証申請関係書類の整理（H8・GH8，2 項委託 H10・GH10 工程）

⑥本件土地の登記上の利害関係人（地上権者）の法人登記事項証明書

⑦本件土地の地積測量図（平成 12 年 5 月 25 日作成）

⑧上記⑦と実測図面とが誤差の範囲内であることを示す図面及び計算書

⑨本件土地及び隣接地の写真及び撮影方向図面（境界標の遠景及び近景
　の写真を含む。）

⑩関係行政機関との協議内容の要旨録

備　考　A	本件土地の所有権の登記名義人松井竹男は⑤のとおり死亡しており、利害関係人及び相続人らに④のとおり現地調査の再通知をするが宛所不明で返送され、また、本件土地の⑦の地積測量図と⑧の実測図面とが誤差の範囲内であることから、本件は地籍調査作業規程準則第 30 条第 5 項に規定する適用要件を具備している。

【協議実施結果報告書の留意事項】

A：認証請求書類作成要領様式第 5 号の備考欄に「現地復元性を
有しない資料を基として協議を行った場合は」と記述されて
いるのは，運用基準 15 条の 2 第 8 項が「原則として，現地
復元性を有するものを使用する」として原則を示しているこ
とからと思います。換言すれば，地積測量図のみでは現地復
元性を有しないものであっても，筆界に関する情報を総合的
に考慮し（準則 30 条 1 項），客観的な資料により筆界案を作成
することを許容しているものといえます。

第 11 章　Q 180〜Q 185

第 11 章　地籍図・地籍簿又は街区境界調査図・街区境界調査簿の作成

第 6　成果の認証後の手続

Q185

　成果について認証を受けた後の手続について教えてください。

A　準則は地籍調査の趣旨の普及（2 条）から地籍図原図及び地籍簿案並びに街区境界調査図原図及び街区境界調査簿案の作成や保管・補正（6 章）までについて規定し，認証の手続その後の規定は国調法に定められています。

　認証の手続（国調法 19 条），管轄登記所への成果の写しの送付（20 条）等は，わかる！国調法 206 頁以下を参照願います。

事 項 索 引

あ行

誤って登記されている土地 ………… 401

委託先の選定 ……………………… 75

1地番区域＝1単位区域 ……………… 40

一部合併があったものとしての調査
………………………………… 366

一筆地調査のみ作業進行予定表を作成
する理由 ………………………… 164

閲覧 ………………………………… 484

オルソ画像 ……………… 147,256,264

か行

街区境界調査
………… 160,182,183,261,299,307,356

街区境界調査図 ……………………… 467

街区境界調査の作業工程 ……………… 8

街区境界調査の実施計画 ……………… 61

街区境界調査票の作成 ……………… 176

街区境界調査票の整理 ……………… 477

街区境界調査簿案 …………………… 482

外国住所者の国内連絡先 …………… 304

外注先の選定 ……………………… 75

開放路線 ……………………… 438,444

海没等により減失した土地 ………… 393

海没等又は錯誤以外の事由で登記され
ているが現地で確認できない場合
………………………………… 411

合併があったものとしての調査 …… 365

仮地番の定め方の具体例 …………… 370

簡易網平均計算 ……… 438,441,442,452

監督者 ……………………………… 75

基準点の精度 ……………………… 91

規定以外で現地調査の通知に記載する
事項 ……………………………… 219

協力体制の確立 …………………… 79

厳密網平均計算
……… 113,126,431,433,434,435

空中写真測量 ………………… 85,137

現地座標法 ……………………… 471,476

現地精通者 ………………………… 78

現地調査等の通知に所有者名等を付記
する際の留意点 ………………… 217

現地調査等の通知の記載事項 …… 178

現地調査等の通知の対象者 ……… 183

現地調査等の通知の名義 ……… 182

現地調査等の通知をする順位 …… 189

現地調査における筆界の調査 …… 307

現地調査の通知に係る留意点 …… 208

現地復元性を有する地積測量図がない
場合の筆界案の作成方法 …… 316,318

航空レーザ計測 …………………… 134

航空レーザ測量 ……………… 85,137,148

航測法による地籍測量
…… 59,85,142,146,159,166,170,173,252,
260,261,263,327,330,338,397

511

事項索引

航測法による地籍測量の筆界案の作成
　方法 ································· 329
航測法による地籍測量の筆界の調査
　································· 327
航測法による地籍調査 ············· 59
航測法による地籍調査の作業工程
　································· 6
交点計算法 ··············· 450,455,466
公物管理者との調整 ··············· 26
国土交通省登録資格 ············ 71,75
国土調査の指定の公示又は公表 ····· 67
戸籍事項証明書等の収集方法 ······· 205

さ行

作業規程の作成 ···················· 62
作業計画 ·························· 55
作業計画の作成の考慮事項 ··········· 58
作業進行予定表 ··············· 160,164
作業班の編成 ················· 73,183
三次元網平均計算 ········ 113,126,433
GNSS法
　···· 83,105,115,119,126,127,155,443,
　　451,453
G空間情報センター ················ 171
市街地等の定義規定 ················ 51
事業計画の策定 ···················· 28
市町村の境界の調査 ··············· 260
実施計画及び作業規程の届出 ········· 66
実施計画の作成 ···················· 29
実施組織の確立 ···················· 71
実施の公示 ······················ 68

死亡情報符号表示制度 ············· 195
地元説明会 ············· 78,79,80,82,209
集会所等での図面等調査を自宅等で行
　うことの可否 ··················· 255
19条5項指定対象事業者との調整
　································· 27
住所変更等の義務化 ··············· 195
私有地以外の土地の調査 ············· 420
縮尺区分 ························· 51
樹高分布図 ··············· 264,330,336
趣旨の普及に係る経費負担 ··········· 79
趣旨の普及の方法 ·················· 77
受託監督者 ······················ 76
受託検査者 ······················ 76
十箇年計画に基づく地籍調査における
　実施計画の作成 ················· 33
主任技術者 ···················· 75,76
準則10条3項ただし書の「その他必
　要な場合」 ····················· 45
準則20条2項の規定に基づく図面等
　調査の実施 ···················· 263
準則20条2項1号のその他の事情
　································· 251
準則20条3項の規定に基づく図面等
　調査の実施 ···················· 264
準則20条3項のその他の事情 ······ 252
準則30条の2（筆界確定判決，筆界特
　定）の適用 ···················· 347
準則30条4項（一部が所在不明）の
　適用 ························· 338

準則 30 条 5 項（全員が所在不明）の
　適用 ……………………………… 345
所有権の登記名義人のローマ字氏名の
　併記又は旧氏併記 …………… 218,303
所有者が死亡している場合の現地調査
　の通知 …………………………… 193
所有者等の探索の範囲 ……………… 257
所有者の調査 ………………………… 299
所有者の調査に係る施策 …………… 303
所有不動産記録証明制度 …………… 195
森林境界明確化活動 ………………… 422
推進委員会の設置 …………………… 76
成果となる時点 ……………………… 485
成果の写し等の補正 ………………… 486
成果の認証後の手続 ………………… 510
成果の保管 …………………………… 485
精度区分 ……………………………… 49
精度区分の決定基準 ………………… 50
セミ・ダイナミック補正 …………… 110
全体計画の作成 ……………………… 19
選点図等の留意事項 ………………… 117
専門技術者 …………………………… 75
相続登記の義務化 ……………… 195,209
相続人申告登記 ………………… 195,209
相続人の調査 ………………………… 195
相続の順位 …………………………… 196
相続放棄している場合 ……………… 214

た行

代位登記の申請 ……………………… 367
代表取締役等の住所の一部表記 …… 219

代理人とは …………………………… 187
建物の認定基準 ……………………… 387
単位区域界の調査 …………………… 165
単点観測法
　…… 134,142,143,146,157,449,450,457,
　459,466
地上画素寸法 ……… 137,139,143,147,148
地上法と航測法の調査地域がある場合
　の留意点 ………………………… 21
地上法による地籍測量 ……………… 83
地上法による地籍調査の作業工程 …… 2
地図混乱地域 ……………………… 24,65
地籍集成図の作成 …………………… 486
地籍図 ………………………………… 467
地籍図原図 …………………………… 467
地積測量図の作成規定の経緯 ……… 317
地籍測量の基礎とする点 …………… 90
地籍調査と街区境界調査との作業の違
　い ………………………………… 12
地籍調査の進捗率 …………………… 66
地籍調査の担当職員数 ……………… 71
地籍調査票の作成 …………………… 176
地籍調査票の整理 …………………… 477
地籍調査票又は街区境界調査票の編綴
　及び表紙の作成 ………………… 177
地籍簿案 ……………………………… 482
地籍明細図 …………………………… 468
地番区域 ……………………………… 40
地番区域の面積に応じた単位区域の決
　定 ………………………………… 41
地番対照表の作成 …………………… 379

513

事項索引

地番の調査 …………………………… 369

地番変更の留意点 ………………… 379

地方公共団体による筆界特定の申請

………………………………… 351

地目改記 …………………………… 382

地目の調査 ………………………… 382

中間地目における地目の認定 …… 386

長狭物の調査 ……………………… 413

長狭物の調査の留意点 …………… 416

調査図一覧図の作成 ……………… 174

調査図素図の作成 …………… 170,172

調査図素図の表示事項 …………… 173

調査地域の決定基準 ………………… 35

調査地域の決定の留意点 ………… 46

調査地域の単位 ……………………… 39

調整点 ………………………… 134,135

通算次数 …………………………… 464

DEM ……………………………… 145

DSM ……………………………… 145

DGPS 法 ……………… 150,451,463

DV 被害者の公示用住所 ……… 218,259

TS 法

……… 83,104,105,115,119,126,127,155,

443,451,453

定型多角網 ………………………… 442

電子基準点 …………………… 93,433

電子基準点のみを与点とする

………………………… 106,112,122

登記官への協力 ……………………… 79

登記官への協力依頼 ……………… 24,25

登記所地図がない場合の調査図素図の

作成方法 ……………………… 172

登記所地図の複写方法 …………… 170

同等以上の精度を有する基準点 …… 91

土地改良区等が実施計画に定める調査

地域の決定基準 …………………… 38

な行

任意方式による地籍調査における実施

計画の作成 ……………………… 31

認証申請関係書類作成の留意事項

………………………………… 487

ネットワーク型 RTK 法

………………… 150,157,451,459

農地から農地以外への地目変更

………………………………… 383

は行

8 条申請 ………………… 63,64,65,398

班長 ………………………… 74,183

微地形表現図 ……… 147,148,256,264,336

筆界案の作成例 …………………… 320

筆界標示杭の設置 ………………… 259

表題登記の調査 …………………… 389

標定点 ………………………… 134,135

復元測量 ……………… 302,417,419,420

負担金の交付申請 ………………… 73

分割があったものとしての調査

………………………………… 364

閉合路線 …………………………… 428

併用法による地籍測量 …………… 86

事項索引

ヘルマート変換 ······························ 462

放射法

　······ 155,157,426,438,440,443,450,452,
　　466

法務局との事前協議 ························ 23

補助金の交付申請 ···························· 72

補助申請 ··· 72

補備測量 ································· 135,148

ま行

無反応所有者等

　······ 180,192,220,250,263,264,265,266,
　　268,271,274,277,280,282,283,284,
　　285,286,287,289,296,308,339,341,
　　420,484,506

滅失等調査の承認を求める対象者

　··· 411

滅失の調査 ···································· 393

面積の「中央値」···························· 52

や行

横メルカトル図法 ··························· 95

ら行

リアルタイムキネマティック法

　··· 459

利害関係人の範囲 ························· 185

林相識別図 ······························ 264,330

515

判例索引

判 例 索 引

◎無地番の土地の所有権の帰属

　　福岡高宮崎支判昭和 31 年 3 月 26 日（訟月 2 巻 5 号 52 頁）⋯⋯⋯⋯⋯⋯⋯ 186

　　熊本地判昭和 57 年 6 月 18 日（訟月 29 巻 1 号 47 頁）⋯⋯⋯⋯⋯⋯⋯⋯⋯ 186

◎内容証明郵便の不達と意思表示の到達効果

　　最一小判平成 10 年 6 月 11 日（民集 52 巻 4 号 1034 頁）⋯⋯⋯⋯⋯⋯⋯⋯ 281

◎残余財産がある閉鎖会社の法人格の有無

　　大判大正 5 年 3 月 17 日（民録 22 輯 364 頁）⋯⋯⋯⋯⋯⋯⋯⋯⋯⋯⋯⋯⋯ 297

◎公図の評価

　　東京地判昭和 49 年 6 月 24 日（判時 762 号 48 頁）⋯⋯⋯⋯⋯⋯⋯⋯⋯⋯ 328

　　東京高判昭和 53 年 12 月 26 日（判時 928 号 66 頁）⋯⋯⋯⋯⋯⋯⋯⋯⋯⋯ 328

◎水路変更後の河床の所有権の帰属

　　東京高判昭和 31 年 2 月 13 日（下民 7 巻 2 号 318 頁）⋯⋯⋯⋯⋯⋯⋯⋯⋯ 393

◎海と陸地との境界

　　最三小判昭和 61 年 12 月 16 日（民集 40 巻 7 号 1236 頁）⋯⋯⋯⋯⋯⋯⋯⋯ 394

先 例 索 引

昭和 29 年 10 月 26 日付け審計土第 158 号経済審議庁計画部長通達

（地番区域としての字又は大字の区域の調整について） ················ 46，377

昭和 30 年 4 月 14 日付け民事甲第 708 号法務省民事局長回答 ················ 298

昭和 30 年 5 月 17 日付け民事甲第 930 号法務省民事局長回答

（公有水面埋立地の登録登記事務について） ························ 392

昭和 30 年 12 月 16 日付け民事三発第 753 号法務省民事局第三課長回答

（土地台帳法施行細則第 2 条第 1 項の地図（字限図）が存しない場合における一

筆地調査について） ·· 172

昭和 31 年 11 月 10 日付け民事甲第 2612 号法務省民事局長事務代理回答

（海面に隣接する土地の境界線について） ························ 393

昭和 32 年 10 月 24 日付け経企土第 179 号経済企画庁総合開発局長通達

（素図表示例） ·· 174，175

昭和 32 年 10 月 24 日付け経企土第 179 号経済企画庁総合開発局長通達

（仮地番の設定及び地番対照表の作成要領） ························ 369

昭和 32 年 12 月 28 日付け経企土第 126 号経済企画庁総合開発局長通達

（国土調査法第 32 条の 2 の規定による代位登記の申請書の作成要領及び様式）

·· 368

昭和 33 年 8 月 26 日付け経企土第 96 号経済企画庁総合開発局長・林野庁長官通達

（国土調査法による地籍調査における国有林野の取扱要領） ················ 421

昭和 33 年 8 月 28 日付け経済企画庁総合開発局国土調査課長・林野庁林務部林政

課長・同庁指導部計画課長指示

（国土調査法による地籍調査における国有林野の取扱要領の運用について） ···· 421

昭和 33 年 11 月 24 日付け経企土第 130 号経済企画事務次官依命通達

（負担金交付要綱） ························ 73，79，80，82，355

昭和 36 年 3 月 14 日付け経済企画庁総合開発局国土調査課長回答

（一筆地調査の処理方法について） ································ 395

昭和 36 年 11 月 9 日付け民事甲第 2801 号法務省民事局長回答

（海面下の土地の所有権について） ································ 396

先例索引

昭和 38 年 5 月 10 日付け民事三発第 151 号法務省民事局第三課長依命通知
（合併前の土地につき登記名義人の表示変更（更正）の登記を職権でなすことの
可否について）……………………………………………………………………… 368

昭和 42 年 2 月 18 日付け経企土第 7 号経済企画庁総合開発局長通達
（地目調査要領）………………………………………………………………… 382

昭和 45 年 7 月 17 日付け民事甲第 3017 号民事局長回答……………………… 298

昭和 47 年 5 月 1 日付け経企土第 28 号経済企画庁総合開発局長通達
（事務取扱要領）……………………………………… 33，34，481，501

昭和 53 年 4 月 13 日付け国土第 152 号国土庁土地局長通達
（地籍調査において地番変更の処理をした場合における土地所有者の住所変更等
の取扱いについて）……………………………………………………………… 379

昭和 54 年 2 月 7 日付け 54 国土国第 26 号国土庁土地局長通達
（地籍調査事業の推進について）………………………………………………… 26

昭和 54 年 2 月 7 日付け国土国第 27 号国土庁土地局国土調査課長通知
（筆界確認の確保のために講ずべき措置）………… 162，185，208，227，241，249

昭和 54 年 3 月 9 日付け 54 国土国第 129 号国土庁土地局長通達
（地籍調査事業の推進について）………………………………………………… 26

昭和 54 年 12 月 5 日付け国土国第 436 号国土庁土地局長通達
（いわゆる二線引畦畔の時効取得確認申請手続への地籍図原図等の活用等につい
て）………………………………………………………………………………… 423

昭和 54 年 12 月 5 日付け国土国第 437 号国土庁土地局国土調査課長指示
（いわゆる二線引畦畔の時効取得確認申請手続への地籍図原図等の活用等に
ついて）…………………………………………………………………………… 423

昭和 56 年 5 月 26 日付け 56 国土国第 198 号国土庁土地局長通達
（換地を伴う土地改良事業及び土地区画整理事業と地籍調査との調整等について）
………………………………………………………………………………………… 27

昭和 56 年 8 月 28 日付け法務省民三第 5402 号法務省民事局長通達
（登記簿上の地目が農地である土地について農地以外の地目への地目の変更の
登記申請があった場合の取扱いについて）…………………………………… 384

昭和 56 年 8 月 28 日付け法務省民三第 5403 号法務省民事局第三課長依命通知
（登記簿上の地目が農地である土地について農地以外の地目への地目の変更の

先例索引

登記申請があった場合の取扱いについて）……………………………… 384

昭和 56 年 10 月 7 日付け国土国第 409 号国土庁土地局国土調査課長指示

（地籍調査において登記簿上の地目が農地である土地に関する地目認定に

ついて）………………………………………………………………………… 384

昭和 57 年 2 月 19 日付け国土国第 32 号国土庁土地局国土調査課長指示

（国土調査法に基づく地籍調査に係る保安林の取扱いについて）……………… 422

昭和 57 年 6 月 10 日付け国土国第 271 号国土庁土地局長通達

（地籍調査に係る財務省所管普通財産の取扱いについて）………………… 423

昭和 57 年 6 月 10 日付け国土国第 272 号国土庁土地局国土調査課長指示

（地籍調査に係る財務省所管普通財産の取扱いについて）………………… 423

平成 14 年 3 月 14 日付け国土国第 591 号国土交通省土地・水資源局長通知

（検査規程）………………………………………………… 1, 74, 75, 479

平成 14 年 3 月 14 日付け国土国第 594 号国土交通省土地・水資源局国土調査課長

通知（地籍調査成果の数値情報化実施要領）………………………………… 492

平成 14 年 3 月 14 日付け国土国第 596 号国土交通省土地・水資源局国土調査課長

通知（地籍図及び地籍簿の補正要領）………………………………………… 486

平成 14 年 3 月 14 日付け国土国第 597 号国土交通省土地・水資源局国土調査課長

通知（地籍集成図の作成要領）………………………………………………… 486

平成 14 年 3 月 14 日付け国土国第 598 号国土交通省土地・水資源局国土調査課長

通知（地上法検査規程細則）……………………………………………… 2, 492

平成 23 年 12 月 27 日付け国土籍第 280 号国土交通省土地・建設産業局地籍整備課

長通知（地籍調査に用いる器械の点検要領）………………………………… 88

平成 24 年 3 月 9 日付け国土籍第 544 号国土交通省土地・建設産業局地籍整備課

長・国土用第 45 号同局地価調査課長通知

（用地測量の成果を活用した地籍整備の推進について）…………………… 27

平成 24 年 3 月 29 日付け国土国第 569 号国土交通省土地・建設産業局地籍整備課

長通知（地上法 2 項委託検査規程細則）……………………………………… 2

平成 25 年 3 月 13 日付け国土籍第 640 号国土交通省土地・建設産業局長通知

（用地測量の成果を活用した地籍整備の推進について）…………………… 28

平成 25 年 3 月 26 日付け林整計第 293 号林野庁森林整備部計画課長・国土籍第 705

号国土交通省不動産・建設産業局地籍整備課長通知

519

先例索引

（森林境界明確化活動と地籍調査との連携について）……………………… 422

平成 26 年 3 月 12 日付け国土籍第 306 号国土交通省土地・建設経済局長通知

（民間事業者等の測量成果を活用した地籍整備の推進について）……………… 28

平成 27 年 4 月 1 日付け国土交通省地籍整備課長補佐事務連絡

（電子基準点のみを与点とする地籍図根三角測量における記載例）…………… 108

平成 30 年 5 月国土交通省土地・建設産業局地籍整備課

（リモートセンシング技術を用いた山村部の地籍調査マニュアル）…………… 64

令和 2 年 6 月 15 日付け国土籍第 164 号国土交通省土地・建設産業局地籍整備課長
　通知（土地基本法等の一部を改正する法律等の施行に伴う地籍調査に関する事
　務の取扱い等について）………………………………………………… 207，302

令和 2 年 7 月 1 日付け国不籍第 2 号国土交通省不動産・建設経済局地籍整備課長
　通知（地籍調査作業規程準則の一部を改正する省令（令和 2 年 6 月改正分）の
　施行に当たっての留意事項について）……… 255，263，264，313，316，339，344

令和 2 年 7 月 13 日付け国不籍第 57 号国土交通省不動産・建設経済局地籍整備課
　長通知（国土交通大臣宛ての国土調査法第 19 条 5 項の認証の申請の手続につい
　て）……………………………………………………………………………… 28

令和 2 年 9 月 25 日付け法務省民二第 746 号法務省民事局民事第二課長依命通知
　（地籍調査を現に実施している地方公共団体による筆界特定の申請に係る不動産
　登記事務の取扱いについて）…………………………………………………… 356

令和 2 年 9 月 29 日付け国不籍第 197 号国土交通省大臣官房土地政策審議官通知
　（地籍調査の実施における法務局との連携について）………………………… 25

令和 2 年 9 月 29 日付け国不籍第 198 号国土交通省不動産・建設経済局地籍整備課
　長通知（地籍調査の実施における法務局との協力について）…………… 79，349

令和 2 年 9 月 29 日付け法務省民二第 750 号法務省民事局長通達

（国土調査法に基づく地籍調査への協力について）…………………………… 25

令和 2 年 9 月 29 日付け法務省民二第 751 号法務省民事局民事第二課長依命通知

（国土調査法に基づく地籍調査への協力について）…………………………… 79

令和 2 年 10 月 29 日付け国不籍第 235 号国土交通省不動産・建設経済局地籍整備
　課長通知（筆界特定申請書作成要領）…………………………………… 353，356

令和 2 年 10 月 30 日付け 2 林整森第 156 号林野庁森林整備部森林利用課長・国不
　籍第 246 号国土交通省不動産・建設経済局地籍整備課長通知

（リモートセンシングデータを活用した森林調査等と地籍調査との連携の推進について）………………………………………………………………………………… 422

令和 3 年 1 月 15 日付け国不籍第 368 号国土交通省不動産・建設経済局地籍整備課長通知（森林境界明確化活動と地籍調査との連携に係る留意事項について）… 422

令和 3 年 1 月 19 日付け国不籍第 379 号国土交通省不動産・建設経済局地籍整備課長通知（地籍調査連絡会議及び地籍調査事務打合せ会設置要領について）……… 24

令和 3 年 1 月 29 日付け国不籍第 435 号国土交通省不動産・建設経済局地籍整備課長通知（土地の所有者その他の利害関係人及びこれらの者の代理人の所在がいずれも明らかでない場合における筆界の調査要領）……………………… 195，489，503

令和 3 年 3 月 2 日付け国不籍第 489 号国土交通省不動産・建設経済局地籍整備課長通知（図作成要領）……………………………………………………………… 52，467

令和 3 年 3 月 26 日付け国不籍第 532 号国土交通省不動産・建設経済局地籍整備課長通知（登記情報及び地図情報の電子データの提供方法並びに地籍調査成果の電子データによる送付をする場合の取扱いについて）…………… 163，171，176，177

令和 3 年 3 月 31 日付け国不籍第 579 号国土交通省不動産・建設経済局地籍整備課長通知（票作成要領）… 174，175，176，177，178，237，264，284，363，478，479，480，481

令和 3 年 3 月 31 日付け国不籍第 580 号国土交通省不動産・建設経済局地籍整備課長通知（認証請求書類作成要領）……………………… 487，489，490，492，495，509

令和 3 年 3 月 31 日付け国不籍第 581 号国土交通省不動産・建設経済局地籍整備課長通知（簿作成要領）……………………………………………………… 368，482

令和 3 年 3 月 31 日付け国不籍第 582 号国土交通省不動産・建設経済局地籍整備課長通知（街区図作成要領）………………………… 357，358，363，467

令和 3 年 3 月 31 日付け国不籍第 582 号国土交通省不動産・建設経済局地籍整備課長通知（街区簿作成要領）………………………………………… 357，483

令和 3 年 3 月 31 日付け国不籍第 583 号国土交通省不動産・建設経済局地籍整備課長通知（街区票作成要領）………………… 177，178，264，284，363，478

令和 3 年 6 月 9 日付け国不籍第 143 号国土交通省不動産・建設経済局地籍整備課長通知（街区境界調査検査規程細則）……………………………… 8，62，357

令和 3 年 6 月 9 日付け国不籍第 144 号国土交通省不動産・建設経済局地籍整備課長通知（街区認証請求書類作成要領）………………………… 357，487，496

先例索引

令和 3 年 6 月 9 日付け国不籍第 168 号国土交通省不動産・建設経済局地籍整備課
　長通知（街区境界調査 2 項委託検査規程細則）……………………………… 8, 62, 357
令和 3 年 6 月 9 日付け国土交通省不動産・建設経済局地籍整備課企画専門官事務
　連絡（地籍調査における図面等調査のさらなる活用について）……………………… 252
令和 3 年 8 月 31 日付け国不籍第 338 号国土交通省不動産・建設経済局地籍整備課
　長通知（航測法検査規程細則）…………………………………………………………… 6
令和 3 年 9 月 28 日付け国不籍第 387 号国土交通省不動産・建設経済局地籍整備課
　長通知（航測法 2 項委託検査規程細則）……………………………………………… 6
令和 4 年 3 月 23 日付け国不籍第 692 号国土交通省不動産・建設経済局地籍整備課
　長通知（地籍調査の実施主体に対する登記官の助言等について）………………… 406
令和 4 年 3 月 23 日付け法務省民二第 453 号法務局民事局民事第二課長通知
　（地籍調査の実施主体に対する登記官の助言等について）………………………… 407
令和 4 年 4 月 19 日付け国土交通省不動産・建設経済局地籍整備課企画専門官事務
　連絡（航測法手引）… 21, 82, 86, 130, 132, 148, 149, 151, 152, 157, 264,
　327, 329, 330, 398
令和 4 年 9 月 22 日付け国不籍第 38 号国土交通省不動産・建設経済局地籍整備課
　長通知（森林境界明確化成果を用いた地籍調査マニュアル）……………………… 65
令和 4 年 10 月 25 日付け国不籍第 377 号国土交通省不動産・建設経済局地籍整備
　課長通知（航測法による効率的手法導入推進基本調査成果を用いた地籍調査マ
　ニュアル）………………………………………………………………………………… 64
令和 5 年 4 月 3 日付け国土交通省不動産・建設経済局地籍整備課長補佐事務連絡
　（都道府県等が行う土地改良事業の確定測量に係る成果の認証申請
　（国土調査法第 19 条第 5 項）を国土交通大臣に申請することも可能とする取扱
　いの変更について）……………………………………………………………………… 28
令和 5 年 9 月 12 日付け法務省民二第 927 号法務省民事局長通達
　（民法等の一部を改正する法律の施行に伴う不動産登記事務の取扱いについて
　（相続登記等の申請義務化関係））…………………………………………………… 209
令和 6 年 3 月 15 日付け法務省民二第 535 号法務省民事局長通達
　（民法等の一部を改正する法律の施行に伴う不動産登記事務の取扱いについて
　（相続人申告登記関係））……………………………………………………………… 211
令和 6 年 3 月 19 日付け国土交通省不動産・建設経済局地籍整備課企画専門官事務

連絡（街区境界手引）·· 14, 484, 496

令和 6 年 3 月 22 日付け法務省民二第 551 号法務省民事局長通達
（民法等の一部を改正する法律の施行に伴う不動産登記事務の取扱いについて
（所有権の登記の登記事項の追加関係））··· 304

令和 6 年 3 月 27 日付け法務省民二第 553 号法務省民事局長通達
（不動産登記規則等の一部を改正する省令の施行に伴う不動産登記事務の取扱い
について（旧氏併記関係））··· 212

令和 6 年 4 月 1 日付け法務省民二第 555 号法務省民事局長通達
（民法等の一部を改正する法律の施行に伴う不動産登記事務の取扱いについて
（登記事項証明書等における代替措置関係））··· 218

令和 6 年 6 月 3 日付け国不籍第 233 号国土交通省不動産・建設経済局地籍整備課
長通知（地籍調査における介護保険事務に利用する目的で保有する所有者等関
係情報の内部利用等について）··· 258

令和 6 年 6 月 18 日付け法務省民二第 826 号法務省民事局長通達
（不動産登記規則等の一部を改正する省令の施行に伴う不動産登記事務等の取扱い
について）··· 349

令和 6 年 6 月 18 日付け法務省民二第 827 号法務省民事局民事第二課長依命通知
（ウェブ会議による登記簿の附属書類等の閲覧に係る不動産登記事務等の取扱要
領）··· 349

令和 6 年 6 月 28 日付け国不籍第 271 号国土交通省不動産・建設経済局地籍整備課
長通知（地籍調査作業規程準則の一部を改正する省令の施行に伴う地籍調査に
関する事務の取扱い等について）·· 253, 266, 339

令和 6 年 6 月 28 日付け国不籍第 307 号国土交通省不動産・建設経済局地籍整備課
長通知（無反応者要領）········· 179, 180, 237, 242, 266, 267, 268, 271, 274,
277, 279, 280, 283, 285, 286, 288

令和 6 年 7 月 26 日付け法務省民商第 116 号法務省民事局長通達
（商業登記規則等の一部を改正する省令の施行に伴う商業登記事務の取扱いにつ
いて）··· 219

図索引

図　索　引

第1章

1　作業形態と検査規程細則 ……………………………………………………… 2

2　地上法による地籍調査の作業工程 …………………………………………… 3

3　航測法による地籍調査の作業工程 …………………………………………… 6

4　街区境界調査の作業工程 ……………………………………………………… 9

5　一筆地調査と地籍測量の作業区分 ………………………………………… 18

第2章

1　地籍調査又は街区境界調査の実施対象地域 ……………………………… 20

2　実施方式（任意・特定・十箇年計画）別事業計画及び実施計画 ……… 31

3　十箇年計画における調査地域 ……………………………………………… 37

4　2以上の市町村を所管する土地改良区等における調査地域 …………… 38

5　1地番区域＝1単位区域の原則 …………………………………………… 41

6　1地番区域＝複数単位区域等（図2-5の例外） ………………………… 42

7　十箇年計画における単年度の単位区域の数え方 ………………………… 43

8　一地番区域内で隣接しない調査エリアを単年度に実施することの可否 ……… 44

9　字界変更を要する事例 ……………………………………………………… 48

10　各筆の面積の中央値抽出表 ………………………………………………… 54

11　一筆地調査と地籍測量との間隔を短くする考慮事項 …………………… 58

12　任意方式による計画・事務手続（A・GA）のまとめ ………………… 69

13　計画方式による計画・事務手続（A・GA）のまとめ ………………… 70

第4章

1　トータルステーション ……………………………………………………… 88

2　GNSS測量機 ………………………………………………………………… 89

3　電子基準点設置場所 ………………………………………………………… 93

4　電子基準点全景 ……………………………………………………………… 94

5　測量の基礎とする点 ………………………………………………………… 94

図索引

6	平面直角座標系・横メルカトル図法	95
7	縮尺係数	96
8	測量の基礎　座標系	97
9	位置表現	98
10	方向角，方位角，真北方向角	99
11	地籍図の図郭	99
12	地籍図根測量の観測方法	101
13	TS を使用した多角測量法	102
14	GNSS を使用した多角測量法	102
15	TS 法による網の構成条件	105
16	地籍図根三角点選点図	107
17	地籍図根三角点平均図	108
18	地籍図根三角点に設置するプラスチック製の杭の例	109
19	電子基準点のみを与点とする地籍図根三角測量	111
20	電子基準点のみを与点とする GNSS 法における地籍図根三角点網図	111
21	電子基準点のみを与点とする地籍図根三角測量	112
22	GNSS 法での点検測量の数量	114
23	観測の良否を判断する点検計算	116

第5章

1	地籍図根多角点平均図（選点図）の承諾印等	118
2	TS 法による網の構成条件	120
3	多角路線の選定	121
4	地籍図根多角点平均図	122
5	地籍図根多角点の標識	124
6	地籍図根多角点網図	125
7	航測法による地籍調査の作業フロー	131
8	既存の空中写真	132
9	既存の微地形表現図	132
10	既存の林相識別図	133
11	既存のリモセンデータの利用可能性判定の方法と航空測量方法との関係	133

図索引

12	調整点の見取図及び遠景	136
13	空中写真撮影の仕組み	139
14	航空レーザ測量の仕組み	141
15	空中写真を活用した筆界案	144
16	市町村界を補備測量（単点観測法）により調査した地域	149
17	DGPS 器械による観測風景	156

第6章

1	一筆地調査の作業内容	161
2	作業進行予定表の作成例	163
3	現地調査等の通知別による記載事項	181
4	土地の所有者等の意義と現地調査等の通知の順位	192
5	相続関係図（一般的な事例）	199
6	相続関係図（数次相続の場合）	203
7	相続関係図（異母・異父兄弟の場合）	204
8	相続人申告登記の記録例	212
9	現地調査の通知の作成例	223
10	委任状（現地調査）の作成例	229
11	共同相続人代表者選任証明書の作成例	231
12	図面等調査希望申出書の作成例	233
13	申出を認め図面等調査を実施する通知の作成例	236
14	現地調査を実施することが適当でないと認めて実施する図面等調査の通知の作成例	238
15	委任状（図面等調査）の作成例	242
16	街区境界調査における現地調査の通知の作成例	245
17	連絡を取ることができない場合に現地調査に代わる図面等調査の実施通知の作成例	269
18	図面等調査に必要な報告等を求める再通知の作成例	272
19	図面等調査に必要な報告等を求める再通知の作成例	275
20	無反応所有者等への筆界案の送付文書作成例	278
21	現地調査等の通知対象者が1名の筆界調査手順	290

526

図索引

22	現地調査の通知対象者が2名の場合の筆界調査手順	292
23	現地調査の通知対象者が3名の場合の筆界調査手順	294
24	地籍調査票記入例（住所変更・氏名更正，代理人の場合）	300
25	地籍簿記載例（住所変更・氏名更正の場合）	303
26	国外住所者における国内連絡先の登記の記録例	305
27	国内連絡先が登記されていない場合に，これを新たに登記する登記の記録例	307
28	現地調査の結果メモ	310
29	筆界案の送付書作成例	312
30	筆界を示す現況写真	319
31	登記事項証明書の表題部	320
32	現行不登法前の地積測量図	321
33	公図（地図に準ずる図面）	322
34	地理院地図	323
35	建物図面	323
36	境界杭	324
37	道路図面	324
38	筆界案の作成例（地上法，F・G工程実施前）	325
39	筆界案の作成例（地上法，F・G工程実施後）	327
40	公図	332
41	筆界案の作成例（航測法）	333
42	共有者の一部が所在不明者の場合	340
43	所有者が所在不明者で抵当権者が所在判明者である場合	341
44	所有者が所在判明者で抵当権者が所在不明者である場合	342
45	筆界案の作成公告の作成例	345
46	ウェブ会議による閲覧希望申出書の様式	350
47	筆界特定の対象土地と関係土地	352
48	街区符号による場合	358
49	任意の街区番号による場合	359
50	セットバック済み（分筆未了）とそうでない土地の混在	359
51	街区境界の構成	362

図索引

52	街区境界未定となる例	363
53	地籍簿記載例（分割調査の場合）	365
54	地籍簿記載例（合併調査の場合）	366
55	地籍簿記載例（一部合併調査の場合）	367
56	仮地番の設定例①	370
57	仮地番の設定例②	371
58	仮地番の設定例③	371
59	仮地番の設定例④	372
60	仮地番の設定例⑤	373
61	仮地番の設定例⑥	373
62	仮地番の設定例⑦	374
63	仮地番の設定例⑧	375
64	仮地番の設定例⑨	375
65	地籍簿記載例（地番区域の変更の場合）	376
66	地籍調査票記入例（地番変更，立会者本人の場合）	380
67	農業委員会への照会フロー	385
68	地籍調査票記入例（表題登記，業務執行取締役の場合）	390
69	海岸線の筆界	396
70	海没状況の調査	398
71	地籍図作成例（海没の場合）	400
72	地籍簿記載例（海没の場合）	401
73	誤って登記されている土地の調査形態	402
74	公図及び登記簿があるが現地に見当たらないケース	403
75	公図にあるが登記簿が見当たらないケース	406
76	地籍調査票記入例（不存在の処理，相続人の場合）	409
77	長狭物の交差部分の判定図	414
78	長狭物（道路）の形態例	418

第7章

| 1 | 細部図根点選点図 | 427 |
| 2 | 多角測量法による細部図根測量 | 429 |

図索引

3　閉合路線による細部図根測量 ……………………………………… 429

4　細部多角点平均図 …………………………………………………… 437

5　細部図根測量の手法 ………………………………………………… 439

6　放射法の注意点 ……………………………………………………… 439

7　放射法（開放路線）………………………………………………… 441

8　定型多角網 …………………………………………………………… 443

9　TS 法による細部放射点の点検方法 ……………………………… 444

10　GNSS 法の場合の点検数量 ……………………………………… 445

11　細部図根点成果簿の作成例 ……………………………………… 447

12　細部図根多角点網図において取りまとめた細部図根点配置図 ……… 448

第 8 章

1　一筆地測量の基礎とする点 ………………………………………… 450

2　一筆地測量の方法 …………………………………………………… 452

3　交点計算法（2 直線 4 点座標）…………………………………… 456

4　単点観測法による一筆地測量 ……………………………………… 458

5　単点観測法の観測時間 ……………………………………………… 458

6　ネットワーク型 RTK 法による単点観測法 ……………………… 461

7　通算次数の考え方 …………………………………………………… 465

第 9 章

1　地籍図原図 …………………………………………………………… 468

2　地籍明細図 …………………………………………………………… 469

第 10 章

1　地積測定観測計算諸簿（外周面積計算書）……………………… 472

2　地積測定観測計算諸簿（地積測定観測計算書）………………… 473

3　地積測定成果簿 ……………………………………………………… 474

4　地積測定精度管理表 ………………………………………………… 475

529

図索引

第 11 章

1 地籍調査票記入例（表紙）··· 478

2 地籍簿記載例（表紙）··· 483

3 検査成績表（E 工程）··· 488

4 検査成績表（H 工程）··· 491

5 検査成績表（総括表）··· 494

6 地目別筆数面積変動表··· 497

7 誤り等申出件数・筆数表··· 500

8 不存在地等調書··· 502

9 所在不明所有者等調書··· 503

10 不協力地調書··· 505

11 協議実施結果報告書··· 507

12 協議実施結果報告書の作成例··· 508

著 者 略 歴

山 中 正 登（やまなか　まさのぶ）

　1991 年 4 月現在の国土交通省政策統括官付地理空間情報課地籍整備室の前身である国土庁土地局国土調査課において一筆地調査の認証承認申請についての審査のほか都道府県や市町村への指導を担当し，その後，東京，千葉，横浜，宇都宮，山形の各法務局において首席登記官として登記事務の審査を行い，全国国土調査協会の広報研修部長を経て，現在，司法書士として法律業務とともに，地籍アドバイザーとして市町村等への派遣助言を担っている。

　主な著書として，「不動産・商業・法人登記実務事例集」（日本加除出版 2018 年），「わかる！国土調査法」（日本加除出版 2023 年），「筆界に関する情報とは」（機関誌 2022 年 No.192〜2023 年 No.196），「相続人の調査と相続の放棄」（機関誌 2024 年 No.199・No.200）などがある。

佐 藤　　修（さとう　おさむ）

　1978 年 4 月新潟県守門村役場（現・魚沼市役所）職員として地籍調査事業に従事し，2004 年発生した新潟県中越地震において地籍調査実施済地区の土地が水平移動したことから地震補正等の業務に従事した。その後，十日町測量取締役企画部長を経て，現在，合同会社リモートセンシング研究所長として測量コンサルトとともに，地籍アドバイザーとして市町村等への派遣助言を担っている。

　著書として，「航空写真を活用した筆界案による地籍調査」（一般社団法人日本国土調査測量協会創立 60 周年記念論文優秀賞 2014 年 6 月），「柔軟な発想で地籍調査を推進」（機関誌 2015 年 No.164），「筆界案活用について」（機関誌 2018 年 No.175・No.176），「リモートセンシング技術を用いた山村部の地籍調査について」（機関誌 2020 年 No.183〜No.185），「リモートセンシング技術を用いた地籍調査成果が全国初の認証となる」（機関誌 2021 年 No.188）がある。

わかる！地籍調査
Q&Aによる準則・運用基準の実務解説

2024年11月28日　初版発行

著　者　山　中　正　登
　　　　佐　藤　　　修
発行者　和　田　　　裕

発行所　日本加除出版株式会社
本　社　〒171-8516
　　　　東京都豊島区南長崎3丁目16番6号

組版・印刷・製本　㈱アイワード

定価はカバー等に表示してあります。
落丁本・乱丁本は当社にてお取替えいたします。
お問合せの他、ご意見・感想等がございましたら、下記まで
お知らせください。

〒171-8516
東京都豊島区南長崎3丁目16番6号
日本加除出版株式会社　営業企画課
電話　03-3953-5642
FAX　03-3953-2061
e-mail　toiawase@kajo.co.jp
URL　www.kajo.co.jp

Ⓒ 2024
Printed in Japan
ISBN978-4-8178-4985-4

[JCOPY]〈出版者著作権管理機構　委託出版物〉
本書を無断で複写複製（電子化を含む）することは、著作権法上の例外を除
き、禁じられています。複写される場合は、そのつど事前に出版者著作権管理
機構（JCOPY）の許諾を得てください。
また本書を代行業者等の第三者に依頼してスキャンやデジタル化することは、
たとえ個人や家庭内での利用であっても一切認められておりません。

〈JCOPY〉　H P：https://www.jcopy.or.jp，e-mail：info@jcopy.or.jp
　　　　　電話：03-5244-5088，FAX：03-5244-5089

立法趣旨・背景事情、法案審議、改正経緯及び
その主な内容を一つずつ丁寧に解説した唯一の書。

わかる！
国土調査法
逐条解説と実務Q&A

山中正登 著

2023年11月刊 A5判 420頁 定価5,280円(本体4,800円)
978-4-8178-4925-0

- 地籍調査をメインとして国土調査法の各条項を詳細に１条ずつ解説。
- 関連する法令等（国土調査法施行令、地籍調査作業規程準則、国土調査事業事務取扱要領、不動産登記法、不動産登記令、不動産登記規則ほか）や実務に則してＱ＆Ａ、図や記載例も掲載。
- 調べたい事項にピンポイントでたどり着けるよう用語及び裁判例・先例索引を収録。

【設問例】
地籍調査票の署名又は記名押印の撤回への対応
Q：①１番と２番の土地所有者Ａは合併調査について同意したことを、②22番の土地所有者Ｂは確認した筆界について、地籍調査票に署名又は記名押印したことを、閲覧時に撤回するとの申出がされました。これらの申出への対応をどのようにすべきでしょうか？

地籍調査における利害関係人の範囲
Q：国調法25条１項は、現地に立ち会わせることができる者として「土地の所有者その他の利害関係人又はこれらの者の代理人」と規定しています。
　　土地の所有者以外の利害関係人とは、どのような利害のある人を指しているのでしょうか？

豊富な
図表

【共有者Ａ】　【共有者Ｂ】
(所在判明者)　(所在不明者)

【調査前】

	100m	
１番 ソーラーパネル設置 地上権設定範囲		２番

日本加除出版

〒171-8516　東京都豊島区南長崎３丁目16番６号
営業部　TEL(03)3953-5642　FAX(03)3953-2061
www.kajo.co.jp